Torsten Larbig
André Spang (Hrsg.)

DIGITALE MEDIEN
für Unterricht, Lehrerjob und Schule

Die besten Ideen und Tipps
aus dem Twitterchat #EDchatDE

Cornelsen

Cornelsen Verlag GmbH, Berlin

Projektleitung: Gabriele Teubner-Nicolai, Berlin
Redaktion: Daniela Brunner, Kleinenbroich
Layout / technische Umsetzung: LemmeDESIGN, Berlin

www.cornelsen.de

1. Auflage 2017

Jonathas Mello CC-BY 3.0 Unported

Druck: AZ Druck und Datentechnik GmbH, Kempten

ISBN 978-3-589-15319-0

PEFC zertifiziert
Dieses Produkt stammt aus nachhaltig bewirtschafteten Wäldern und kontrollierten Quellen.

www.pefc.de

PEFC/04-31-2260

Inhalt

#EDchatDE – ein wöchentlicher Twitterchat für Lehrende

#EDchatDE ist ein wöchentlicher Twitterchat unter dem Schlagwort (Hashtag) #EDchatDE.

Ein Twitterchat für Lehrende? So etwas gibt es? Ja, und das schon seit über 150 Ausgaben!

In Deutschland ist die Idee neu – und einzigartig. Naja, neu? Der bislang einzige deutsche, oder sagen wir besser deutschsprachige – doch dazu später mehr – Twitterchat ist der #EDchatDE und ihn gibt es nun schon seit über drei Jahren. Genau genommen wurde er am 10. September 2013 von den beiden twitternden Lehrern Torsten Larbig (@herrlarbig) und André Spang (@Tastenspieler) gegründet.

Lehrerinnen und Lehrer, Bildungsinteressierte aus Deutschland und aller Welt treffen sich jeden Dienstag von 20 bis 21 Uhr auf Twitter und diskutieren über sechs bis sieben Fragen, die die Moderatoren zu einem von der Twittercommunity gewählten Thema entwickeln und im 10-Minuten-Takt twittern. Aber der #EdchatDE geht über eine bloße Diskussionsrunde hinaus. Er bietet allen Interessierten die Möglichkeit der Vernetzung und Zusammenarbeit. Er hat sich schnell über die regelmäßige wöchentliche Weiterbildung hinaus zu einer Community entwickelt, einer Gemeinschaft von offenen, engagierten Lehrerkolleginnen und -kollegen, die an neuen Medien interessiert sind.

Des Weiteren besteht im Blog zum #EDchatDE die Möglichkeit, bildungsspezifische Inhalte zu kuratieren. Somit zählt der #EdchatDE zu einer der besten und immer aktuellen Fortbildungen für Lehrende, die es zurzeit zu finden gibt.

Neugierig geworden?
Weitere Infos, Anleitung und die „Protokolle", Tweetsammlungen und Fragen aller bisherigen #EDchatDE gibt es hier: bit.ly/edchatde.

Wie funktioniert das mit diesem Twitter?

Wenn du bei #EDchatDE aktiv teilnehmen möchtest, geht das nur mit einem Twitteraccount. (Mit- oder nachlesen kannst du selbstverständlich auch ohne einen Account.) Um dir einen Account anzulegen, gehst du auf die Seite twitter.com. Zur Anmeldung benötigst du lediglich eine gültige Mailadresse.

Du solltest dir gut überlegen, wie dein Twittername lauten soll. Er sollte zu dir passen, aber auch deine Vorbildfunktion als Lehrer/in nicht beschädigen. Twitternamen, die sich aus deinem Klarnamen bilden, kann man sich gut merken und dann auch direkt mit dir in Verbindung bringen. Das ist prinzipiell gut, denn anonym im Netz aufzutreten und dann ggf. unter dem Deckmantel dieser Anonymität Dinge zu sagen, die man normalerweise nicht aussprechen würde, würdest du auch deinen Schülern ankreiden. Allerdings bedeutet der Klarname im Umkehrschluss auch, dass man die Äußerungen in deinen Tweets jederzeit mit dir in Verbindung bringen kann.

Geschlossene Accounts (also diejenigen mit einem Schloss, deren Tweets man nicht lesen kann, sind nicht sinnvoll, widersprechen sie doch dem grundsätzlich offenen Konzept des Netzwerkes.

Zu Beginn solltest du einigen Twittern folgen. Das müssen nicht nur Lehrer von #EDchatDE sein, denn du hast bestimmt auch noch andere Interessen und Hobbys außer Schule.

Dein erster Tweet – ja, der will wohl überlegt sein. Aber, klar: Twitter ist schnell und man muss auch nicht alles, was dort geschrieben wird, unglaublich ernst nehmen. Also los!

Favs: Wenn dir ein Tweet eines anderen Nutzers besonders gut gefällt, kannst du ihn faden, das bedeutet, das kleine Herzsymbol unter dem Tweet drücken. Der andere User bekommt eine Benachrichtigung, dass du das getan hast und andere Nutzer können auch sehen, dass du das getan hast, wenn sie sich den Tweet ansehen. Andere Nutzer können dies übrigens auch mit deinen Tweets machen, was doch erfreulich ist.

Retweets: Wenn du möchtest, dass ein Tweet, den jemand anders geschrieben hat, auch von deinen Followern gelesen wird, kannst du ihn retweeten. Das bedeutet, dass dieser Tweet dann erneut geteilt wird und in den Timelines deiner Follower erscheint.

Reply: Wenn du auf einen Tweet eines anderen Users antworten willst, drückst du die Reply-Taste und schreibst deine Antwort. Das ist von Vorteil, denn man kann sich dann den gesamten Diskussionsverlauf im Nachgang ansehen.

Zitieren: Du kannst einen Tweet auch zitieren. Das funktioniert ebenfalls über den Retweet-Knopf, nur dass du dann noch einen eigenen Text dem ursprünglichen Tweet hinzufügen kannst, bevor er mit deinen Followern geteilt wird.

Follower: Genau wie du anderen Menschen auf Twitter gefolgt bist, können diese das auch mit dir tun. Diese Menschen sind dann deine Follower. Wenn du nicht möchtest, dass dir jemand folgt, kannst du ihn auch blocken. Überlege dir selbst, ob das Sinn macht.

Hashtags: Das sind diese Zeichen: #. Man kombiniert sie mit einem aussagekräftigen Begriff, um die Tweets einem bestimmten Bereich oder Thema zuzuordnen. Über die Hashtags kann man auf Twitter alles zu diesem Thema finden, indem man den Hashtag anklickt. Hashtags können auch Aussagen zusammenfassen und so die Tweets kürzer machen, denn du hast ja nur insgesamt 140 Zeichen.

Blocken und Muten: Wenn dich andere Nutzer auf Twitter nerven, sei es durch Spam oder durch aktive Beleidigungen oder sonstige Interaktionen, die du nicht magst, kannst du sie muten (also stummschalten). Dann werden ihre Tweets in deiner Timeline ausgeblendet. Wenn Sie dich aber direkt anschreiben, kommt es doch noch bei dir an. Dann kannst du sie blocken. Wenn es ganz störend ist und du sogar getrollt wirst, kannst du diesen Nutzer auch melden.

Mobile Nutzung: Twitter ist als schnelles Medium geradezu für die mobile Nutzung geschaffen. Dazu gibt es auch entsprechende Apps von Twitter.

Tweetdeck: Wenn du am #EDchatDE teilnehmen möchtest, empfiehlt es sich, einen ausreichend großen Bildschirm (Laptop oder Desktop) und eine geeignete Software dafür zu nutzen. Die Teilnahme am Chat über ein mobiles Gerät und App empfiehlt sich nicht, da sehr viel und schnell getwittert wird und du auf dem Smartphone dann schnell den Überblick verlierst.
Tweetdeck ist kostenlos und läuft einfach im Browser. Du kannst dir dann dort Spalten zu Usern und Hashtags anlegen und behältst so den Überblick.

#EDchatDE – wie geht das?

Der #EDchatDE findet jeden Dienstag von 20.00 bis 21:00 Uhr auf Twitter unter dem Hashtag #EDchatDE statt.

So viel vorweg: Deine Lernkurve wird steil sein und du musst nicht alles lesen und beantworten. Unseren Chat gibt es bereits seit mehr als drei Jahren und die Moderatorenteams und die Community haben schon viele Chats absolviert. Auf Newbies wirkt das am Anfang vor allem im Hinblick auf Tempo und auch Formulierungen und Verkürzungen in den Tweets etwas verwirrend. Unsere Empfehlung, ein wenig mitlesen, ein paar Tweets, die dir gut gefallen, Faven oder Retweeten und ein paar Tweets auch selbst verfassen.

Ganz wichtig: Wenn du einen eigenen Tweet schreibst, der auch im #EDchatDE wahrgenommen werden soll, musst du unbedingt den Hashtag #EDchatDE in den Tweet schreiben. Du kannst ihn in den Tweet einbauen, wenn das Sinn macht und so Zeichen sparen, z. B.: Ich finde den #EDchatDE toll! Oder du setzt ihn ans Ende, z. B.: Ich finde, dass wir die Schulen mit schnellem WLAN versorgen müssen. #EDchatDE

Vorstellungsrunde: Zu Beginn des #EDchatDE stellen sich alle Teilnehmer kurz vor. Also mit Vornamen, Namen und ein paar Worten zu ihrer Person. Das können Fächer, Bundesland, Schulform etc. sein.

Fragen und Antworten, die Diskussion während des #EDchatDE: Das Thema des Chats wird von der Community ausgewählt. Am Ende des Chats machen die Teilnehmer Vorschläge, davon wählen wir fünf aus, die dann über die Woche abgestimmt werden. Das Thema mit den meisten Stimmen gewinnt. Dazu entwickeln die Moderatoren dann acht Fragen, die im Verlauf des Chats gestellt werden.
Die Fragen sind durchnummeriert und mit einem F (für Frage) versehen, z. B.: F1 Wie gehst du mit Störungen im Unterricht um? #EDchatDE
Wenn du auf die Fragen antworten willst, stellst du ein A (für Antwort) und die entsprechende Nummer vorweg. Also, z. B.: A1 Ich habe zusammen mit den Schülern Regeln dazu formuliert, die konsequent durchgesetzt werden. #EDchatDE
Wenn du auf die Antworten anderer Nutzer reagieren möchtest, drückst du die Reply Taste. Dann musst du auch nicht mehr A1 etc. dazu eingeben. Aber den Hashtag #EDchatDE solltest du natürlich nicht vergessen. Die Frage F5 ist normalerweise keine fachliche, themenbezogene Frage. Sie dient dazu, ein wenig Ruhe in den Chat zu bringen und soll die Inter-

aktion zwischen den Teilnehmern noch mehr fördern.

F9: Hier kannst du selbst ein Thema für den nächsten Chat vorschlagen. Du weißt schon: A9 „Dein Thema" #EDchatDE.

Blog: Auf unserem Blog edchat.de stehen die neu abzustimmenden Themen in der Regel kurz nach dem Ende des Chats zur neuen Abstimmung bereit. Das Thema, das dir am meisten zusagt, kannst du faven.

Samstagabend ab 18.00 Uhr steht dann das Thema mit den meisten Favs fest und das Moderatorenteam entwickelt dazu die Fragen. Diese Fragen werden Montags ab 18 Uhr auf unserem Blog veröffentlicht. Dort kannst du dich, wenn du magst, vorbereiten und ggf. auch schon Antworten vorformulieren oder sogar in Tweetdeck auf den entsprechenden Sendetermin setzen. Diese Vorgehensweise ist zumindest als Neuling in Betracht zu ziehen, denn sie gibt dir Sicherheit und nimmt etwas die Hektik aus dem Chat.

Wiki: Wir haben auch ein Wiki, das du unter http://bit.ly/edchatde erreichen kannst. Hier findest du den gesamten Content zu allen unseren bisherigen #EDchatDEs, d.h. alle Themen, Fragen und Tweets zu allen Chats. Du kannst also verpasste Chats nachlesen oder auch in Ruhe schmökern. Toll, was?

Spread the word: Wenn dir #EDchatDE gefällt, dann erzähle auch anderen davon. Gemeinsam können wir noch mehr lernen und vor allem Bildung sichtbar machen.

Zur Auswahl der Tweets für dieses Buch

Gerne hätten wir alle Tweets zitiert, aus denen die Tipps und Tricks in diesem Buch entstanden sind. Aufgrund der Vorgaben von Twitter zur Gestaltung dieser Tweets hätte dies jedoch den Umfang mindestens verdreifacht. Deshalb hat sich der Verlag entschieden, einzelne Tweets als solche in den Band aufzunehmen und aus den anderen Listen zu erstellen. Ein Verzeichnis aller Teilgeber dieser Listen, die mit ihren Tweets dieses Buch ermöglicht haben, findet sich am Ende dieses Buchs.

Twitter ist für mich eine Form, mit Menschen zu kommunizieren. Dass Twitter viel mehr sein kann, habe ich gelernt, als ich den #EDchatDE kennenlernte. Zwei Lehrer aus unterschiedlichen Bundesländern organisieren seit 2013 einen wöchentlichen Twitterchat mit Themen rund um unterschiedlichste Fragen der Bildung und der Schule, den Lehrkräfte, die daran teilnehmen, immer wieder als die beste Fortbildung bezeichnen, die sie haben. Das ist eine großartige Rückmeldung.

Nun wird aus einem Twitterchat ein Buch. Lehrerinnen und Lehrer können hier nun auch ganz analog nachlesen, wie anregend der Austausch über Twitter sein kann. Das freut mich und als Schulministerin des Landes Nordrhein-Westfalens finde ich es spannend zu sehen, wie Lehrerinnen und Lehrer diese Fortbildung selbst organisieren.

Der Hesse Torsten Larbig und der Nordrhein-Westfale André Spang entdeckten den Edchat in den USA und brachten ihn nach Deutschland. Mittlerweile werden sie von weiteren Lehrkräften aus Deutschland, Österreich und der Schweiz bei der Organisation und Moderation des Chats Woche für Woche unterstützt. Und diese Teams haben nun auch aktiv die Gestaltung dieses Buches getragen. So werden die Grenzen des Föderalismus bei der Lehrerfortbildung durch den #EDchatDE überwunden.

Er wird aber auch, und die Teams sind Zeugnis dafür, im europäischen Geist gestaltet. Dieser Gedanke der Internationalität zeigt sich unter anderem darin, dass nahezu alle Texte des #EDchatDE im Internet sowohl auf Deutsch als auch auf Englisch vorliegen. Regelmäßig nehmen Lehrkräfte aus Ungarn, Dänemark, Frankreich, Großbritannien und sogar den USA am Chat teil.

Hier wird Lernen im digitalen Wandel konkret erfahrbar. Der #EDchatDE zeigt, wie Vernetzung für den Bildungsbereich nachhaltig und nutzbringend gestaltet werden kann. Der Schritt, die besten Tipps aus den Protokollen des #EDchatDE nun auch als Buch zugänglich zu machen, unterstreicht diesen Anspruch der Nachhaltigkeit. Deshalb freue ich mich, dass dieses Buch als Open Educational Ressource (OER) unter einer freien Lizenz erscheint.

Ich freue mich auch, dass ein Verlag den Mut hat, sich auf diese freie Lizensierung einzulassen und in der Arbeit mit dem Team des #EDchatDE Erfahrungen zu machen, wie mit solchen Lizenzen Bildungsmedien erstellt werden können, denn der Gedanke des freien Zugangs zum Wissen beschäftigt uns zurzeit auf allen Ebenen des Schul- und auch des Hochschulwesens.

Ich wünsche dem #EDchatDE noch viele spannende Themen und den Teilnehmenden nicht nur tolle Anregungen, sondern auch viele weitere Begegnungen, denn längst kennen sich viele der Teilgeberinnen und Teilgeber dieses Chats persönlich. Allen Leserinnen und Lesern dieses Buches wünsche ich, dass sie Anregungen für ihre Arbeit als Lehrkräfte bekommen – und vielleicht ist dieses Buch auch eine Ermutigung, sich auf das Netz und seine großartigen Möglichkeiten des Lernens einzulassen.

Sylvia Löhrmann

(Ministerin für Schule und Weiterbildung sowie stellvertretende Ministerpräsidentin des Landes Nordrhein-Westfalen)

Danksagung

Der #EDchatDE wäre nichts ohne all die Menschen, die Woche für Woche der Meinung sind, dass er für sie das Richtige sei, dass sie hier etwas lernen können. Ein herzliches Danke geht daher an die #EDchatDE-Gemeinschaft, ohne deren Treue und die Bereitschaft, Wissen zu teilen, der Chat und dieses Buch nicht möglich wären.

Wir durften uns mit dem #EDchatDE an die Bewegung der Bildungschats auf Twitter anschließen, die in den USA begonnen hat. Ganz besonders danken wir der Gründerin des #EDchat (USA) Shelly S. Terrell (@ShellTerrell) und ihren Chat-Partnern und Mitgründern Tom Whitby (@TomWhitby) und Steven Anderson (@Web20classroom), die uns unterstützt und ermutigt haben, eine deutsche Version dieses Chats zu gründen.

Der #EDchatDE ist ein Gemeinschaftsprojekt, das ein Team aus Deutschland, Österreich und der Schweiz zusammengeführt hat. Wir danken den Organisationsteams, die dafür sorgen, dass es Woche für Woche eine neue Ausgabe des #EDchatDE gibt, und aus denen auch die Autoren dieses Buches stammen.

Team DACH (Deutschland-Österreich-Schweiz):
Moderatoren:
    Urs Henning (@urshenning), Elke Höfler (@lacknere)
Übersetzerin:
    Ines Bieler (@seni_bl)

Team Saar+ (Saarland-Österreich)
Moderatoren:
    Monika Heusinger (@M_Heusinger), Peter Jochum (@JochumPeter)
Übersetzerin:
    Alicia Bankhofer (@aliciabankhofer)

Team Founders
Moderatoren:
    Torsten Larbig (@HerrLarbig), André J. Spang (@Tastenspieler)
Übersetzer:
    Peter Ringeisen (@vilsrip)

Die Tweetprotokolle erstellen Christiane Schicke (@frandevol) und Mandy Schütze (@ma_y).

Der Cornelsen-Verlag und insbesondere Judith Erlmann (Leitung Programm-planung, Redaktion und Realisierung Pädagogik/Lehrmittel) verdienen unseren besonderen Dank. Judith Erlmann hatte die Idee für dieses besondere Buch und zusammen mit dem Verlag den Mut, ein Buch unter einer freien Creative-Commons-Lizenz zu produzieren – ein Meilenstein in der deutschen Schulbuchbranche.

Das Team des Cornelsen-Verlags (Gabriele Teubner-Nicolai, Daniela Brunner, Torsten Lemme) hat den Entstehungsprozess dieses Buches, der auch mit besonderen Herausforderungen verbunden war, mit großer Geduld, Professionalität und Leidenschaft begleitet. Als Herausgeber wurden wir über das übliche Maß hinaus unterstützt und entlastet. Es hat Spaß gemacht, mit euch und Ihnen dieses Buch Wirklichkeit werden zu lassen.

Frau Bildungsministerin Sylvia Löhrmann nutzt Twitter selbst professionell und eloquent. Sie hat unsere Anfrage, das Vorwort zu diesem Buch beizusteuern, schneller mit „Ja" beantwortet, als wir es uns hätten vorstellen können. Danke.

Den Leserinnen und Lesern wünschen wir viele Ideen, Anregungen, Hilfen. Herzlich laden wir dazu ein, selbst ein Teil des #EDchatDE zu werden.

Frankfurt am Main / Köln, im November 2016

Torsten Larbig (@HerrLarbig) & André J. Spang (@Tastenspieler)

P.S.: Aus Gründen der besseren Lesbarkeit wird in diesem Buch häufig die männliche grammatische Form verwendet. Natürlich sind damit auch immer Frauen und Mädchen gemeint, also Teilgeberinnen, Lehrerinnen, Schülerinnen etc.

1

Rahmenbedingungen von Schule

1.1
OER in der Schule? (#EDchatDE vom 18. März 2014)

von Elke Höfler

OER (Open Educational Resources)? Das war doch schon einmal Thema beim #EDchatDE. Werden wir jetzt zum TV-Format mit regelmäßigen Wiederholungen? – Nun: Die Nachfrage nach diesem Thema ist hoch.

Im September 2013 war das Thema im Kontext der beiden OER-Konferenzen in Berlin und Köln aufgekommen. Dieses Mal steht es ohne diesen Kontext im Raum. Als Vorbereitung auf den #EDchatDE wurden nur wenige Informationen dafür als Einladung zum Nachdenken gepostet: Du bist Lehrender und setzt unterschiedliche Materialien ein. Welche Rolle spielen dabei Open Educational Resources?

> *Für den Einstieg erst mal eine Definition: Was sind OER? Nur CC-Lizenzen oder reicht schon die Verlinkbarkeit von Material?*

Den Anfang der Diskussion bildete eine Klärung der Begrifflichkeit, um für alle einen gemeinsamen Nenner zu schaffen:

Torsten Larbig
@herrlarbig

Vielleicht keine Definition, aber einiges an sinnvollen Infos, die zur Def. dazu gehören. https://t.co/sJc2jHBtl8

19:06 h · 18. Mar 2014

Erste Unsicherheiten oder auch unterschiedliche Ansätze zeigten sich rasch, vor allem in Hinblick auf die Lizenzen sowie das thematisch nahe Urheberrecht:

- Genau genommen cc, cc-by, cc-by-sa. In OER-Kursen in USA sah man das nicht so eng. Ich denke: Sharing is caring!
- Echtes OER trägt immer CC-BY-SA Lizenz.
- OER wäre mir am liebsten als Public Domain. Andere CC-Lizenzen sind schwierig für eine freie Verwendung zu handhaben.
- Nach den letzten Abmahnungen mit Wikipedia-Commons-Bildern (nein, nicht ich) akzeptiere ich nur noch CC0 als OER.
- Es gibt viele freie Lizenzen – aber jedes digitale Fitzelchen ist zu prüfen – was rechtssicheres Arbeiten verunmöglicht.

Einen wichtigen Hinweis fernab von Urheberrecht macht @pallaske:

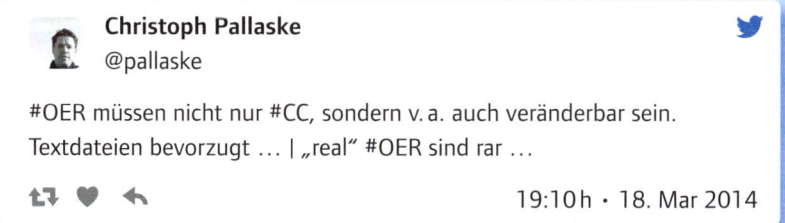

Christoph Pallaske
@pallaske

#OER müssen nicht nur #CC, sondern v. a. auch veränderbar sein.
Textdateien bevorzugt … | „real" #OER sind rar …

↺ ♥ ↩   19:10 h · 18. Mar 2014

> *OER in der Schule? – Das Schulbuch regiert. OER kommen entweder von Lobby-gruppen oder sind nicht vorhanden.*

Die Verwendung von OER statt eines oder als Ergänzung eines Schulbuchs in der Schule
scheint zum Zeitpunkt der Diskussion noch nicht vorhanden gewesen zu sein:

- Nope. Hier ein Fundus: http://t.co/Qo3n26RAUq Aber: Das Schulbuch ist natürlich
  schön „sicher". #sicheristlangweilig
- Beobachtungen vor dem Kopierer jeden Morgen: in der Schulrealität kümmert sich
  kaum jemand ums Urheberrecht/Lizenzen.

Qualitätskontrolle und der zeitliche Aspekt wurden als Hinderungsgründe oder Herausforderungen an OER-Materialien im Unterricht genannt, gleichzeitig aber immer wieder ihr
Potenzial für einen individuell auf die Klasse abgestimmten Unterricht herausgestrichen:

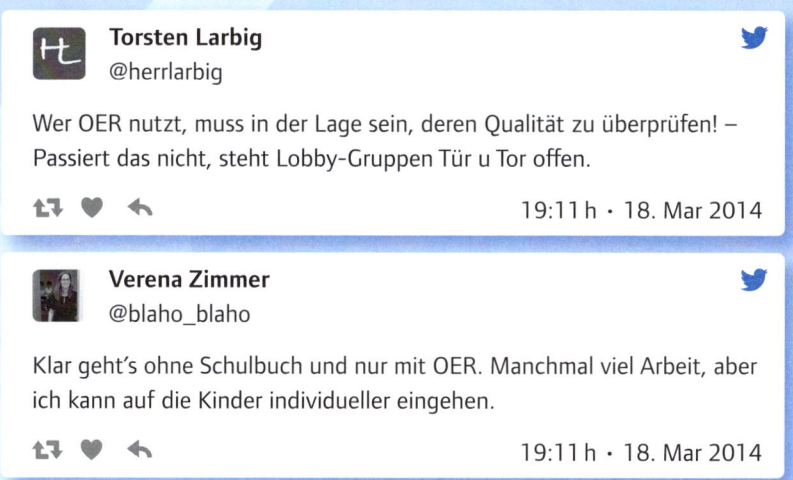

Torsten Larbig
@herrlarbig

Wer OER nutzt, muss in der Lage sein, deren Qualität zu überprüfen! –
Passiert das nicht, steht Lobby-Gruppen Tür u Tor offen.

↺ ♥ ↩   19:11 h · 18. Mar 2014

Verena Zimmer
@blaho_blaho

Klar geht's ohne Schulbuch und nur mit OER. Manchmal viel Arbeit, aber
ich kann auf die Kinder individueller eingehen.

↺ ♥ ↩   19:11 h · 18. Mar 2014

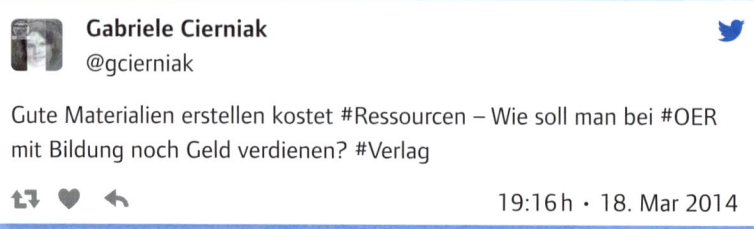

Gabriele Cierniak
@gcierniak

Gute Materialien erstellen kostet #Ressourcen – Wie soll man bei #OER mit Bildung noch Geld verdienen? #Verlag

19:16 h · 18. Mar 2014

Getragen werde die Initiative von Einzelkämpferinnen und -kämpfern:

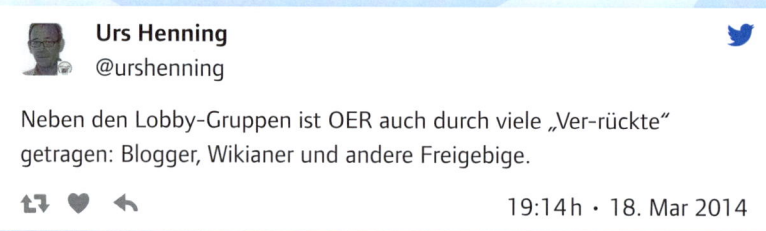

Urs Henning
@urshenning

Neben den Lobby-Gruppen ist OER auch durch viele „Ver-rückte" getragen: Blogger, Wikianer und andere Freigebige.

19:14 h · 18. Mar 2014

Einen stark kritischen Tweet stellt @herrlarbig zur Diskussion:

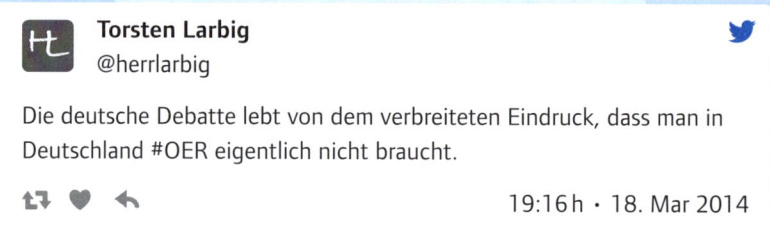

Torsten Larbig
@herrlarbig

Die deutsche Debatte lebt von dem verbreiteten Eindruck, dass man in Deutschland #OER eigentlich nicht braucht.

19:16 h · 18. Mar 2014

> *Wer profitiert eigentlich wie von OER? Ist die deutsche OER-Debatte vor allem eine Selbstprofilierungsdebatte einiger weniger?*

Die Frage nach dem Zugewinn wurde konsensuell beantwortet: Lehrende wie auch Lernende profitieren, jedoch auf unterschiedlichen Ebenen:

- Lehrer, die digital arbeiten wollen und somit auf online verteilbare Materialien angewiesen sind.
- Von OER profitiert jeder, der mitmacht, da eigenes Material veröffentlicht und verbessert werden kann.
- OER ist sehr praktisch, wenn man Material erstellt und nicht extra nachfragen muss, ob man es verwenden darf.
- Lehrende und Lernende profitieren gleichermaßen von OER. Die Unterrichtsqualität nimmt bei Zusammenarbeit zu.

Die Frage der (Selbst-)Profilierung erscheint spannend, wenn man die folgenden Diskussionsbeiträge berücksichtigt:

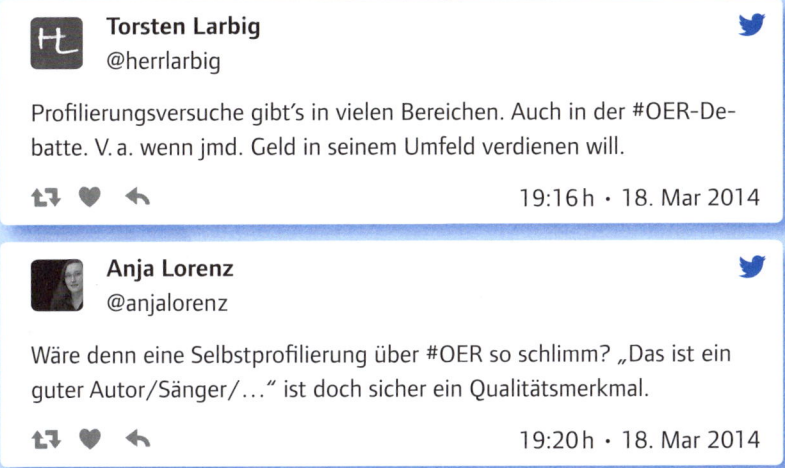

Torsten Larbig
@herrlarbig

Profilierungsversuche gibt's in vielen Bereichen. Auch in der #OER-Debatte. V. a. wenn jmd. Geld in seinem Umfeld verdienen will.

19:16 h · 18. Mar 2014

Anja Lorenz
@anjalorenz

Wäre denn eine Selbstprofilierung über #OER so schlimm? „Das ist ein guter Autor/Sänger/…" ist doch sicher ein Qualitätsmerkmal.

19:20 h · 18. Mar 2014

> *Suche ein Bild (oder Musik/Video) zum heutigen Thema des #EDchatDE!*

Die hier entstandene Sammlung sollte dem vollständigen Protokoll entnommen werden. Exemplarisch werden hier fünf Angaben sozusagen zum Appetitmachen belassen:

- Das OER-Erklärvideo http://t.co/FVQTcjVCOm
- OER-Lizenzen Ringvorlesung mit Matthias Spielkamp (http://t.co/25daxkzghw) @iRightsinfo http://t.co/GSio6RqWn2
- Not only one Video – but a whole channel about the question: Why Open Education Matters http://t.co/gbVLe4Jzt5
- zum.de – wer wir sind und was wir machen :-) #OER: http://t.co/9mEyb2VIdY
- OER in der Schule: http://t.co/Nzd7baECbt

> *Warum hast du selbst schon OER erstellt? Warum hast du selbst noch keine OER erstellt?*

Die Motivation, selbst OER zu erstellen, reicht von Spaß, über Faulheit bis hin zum Gedanken, der Community etwas zurückgeben, seine eigenen Materialien teilen zu wollen.

- Weil es einfach Spaß macht – vor allem auch die Zusammenarbeit mit anderen und die Aktualität.
- Es gibt genau das Material, das ich nutzen möchte, häufig noch nicht – oder ich bin zu faul zum Suchen. OER selber machen!

- Um zu sehen, ob Vorteile der OER genutzt werden (Bearbeitbarkeit und Neu-Veröffentlichungen von diesen Inhalten). Wurde allerdings nicht wahrgenommen, zumindest wurde überarbeitetes Material nicht re-published. Schade.
- Ich möchte etwas zurückgeben. Mag wohl die ideelle Idee hinter OER.

Gerade das Feedback wurde immer wieder als Motivation genannt. Die Qualitätskontrolle von OER erfolgt über die Community, die Feedback gibt, von dem man selbst profitieren und lernen kann. Neue Perspektiven eröffnen sich:

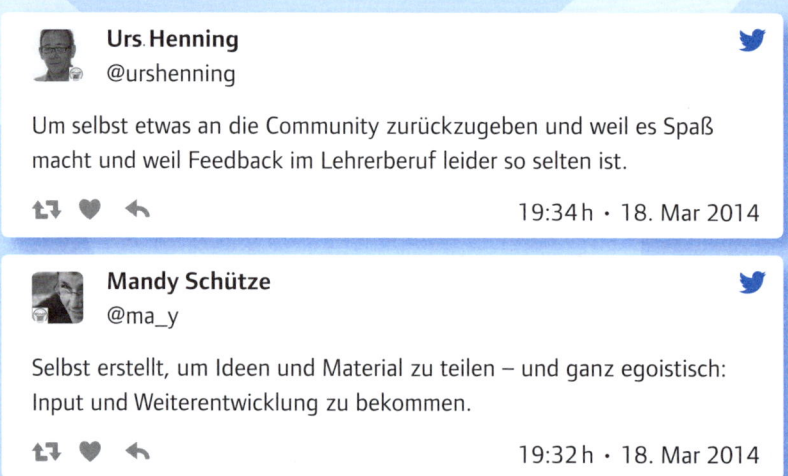

Urs Henning
@urshenning

Um selbst etwas an die Community zurückzugeben und weil es Spaß macht und weil Feedback im Lehrerberuf leider so selten ist.

19:34 h · 18. Mar 2014

Mandy Schütze
@ma_y

Selbst erstellt, um Ideen und Material zu teilen – und ganz egoistisch: Input und Weiterentwicklung zu bekommen.

19:32 h · 18. Mar 2014

Die eigenen Qualitäts- oder Perfektionsansprüche führen jedoch mitunter auch dazu, eben keine OER zu produzieren:

Peter Ringeisen
@vilsrip

Why I don't do more OER: I'm a perfectionist. I'm afraid I won't meet other people's standards. Feel I don't have time.

19:32 h · 18. Mar 2014

> *Schüler erstellen Lernmaterial – für sich selbst, für Nachfolgegenerationen? Beispiele? Unterrichtsprojektideen? OER oder ©?*

Einige Beispiele von Materialien, die gerade entstanden oder in der Entstehung waren, wurden genannt und können im Gesamtprotokoll nachgelesen werden. Die Idee, dass Schülerinnen und Schüler (SuS) selbst #OER erstellen, wurde dabei kritisch diskutiert:

Martin Lindner
@martinlindner

Bei uns kommen schülerInnen nicht auf die idee, OER-material zu kreieren: nur in wirklich! selbständigen Projekten.

19:37 h · 18. Mar 2014

Christoph Pallaske
@pallaske

Die Erwartung, SuS sollten eigene #OER erstellen, wird gelegentlich überstrapaziert …

19:39 h · 18. Mar 2014

André Hermes
@Medienberater

In 1. Linie für den eigenen Unterricht. Nur wenn wirklich lizenzrechtlich sauber gearbeitet wurde, wird's als OER veröffentlicht.

19:43 h · 18. Mar 2014

Welche Anregungen, Fragen hast du sonst noch zum Thema?

Die Teilgeber/innen fanden hier noch Platz, um eigene Gedanken, Wünsche und Kritikpunkte zu sammeln. Einige werden hier als Gedankenanstöße unkommentiert wiedergegeben:

- Ich finde zu OER wird viel zu viel theoretisch diskutiert und viel zu wenig wirklich erstellt.
- Bei OER-Erstellung von SuS ist der Weg das Ziel.
- In welchen Bundesländern gelten von Lehrern geschaffene Materialien als Eigentum der Schule?
- Wie könnte ein idealer Prozess zur Einführung einer breiten Nutzung von OER in einer Schule aussehen?
- Sind MOOCs eigentlich auch OER? Wem gehören die Inhalte, dem Professor oder der Uni? http://t.co/j0X6c8irUD

Wo stehen OER in 10 Jahren?

 **Mandy Schütze**
@ma_y

Ich finde, in den letzten 5 Jahren hat sich schon einiges getan in Richtung OER in Dtl! (Nicht nur schimpfen&jammern!)

♺ ♥ ↩   19:52 h · 18. Mar 2014

Open Educational Resources sind zweifelsohne ein wichtiges Thema, das in mehreren Ausgaben des #EDchatDE bereits angeschnitten wurde. Zwei Ausgaben, nämlich die dritte und die hier dargestellte 25., widmeten sich dem Thema vollständig. Neben vielen Linktipps, die im vollständigen Protokoll nachgelesen werden können, ging es vor allem um Erfahrungen und Fragestellungen, die sich in der Unterrichtspraxis ergeben können. Themen wie das Teilen-Wollen oder auch die notwendige Qualitätskontrolle wurden ebenso angesprochen, wie Praxisbeispiele oder verwandte Themen, wie MOOCs. Der Konsens scheint dabei in der Notwendigkeit von OER zu liegen, die zum Zeitpunkt der Diskussion jedoch von einiger Unsicherheit begleitet wurde.

Weiterführende Informationen:
- Smore zur 25. Ausgabe des #EDchatDE: https://www.smore.com/7fh7z
- Link zum Vorbereitungstext: https://edchatde.wordpress.com/2014/03/17/zur-vorbereitung-des-25-edchatde-oer-in-der-schule-inkl-linkliste/
- Verwandtes Thema: Digitale Schulbücher: Wozu eigentlich? Können die weg? https://edchatde.wordpress.com/2015/10/19/zur-vorbereitung-des-101-edchatde-am-20-10-15-digitale-schulbuecher-wozu-eigentlich-koennen-die-weg/

Die von den Moderatoren vorab geposteten Links:
- Eine erste Übersicht zum Thema auf dem Deutschen Bildungsserver: Open Educational Resources (OER) für Schulen in Deutschland
- Wikipedia zu OER: https://de.wikipedia.org/wiki/Open_Educational_Resources
- A project of the Faculty of Education, University of Cambridge „OER4schools"
- An example from Poland: Open Educational Resources in the „Cyfrowa szkoła" (Digital School) National Program in Poland." Creative Commons Polska
- Paper of the University of Augsburg (Germany) (PDF)
- Commonwealth of Learning – OER for Open Schools: Expanding ICT Expertise and Quality Secondary Education

Link zum vollständigen Protokoll:
- https://docs.google.com/spreadsheets/d/15djWPseUwOoSjTa4Xg3vhBYvCgnkwZ0dCViaD-_1kDM/pub?single=true&gid=0&output=html

1.2
Toolsammlung: Die besten Apps für den Unterricht (#EDchatDE vom 15. Dezember 2015)

von Urs Henning

Der Fokus liegt bei diesem #EDchatDE auf den Werkzeugen, die Voraussetzung sind für das digitale Lehren und Lernen und die damit den Aufbau von Medienkompetenz unterstützen. Wir tragen unsere besten Tools zusammen und tauschen uns über Unterrichtserfahrungen, Einsatzszenarien und Ideen aus und denken darüber nach, wie digitale Medien den Unterricht bereichern oder behindern können. Wir diskutieren Tools und Anwendungen für die Vorbereitung, für die Organisation und für den Unterricht selbst.

> *Was für grundsätzliche Anforderungen muss ein gutes Tool für den Unterricht erfüllen?*

Als Grundlage für die Diskussion wurden dazu einige Punkte zusammengetragen:
- Gute Tools müssen kostenfrei auf allen Endgeräten nutzbar sein, im besten Fall ohne Anmeldung und opensource konstruiert.
- Es sollte in verschiedenen Klassenstufen, Fächern und bei unterschiedlichen Themen einsetzbar sein.
- Die Erstellung von eigenen individuellen Lerninhalten sollte durch Lehrer und Schüler möglich sein.
- Die App muss meine Kids kognitiv fordern.
- Ideal ist ein Tool, wenn es sofort einsetzbar ist und wenn Mitarbeiter keine Accounts benötigen.
- An app for students should be intuitive, fun and a productive tool that enhances creativity.
- Mir ist Werbefreiheit ganz wichtig. Am liebsten gänzliche Freiheit von wirtschaftlichen Interessen beim Hersteller.
- Es sollte eine größere Verbreitung haben (Community) und einen nachhaltigen Service (Updates) bereitstellen.
- Apps, die man für die Schule nutzt, müssen Datenschutzrichtlinien entsprechen, wenn man personalisierte Daten eingibt.

> *Was sind eure Lieblingstools? Weshalb? Wozu nutzt ihr sie? Gerne mit kurzer Beschreibung und Links zu Tutorials.*

Folgendes wurde zu dieser Frage zusammengetragen:

- Explain-Everything-Erklärfilme statt interaktivem Whiteboard, statt Powerpoint … Ausprobieren!
- BookCreator: Genial einfaches Tool, um digitale Bücher oder Comics zu erstellen. Auch zusammen mit EE: https://t.co/2jDbCENMe1
- Making first experiences with GitHub: https://t.co/XDh6x8Xdr3, „Create. Replicate. Fork. Give back". – That's education!
- Evernote – muss man lieben. Es hat mich papierfrei gemacht. Alles Papier wird gescannt, getagged und entsorgt.
- Wordclouds mit Answergarden: Feedback Tool. Online Brainstorming. Klassenbeteiligung: https://t.co/se22fg1Yyb
- Geogebra: kostenloses Demonstrationswerkzeug für Mathe (Geometrie, Analysis) & amp; Physik (Geometr. Optik); enaktive Ebene
- Fast alle unsere Schüler arbeiten unaufgefordert und ohne Hinweise von Lehrern mit Quizlet: https://t.co/dl05pUbX8X
- Teachertool für meine komplette Notenorganisation, Klassen-/Kursbuch.
- @GoodNotesApp und #Notability, @gingerlabs for notes written by hand but also as „whiteboard".
- PowToon als Storytelling Tool – motivierend und in allen Fächern einsetzbar.
- For Data Storage I use Dropbox, My Cloud, uCloud and GoogleDrive.

> **Habt ihr Einsatzszenarien, Methoden oder konkrete Beispiele für den Einsatz guter Tools im Unterricht?**

- Beispielsweise iP-Webcam (android), portable Dokumentenkamera. per Browser zugreifen. Nur echt mit #PflichtfachInformatik.
- Gamifizierte Verständnisüberprüfung funktioniert mit Kahoot: https://t.co/EwKKc8a0Ew
- Aufsatzanalyse mit linguistischen online Tools mithilfe von Webquest: https://t.co/ocZiqbwFfD
- I use Etherpad for cyberstorming, coggle for clustering and Wordle for visualisation.
- Einsatzmöglichkeiten von Tablets aus dem Projekt: https://t.co/mUKVFQ4gCP von jufi_edu https://t.co/hB9ZoX929l
- QR-Code-Rallye im Schulgebäude verbunden mit dem Spiel Jeopardy.
- StopMotion eignet sich zur Visualisierung historischer Ereignisse: https://t.co/TNLJG5J5dX
- Kleine Geschichten können mit Puppet Pals 2 erzählt werden: https://t.co/SDchKwgyBD
- Nachrichtensendung erstellen mit TouchCast: https://t.co/JQt3wLzm5Z

Hier wurden einige Tipps genannt:

- Halbsprechende Benutzernamen: Eintrittsjahr und zwei Buchstaben des Namens und Vornamens. Eingeweihte wissen, wer wer ist.
- Enge Abstimmung mit Datenschutzbeauftragten. Eltern informieren, mit Pseudonymisierung arbeiten, zentrale Accounts sind total hilfreich.
- Registrierung der schuleigenen iPads und nicht der Schüler.
- BUT: I prefer tools that do not require a login.
- Nur #PflichtfachInformatik und Verschlüsselung bieten echte Datensicherheit: Pflicht auch für Lehrer zum Schutz der Schülerdaten.
- Ich lege einen Redakteurs-Zugang bei Wordpress an, den dann alle Schüler nutzen können. Siehe z. B. hier: https://t.co/1rpEQPdwPF
- Für Lehrerworkshops lege ich Accounts an, die dann Teilnehmer nutzen können (und behalten, wenn sie wollen).

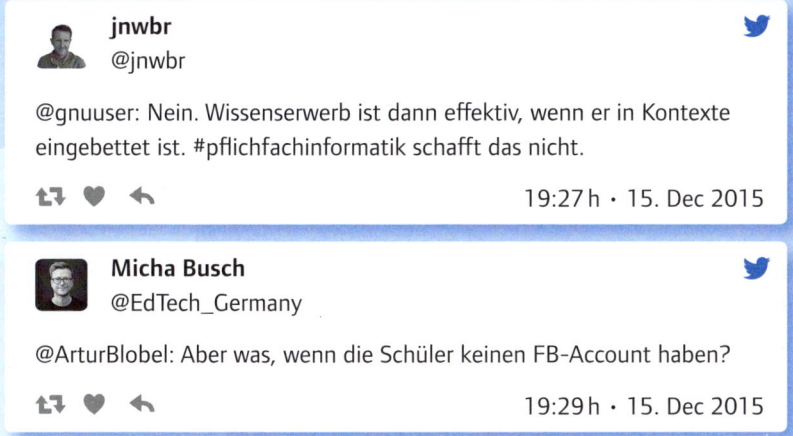

jnwbr
@jnwbr

@gnuuser: Nein. Wissenserwerb ist dann effektiv, wenn er in Kontexte eingebettet ist. #pflichfachinformatik schafft das nicht.

19:27 h · 15. Dec 2015

Micha Busch
@EdTech_Germany

@ArturBlobel: Aber was, wenn die Schüler keinen FB-Account haben?

19:29 h · 15. Dec 2015

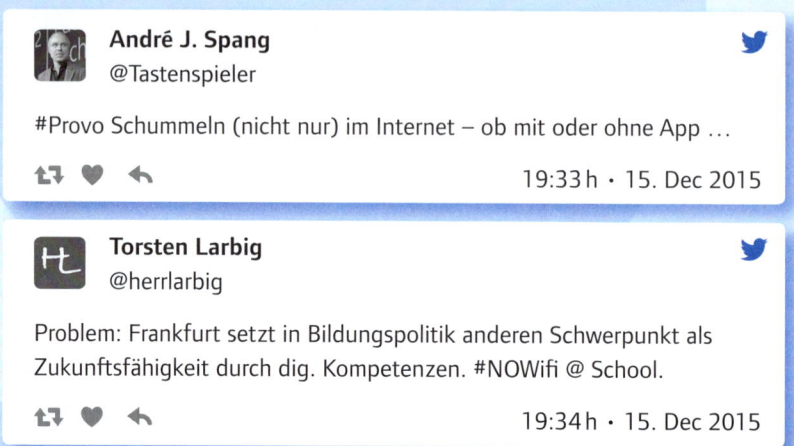

André J. Spang
@Tastenspieler

#Provo Schummeln (nicht nur) im Internet – ob mit oder ohne App …

19:33 h · 15. Dec 2015

Torsten Larbig
@herrlarbig

Problem: Frankfurt setzt in Bildungspolitik anderen Schwerpunkt als Zukunftsfähigkeit durch dig. Kompetenzen. #NOWifi @ School.

19:34 h · 15. Dec 2015

Schlechte Erfahrungen? Bei welchen Tools ist Vorsicht geboten? Wo muss gewarnt werden? Inwiefern?

Hier wurde vor allem auf Altersgrenzen bzw. die Begrenztheit von Social Media für die Verwendung in der Schule hingewiesen.

- Besser nicht zu komplexe Tools, die eine Doppellektion Schulung benötigen.
- Wenn du im Internet auf Wiki/Blog arbeitest – speichere regelmäßig!
- I mean, age restrictions e.g. WhatsApp (16 ys!) and CC licences (Tagxedo: CC BY-BC-SA).
- Unverschlüsselte Dienste, die Schülerdaten sammeln o. autom. synchronisieren: Unterricht darf Mobbing n. provoz, daher #PflichtfachInformatik.
- Glaube nicht, du könntest Social Media einfach so für Bildungszwecke nutzen. AGB, Datensicherheit, Altersgrenzen.

Welche Anregungen, Fragen hast du sonst noch zum Thema?

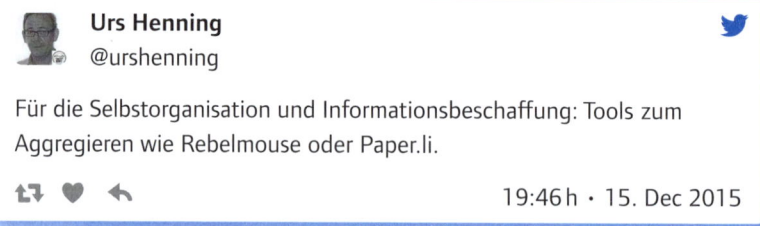

Urs Henning
@urshenning

Für die Selbstorganisation und Informationsbeschaffung: Tools zum Aggregieren wie Rebelmouse oder Paper.li.

19:46 h · 15. Dec 2015

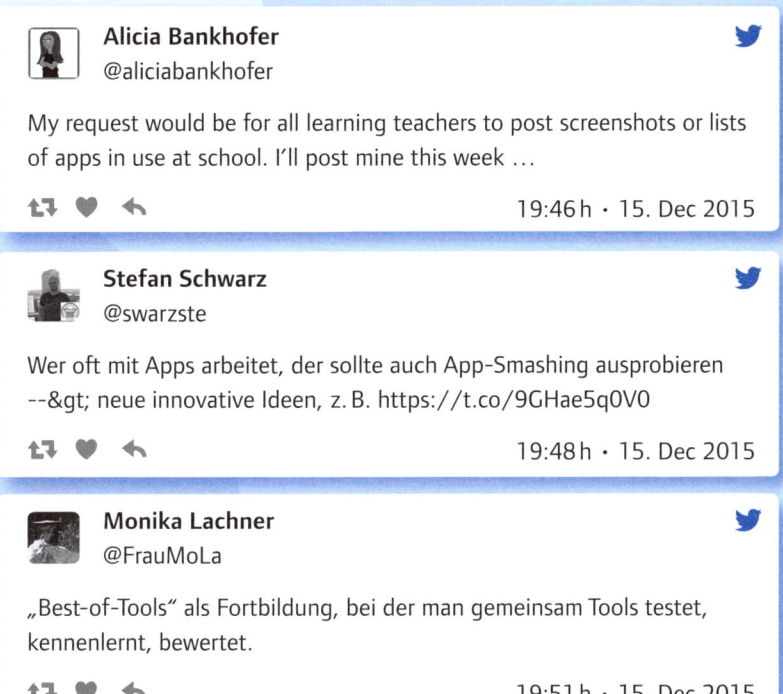

Alicia Bankhofer
@aliciabankhofer

My request would be for all learning teachers to post screenshots or lists of apps in use at school. I'll post mine this week …

19:46 h · 15. Dec 2015

Stefan Schwarz
@swarzste

Wer oft mit Apps arbeitet, der sollte auch App-Smashing ausprobieren --> neue innovative Ideen, z. B. https://t.co/9GHae5q0V0

19:48 h · 15. Dec 2015

Monika Lachner
@FrauMoLa

„Best-of-Tools" als Fortbildung, bei der man gemeinsam Tools testet, kennenlernt, bewertet.

19:51 h · 15. Dec 2015

Fazit:

Ein gutes Tool für den Unterricht erfüllt eine ganze Reihe unterschiedlichster Anforderungen. Es ist einfach, intuitiv, browserbasiert und damit auf allen Endgeräten nutzbar. Es ist universell und kann fächerübergreifend und für alle Klassenstufen eingesetzt werden. Das ideale Tool ist Open Source und frei von wirtschaftlichen Interessen. Es erfüllt die Anforderungen des Datenschutzes, wird weiterentwickelt und verfügt über eine Community.

Von der Fülle der genannten Lieblingstools seien hier nur einige herausgegriffen. Mit *Book-Creator* können einfach interaktive Bücher und Comics erstellt werden. *WordPress* Blogs sind einsetzbar für Protokolle, Unterrichtsblöcke oder Portfolios. *Teachertool* übernimmt die Notenorganisation und ist gleichzeitig Klassen- bzw. Kursbuch. Mit der Notiz-App *Evernote* wird alles Papier gescannt, getagged und entsorgt. Wordcloud-Programme wie *Answergarden* lassen sich für Feedbacks und Brainstorming nutzen. Als Tafelersatz bewährt haben sich *Explain Everything* und *BaiBoard. Kahoot* ermöglicht gamifizierte Verständnisüberprüfung. Aufsatzanalyse ist möglich mit online Textanalysetools. QR-Code-Ralleys im Schulgebäude lassen sich verbinden mit dem Spiel *Jeopardy.* Mit *StopMotion* kann man historische Ereignisse visualisieren. Nachrichtensendungen lassen sich selber gestalten mit *Tellagami,*

Kinotrailer mit *iMovie* oder Videos mit *Adobe Voice*. Nützliche Hilfsprogramme sind schließlich URL-Shortener, Mindmapping-Tools und Etherpads.

Weitere Chats zum Thema:

- „Die besten Web2.0 Tools für den Unterricht". #EDchatDE Nr. 36 vom 17.6.14: https://wiki.andrespang.de/index.php?title=EDchatDE_Archiv_2014#Tweet protokolle_zum_17.6.14_-_36._.23EDchatDE_.22Die_besten_Web2.0_Tools_f.C3. BCr_den_Unterricht.22

Weitere Infos zu diesem Thema finden sich z. B. hier:

- Education Group: Toolbox – Werkzeugkiste: Nützliche Tools, die Lehrkräfte sowohl bei der Organisation als auch bei der Vorbereitung und Gestaltung des Unterrichts unterstützen. https://www.edugroup.at/praxis/tools-software.html
- Hart, Jane: Top 100 Tools for Learning 2015. Jane Harts Liste mit den 100 besten Learning Tools, spiegelt aktuelle Trends in Lehren und Lernen. http://c4lpt.co.uk/directory/top-100-tools/
- Kauffmann, Rémy: 99 Ideen zur Nutzung des Computers im Unterricht: Eine Webseite mit praxiserprobten Internetangeboten, eine Fundgrube für Lehrkräfte von Laptop- und Tablet-Klassen. www.unterrichtsideen.ch/index.php?title=Hauptseite
- Medienfundgrube: Eine Sammlung von Tools sortiert nach Unterrichtsfächern. www.medienfundgrube.at/

Link zum vollständigen Protokoll:

- https://docs.google.com/spreadsheets/d/1w4mkTkbz1R7Pyn7RZxFa-xELXgDKjgG Gu5kO2XMkphg/pubhtml

von Elke Höfler

MOOCs, also Massive Open Online Courses, sind Kursformate, die ihren Ausgang 2008 im nordamerikanischen Raum nahmen, als George Siemens und Stephen Downes den ersten sogenannten cMOOC anboten. Hierbei handelt es sich um einen auf konnektivistischen Gedanken beruhenden Kurs, der offen ist, online durchgeführt wird und eine große Anzahl Teilnehmer anspricht. Konnektivistisch meint dabei eine Lerntheorie, die von George Siemens begründet wurde und die auf unterschiedlichen Vernetzungsmöglichkeiten zwischen den Teilnehmerinnen und Teilnehmern beruht. Der Mensch lernt in bzw. aus oder von diesen Netzwerken und baut beim Lernen Knotenpunkte innerhalb des Netzwerks auf. Man kann also sagen, wir zapfen beim Lernen unsere Knotenpunkte an und stärken sie dabei auch gleichzeitig. 2012 wurde von Sebastian Thrun, einem Professor an der Stanford University, der erste sogenannte xMOOC zum Thema *Künstliche Intelligenz* gehalten, der mehrere 100 000 Teilnehmer anzog. Das ‚x' steht hier für die Erweiterung des physischen um den virtuellen Lernraum (‚extended').

In den letzten Jahren schwappte die Bewegung auch auf Europa und den Rest der Welt über, MOOC-Plattformen wurden gegründet, mit Coursera (www.coursera.org), edX (www.edx.org), iMooX (imoox.at), Futurelearn (www.futurelearn.com) oder Mooin (https://mooin.oncampus.de) sollen hier nur einige wenige genannt werden. Relativ rasch wurde dabei auch das Potenzial dieser Kurse erkannt, zum einen für die eigene Fort- und Weiterbildung, aber auch als Konkurrenz zu Schule und Hochschule.

Vor diesem Hintergrund wurde Anfang 2014 in der 19. Ausgabe des #EDchatDE über die Chancen von MOOCs im Kontext von Schule und Hochschule diskutiert. Moderiert wurde dieser Chat von André J. Spang (@tastenspieler) und der amerikanischen Gastmoderatorin Shelly Sanchez Terrell (@shellterrell), ihres Zeichens Gründerin des EDchat.

> *Schon mal bei einem MOOC mitgemacht? a) Wie war es? b) Warum nicht?*

Die Antworten der Teilgeber/innen waren stark bejahend, einige hatten bereits teilgenommen oder waren gerade dabei, einen MOOC zu absolvieren. Viele zeigten sich vom Format begeistert, einige sprachen aber auch die Gründe aus, weshalb sie die besuchten MOOCs nicht beendeten:

- Habe schon teilgenommen bei MOOC zu moodle. Hatte nicht genug Selbstmotivation, das durchzuziehen. Format war gut, aber zeitintensiv.

- I'm afraid, no. Maybe because I haven't come across the ‚right' topic, maybe because I was too afraid of the commitment.

Während die hohe Anzahl Teilnehmer als gewöhnungsbedürftig bezeichnet wurde, wurden auch eigene Perspektiven genannt, wie die Flexibilität, vor allem wenn man nicht auf Zertifikate (CP) aus ist. Aber nicht alle scheinen diese Flexibiliät so wahrzunehmen:

- I liked the international exchange – it was not too big (no coursera). We used twitter, g+, facebook, onlinesessions.
- Bei diversen mitgemacht (sooc1314, mathemooc). – Waren recht informativ, kurzweilig. Gerade, wenn man nicht auf CP aus ist, ergibt sich stressfreies Lernen.
- My experience with MOOCs: Thrilling, when I have time. If I do not have time, then MOOCs are temporally too inflexible for me.

Und auch Strategien, mit der Informationsflut umzugehen, wurden gleich zu Beginn genannt:

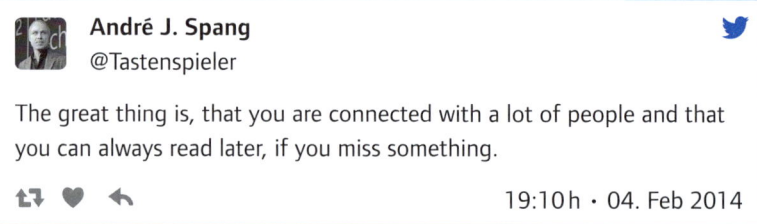

André J. Spang
@Tastenspieler

The great thing is, that you are connected with a lot of people and that you can always read later, if you miss something.

19:10h · 04. Feb 2014

Passen MOOCs zum 21. century oder ist der Hype schon vorbei?

Der Grundtenor der Teilgeber/innen ging in die Richtung einer Bejahung der ersten Teilfrage. MOOCs passen ins 21. Jahrhundert, wobei betont wurde, dass es hierfür auch notwendig ist, neue Kompetenzen zu trainieren bzw. anzusprechen:

- They perfectly fit the 21 century, although we need to develop certain abilities to really use MOOCs, such as self-discipline.
- Auf jeden Fall: MOOC fördert die 4 Kompetenzen des 21. Jahrhunderts: Kollaboration, Kommunikation, kritisches Denken, Kreativität.

Viele bejahten auch den zweiten Fragenteil, der Hype wurde erkannt, doch wurde auch kritisch gesehen, dass diese Art zu lernen keine vorübergehende Erfindung sein sollte:

- Lernen nach konnektivistischem Prinzip sollte kein Hype sein.
- Ich denke, MOOCs sind wichtig für den Wechsel hin zu lebenslangem, berufsbegleitendem und -erweiterndem Lernen.

Vor allem auch das Potenzial der Vernetzung und Öffnung der Bildung für alle wurde erwähnt:

- Ich denke, es passt gut in die Zeit. Hype? Irgendwie schon, aber die Chance ist Bildung nach Neigung für „alle".
- MOOCs enable very important things – access for more people – globally via the internet! They are mostly free and you have a choice! I also experienced firsthand how powerful peer assessment can be and how it simply works!

Vor allem der Weg in die Schule steht noch offen, wo MOOCs zum Zeitpunkt des #EDchatDE noch nicht angekommen waren:

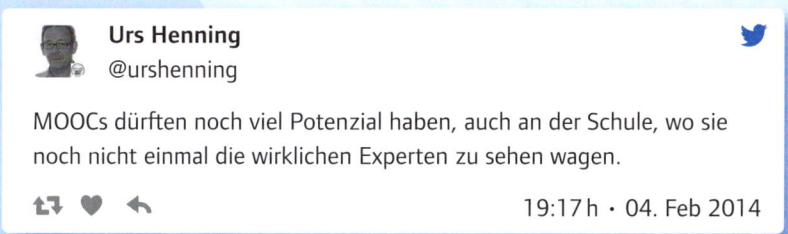

Urs Henning
@urshenning

MOOCs dürften noch viel Potenzial haben, auch an der Schule, wo sie noch nicht einmal die wirklichen Experten zu sehen wagen.

19:17 h · 04. Feb 2014

Kennst du Plattformen, die MOOC anbieten? Gib uns Empfehlungen und Bewertungen.

Die genannten Plattformen waren unterschiedlich, so beispielsweise Coursera und edX aus dem amerikanischen Raum, aber auch iVersity aus Deutschland oder übergreifende Angebote wie z. B. Canvas (https://www.canvas.net/) oder die Peer 2 Peer University (https://www.p2pu.org/en/). Die Bewertungen waren dabei durchaus kritisch:

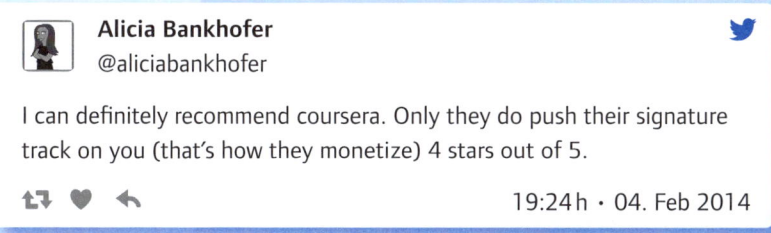

Alicia Bankhofer
@aliciabankhofer

I can definitely recommend coursera. Only they do push their signature track on you (that's how they monetize) 4 stars out of 5.

19:24 h · 04. Feb 2014

Welche Chancen bietet das Lernen in einem MOOC für die Vernetzung von Schule und Hochschule konkret?

Vor allem die Offenheit des Formats wurde von den Teilgebern herausgestrichen. Es gehe nicht nur um die Vernetzung von Schule und Hochschule, sondern auch um die Menschen, die dort arbeiten. Für die Schüler/innen bieten sie die Möglichkeit, erste Erfahrungen mit universitären bzw. universitär orientierten Kursen zu machen, oder einen Perspektivenwechsel vorzunehmen:

- I think meeting people and starting to talk creates connections between teachers, and thus between schools. Simple as that.
- Das offene Format. Es können alle teilnehmen. Schüler, Studenten oder Lehrpersonen … Dadurch ergeben sich viele Perspektiven und Austausch.

Und auch erste Ideen für den Einsatz in der Schule wurden diskutiert:

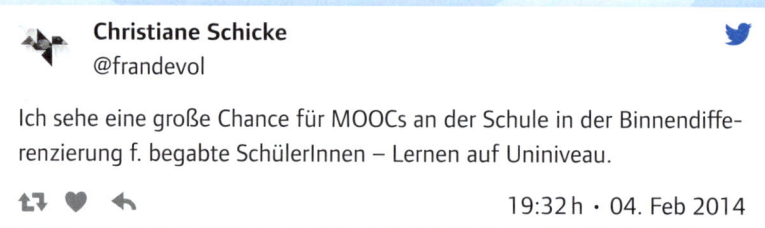

Christiane Schicke
@frandevol

Ich sehe eine große Chance für MOOCs an der Schule in der Binnendifferenzierung f. begabte SchülerInnen – Lernen auf Uniniveau.

17:32 h · 04. Feb 2014

Welche Risiken siehst du bei MOOC?

Die Diskussion zeigte Risiken auf unterschiedlichen Ebenen – sowohl im Kursdesign, als auch im eigenen „Mitmachen" oder auf institutioneller Ebene. Aus den Risiken heraus wurden auch Tipps gegeben, wie man einen MOOC am besten überleben kann:

- There's always danger of unqualified instructors. And lack of quality checks/norms may cheapen offerings and thus turn people off.
- One problem with MOOC is that students can't always receive credit for them even if they learn more from them.
- Main risk is regression to massive online-teaching fantasies of 1998/1999. MOOCs are called „open" for a reason …
- Anderes Risiko: Man fängt viele an, beendet keinen und kommt so nie dazu, in die Tiefe zu gehen. Wissen bleibt oberflächlich.
- You have to find buddies and peers to work together in a MOOC make connections as in real life. Otherwise you will fail …

Mit einem Vorurteil oder einer Verunsicherung wurde ebenso aufgeräumt:

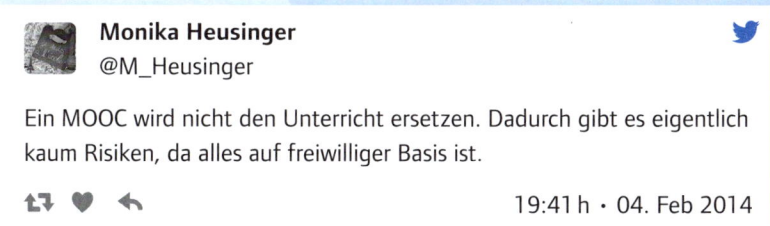

> **Monika Heusinger**
> @M_Heusinger
>
> Ein MOOC wird nicht den Unterricht ersetzen. Dadurch gibt es eigentlich kaum Risiken, da alles auf freiwilliger Basis ist.
>
> 19:41 h · 04. Feb 2014

> *Welche Anregungen, Fragen hast du sonst noch zum Thema?*

- Sind MOOCs wirklich sooo teuer, wenn man Wiederholbarkeit und möglich erreichbare Massen bedenkt?
- Mich interessiert vor allem, ob ihr in der Zukunft speziell für die Schule konzipierten MOOCs eine Chance gebt.
- Muss man, um einen MOOC durchzuführen, ein noch besserer Lehrer als im normalen Unterricht sein?

Fazit:

Ein Fazit war sicherlich die Feststellung, dass MOOCs für die Schule, die Hochschule und auch die eigene Fort- und Weiterbildung im Sinne des Continuing Professional Development ein gewisses Potenzial haben, sie aber als Formate durchaus gewöhnungsbedürftig sind. Die Teilnahme an MOOCs wurde als zeitintensiv beschrieben, die Selbstmotivation und auch das Thema müssen stimmen, so die Teilgeber/innen. Als Vorteile wurden die Flexibilität und auch die Möglichkeit der (konnektivistischen) Vernetzung gesehen. Zentral aber erscheint der Bedarf an zusätzlichen Skills, den 4 C's of 21st century skills: collaboration, communication, creativity und critical thinking.

Weiterführende Materialien:

- Link zum vorbereitenden Blogpost: https://edchatde.wordpress.com/2014/02/03/links-zur-vorbereitung-des-19-edchatde-mooc-chance-fur-schulehochschule-web-links-in-preparation-to-edchatde-no-19-moocs-a-chance-for-schooluniversity/
- Link zum nachbereitenden Blogpost: https://edchatde.wordpress.com/2014/02/06/lernst-du-noch-oder-moocst-du-schon/
- Smore zum 19. #EDchatDE: https://www.smore.com/rzez

Links und Videos:

- Der Hörsaal im Internet: http://www.heute.de/Der-Hörsaal-im-Internet-30590612.html
- MOOC auf Wikipedia: http://de.wikipedia.org/wiki/Massive_Open_Online_Course

- TAZ: Semesterstart an der Internetuni: www.taz.de/Semesterstart-an-der-Internetuni/ !126239/
- Thrun: MOOCs never meant to replace college: www.ecampusnews.com/top-news/ thrun-udacity-training-027/
- Edutopia: 4 lessons we can learn from the failure of MOOCs: www.edutopia.org/blog/ 4-lessons-from-failure-of-moocs-andrew-miller
- What is a MOOC: www.youtube.com/watch?v=eW3gMGqcZQc
- Success in a MOOC: www.youtube.com/watch?v=r8avYQ5ZqM0
- Knowledge in a MOOC: www.youtube.com/watch?v=bWKdhz SAAG0
- Sebastian Thrun: Udacity – Konkurrenz für Hochschulen?: www.youtube.com/watch? v=30bLZQ_i370

Weitere Übersichten finden sich unter folgenden Links:

- Deutschsprachige MOOCs: http://web2-unterricht.blogspot.co.at/2014/01/anbieter-deutschsprachiger-moocs.html,
- MOOCs (allgemein): www.alumniportal-deutschland.org/studium-weiterbildung/ studium-ausbildung/moocs-vorlesungen-online-besuchen/

Link zum vollständigen Protokoll:

- https://docs.google.com/spreadsheets/d/1chG4LhGOxQ6hsb8g53IPp_-iJmpW0sj DJ5w9X8QjtR8/pub?single=true&gid=0&output=html

1.4
Handyverbot an Schulen – was (t-)nun?
(#EDchatDE vom 19. Mai 2015)

von André J. Spang

Zu diesem Thema muss man nicht viel sagen. Jedem, der mit Schule befasst ist, fällt dazu schnell etwas ein. Seien es nun lange Diskussionen in Gesamtkonferenzen, die sich mit diesem Thema befassen; seien es schnell getroffene Entscheidungen, die meist ein Verbot von Handys in der Schule zur Folge haben.

Das Thema und die damit in der Schule auftretenden Probleme spiegeln zunächst ein Symptom wider, das für eine Entwicklung steht, die anscheinend mit der Schule zunächst nichts zu tun hat: Die Digitalisierung und die verbreitete alltägliche Nutzung digitaler Medien. Doch Handyverbote verhindern nicht, dass selbst in einem smartphonefreien Umfeld die Digitalisierung Auswirkungen hat. Das Internet geht nicht mehr weg – und schülereigene Geräte zur Vernetzung mittels des Internets werden noch selbstverständlicher werden als sie es heute schon sind.

Entsprechend besteht Handlungsbedarf. Doch die Bandbreite des Umgangs mit dem „Problem" ist so groß, dass eine Linie kaum erkennbar ist, die allgemein verfolgt würde. Die Entscheidungen liegen in den meisten Fällen bei den einzelnen Lehrpersonen.

Die eigentlich spannende Frage aber ist die Frage nach dem didaktisch sinnvollen Umgang mit allen zur Verfügung stehenden Mitteln in der Schule. Und da gibt es nicht nur Kreidetafeln in nahezu jedem Klassenzimmer, sondern da sind auch die Smartphones in vielen Schülertaschen.

Hat man sich als Lehrperson erst einmal entschieden, die Smartphones im Unterricht zu nutzen, steht man schnell vor den nächsten Fragen: Wie ist das mit dem Internetzugang? Gibt es WLAN an der Schule oder greift man auf das eventuell (noch) vorhandene Minutenbudget der Schüler zu, erwartend, dass dieses für schulische Zwecke verfügbar ist? Welche Apps empfehle ich und wie kann ich dabei mit der Frage umgehen, dass es unterschiedliche Plattformen auf der Betriebssystemebene gibt, für die unterschiedliche Programme existieren, die vielleicht das Gleiche können?

Das ist aufwendig! Lehrpersonen kommen kaum umhin, sich diesen Fragen zu stellen. Diese Fragen aber werden durch Verbote, die durchaus begründet werden können, überstrahlt und letztlich ausgeblendet. An die Stelle der konzeptionellen Weiterentwicklung der eigenen Fachdidaktik tritt die Abwehrreaktion.

Diese Ausgabe des #EDchatDE zeigt, wie Lehrpersonen mit solchen Fragen umgehen, reflektiert, ob Handys in Schülertaschen das einzig „Gefährliche" sind, das Schüler mitführen und stellt natürlich die Frage, wie das weitergeht, wenn nun Computeruhren und andere „Wearables" auf den Markt kommen.

Und was sagt die #EDchatDE-Community zum Thema Handyverbot?

> *Handyverbot an der Schule? Wie weit geht das bei dir, wie wird begründet, welche Sanktionen gibt es?*

Wie man hier liest, ist es von Schule zu Schule, teilweise sogar von Klasse zu Klasse und Bundesland zu Bundesland sehr unterschiedlich – macht das einen Sinn? Sogar innerhalb der Kollegien wird das Handyverbot „differenziert" behandelt …

- Bei uns müssen Handys im Unterricht aus sein, außer der Lehrer erlaubt die Benutzung. Sanktionen? Keine Ahnung.
- Potenzielle Möglichkeit zu Cyberverbrechen: z. B. Mobbing-Videos, Verletzung von Persönlichkeitsrechten …
- Lehrer gehen unterschiedlich damit um, wenn ein Schüler mit Handy erwischt wird.
- Laut Hausordnung ist die Handynutzung in den Pausen im Gebäude untersagt. Im Unterricht pädagogisch begründet möglich.
- Die pädagogisch begründete Handynutzung schafft dummerweise Isolation.
- Handyverbote werden an Schulen in Duisburg und am Niederrhein abgeschafft. Regeln bleiben – und werden wichtiger.
- SuS dürfen die Smartphones nicht einschalten. Smartphones werden sonst abgenommen. So ist das in Bayern.
- Es wird sogar nach Schülern differenziert: Erlaubt für S2, verboten für S1. LuL dürfen wegnehmen, Rückgabe nach der Schule. Im Unterricht sind Handys erlaubt, wenn LuL es freigeben.
- Begründung für Handyverbot: Hohes Ablenkungspotenzial und nicht fürs Lernen gedacht. Meiner Meinung nach zeigt das nur die Angst, etwas nicht beherrschen zu können.
- Insel der Seligen: Bei uns gibt es kein Handyverbot, es muss aber während des Unterrichts stumm geschaltet werden und in der Schultasche sein.
- Es gibt ein „Gebot" in der Schulordnung … sie auszuschalten. De facto ist die Nutzung im Unterricht aber erlaubt.
- Bei uns eigentlich ganz liberal, die einzelne Lehrperson entscheidet, und das ist gut so.
- Im Unterricht gilt bei uns ganz klar, dass der Lehrer das Sagen hat, auch in Sachen Handygebrauch oder -verbot.

> *Mal ehrlich: Was alles in den Schultaschen der Kinder kann gefährlich werden und muss verboten werden?*

Spaß muss ja auch mal sein …

- Taschenmesser, Nagelfeilen …
- Der Klassiker: Der spitze Bleistift – der gehört verboten! https://t.co/FYYX3ZgXM3
- Honest answer: We don't really know. There might be all sorts of dangerous things, but schoolbags aren't checked.
- Ich musste eine Soft-Gun konfiszieren. Handys wurden mir von manchen Lehrer/innen geliefert.
- Verbieten gehört verboten.
- Mal ehrlich: Wenn das Handy „verboten" ist, wird eben unter dem Tisch gefilmt, oder?
- Dicke Bücher – die bringen nämlich Rückenschmerzen. Ersatz durch eBooks!
- Laser pointers are risky. Have already led to injuries of students.
- Wir lassen sie Holz mit Sägen und Stemmeisen bearbeiten und in der Schulküche Tomaten mit großen Messern.
- Alles, was attraktiver und verlockender ist als mein Unterricht. ;-)
- Da braucht es nix aus der Schultasche, da reichen, die angewachsenen Fäuste.

> **Handyverbote: Umsetzbar oder Feigenblatt, um keine Medienerziehung betreiben zu müssen?**

Hier gehen die Meinungen auseinander. Auf der einen Seite wird geschildert, dass es schwierig ist, ein Handyverbot an der Schule durchzusetzen, wenn sie in der Schule erlaubt sind. Andererseits wird auch auf die Möglichkeit hingewiesen, Handys im Unterricht einzusetzen, um eine verantwortungsvolle Nutzung zu vermitteln.

- Warum nicht auch S. in die Verantwortung nehmen, indem diese Konzepte zum Handygebrauch in der Schule erstellen?
- In berufsbildenden Schulen ist das weder umsetzbar noch notwendig. Know how der Schüler/innen nutzen!
- Umsetzbar eigentlich nur konsequent, wenn sie am Schultor eingezogen werden …
- Feigenblatt. Umsetzbar nur, wenn die Handys überhaupt nicht mitgebracht werden dürfen.
- Ja. Der (verzweifelte) Versuch, die Wirklichkeit draußen zu halten.
- Da manchmal ungenügende Konzepte vorhanden sind für den sinnvollen Einsatz im Unterricht, wurde die Handynutzung dann lieber verboten.
- Was ich dazu zu sagen habe, steht u. a. hier (aber vielleicht erst nach dem #EDchatDE lesen, ist etwas länger): http://t.co/EnQiClR04r
- Wir alle müssen mit dem „Handywahn" umgehen lernen. Erwachsene/Eltern müssen Vorbild sein, verantwortungsvolle Nutzung zu lernen.
- Finde eh nicht, dass Handyverbot oder Medienerziehung sich ausschließen. Das wird oft so verkauft, von beiden Seiten.

- In practice, „ban on mobiles" often means: Don't use mobiles except for research in lessons. Would be sensible to change label.

Die Kinder sind doch nur abgelenkt mit diesem WhatsApp und so …
Was ist zu tun?

Hier kamen verschiedene Vorschläge, das Handy sinnvoll in den Unterricht einzubinden, damit es sinnvoll und nicht heimlich genutzt wird. Dafür muss es klare Regeln geben.

- Thematisieren. Gemeinsam Regeln festlegen. Diese Energie bündeln und nutzen, vielleicht mit Wikis, Moodle, Blogs …
- Kinder lassen sich ablenken. Dafür braucht es kein WhatsApp. Klare Regeln und ein Bewusstsein für Mediennutzung können helfen.
- Unserer Erfahrung nach: Je mehr das Handy zum Lernen dient, desto weniger führt das Handy zur Ablenkung.
- Handys im Unterricht benutzen. Ein Verbot hält viele nicht von heimlicher Nutzung ab.
- Klare Arbeitsaufträge erteilen (Individualisierung). Manchmal Smartphone ausstellen und Online-Tools nutzen lassen.
- Medienerziehung. Medienerziehung. Medienerziehung. | Fantasie | didaktische Reflexionsfähigkeit.
- Etwas Nützliches und Motivierendes machen (lassen). Wo fällt ihnen nicht einmal ein, WhatsApp zu benutzen?
- Dann halt WhatsApp für den Unterricht dienstbar machen.
- Eine Menge ist zu tun. Man muss Regeln haben, an die sich alle halten. Kein Handy heißt auch, dass die Lehrperson nicht aufs Handy starrt (z. B. Uhr). Konstruktive Nutzung ist wichtig und klare Nutzungszeiten.
- Das Problem an WhatsApp ist nicht die bloße „Ablenkung". Es geht um Druck, Umgangsformen und, ja, Mobbing.

Antworte auf 3 Tweets unterschiedlicher Teilgeberinnen a) zustimmend,
b) kritisch, c) provozierend!

Andreas Heinrich
@andrheinrich

@lacknere: c) Das Smartphone ist mein Lehrerkalender. Ich muss gerade im Unterricht da draufschauen.

18:26 h · 19. May 2015

Elke Höfler
@lacknere

Ganz allgemein: Die Privatsphäre-Leitfäden von @saferinternetat sind großartig: https://t.co/GjjUx4UKJs

⇄ ♥ ↩   18:28h · 19. May 2015

teachermoeller
@teachermoeller

@legereaude: Thx., habe ich auch. Nächste „Generation" Eltern wird mehr eigene Erfahrungen haben. Positiv & negativ.

⇄ ♥ ↩   18:28h · 19. May 2015

André J. Spang
@Tastenspieler

@dropklick: Kann sein. Kann aber auch etwas anderes bedeuten. Dass SuS nicht sehen, was man mit dem Handy machen kann außer chatten?

⇄ ♥ ↩   18:31h · 19. May 2015

> *Habt ihr positive Szenarien eines selbstbestimmten, verantwortungsvollen Umgangs mit Handys in der Schule (im und außerhalb des Unterrichts)?*

Hier wurde auf die Nutzung verschiedener Handyfunktionen verwiesen, z. B. des Internets für Rechercheaufgaben sowie der Kamera oder des Taschenrechners. Aber auch die Nutzung von Handytools, eBooks, Dokumentationen wurde beschrieben. Dadurch wird deutlich, welche vielfältigen Nutzungsmöglichkeiten es gibt und schon eingesetzt werden.

- Schau mal beim School-IT BYOD Projekt Rhein-Waal: http://t.co/5eTYp3d4oJ via @richard_he.
- Do things students only can do with a digital device. For example: Write a blog: https://t.co/EQLWgZOc6N
- I'm still impressed with the reports about Projektschule Goldau (Switzerland): http://t.co/zSSn058TIC
- Hochwertiger Ersatz für Taschenrechner (CAS). Individualisierung des Unterrichts. Mentoring!
- Man stellt eine komplexe Aufgabe, die SuS wählen selbstbestimmt aus, ob Lehrer, Buch oder Google weiterhelfen soll.

- Sensoren im Physikunterricht, Kamera ganz allgemein, Taschenrechner Mathematik, sehr offene Aufgaben zur Recherche …
- Habe z. B. Vokabeln nachschlagen lassen (1 Schüler/in als Vokabelwächter/in).
- Schnell einsetzbare Tools nutzen, die mit dem Handy etwas bringen: LapTeacher Toolbox http://t.co/kayzkxuogs
- Mathe: Dynamische Geometrie, CAS; Sport: Bewegungsanalyse, andere Fächer: eBooks, Dokumentationen.
- We are in our mobiles right now doing great learning. Can model this in class.
- Dokumentation von Projekttagen, Gruppen für ein Wiki. Lernen: Recht am eigenen Bild und Empathie für ungünstige Situationen.

> *Handyverbote sind erst der Anfang. Jetzt kommen die Wearables. Und was werden die Schulen und Pädagogen tun? Prognosen bitte.*

- Wearables habe ich noch gar nicht gekannt. Sind das neue Angstmacher?
- Und dann werden die Wearables auch verboten, bis man endlich versteht, dass man Lern- und Prüfungsszenarien ändern muss.
- Vielleicht werden irgendwann die Fragen so gestellt, dass ich sie eben nicht im Internet finde …
- Wie @beatdoebeli heute getwittert hat: Es gibt ein Uhrenverbot bei Prüfungen an der Uni Bern: https://t.co/ca2UezKPl5
- Verbieten, kontrollieren, schimpfen, jammern. Smartphoneverbot für Schulen könnte das Kondomverbot der Kirche werden :-(.

> *Welche Anregungen, Fragen hast du sonst noch zum Thema?*

Dieser letzte Tweet könnte auch ein gutes Schlusswort sein:

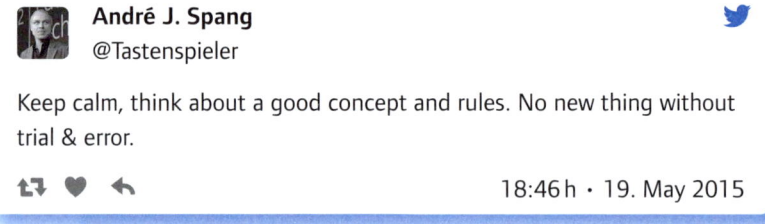

André J. Spang
@Tastenspieler

Keep calm, think about a good concept and rules. No new thing without trial & error.

18:46 h · 19. May 2015

Fazit:

An der Diskussion merkt man, dass Verbote keinen wirklichen didaktischen Mehrwert und schon gar keine „Lösung des Problems" bieten.

Vor allem gab es viele gute Ideen und Impulse, was man mit Smartphones im Unterricht konstruktiv anfangen kann. Und dann ist es eben einfach wichtig, sich mit den Schülern über eine geregelte Nutzung auseinander zu setzen und die so gefundenen Regeln auch einzuhalten – und zwar durch alle.

Um in dieses Thema etwas vertieft einzutauchen, hier drei Lektürempfehlungen:

- Das Thema ist auch ein rechtliches Thema. Hier also ein FAQ zu Rechtsfragen: https://irights.info/artikel/faq-handys-schule-was-ist-erlaubt/24289
- Ein Artikel aus der SZ über eine Schule ohne Handyverbot: http://www.sueddeutsche. de/bildung/handys-in-der-schule-tippen-ohne-tabu-1.1703992
- Ein paar Klassiker der „Meinungsbildung" aus dem SPON: http://www.spiegel.de/ lebenundlernen/schule/handy-verbot-an-schulen-sollen-schueler-smartphones-mitbringen-duerfen-a-984379.html

Link zum vollständigen Protokoll:

- https://docs.google.com/spreadsheets/d/1iZtw0tXNc16DkUTXG9C_iPh483e aAR220ndBaQhg3xM/pubhtml

1.5
Urheberrecht? Mit einem Bein vorm Kadi?
(#EDchatDE vom 5. Mai 2015)

von Elke Höfler

Das Urheberrecht betrifft uns alle, egal, ob wir on- oder offline Materialien erstellen, nutzen oder teilen. Sind wir mal ehrlich: Im Alltagsgeschäft nehmen wir das Risiko einer Urheberrechtsverletzung in Kauf – sei es aus Zeitmangel, Unkenntnis oder weil „eben gerade kein passenderes Material zur Hand war" – vor allem aber, weil man Unterrichtsmaterialien heute sehr leicht digital remixen und bereitstellen kann. Auch Lernende wollen sehr gerne Bilder oder Videos oder Musik nutzen, die sie online finden und daraus kreativ eigene Medienprodukte erstellen und wieder online zur Verfügung stellen. Und dann sind da noch diejenigen, die schon lange ihre Arbeit unter freien Lizenzen zur Verfügung stellen und dann plötzlich feststellen müssen, dass man sich derer bedient, ohne sie als Urheber/in namentlich zu nennen.

Brauchen wir denn ein „neues Urheberrecht"? Müssen wir alle umdenken, auch die Urheber/innen? Sollten wir heute nicht endlich die Möglichkeiten des Netzes nutzen, alle gemeinsam unser Wissen und unsere Ergebnisse zu teilen, um daraus wirklich Großes entstehen zu lassen? Oder ist das nur eine Traumvorstellung, die mit der Realität nichts zu tun hat? Fragen dieser Art wurden in dieser Ausgabe des #EDchatDE diskutiert.

> *Wie sieht das denn aus mit dem Urheberrecht? Was darfst du kopieren oder digitalisieren, welche Filme zeigen, welche Musik abspielen?*

Bereits die erste Frage zeigte die Verzweiflung und Unsicherheit der Teilgeber/innen, die sich zwar vielleicht sogar täglich mit dem Thema beschäftigen, aber dennoch keine Sicherheit in ihrem Tun haben:

- Kopieren nur 20 % des Werkes aber maximal 11 (?) Seiten. Abspielen nur unter Auflagen, die ich nicht kenne. Das alles ist sehr verwirrend.
- Das hat die VG-Wort mit den Verlagen doch gut ausgehandelt. Die üblichen 12 % dürfen zitiert werden, aber keine Ganzschriften etc.
- Nicht mehr als 12 % dürfen übernommen werden, wenn ich mich (ohne nachzuschauen) erinnere. – Mein neuer Wert ist aber 10 %, dafür auch digitale Nutzung möglich.

Und schnell kam das Thema zu Open Educational Resources (OER) als Lösung:

- OER darf ich kopieren :-). Von anderem wenig und auch nur, solange ich eine „Totholzkopie" verteile. Digital geht wenig. :-(
- Bilder unter freier Lizenz nutzen – weit verbreiteter Fehler, siehe hier: http://t.co/pPVUrrdkj4

Die Teilgeber/innen waren sich einig, dass es nur wenige Lehrer/innen gibt, die sich mit dem Thema beschäftigen, die sich der Situation bewusst sind und die die nötige Zeit haben:

- Nicht jeder Lehrer ist sich bewusst über die genauen Gesetze bezüglich des Urheberrechts, da dieses recht umfangreich und unübersichtlich ist.
- Ich behaupte sogar, das KEIN Lehrer, der nicht zugleich Urheberrecht studiert hat, weiß, was er darf und was nicht.
- Es ist die Frage, ob jeder Lehrer alle Regeln im Kopf hat, oder sich im stressigen Alltag daran hält? http://t.co/8wuVfNOmo2
- Wenn man ohne Kopien bzw. Remix auskommen will, muss man sein Material selbst erstellen. (Und wer hat dazu Zeit?)
- Ein schlechtes Gewissen haben nur Kollegen, die gerade bei einer Fortbildung zum Urheberrecht waren #ruthless.

> *Du kennst das: Die Schüler wollen ein Video, Musik oder Bilder remixen und dann veröffentlichen. Das Copyright sagt nein! Und nun?*

In dieser Situation waren viele Lehrpersonen sicher schon einmal. Und alle waren sich einig, die Veröffentlichung zu verbieten. Die Lösungsvorschläge waren dazu jedoch spannend und gingen in die Richtung Aufklärungsarbeit und Sensibilisierung für die Thematik:

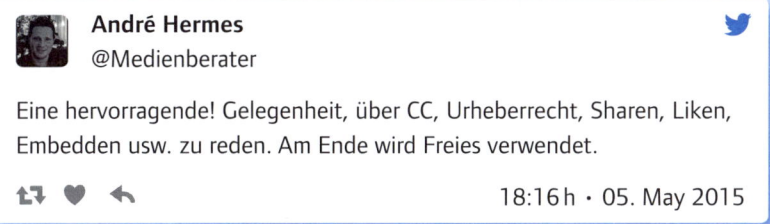

André Hermes
@Medienberater

Eine hervorragende! Gelegenheit, über CC, Urheberrecht, Sharen, Liken, Embedden usw. zu reden. Am Ende wird Freies verwendet.

18:16 h · 05. May 2015

Tipps für das Klassenzimmer und den konkreten Unterrichtsfall durften in der Diskussion nicht fehlen. Manchmal hilft es einfach, den/die Urheber/in zu kontaktieren:

André J. Spang
@Tastenspieler

Wir hatten in Bezug auf ein Bild auch schon mal den Rechteinhaber angeschrieben: Er fand es in Ordnung.

18:18h · 05. May 2015

Wie hältst du es selbst mit dem Copyright? Sind deine Veröffentlichungen unter cc oder/und ©? Warum?

Viele Lehrende scheuen sich, Materialien unter CC zu stellen, weil die Rechtssicherheit in ihren Augen nicht gegeben ist und sie keine Fehler begehen möchten. Bei den Teilgebern sieht es anders aus, wenngleich mit Einschränkungen:

- Das hängt vom Ausgangsmaterial ab. CC ist immer das Ziel, geht aber nicht immer. Wir brauchen eine Bildungsschranke im UrhG.
- CC natürlich! Also … eigentlich …, denn trotz massiver Affinität zu OER gibt es Hinderungsgründe: http://t.co/hcuCCPs7y1

Einige versuchen dabei sogar, möglichst offen zu lizenzieren, beispielsweise unter CC0 (CC Zero) oder WTFPL (Do What The Fuck You Want To Public License):

- Wo möglich CC0, also gemeinfrei. Wo remixed, nach Ursprungslizenzierung unter CC. Immer jedoch frei!
- Ich würde gern unter WTFPL veröffentlichen, aber anscheinend wird mir das Urheberrecht zwangsauferlegt: http://t.co/6kjN682pRc

Antworte auf 3 Tweets unterschiedlicher Teilgeberinnen a) zustimmend, b) kritisch, c) provozierend.

Neben zahlreichen Tipps und Tricks, die im Gesamtprotokoll nachzulesen sind, wurden auch einige kritische Stimmen laut:

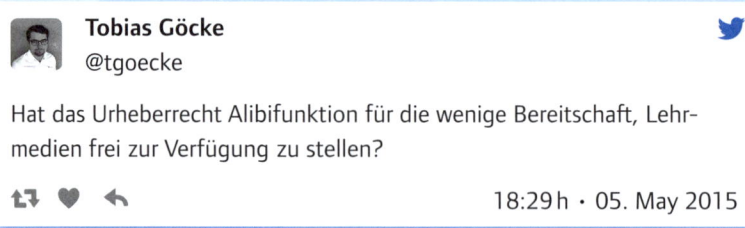

Tobias Göcke
@tgoecke

Hat das Urheberrecht Alibifunktion für die wenige Bereitschaft, Lehrmedien frei zur Verfügung zu stellen?

18:29h · 05. May 2015

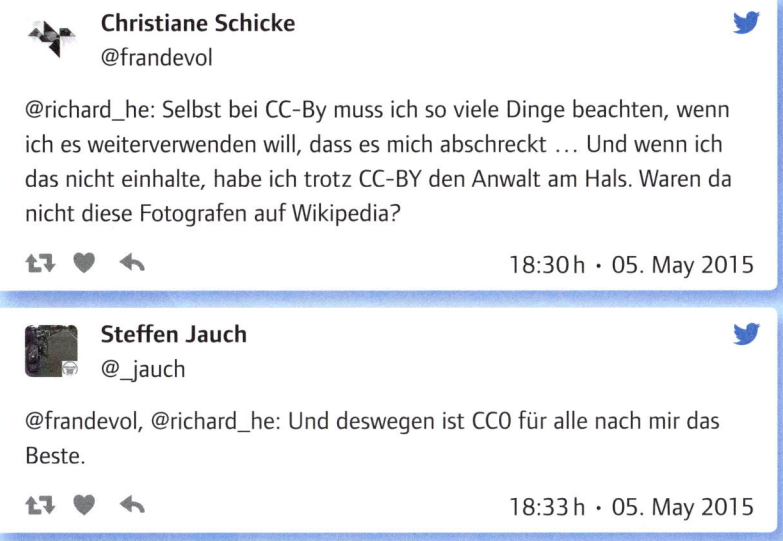

Christiane Schicke
@frandevol

@richard_he: Selbst bei CC-By muss ich so viele Dinge beachten, wenn ich es weiterverwenden will, dass es mich abschreckt … Und wenn ich das nicht einhalte, habe ich trotz CC-BY den Anwalt am Hals. Waren da nicht diese Fotografen auf Wikipedia?

18:30 h · 05. May 2015

Steffen Jauch
@_jauch

@frandevol, @richard_he: Und deswegen ist CC0 für alle nach mir das Beste.

18:33 h · 05. May 2015

> *Deine Protipps: Wo findet man cc-Musik, -Videos, -Bilder? Mit Link bitte!*

Jede Lehrperson hat eigene (geheime) Schatzkisten, die sie öffnet, wenn es um Materialien geht, die unter CC-Lizenzen stehen. Hier wurden einige verraten, die vollständige Liste ist dem Protokoll zu entnehmen:

- Schule: Schöne Zusammenstellung für die Verwendung von Musik/Tönen. Lesenswert dazu: https://t.co/1QuqwKZ1Sn
- Einige meiner Quellen: #EduSlack http://t.co/SvgqoAZyz7
- Meine Sammlung zu OER auf meinem Blog: http://t.co/g5rk3HbWfC

> *Wie kann das Urheberrecht neu gestaltet werden, damit es für künftige Urheber im digitalen Zeitalter des Teilens funktioniert?*

Eine visionäre Frage, die vor allem eines brachte: den Wunsch in der Bildung oder zu Bildungszwecken mehr Freiheiten zu haben. Und ein gesteigertes Bewusstsein für die Thematik im Allgemeinen:

- CC-Lizenzen sollte im Bildungsbereich mehr Bedeutung geschenkt werden.
- Eine Bildungsschranke würde schon viel helfen, dann könnte man ohne Angst in der Schule Fehler machen und daraus lernen.
- Das Urheberrecht sollte übersichtlicher, verständlicher formuliert und in der Komplexität reduziert formuliert sein.

- Wir brauchen einen OER-Booster und Verlage könnten faire (digitale) Nutzungsrechte einräumen. Dann braucht man gar kein neues UR.

Einen schönen Schluss liefern die folgenden beiden Tweets, die das Thema abrunden und nicht nur von Verbot und Erlaubnis ausgehen, sondern auch dem Dazwischen:

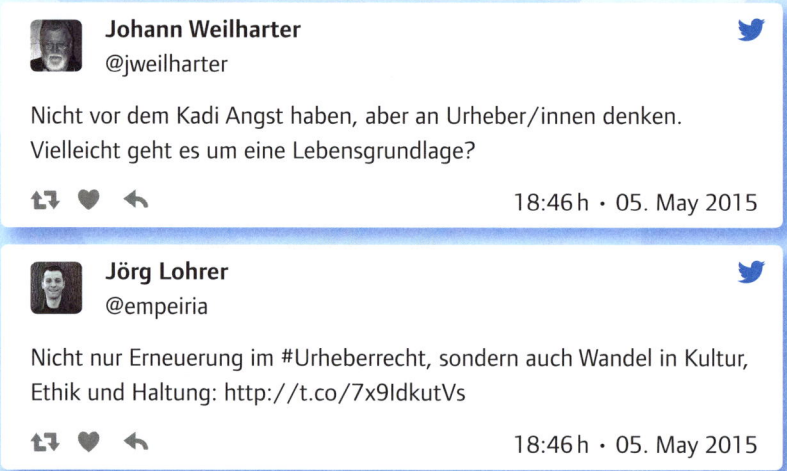

Johann Weilharter
@jweilharter

Nicht vor dem Kadi Angst haben, aber an Urheber/innen denken. Vielleicht geht es um eine Lebensgrundlage?

18:46 h · 05. May 2015

Jörg Lohrer
@empeiria

Nicht nur Erneuerung im #Urheberrecht, sondern auch Wandel in Kultur, Ethik und Haltung: http://t.co/7x9IdkutVs

18:46 h · 05. May 2015

Fazit:

Das Urheberrecht (und verwandte Rechte wie Nutzungsrechte) sind im schulischen Alltag, wie diese Ausgabe des #EDchatDE gezeigt hat, ein heiß diskutiertes Thema, das auch für Unsicherheiten und somit Einschränkungen in der Lehre sorgt. Wer keine Verletzungen des UrhG begehen will, muss sich an traditionelle Medien (wie das Schulbuch) halten oder viel Zeit in die Erstellung eigener Materialien stecken. Doch was steht dazwischen? Die Diskussion hat gezeigt, dass es zwischen den beiden Extrempunkten viele Schattierungen gibt. Und eines scheint klar: Eine Sensibilisierung für die Thematik muss schon in der Schule beginnen und Lehrer/innen und auch Eltern sollten sich ihrer Vorbildfunktion bewusst sein.

Weiterführende Informationen:

- Blogpost zur 77. Ausgabe des #EDchatDE: https://edchatde.wordpress.com/ 2015/05/ 04/zur-vorbereitung-des-77-edchatde-urheberrecht-mit-einem-bein-vorm-kadi/

Link zum vollständigen Protokoll:

- https://docs.google.com/spreadsheets/d/1wbuSoGXzi5sOzQVfBKMCwU4qArke_q1 FreaugmJ3Ix4/pubhtml

von Urs Henning

„Lernen durch Lehren" wurde in den 1980er-Jahren vom Eichstätter Französisch-Didakti-ker Jean-Pol Martin entwickelt (https://jeanpol.wordpress.com/). Nun ist diese Unter-richtsmethode als Thema für den #EDchatDE gewählt worden. Jean-Pol Martin hat den folgenden einleitenden Text verfasst und die damit verbundenen Links zur Vorbereitung auf den Chat bereitgestellt. Er hat auch mitdiskutiert.

„Lernen durch Lehren" (LdL) geht davon aus, dass Menschen danach streben, Lerninhalte selbstständig zu verstehen, in handliche Wissenspakete zu schnüren und weiterzuvermit-teln. Die Aufgabe des Lehrers ist es, anspruchsvolle Inhalte anzubieten und für eine Situa-tion zu sorgen, die den oben beschriebenen Prozess ermöglicht. Im üblichen Klassenunter-richt gelingt es, indem der Lernstoff in kleinen Portionen auf alle Schüler verteilt wird. Die einzelnen Arbeitsgruppen didaktisieren ihre Abschnitte und vermitteln sie ihren Mitschü-lern. Seit dem Web 2.0 ist das Klassenzimmer zur Cloud ausgeweitet und sowohl die Fülle der zu bearbeitenden Inhalte als auch die Didaktisierungstechniken sind spektakulär ange-stiegen. Jeder wird zum Lerner/Lehrer. Allerdings funktioniert das nur, wenn der Aus-gangssatz (die Prämisse) stimmt. Will der Mensch wirklich Lerninhalte verstehen und wei-terleiten?"

> *LdL – Worüber sprechen wir heute Abend: Was gehört für dich zu LdL dazu?*
> *Was weißt du über LdL?*

Erstaunlich viele Teilgeber dieses #EDchatDEs hatten sich schon über LdL informiert oder haben sogar Erfahrung mit LdL:

- Wenn du mehr über LdL erfahren willst, ist es vielleicht eine gute Idee, hier reinzu-schauen: http://t.co/edA05DwP2D.
- Moderieren. Mal die Ruder aus der Hand geben – und lieber den Takt schlagen. Schüler begeistern durch Integration.
- Ich praktiziere LdL mit meinen Schülern, so oft es geht. Die Kenntnisse darüber habe ich durch Learning-by-Doing erhalten.
- It is a really flip of the classroom. You sit in the back and students make the lesson. No video-flip.
- Pupils take role of the teacher – for a limited part of the curriculum, with support from the teacher. They research and inspire.

- Vorbereitung und Nachbereitung findet zu Hause statt. Die Schüler = Lehrer leiten vernetztes Arbeiten und Denken im Unterricht an.
- Ich bin via Twitter über die Methode „gestolpert". Klingt hochinteressant auch für Naturwissenschaften, da es dort oft Verständnisprobleme gibt.
- Pupils teaching from pupils' point of view may make understanding for the peers easier.
- Like asking kids to do research and create a tutorial that will help other kids or peer tutoring.
- Schüler referieren über Schulbuchinhalte als Abi-Training (LdL 1.0)!

> *In manchen Fächern mag LdL ja funktionieren, in meinem aber nicht! Oder doch? Wie?*

Die Teilgeber stimmten darin überein, dass sich LdL in allen Fächern und auf allen Lernstufen einsetzen lässt. Wichtig ist die hohe Motivation der Lernenden, sich intensiv um die Lerninhalte zu bemühen, um dann selbst die Rolle der Lehrenden zu übernehmen.

- LdL funktioniert in allen Fächern. Willkommen im Leben! Jean-Pol gibt ja schon viele Beispiele für unterschiedliche Fächer.
- Fächer gibt's in der Erwachsenenbildung nicht, eher Themen und Topics. Es funktioniert immer, LdL fördert die Motivation.
- Ich habe bislang Erfahrungen in Deutsch, Rechtschreibung und Grammatik (sehr gut) und Geschichte, Schüler gestalten Stunden zu unterschiedlichen Themen (noch besser).
- Dass Lernen Lehren und Lehren Lernen erfordert und erleichtert, hat mit dem Fach wohl wenig zu tun.
- Ich habe LdL bereits in Deutsch und Religion eingesetzt.
- Hier eine LdL-Schulstunde (Mathematik) mit Erich Hammer: http://t.co/0u7EyHkuJ8/ via @dunkelmunkel.
- Ich habe die Methode „Aktives Plenum" eingesetzt. Ich dachte, das funktioniert nie. Jetzt bin ich begeistert und erkenne das Potenzial meiner SuS.
- Es braucht den Mut, dass es auch mal „schief" gehen kann, und die entsprechende Fehlerkultur.

> *Wie können die digitalen Medien LdL unterstützen? Wir wollen konkrete Beispiele und Links!*

- Durch transparente und vernetzte Arbeitsweise auf einem Wiki. Dies fördert die selbstständige Arbeit: http://t.co/kWlkieOxgs
- Das Projekt „KAS-Junior Expert" ist für mich „Best Practice Beispiel". Mehr Infos sind hier zu finden: http://t.co/pfrlq0BvHd. Be a maker not a taker.

- Schüler drehen Lehrvideos. Ein Beispiel (Mathe) ist der @DorFuchs, binomische Formeln: http://t.co/HLMkfsAtcG
- Sorry, allgemeine Antwort: bei kollaborativer Vorbereitung des SuS-Unterrichts, Präsentation (mit Backchannel), Dokumentation.

Welche Aufgaben muss der Lehrer bei LdL im Klassenzimmer übernehmen?

Hier sind sich die Teilgeber einig: Der Lehrer sollte die Methode einführen und sich dann zurücknehmen und im Hintergrund bleiben. Dennoch muss er sehr gut vorbereitet und präsent sein. Er hat die Aufgabe, die Schüler zu motivieren und kontrolliertes Scheitern hinzunehmen bzw. auch einen neuen Versuch anzuregen.

- Sich zurücknehmen. Fehler korrigieren, die die Schüler nicht selbst finden.
- Der „Lehrer" muss sehr gut vorbereitet sein und alle fehlenden Infos zur Verfügung stellen (können).
- Support pupils in preparation of lesson (if necessary) and also during lesson (correct, encourage). No fear of interfering :-).
- Für mich vor allem: Den eigenen Rededrang gnadenlos unterdrücken und die Schüler auch in eine Sackgasse laufen lassen :-).
- Aufgaben-Idee/Frage erklären, Arbeitswege anbieten. Andocken ermöglichen aus eigenem Erfahrungshorizont. Kompetenzen nutzen.
- The teacher must encourage, motivate, keep track and be very present in the background.
- Für didaktische Variation vonseiten der Schüler sorgen.
- Kontrolliertes Scheitern ermöglichen und für einen neuen Versuch Feedback geben und motivieren.
- Erreichen des Ziels verantworten, steuernde Impulse geben (wenn nötig), den roten Faden nachträglich aufzeigen …
- Lehrer müssen die Methode einführen und anleiten.
- Den SuS das Vertrauen vermitteln, dass das psychologisch und technisch klappt.
- Kommunikationsprozess unter Schülern beobachten, unterstützen, ggf. Lernhilfen anbieten, pointieren/zuspitzen, Rolle des Advocatus Diaboli übernehmen.
- Stoff auswählen und aufteilen. Später Impulse geben und beraten. Auch eingreifen und ergänzen.

Wie verschieben sich die Aufgaben des Lehrers, wenn er die digitalen Medien in den LdL-Unterricht einbezieht?

Hier werden unterschiedliche Aspekte genannt: Einmal können Informationen aus dem Netz abgerufen werden, aber auch Inhalte im Netz bereitgestellt werden.

André J. Spang
@Tastenspieler

Digitales LdL: Lernende können sich selbst informieren, vernetzter Arbeiten. #konstruktivismus #konnektivismus #ldl

18:26 h · 06. May 2014

jeanpol
@jeanpol

Schülern helfen, gute Didaktisierungen fürs Netz vorzubereiten.

18:26 h · 06. May 2014

jeanpol
@jeanpol

Sehr komplexe Inhalte ansteuern. keine Angst vor Überforderung. UNO-Planspiel im Netz.

18:28 h · 06. May 2014

jeanpol
@jeanpol

Sich freuen, dass SuS süchtig nach infos im netz werden und dass disziplinprobleme weg.

18:30 h · 06. May 2014

> *Bringt denn dieses LdL wirklich was? Plötzlich sollen die Schüler Experten sein? Wir sind doch die Experten!*

Hier wird betont, dass die Lehrer als Experten die Schüler unterstützen können, selbst Experten zu werden. Auch wird darauf hingewiesen, dass die Methode die Schüler schnell zu Experten macht und hierbei wichtige Schlüsselkompetenzen für Beruf und Studium erlernt werden.

- „Because" we are the experts, we can help pupils to teach their peers, after thorough preparation.
- Experten sind nur als Pädagogen gefragt: http://t.co/HYpW3jw1uO

- Diese Frage müsste man mal empirisch untersuchen. Da helfen keine subjektiven Bekenntniswirklichkeiten, sondern nur Fakten.
- Schüler werden im Nu zu Experten oder sind es bereits: Ressourcenorientierung
- Schüler können meist mehr, als wir Lehrer ihnen zutrauen. Das „Loslassen„ ist nicht ganz einfach, aber lohnenswert!
- Den SuS kann es bei der Selbstverwirklichung und bei der Entwicklung der eigenen Persönlichkeit helfen! (Maslow)
- Die hier eingesetzten Kompetenzen wie Planungsfähigkeit, Teamfähigkeit, Zuverlässigkeit, Moderierfähigkeit sind Schlüsselkompetenzen für Studium und Wirtschaft.

> *Expertenmonopole sind vorbei. LdL ist im Netz doch schon Alltag: Wie bringen wir das in die analoge Schule?*

Hier gehen die Meinungen auseinander:
- Den Schülern ihre Wissens-, Welt- und Kulturzugangsgeräte nicht verbieten, sondern im Klassenraum für LdL-Szenarien nutzen.
- Einfach machen. Die SuS fordern es dann auch in anderen Fächern ein …
- Ganz schön gewagte These. Nur weil im Netz viel kommuniziert wird, wird nicht unbedingt viel gelernt.
- Wenn es z. B. „fertige" Videos auf Youtube oder Podcasts zum Thema gibt, diese nutzen und vorschlagen, dort zu suchen!
- SchülerInnen werden im Bereich Web 2.0 und Neue Medien für die Lehrerweiterbildung eingesetzt.

Es kam noch die Frage auf, ob sich der Lernerfolg bei LdL emprisch belegen lässt.

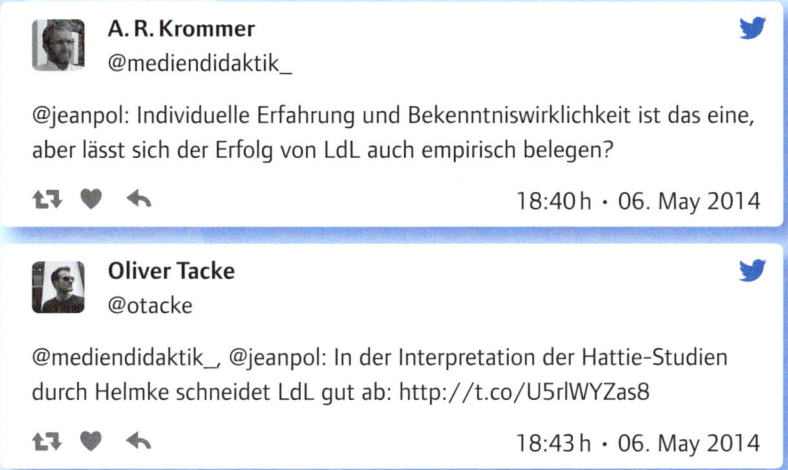

A. R. Krommer
@mediendidaktik_

@jeanpol: Individuelle Erfahrung und Bekenntniswirklichkeit ist das eine, aber lässt sich der Erfolg von LdL auch empirisch belegen?

18:40 h · 06. May 2014

Oliver Tacke
@otacke

@mediendidaktik_, @jeanpol: In der Interpretation der Hattie-Studien durch Helmke schneidet LdL gut ab: http://t.co/U5rlWYZas8

18:43 h · 06. May 2014

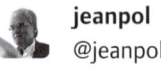 **jeanpol**
@jeanpol

Alles empirisch belegt in meiner habilschrift und vor allem in meiner 30-jährigen lehrzeit!

↲ ♥ ↩   18:42 h · 06. May 2014

 *Welche Anregungen, Anmerkungen, Fragen hast du sonst noch zum Thema?*

- Spannender, umfassender Pearltree von Marc Schakinnis: http://t.co/4OkIelFYHT
- Es ist hoch interessant, zu beobachten, wie ernst SuS eine selbst gestaltete Stunde angehen. Nicht zu vergleichen mit einem Referat!
- Habe mal was über LdL geschrieben, u. a. das hier http://t.co/sXxvcEZhjQ
- Helmke analysiert Hattie und stellt fest: LdL steht als Methode der Zukunft ganz oben.
- Ein Vortrag von Dr. Joachim Grzega als Einführung in LdL: https://t.co/d6gACBXjZb

Fazit:

LdL unterstützt die Fähigkeit zu planen, zuverlässig im Team zu arbeiten und zu moderieren. Dies sind alles Schlüsselkompetenzen für Studium und Beruf. LdL steht als Methode der Zukunft ganz oben.

Vermehrt wurde in diesem #EDchatDE auch auf den ldlmooc hingewiesen, der unter dem Motto von Rosa Luxemburg stand: „Man lernt am schnellsten und besten, indem man andere lehrt." Die Inhalte sind auch jetzt noch zugänglich: http://ldlmooc.blogspot.ch/p/vorbereitung.html

Weitere Chats zum Thema:

- „Lehrer oder Lernbegleiter: Kontrollverlust als Programm?" #EDchatDE Nr. 89 #Summer-Special vom 28.7.2015: https://wiki.andrespang.de/index.php?title=EDchatDE_Archiv_2015#Tweetprotokoll_zum_28.7.15_-_89._.23EDchatDE_.23SummerSpecial_.E2.80.9ELehrer_oder_Lernbegleiter:_Kontrollverlust_als_Programm.3F.E2.80.9C

Weitere Infos zu diesem Thema finden sich hier:

- Berger, Grzega, Spannagel (Herausgeber): Lernen durch Lehren im Fokus. Berichte von LdL-Einsteigern und LdL-Experten: 2011. http://www.epubli.de/shop/buch/Lernen-durch-Lehren-im-Fokus-Berger-Grzega-Spannagel-Herausgeber-9783737578608/48540
- Cau, Laura (Referendarin in Neumarkt/Oberpfalz): Der LdL-Blog. Lernen durch Lehren in der Praxis: https://fightforldl.wordpress.com/

- Luu, Trang: Learning by teaching. Aus: Treibhäuser der Zukunft, 2004: https://www.youtube.com/watch?v=_lL8_4DHgnY https://www.youtube.com/watch?v=_lL8_4DHgnY
- Martin, Jean-Pol: Anthropologische Voraussetzungen. Sessionsmitschnitt beim educamp 2014 in Frankfurt: https://www.youtube.com/watch?v=WeB8-27FYZA https://www.youtube.com/watch?v=WeB8-27FYZA
- Martin, Jean-Pol: Jean-Pol Martins Weblog. Überblick über die wichtigsten Quellen seit 1986: https://jeanpol.wordpress.com/2014/04/30/ldl-mooc-alles-beisammen-artikel-blogs-videos/
- Wikipedia: „Lernen durch Lehren": https://de.wikipedia.org/wiki/Lernen_durch_Lehren

Link zum vollständigen Protokoll:

- https://docs.google.com/spreadsheets/d/1lGEbkVqf2GPiu6mQeMcX0De9yb4dJorapLzoA8InFNQ/pubhtml

1.7
Kreative alternative Prüfungsformen mit Neuen Medien (#EDchatDE vom 18. Februar 2014)

von Torsten Larbig

Kein langes Vorwort, springen wir direkt in das Thema Prüfungen hinein und stellen wir die Sinnfrage:

> *Welche Ziele verfolgst du mit Prüfungen?*

Na, gar nicht so einfach. Oder? Hier ein paar Anregungen von Lehrkräften, die auf Twitter unterwegs sind:

- Meine Behauptung: Im traditionellen System scheinen Prüfungen oft DER Grund zu sein, dass SuS überhaupt lernen …
- Ich führe eine Wissenskontrolle nach Vorschrift aus. Alternativen wie z. B. „Facharbeiten" sind mir aber lieber, da sie meist kreativer sind.

Hier eine kurze Diskussion darüber, ob und wie individuelle Lernfortschritte ermittelt werden können:

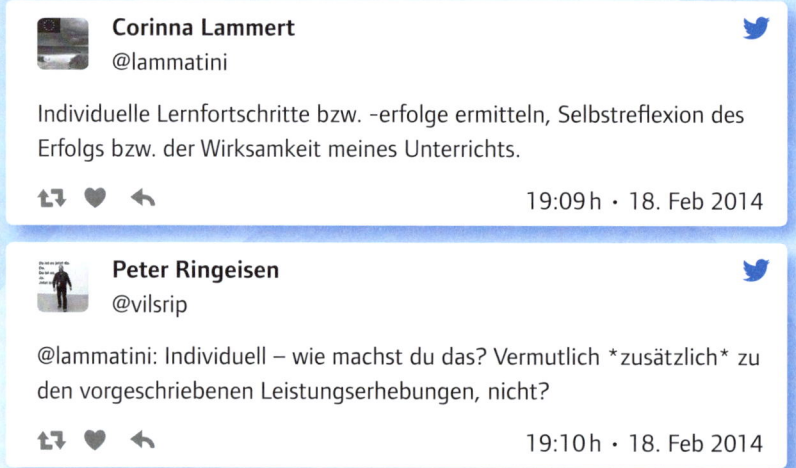

Corinna Lammert
@lammatini

Individuelle Lernfortschritte bzw. -erfolge ermitteln, Selbstreflexion des Erfolgs bzw. der Wirksamkeit meines Unterrichts.

19:09 h · 18. Feb 2014

Peter Ringeisen
@vilsrip

@lammatini: Individuell – wie machst du das? Vermutlich *zusätzlich* zu den vorgeschriebenen Leistungserhebungen, nicht?

19:10 h · 18. Feb 2014

 **Corinna Lammert**
@lammatini

@vilsrip: Kann doch bei Klassenarbeit die individuellen Lernfortschritte
der einzelnen SuS ermitteln, wenn ich ihren Ausgangspunkt kenne.

   19:12 h · 18. Feb 2014

Und hier noch eine weitere Diskussion darüber, ob und wie ein tieferes Verständnis von
Zusammenhängen abgefragt werden kann:

 **Gabriele Cierniak**
@gcierniak

Im Idealfall kann in Prüfungen gezeigt werden, dass tieferes Verständnis
und Zusammenhänge verschiedener Themen klar sind.

                                                                    19:09 h · 18. Feb 2014

 Ines Bieler
@seni_bl

@gcierniak: Da muss dann aber auch die Aufgabenstellung gut sein.

                                                                    19:11 h · 18. Feb 2014

 Christiane Schicke
@frandevol

Ehrlich? Rechtsanwälten so wenig Angriffsfläche wie möglich bieten. Ich
käme ohne aus.

                                             19:11 h · 18. Feb 2014

 Monika Heusinger
@M_Heusinger

@seni_bl: Die Leistungsmessungen müssen dann aus kompetenzorien-
tierten Aufgaben bestehen.

                        19:12 h · 18. Feb 2014

Nach so viel Hin und Her zwischen Evaluation und Zwang und angesichts der Tatsache, dass in vielen Bundesländern ein schriftlicher Leistungsnachweis im Range einer Klassenarbeit durch eine gleichwertige Alternative ersetzt werden kann – einfach mal im Schulgesetz des eigenen Landes nachschauen, wenn es da Unklarheiten gibt –, direkt die damit verbundene Frage, deren Beantwortung so spannend ausfällt, dass dieser Frage hier mehr Raum als üblich gegeben werden soll:

> *Facharbeit, Portfolio, Projektarbeit: Erfahrungen mit schon verbreiteten alternativen Prüfungsformen?*

- Ich habe Erfahrung mit Wiki und Online-Lerntagebuch mit Kommentarfunktion
- Ich habe gute Erfahrungen mit Portfolioarbeit: http://t.co/VbUx4JMtM0. Gerade heute: Tolle Ausstellung/Präsentationen der Facharbeiten.
- Ich habe viele Facharbeiten betreut, zuletzt eine Schülerin, die selbst Unterricht gestalten sollte. War bisher immer lehrreich.
- Bloggen, Wikitexte, Filme, Interviews. Auch „statt Klausur" mit Zeitvorgabe.
- Portfolio-Arbeit Englisch, Projekt-Arbeit in Geschichte. Bisher nur als eine Klausurersatzleistung, laut Fachanforderungen.
- Formative assessments & portfolios take teachers out of comfort zone? More training required?
- Portfolio war Thema des 1. Examens. „Richtige" Portfolioarbeit ist sehr schwer. Es wäre mir zu wertvoll, um es zu bewerten.
- SuS halten keinen Vortrag sondern erstellen eigene Internetseite mit https://t.co/CI-2u9TQapa, Vortrag mit prezi – mündlicher Vortrag.
- Ein Lerntagebuch ist sicherlich gut für Menschen, die lange nicht mehr im formalen Bildungssystem waren.
- Notengebung ist immer problematisch http://t.co/WHXWEtpuhH, auch bei alternativen Prüfungsformen.
- Lehrer haben viel Spielraum übers Jahr, ansonsten sind Schularbeiten in Österreich Pflicht.
- Das Ganze wird spannend mit der Einführung von Kompetenzen & Bildungsstandards, die nicht wirklich in Prüfungen bewertet werden.
- Alternative Prüfungsformen sind auf jeden Fall nicht weniger arbeitsintensiv.

Nun aber weg von den Alternativen. In Dänemark hat man bereits 2010 mit dem Laptop im Abitur experimentiert (www.sueddeutsche.de/karriere/online-im-unterricht-abi-mit-google-1.140530), in Deutschland ist man da noch eher distanziert gegenüber der Frage, ob man digitale Medien in „normalen" Prüfungen zulassen soll oder nicht:

Herr B.
@legereaude

Nein, denn dann müssten die Aufgaben so gestellt werden, dass es wirklich um Kompetenzen und Fähigkeiten ginge.

⟲ ♥ ⬑   19:23 h · 18. Feb 2014

Herr B.
@legereaude

Stellt euch vor, alle Medien wären erlaubt. Wie könnte man eine Aufgabe stellen?

⟲ ♥ ⬑   19:23 h · 18. Feb 2014

Verena Zimmer
@blaho_blaho

@legereaude: Schüler mussten eine Transferleistung zeigen … dass sie die big idea verstanden haben.

⟲ ♥ ⬑   19:24 h · 18. Feb 2014

Und es gab viele bei diesem #EDchatDE, die genau darauf hinwiesen, dass die Aufgabenstellung der Knackpunkt ist … Und sonst?

- Kreativer „Betrug" von Schülern gehört wohl zur Regelschule. – Das hat wohl was mit Zensuren zu tun.
- Mogeln soll ja auch ohne Technik möglich sein!
- Der SEB der ETH ist eine abgesicherte Browser-Applikation zur Durchführung von Online-Prüfungen: http://t.co/QelCYmSIxh.
- Für Betrug benötigt man keinen Computer.
- Ist Auswendiglernen und Bulimielernen nicht biologisches Copy+Paste? Wo ist denn der Mehrwert im stupiden Formellernen?

Was nun, wenn wir die Frage nicht mehr als Frage nehmen, sondern uns einfach mal vorstellen, was eigentlich wäre, wenn …?

Stopp – Erst der eigenen Fantasie Raum geben – und dann lesen, was im #EDchatDE für Ideen entwickelt wurden …

- Lerne im Videochat mit Schülern aus UK pro Woche 25 neue Vokabeln. Lege das Vokabelheft vor, damit machen wir dann Vokabeltest.
- Guckst du hier: Mini Device – maxi Abitur: http://t.co/W6sXoIy1rm
- For example: Students create an eBook (features of a non fiction text page).
- Students create an infographic to show their understanding.
- Gruppenarbeiten, die dank digitalem Stempel analysierbar sind, digital erstellt – und im Idealfall nicht örtlich begrenzt.
- Erstelle eine kommentierte Linkliste zum Thema xy – Bewerte die Links und begründe Bewertung!
- Vielleicht gibt es im digtialen Zeitalter keine Prüfung mehr, sondern diagnostische Beobachtungen und erreichte Kompetenzstufen?
- Ich stelle viele Fragen, die SuS picken sich die Schreibanregungen heraus und individuelle Texte entstehen.
- Vergleiche die Materialien X und Y hinsichtlich ihrer Einsatzmöglichkeit für die Anwendung Z und beurteile die Nachhaltigkeit.
- Peer-Feedbacks im Deutschunterricht: Rückmeldungen zu Kollegen-Aufsätzen. http://t.co/15FRvqQSyK
- Bin eben dabei, einen Klassenaustausch via Blog mit amerikanischer Klasse zu organisieren. Überprüfe darüber verschiedene Kompetenzen.

Und es gäbe sicher noch viel mehr Ideen … Hier wäre jetzt noch einmal der Punkt, innezuhalten, zu überlegen, welche der genannten Ideen für den eigenen Unterricht in Frage kommen – oder vielleicht regen die genannten Ideen ja auch noch ganz andere Fantasien an … Aber eine Frage bleibt bei Prüfungen immer bestehen, der es sich zu stellen gilt:

Prüfungen mit digitalen Medien und verfügbarem Internet: Das Ende der Noten? Endlich?!

Diese Frage lässt sich mit einem knappen Austausch dreier Teilgeber beim #EDchatDE zusammenfassen:

- Nenn das Pferd, wie du willst, es bleibt ein Pferd.
- Leistungsbewertung – Note – Badge – Lernstand – Kompetenzlevel! Wer hat noch nicht, wer will noch mal?
- Badges als Alternative zu Noten. Weg mit den Noten. http://t.co/zvJYCEC1TW

Und hier noch ein zweiter „Dialog", der sich zum Thema ergab:

 **Christiane Schicke**
@frandevol

In einem gut gemachten Verbalzeugnis beschreiben wir Lernstände und Kompetenzen. Es geht gut ohne Zensuren.

19:44 h · 18. Feb 2014

 HerrMess
@herr_mess

@frandevol: Ich hab in der Woche 300 SuS. Zu JEDEM ein ausführliches Verbalzeugnis? #burnoutcoming …

19:45 h · 18. Feb 2014

 Torsten Larbig
@herrlarbig

@frandevol: Verbales machen wir gerne verbal. Von Angesicht zu Angesicht intensive Beratung. Noten nur Teil dieses Prozesses.

19:45 h · 18. Feb 2014

 Gabriele Cierniak
@gcierniak

@frandevol: Sind numerische Bewertungen wertlos? Nichtssagend? Herabwürdigend? Real question.

19:45 h · 18. Feb 2014

Alfred Thumser
@AlfredThumser

@gcierniak, @frandevol: Noten sind auch für die Studenten „benchmark"?

19:46 h · 18. Feb 2014

Peter Ringeisen
@vilsrip

@gcierniak, @frandevol: „Herabwürdigend" werden vor allem Noten schlechter als „befriedigend" empfunden. Am besten mit Hilfsangebot koppeln.

19:48 h · 18. Feb 2014

Fazit:

Neue Prüfungsformen sind denkbar. Das Nachdenken über sie ist bereits heute spannend, auch wenn man in ein gewisses Spannungsverhältnis zu Vorgaben des Schulrechts tritt, weil sich daraus vielleicht noch keine Prüfungen ergeben, aber manchmal spannende Ideen für den laufenden Unterricht.

Links zum Thema:

- Auf diesen Artikel stößt man bei der Recherche schnell. Leider kommt das Wort „Klassenarbeit" nur in der Überschrift vor Als Einführung in die Problematik aber ist das geeignet: www.deutschlandfunk.de/ipad-raus-klassenarbeit.680.de.html?dram:article_id=251027
- Diese Website verschreibt sich ganz konstruktivistischen Unterrichtsmethoden. Wie man daraus Prüfungsformen machen kann und wie man – was immer man auch darunter verstehen mag – hier neue Medien einsetzen kann? http://methodenpool.uni-koeln.de/
- Endlich fündig geworden: In Köln wurde schon mal eine Klassenarbeit in einem Wiki und sozusagen weltöffentlich geschrieben: http://kas.zum.de/wiki/Klassenarbeit
- Und hier noch ein Beitrag aus Köln, der Ideen für den Unterricht mit Tablets enthält: https://ipadkas.wordpress.com/2011/12/22/11-monate-ipad-kas-ein-review-mit-perspektive/
- Steht zwar nicht dabei, aber dieser Blog aus Frankfurt/Main entstand als Ersatz für eine Klausur. In Hessen ist es möglich, eine Klausur pro Schuljahr durch eine äquivalente Leistung zu ersetzen. Das ist dann auch schon ein Hinweis, wie man alternative Prüfungsformen bereits an welcher Stelle im Unterricht einsetzen kann: https://religk2013.wordpress.com
- Der Spiegel berichtete hier über eine Laptopklasse in Dänemark. Klassenarbeiten werden zwar erwähnt, aber es bleibt völlig offen, wie diese ausgestaltet werden: www.spiegel.de/schulspiegel/daenemark-digital-am-orestad-gymnasium-wird-ohne-papier-unterrichtet-a-858526.html
- In diesem Beitrag aus Ilmenau wird erläutert, dass es für die Laptops einen Prüfungsmodus gebe, der den Zugriff nur auf Prüfungsunterlagen zulasse. Mehr Infos dazu leider auch hier nicht. Der #EDchatDE hat also einiges zu klären: www.thueringer-allgemeine.

de/web/zgt/leben/detail/-/specific/Laptops-sind-fuer-Ilmenauer-Schueler-im-Unterricht-erlaubt-1714221728

- Hier geht es im letzten Abschnitt um Klassenarbeiten mit dem Laptop: www.welt.de/print-welt/article514073/Laptop-statt-Schulheft-Unterricht-der-Zukunft.html
- Offtopic, aber doch irgendwie zum allgemein passend ein Band der Konrad-Adenauer-Stiftung zur „Erziehung in der Wohlstandsgesellschaft. Aufwachsen mit Konsum und Medien": www.kas.de/wf/doc/kas_33293-544-1-30.pdf?13021215 1651
- Rethinking Testing in the Age of the iPad: #EDchatDE www.edweek.org/dd/articles/2012/ 02/08/02mobile.h05.html
- Effective Assessment in a Digital Age A guide to technology-enhanced assessment and feedback: www.webarchive.org.uk/wayback/archive/20140614115719/http://www.jisc.ac.uk/media/documents/programmes/elearning/digiassass_eada.pdf

Link zum vollständigen Protokoll:

- https://docs.google.com/spreadsheets/d/1IJYOMknVBqtarRNXasYiCrNwDzNIr TLhdOxSciYAVAI/pub?single=true&gid=0&output=html

1.8
Hölle Referendariat? (#EDchatDE vom 27. Januar 2015)

von Peter Jochum

John Hattie bezeichnet in einem Interview die Lehrerausbildung als „weltweit die am meisten notleidene Einrichtung, die ich kenne", und fährt fort: „Sie ist teuer, und ihre Effekte sind zweifelhaft".[1] Diese Einschätzung stützt tendenziell die gefühlte „Hölle" Referendariat. Dabei sind Junglehrer hungrig. Sie sollen es besser machen. Lehrerausbildung stellt die Weichen für die nächsten dreißig Jahre Schul- und Unterrichtsentwicklung. Welche Handlungsfelder ergeben sich für Lehramtsstudium und Referendariat – und welchen Beitrag kann Digitalisierung dabei leisten?

Dschungelcamp oder was war die Hölle in deinem Referendariat?

Das Referendariat wird häufig als eine Zeit der „Dauerkrise" erlebt. Hauptkritikpunkte sind: disparate Ansprüche, instransparente Bewertungen, asymmetrische Kommunikation, einseitige Defizitorientierung, schlechtes bzw. fehlendes didaktisches Feedback sowie zu viele bewertende bzw. zu wenig beratende Anteile.

- Unterschiedlichste Ansprüche zu befriedigen von 2 Mentoren, 3 Fachleitern, Studienseminarleiter, Schulleiter, Klassenlehrer.
- Meine Hölle waren nur die Fahrtwege zwischen Seminaren und Ausbildungsschule und mein eigener Perfektionismus.
- 18 Lehrproben mit je 20 bis 30 Stunden Vorbereitungszeit, die danach sekundenweise seziert wurden, eine überhöhte Bedeutung haben.
- „Dschungelcamp" trifft es gut – und obwohl ich ein Star war, hat mich keiner rausgeholt.
- Es gibt viele Problemfelder: Seminarqualität, Mentorenqualifizierung, Schulorganisation und (un-)gewollter psychischer Druck.
- Eher von den Formalien her ein Dschungel. Schulbürokratie ist (k)ein extra Kurs.
- Ständige, ununterbrochene Beobachtung KANN sehr hemmend sein.
- Das Gefühl „zwischen allen Stühlen zu sitzen" war nicht schön.
- Es gibt einfach Referendartypen, die sehr schwierig sind: http://t.co/zeknZLRk58
- Unser Fachleiter präsentierte immer nach der Stunde „das perfekte Tafelbild", statt mit uns vorher Lösungen zu suchen.
- Das Prüfungs-„Sperrfeuer". Hab's als Dauerzustand empfunden.
- Willkür, mangelnde Transparenz, Machtspiele – Bewertungen, von denen deine Jobchancen abhängen, sind oft undurchsichtig.

---

1   Zit. n. Klaus Zierer (2015): Hattie für gestresste Lehrer. Baltmannsweiler, S. 15

- Die Hölle war der eigene Anspruch; die damit verbundene Wahnsinnsarbeit. Ach ja und die geringe Aufwandsentschädigung.

Das Thema Angst scheint bei Referendaren durchaus eine Rolle zu spielen. Dabei treten unterschiedliche Ängste auf.

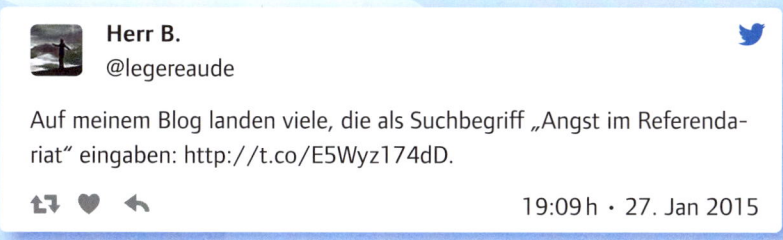

Aber es gibt auch Ausnahmen:

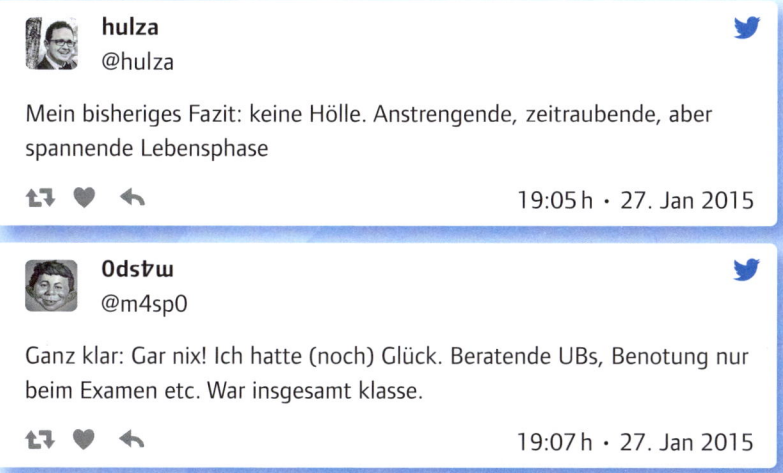

> *Wo Schatten ist, ist auch Licht: So schlecht war es nun auch wieder nicht, oder?*
> *Deine Glanzstunden!*

Positive Glanzpunkte bilden komplementär das Erleben von Kooperation und Vernetzung unter den Referendaren/Kollegen, eigene unterrichtspraktische Erfahrungen, positives Feedback sowie eine faire, transparente und konstruktive Beurteilung und auch Hilfe durch Mentoren.

- Mentor, der mit mir vorher die Planung der Unterrichtsstunden durchsprach und hilfreiche Verbesserungen vorschlug.
- Glanzstunden? Wenn die Kollegen dankbar für Ideen, Anregungen und Beistand sind.

- Die Kooperation und Zusammenhalt unter den Referendaren war toll.
- AG und Schulband – das machte wirklich Spaß, weil man selbstständig arbeiten konnte und viel lernte: learningbydoing.
- Wenn ich gesagt oder gezeigt bekomme, dass ich was gut gemacht habe, dass man mir vertrauen kann.
- Direkter Einstieg in eigenverantwortlichen Unterricht. Schön, dass viel Vertrauen in Tätigkeit entgegengebracht wurde.
- Wir hatten noch Zeit, anzukommen. Wenig Druck zu Beginn. Das habe ich auch gebraucht. Kooperation mit anderen Referendaren, gemeinsame Planungen, Kicker und Bier mit Fachleiter, Exkursionen mit Seminar(en).
- Transparente, kriteriengeleitete, progressive Bewertung, hilfreiche Mentoren.
- Stunde, deren Entwurf und Durchführung weit auseinander waren, weil ich auf aktuelle Klassensituation einging – Glanzstunde.
- Viele feste Freundschaften, die sich gebildet haben. Die Erkenntnis, dass einen danach nichts mehr schocken kann.

> **Was ist das Ziel des Referendariates? Was würdest du ändern, wenn du könntest?**

Als Ziel des Referendariats werden weniger die Planung des idealen Unterrichts oder ausgefeilte didaktische Überlegungen angesehen, sondern vielmehr konkrete Unterrichtshilfen, das Üben und Improvisieren. Symptomatisch dafür ist der Vorschlag eines Teilgebers, als Lehrprobe eine Vertretungsstunde mit 30-minütiger Vorbereitungszeit planen zu lassen.

- Wie schafft man Selbstständigkeit? Durch Ermutigung, Zutrauen und größtmöglichen Freiraum.
- Ziel laut unserer Ausbildungsordnung: „Selbstständig den Beruf der Lehrerin oder des Lehrers ausüben zu können."
- Ändern kann man nur sich selbst. Ich hätte mir von Fachleitern etwas mehr Respekt gegenüber Referendaren gewünscht.
- Ziel ist es wohl, Praxiserfahrung zu sammeln und zu reflektieren.
- Ein Berufseinsteigermodell mit allmählich ansteigender Stundenzahl nach dem Ref einführen. Das wär mal was.
- Konkret: Eine Lehrprobe als „spontane" Vertretungsstunde, mit halber Stunde Vorbereitung.
- Die Fähigkeit zur eigenständigen Verantwortung und Reflexion von Unterricht.
- Ganz konkrete Praxisausrichtung, Portfolio von Stunden und Unterrichtsreihen erstellen, mehr peer2peer.
- Referendariat und Studium verzahnen, um Praxisschock zu vermeiden.
- Vorzeigestunden, bei denen man Punktabzug bekommt, weil man sich nicht strikt an den Plan hielt, sind weltfremd.

- Ausbildungszeit wieder verlängern, wirklich begleiteter Unterricht im 1. Jahr, keine Benotungen (!) vor dem Examen.
- Transparente Bewertungen. Klare Ansprüche. Je nach Fachleitung „schwimmt" man ...
- Die Ausbildungslehrer sollten ein Danke vom Land erhalten. Sie leisten viel!
- Seminare sinnvoller gestalten, „Lehrproben" vielleicht auch mal spontan durchführen, Schüler-Lehrer-Beziehung in den Vordergrund stellen.
- Mehr PRAXIS in UNI, im Referendariat: Themen ,digitale Bildung' und ,Inklusion' integrieren.
- 21st century skills bei (zukünftigen) Lehrenden fördern, damit sie diese später auch bei Lernenden fördern.
- Erlernen von transparenter Bewertung, Entwicklung von Bewertungskritierien und deren Kommunikation.
- Wir brauchen verbindliche Kriterienkataloge als Transparenzbögen für die Refs.
- Üben von improvisiertem Unterricht. Unterricht = 10 % Vorbereitung + 90 % Jazz.

> **Wurdest du im Studium auf das Referendariat vorbereitet? Was war gut, was hat gefehlt?**

Die Verzahnung von Studium und Referendariat erscheint eher locker – eine Tatsache, die von den Teilgebenden unterschiedlich bewertet wird: Während manche eine berufspraktische Orientierung das Fachstudiums rundheraus ablehnen, wird von anderen die universitäre „Contentlawine" ohne Schulbezug bemängelt.

- Nicht wirklich, dazu waren die Praxisphasen zu kurz. Lehrerausbildung läuft bei vielen Unis aber auch nur „nebenbei".
- Schulisch gesehen nicht wirklich. In jedem Fach ein kurzes Schulpraktikum: das ist zu wenig.
- Sorry, aber das Studium ist ein Studium und keine Berufspraxisvorbereitungsagentur.
- Nein, aber das ist gut so. Der Schrei nach Praxisbezug ist Quatsch. Fachstudium lehrt andere Dinge: http://t.co/5W6RSN2urJ
- Studium hat nichts mit dem Schulleben zu tun. Und das ist gut so.
- Im Studium geht es um Fachwissenschaften, um Entwicklungspsychologie etc. Das Referendariat sollte für Praxis zuständig sein.
- Nein, mein Studium hatte quasi null Praxisanteile. Bin zu alt.
- Vereinfacht gesagt: Die reinste Contentlawine, die man nicht braucht.
- Leider fehlt vielen Ausbildern an der Uni der enge Bezug zur Schule / zum Schulalltag – das vermisse ich im Nachhinein.
- Ich habe mich im Studium als Wissenschaftler gesehen. Im Referendariat als Praktiker. Heute sehe ich mich als beides.

Das Referendariat wird als hilfreich bewertet, aber die Teilgeber sehen einen deutlichen Entwicklungsspielraum …

- Ja. Hat geholfen. UND: Da war und ist noch Entwicklungsspielraum.
- Hilfe bei: Stressresistenz, Selbstdisziplin, Nein-Sagen, Organisation des Alltags.
- Ich hab tatsächlich gelernt, das perfekte Tafelbild zu machen.
- Klar hat das Referendariat geholfen. Aber wie beim Autofahren: Hinterher lernt man es (meist) richtig.
- Ja, deutlicher Spielraum. Die größte Entwicklung macht man wohl in den ersten 4 Berufsjahren durch und nicht im Referenariat.
- OECD: „Das Unterrichten vor der Klasse lernen Lehrer in Deutschland kaum …"
- Nun, das Ref ist eine kontinuierliche, von außen geplante persönliche Dauerkrise. Entwicklung beginnt weitgehend später.
- Referendariat: Werkzeuge erlernt. Beruf: Umgang mit Werkzeugen üben, neue kennenlernen, ausprobieren, eigene entwickeln, austauschen.
- Das Referendariat war für mich dort am besten, wo ich die vermeintlichen Ausbildererwartungen ignorierte – und sie das genossen.
- Ja, denn es hat mir die Grenzen des Möglichen gezeigt. Positiv wie negativ.
- Verkopfte, an den Haaren herbeigezogen pädagogisierte Zauber-Vormachstunden haben nichts gebracht. Realität ist anders. Aber nach dem Studium hätte ich noch nicht (gut) unterrichten können! Die viele Arbeit im Referendariat hat sich bezahlt gemacht.

> **Können digitale Medien beim Referendariat helfen? Waren sie sogar Thema im Seminar? Oder ist dir Papier doch lieber?**

Digitale Medien scheinen im Referendariat nach wie vor eine geringe Rolle zu spielen. Vorwiegend werden schulische „Eigengewächse" wie *lo-net* oder *Moodle* als „Data dump" eingesetzt. Wer Glück hat, lernt den konstruktiven Einsatz von Smartboard und Tablet. Blogging und digitales Portfolio, das Teilen, Organisieren, Vernetzen über soziale Medien bleiben Desiderate der Lehrerausbildung.

- In meiner Ausbildung waren digitale Medien nicht existent. Ich habe den Mitreferendaren/Fachleitern „dieses Internet" gezeigt.
- Das war kein Thema im Seminar. Aber es sollte sehr wichtig sein! Ich vermisse es und würde gern das HS wechseln. Geht nur nicht.
- Bis jetzt sehr wenig. Tafelbild meint Kreidestaub. Dass ich meine Mitschriften auf dem Tablet mache, ist das digitalste.

- Habe den Eindruck, viele Referendare meiden die Technik, wenn möglich. Zu hohes „Risiko" im Unterricht (Funktionsfähigkeit …)?
- Stelle als Betreuer viel Material in die Cloud, das fokussierte Vorbereitung ermöglichen sollte.
- Im Seminar werde ich darauf achten, dass Studierende sich digital vernetzen und unterstützen können.
- Ja, es wurde gezeigt und man hatte auch die Möglichkeit, es auszuprobieren. Beamer und Internet waren da.
- Unsere Kommunikationsplattform im Päd.-Seminar war Lo-net2. Da mussten wir jede Woche hineinschauen.
- Nutze gerne Digitales, leider insgesamt noch zu wenig. Am meisten lerne ich aber nicht in der Ausbildung, sondern über Blogs.
- Na, wenn der #EDchatDE für die Referendare verpflichtend wird, dann bringt das Digitale viel im Referendariat.
- Stundenpläne und PDFs gibt's im LO-Net, aber Moodle ist autodidaktische Selbstbeschäftigung
- Ich habe das Glück, per Losverfahren in der Zusatzqualifikation des Seminars gelandet zu sein, wo wir Smartboard, Excel, Audiobearbeitung etc. erlernen, aber so etwas wie Evernote müsste ich mir dennoch „nebenbei" beibringen.
- Kommunikation bei mir über WA-Gruppe und Austausch über Google Drive.
- Digitale Medien gab es zu meiner Zeit kaum. Meine Ausbilder waren immerhin schon mit Telefon ausgestattet.
- Wir brauchen mehr Umgang mit digitalen Medien in der Lehrerausbildung AUSRUFEZEICHEN.

Fazit:

Insgesamt wird das Referendariat im Hinblick auf den Lehrerberuf als hilfreich bewertet – allerdings mit viel Luft nach oben. Das insgesamt positive Fazit verwundert nicht, denn alleine die anderthalb- bis zweijährige Verweildauer im Studienseminar führt, völlig unabhängig von der Qualität der Ausbildung, zwangsläufig schon zu einem Erfahrungs- und Kompetenzzuwachs. Anders gesagt: Das Referendariat – als Institution – schult; man kann schlechterdings nicht nichts lernen.

Generell sollte es im Referendariat nicht um die Planung der perfekten Stunde gehen, sondern darum, Erfahrungen mit Planungsüberlegungen zu sammeln, die Struktur von Unterricht kennenzulernen, sich ein Inventar fundamentaler Werkzeuge anzueignen, das Zusammenspiel unterschiedlicher Planungsaspekte zu erfahren, individuelle Planungsstrategien zu erproben, unterschiedliche Vorgehensweisen zu vergleichen und in der Umsetzung das Agieren vor der Klasse zu üben und zu reflektieren.

Weitere Infos zu diesem Thema finden sich z. B. hier:

- DIE ZEIT (2008): Referendariat – Der Klassenkampf
- Deutschlandfunk (2009): Die Angst geht immer mit
- Süddeutsche Zeitung (2010): Lehrer im Referendariat „Die schlimmste Zeit meines Lebens"
- Bildungsklick (2010): Problemzone Referendariat
- Subjektiver Einzelbericht aus einem Lehrerforum (2011)
- WAZ – Der Westen (2014): „Das Referendariat hat mich an meine Grenzen gebracht"

Link zum vollständigen Protokoll:

- https://wiki.andrespang.de/index.php?title=EDchatDE_Archiv_Januar_-_Juli_2015

Ganztag an Schulen sinnvoll gestalten
(#EDchatDE vom 12. April 2016)

von André J. Spang

Gefüttert, gewickelt und geföhnt bekommen die Eltern ihre Kinder zurück und müssen sich um wenig kümmern: Das erhoffen sich viele vom Ganztag. Der Hausaufgabenkrieg in den Familien hört auf; Kinder, deren Eltern zur Förderung der eigenen Kinder nicht in der Lage sind, werden besser gefördert; das soziale Leben in der Gemeinschaft wird gelernt … Die Erwartungen sind groß und so breitet sich der Ganztag in den Schulen aus. Aber macht man nicht mehr Masse als Klasse, wie die ZEIT einst konstatierte? Werden Kinder nicht noch mehr gestresst, wenn sie noch länger in der Schule bleiben müssen? Lange Listen wurden schon mit Pro- und Kontra-Argumenten gefüllt.

In dieser Ausgabe des #EDchatDE besteht die nun die Möglichkeit, über das komplexe Thema pointiert zu diskutieren und so den einen oder anderen Denkanstoß zu bekommen. Wir laden herzlich ein, dabei zu sein und mitzudiskutieren!

Eine kurze Auswertung hat der Teilnehmer @jnbwr schon während des laufenden Chats geschrieben und direkt um 21 Uhr am Ende des Chats veröffentlicht. Diese kann man hier nachlesen: https://jnwbr.wordpress.com/2016/04/13/edchatde-nachlese/

Aus der regen Diskussion haben wir ein paar Tweets ausgewählt und kommentiert:

> *Wem nutzt eine Ganztagsschule? Sozial benachteiligten Kindern? Erziehungs-*
> *faulen Eltern? Dem Staat, dessen Einfluss wächst?*

Die Teilnehmer sind sich da relativ einig, dass ein gut geplanter Ganztag an Schulen hilft, wenn er sinnvoll geplant ist. Dabei werden verschiedene Aspekte genannt, wie ein verbessertes Schulklima, oder die Unterstützung berufstätiger Eltern. Wenn die Angebote über den normalen Unterrichtsalltag hinaus gehen, lernen Schüler und Lehrer auch andere Facetten voneinander kennen, die sich wiederum positiv auf den Unterricht am Vormittag auswirken können.

So kann die Ganztagsschule dabei helfen, den Schulalltag zu entzerren und die Anforderungen des G8 erst möglich zu machen, wenn der Ganztag denn gut durchdacht und geplant ist.

Aber lesen Sie selbst:

- Wenn sie gut geplant ist, nutzt sie Kindern, Eltern, Gesellschaft und Alleinerziehenden.
- Letztlich dürfte jedes Schulklima von so einer Schulform profitieren … wenn alle den Nutzen sehen wollen …

- Vor allem Eltern, die beide berufstätig sein wollen, profitieren. Außerdem Kinder, denen strukturierte Zeit guttut. Denke ich.
- Sie nutzt besonders emanzipierten Müttern bzw. familienfaulen Vätern, die ihren Beruf bzw. ihre Karriere nicht zeitweilig aufgeben müssen/können.
- Schülern und Eltern, wenn der Tag sinnvoll gestaltet ist und Dinge wie Musik und Sport nicht hinten runterfallen.
- Die GTschule bietet die Chance, auf heutige Familienstrukturen & Berufstätigkeit (die es nun mal gibt) ausgleichend zu wirken.
- Der nur selten haltbaren Illusion, Beruf, gute Erziehung, Familie etc. mit nur etwas mehr staatlicher Struktur zu schaffen.
- Lehrer lernen Schüler auch außerhalb des eigenen Unterrichtes kennen … Kompetenzen, Soft-Skills …
- Ohne Ganztagsschule wäre G8 gar nicht möglich. Also insgesamt wohl allen dreien, wenn man es richtig macht.
- Ganztagsschule kann die Schule öffnen und den Unterricht entzerren sowie Strukturen ändern.

Natürlich gibt es auch negative Aspekte des Ganztags. Dies reicht von der Einflussnahme des Staates, bis zur aus zeitlichen Gründen kaum mehr gegebenen Möglichkeit, am Vereinsleben teilzunehmen. Und dies alles geht leider zu Lasten der Kinder, wie die Twitterer meinen:

- Die Ganztagsschule ist auch eine Folge prekärer Arbeitsbedingungen: Doppelverdienst aus finanzieller Not. Leidtragende sind die Kinder.
- In der DDR und anderen autoritären Systemen war Ganztagsschule Machtinstrument. In den USA, GB etc. ist sie entspannter Alltag.
- Ich sehe nicht nur Nutzen, sondern auch Nachteile für individuelle Gestaltungsmöglichkeiten. Vereine leiden …
- Kooperation zwischen Vereinen und Schule wäre hier sinnvoll, vor allem für den Nachmittagsbereich.
- In Deutschland wird Ganztag von Politikern organisiert und nicht oft von echten Konzepten getragen. Das dient dann … niemandem.

Nach diesen ersten Gedanken, die vorwiegend positiv stimmen, ist es also an der Zeit, sich über Merkmale und Strukturen einer „guten Ganztagsschule" auszutauschen:

Was sind Merkmale einer guten Ganztagsschule?

Die Teilgeber sind sich darüber einig, dass der GT nicht dazu da sein darf, den Schulstoff noch weiter in den Nachmittagsbereich zu verteilen. Hier wünscht man sich, dass es zusätzliche Angebote gibt, sei es von Vereinen, über Musik, Freizeitangebote, Sport und vieles mehr.

- Die Ganztagsschule sollte nicht dazu da sein, noch mehr Stoff in einen Tag zu pressen.
- Vielfalt an Angeboten und sinnvoller Stundenplan ist wichtig.
- Sie bietet den Schülern die Möglichkeit, auch (wieder) ihren Hobbys nachzugehen – während oder nach der Schule.
- Wir hatten vielfältige Freizeitangebote – vom „Naturhaus" über Musikinstrumente bis zu zusätzlichen Sprachen.
- Die SuS haben eine klare Tagesstruktur, gesunde Mittagssituation und die Möglichkeit zur zusätzlichen Hausaufgabenlektion.

Es geht hier vor allem um die Vielfalt der Angebote, den Wechsel von kurzen Anleitungs- und langen Probierphasen, um sich selbst zu entfalten. Im Übrigen ist dies auch ein sehr gutes Konzept für den Unterricht am Vormittag.

In einer Sache sind sich die EDchatter aber einig: Der Nachmittagsbereich ist keine reine Betreuungszeit, hier wird weiter Neues erfahren – mit mehr Zeit und Freiheit und es sollte Angebote in den Bereichen Kunst, Musik, Theater und Sport geben. Na, dann …

- Ein guter Ganztag lebt von Instruktion und Eigentätigkeit, von Vermittlung und Ausprobieren … Von Spannung und Entspannung.
- Es sollte eine Vielfalt auf allen Ebenen geben: Angebote, Strukturen, Beziehungen. Mischung aus verbindlichen und freiwilligen Inhalten.
- Ganztag lebt von „Freiwilligkeit", Aktivitäten, die „anders" sind, Eigenverantwortlichkeit, z. B. Sorge für Schulteich, tragende Chorteilnahme.
- Die Infrastruktur der Schule muss stimmen: Bistro, Rückzugs-/Arbeitsräume …
- Zeiten für selbstorganisiertes Lernen einplanen.
- Bei uns wollen wir es PÄDAGOGISCH gut gestalten, sodass Lehrer und Schüler sich wohl fühlen und GERNE in der Schule sind.
- Sollte vor allem auch der Entspannung dienen und Platzangebot beinhalten, um auch mal seine Ruhe zu haben (z. B. Schulhofgestaltung).
- Ein guter Ganztag braucht Kunst, Musik, Theater, Sport. Heutzutage wird oft Sport überbetont und Kultur … naja …
- Am Nachmittag sollte nicht nur betreut, sondern auch unterrichtet werden … Lehreinheiten werden so entzerrt … Lehrer und Schüler gehen engere Bindung ein.
- Es sollte eine Kooperation mit außerschulischen Partnern (Musik-/Kunstschulen, Theater, (Sport)Vereinen, Kirchen, NGOs …) stattfinden.

Wenn der Ganztag wirklich gut in den Schulalltag integriert ist, hat dies natürlich auch konkrete Auswirkungen auf den gesamten Unterricht. Hier wird eine Entzerrung des Unterrichts am Vormittag sowie die Arbeit in Projekten leichter möglich: Lernbüro, Offener Unterricht und flexible Lernangebote sind hier die passenden Stichworte.

- Der Unterricht „könnte" offener werden, z. B. ein langer Projekttag, fächer- und klassenübergreifend, fest integriert.
- Übungsphasen statt Hausaufgaben!!!! Mit vernünftiger Betreuung und im Team arbeitend.
- Offene Lern- und Arbeitsformen können Einzug halten.
- Verstärkte Partizipation/Mitbestimmungsmöglichkeit der Schüler.
- Es kann den Unterricht entspannen. Keine 45-Minuten-Rennen mehr. Oder einfach den Tag für SuS verdammt laaaang machen.
- Hausaufgaben endlich abschaffen.
- Projektartiges Lernen ist mein Ding. Da kann die GT-Schule helfen. Aber bis dahin muss noch ein Weg gegangen werden.
- GTS ermöglicht personalisiertes Lehren und Lernen, individuelle Förderung, Lernen im eigenen Tempo.
- Änderung nicht automatisch, aber GTS hat das Potenzial, Unterricht zu öffnen: mithilfe von Lernbüros, offenem Unterricht, flexiblen Lernangeboten.

**Es wird gesagt, Ganztagsschulen bereiteten aufs Leben in Gemeinschaft vor:
Was ist mit Kindern, die am besten alleine lernen?**

Hierzu gab es nur wenige Kommentare.

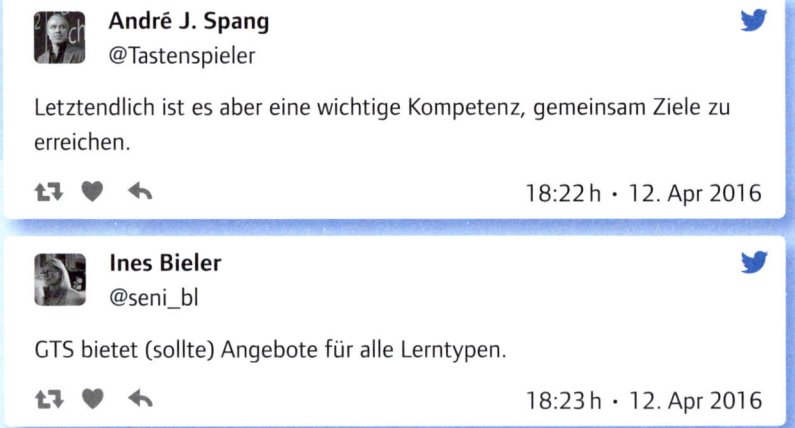

André J. Spang
@Tastenspieler

Letztendlich ist es aber eine wichtige Kompetenz, gemeinsam Ziele zu erreichen.

⟲ ♥ ↩   18:22 h · 12. Apr 2016

Ines Bieler
@seni_bl

GTS bietet (sollte) Angebote für alle Lerntypen.

⟲ ♥ ↩   18:23 h · 12. Apr 2016

Hier tat sich besonders Torsten Larbig mit seinen kritischen Anmerkungen hervor.

Torsten Larbig
@herrlarbig

@isn0wman: Hausaufgaben sind umstritten? Bei uns nicht. – Wir halten die für notwendig und hilfreich.

18:26 h · 12. Apr 2016

Torsten Larbig
@herrlarbig

@Tastenspieler: Einspruch. Ein Ganztag, der nur aus Unterrichtsbezug besteht, ist unsere Schule heute – aufgebläht …

18:26 h · 12. Apr 2016

Torsten Larbig
@herrlarbig

Ich frage mich schon manchmal, ob ich für Kinder die ständige Ausweitung der staatlichen Vereinnahmung der Kindheit gut finde.

18:26 h · 12. Apr 2016

Torsten Larbig
@herrlarbig

@Tastenspieler: Wir leben mit der Illusion, alle würden tolle Schüler/Menschen, wenn da bloß viel Schule wäre …

18:32 h · 12. Apr 2016

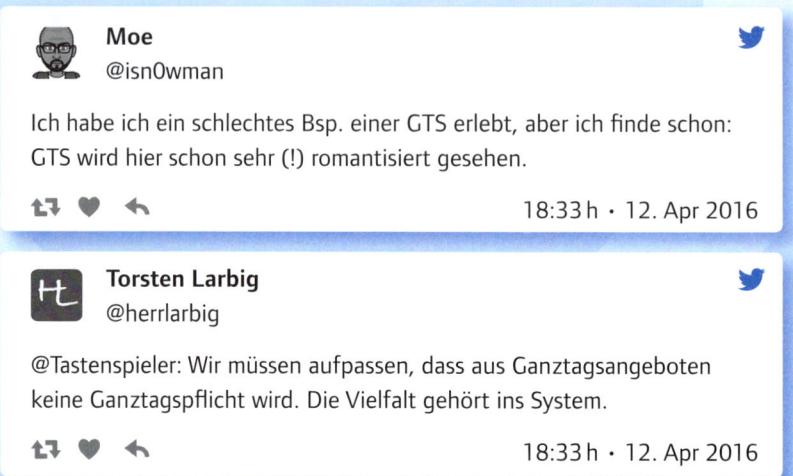

Moe
@isn0wman

Ich habe ich ein schlechtes Bsp. einer GTS erlebt, aber ich finde schon: GTS wird hier schon sehr (!) romantisiert gesehen.

18:33 h · 12. Apr 2016

Torsten Larbig
@herrlarbig

@Tastenspieler: Wir müssen aufpassen, dass aus Ganztagsangeboten keine Ganztagspflicht wird. Die Vielfalt gehört ins System.

18:33 h · 12. Apr 2016

Auf jeden Fall ist es anregend, das Thema Ganztag wirklich kritisch von allen Seiten zu betrachten und wohlüberlegt zu planen. Wichtiger noch ist es aber, Schulentwicklung und die sich daraus ergebenden Veränderungen genau zu evaluieren und entsprechende Veränderungen vorzunehmen, wenn sie erforderlich werden.

> **Ganztag geht zu Lasten von Musik, Sport, Hobbys, Familienleben: Wie wirkt man dem entgegen?**

- Durch Kooperation mit außerschulischen Partnern. Das ist ganz wichtig. Sonst lernt bald niemand mehr ein Instrument.
- Indem all dies in den Ganztag eingebunden wird: Projektartiges, jahrgangsübergreifendes Lernen, Auflösen der Klassenstruktur?
- Wir hatten schon in der Schule Sportangebote (Schwimmen, Tischtennis, etc). Dennoch war ich im Fußball- und TT-Verein.
- Kinder dürfen nicht mehr Kinder sein … Bin froh, dass ich nur Mutter bin und Spielorte gezielt suche.
- In den Alltag integrieren. Musiklehrer Räume der Schule nutzen lassen. Vereine willkommen heißen.
- Drehtürmodell und Musik-AGs. Beim Drehtürmodell ist Musikunterricht in den laufenden Schultag integriert.
- Das aber nur, wenn Lehrer sich daran halten, keine zusätzlichen Aufgaben aufzugeben und Schule Lehr- & Lernort ist.

Ganz klar und auch in den vorhergehenden Fragen schon angeklungen ist es, dass Ganztag DIE Chance ist, um gerade außerschulische Lern- und Freizeitangebote in die Schule und den Schulalltag hereinzuholen. Wenn das geschickt gelöst wird, ist es ein wirklicher Schritt, Schulkultur nachhaltig zu ändern und zu verbessern.

> *Welche Rolle können digitale Medien in einer Ganztagsschule spielen? Oder sollte man die dort gar nicht erst erlauben?*

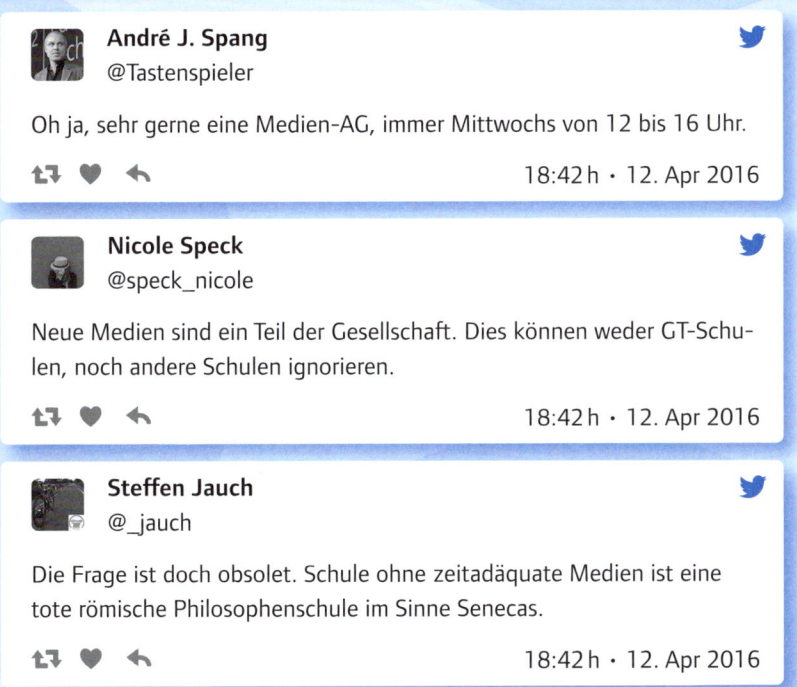

André J. Spang
@Tastenspieler

Oh ja, sehr gerne eine Medien-AG, immer Mittwochs von 12 bis 16 Uhr.

18:42 h · 12. Apr 2016

Nicole Speck
@speck_nicole

Neue Medien sind ein Teil der Gesellschaft. Dies können weder GT-Schulen, noch andere Schulen ignorieren.

18:42 h · 12. Apr 2016

Steffen Jauch
@_jauch

Die Frage ist doch obsolet. Schule ohne zeitadäquate Medien ist eine tote römische Philosophenschule im Sinne Senecas.

18:42 h · 12. Apr 2016

Bei den digitalen Medien sind sich die EDchatter immer einig: Klar gehören sie in die Schule und somit auch in den Ganztag, sei es als Lernplattform, für Projekte, oder zum Coden, Hacken oder Gamen: – Das wären z. B. auch konkrete Angebote, die im Ganztagsbereich mehr Raum finden könnten.

> *Welche Anregungen, Fragen hast du sonst noch zum Thema?*

Hier noch ein paar Fragen zum Nachdenken – Antworten dazu gab es anscheinend keine …
- Unser Team überlegt Logbücher zur Lerndokumentation einzuführen für Lernzeiten. Hat jemand Tipps, Erfahrungen?
- Was muss man beim Umbau der Schule zur GTS beachten?

- Bei Umwandlung in GTS: – Wie bekommt man alle LuL mit ins Boot? Können sie dann freiwillig wechseln?
- Der Ganztag wird oft und gerne gelobt. Wo funktioniert er denn an einer staatlichen Schule? Bitte mit Schulprogramm verlinken.
- Was mich auch interessiert, denkt ihr GTS werden mehr in Zukunft? Nicht nur ein Angebot von vielen, sondern die Regel?
- Die perfekte GTS? 8–14 Uhr Schule, 14–17 Uhr kollaborative Lernwerkstatt, 17–21 Uhr Jugendtreff.
- Letztlich wird der Ganztag scheitern, weil die Mensen nicht alle Essens-Wehwehchen und -intoleranzen abdecken können.

Fazit:

Ganztag an Schulen, ein wichtiges Thema, bei dem sich viele Schulen in Deutschland, oder genau gesagt über 90 % der Schulen noch schwer tun. Dass der Ganztag viele Möglichkeiten bieten kann, um Schul- und Unterrichtskultur positiv zu verändern und auf die heutigen Erfordernisse einer modernen Gesellschaft einzugehen, da in der in der Regel beide Elternteile berufstätig sind, liegt auf der Hand.

Lenkt man den Blick auf andere, nicht deutschsprachige Länder, ist die Diskussion um den Ganztagsbetrieb umso seltsamer, denn dort, wie z. B. in den USA, Großbritannien, Frankreich ist der Ganztag eine ganz normale Angelegenheit.

Vielleicht wird es, auch im Rahmen einer digitalen Gesellschaft klar, dass Schule sich verändern sollte, dass man externen Bildungsangeboten und informellem Lernen mehr Raum in Schule gibt und neben dem fachlich-stofflichen Lernen auch Zeit für konkretes Tun und Miteinander einplant.

Link zum vollständigen Protokoll:

- https://docs.google.com/spreadsheets/d/1jP_vEGli7lHtgzN30ORpE_aDNM6wjPv9rKTSXWFV-a0/pubhtml

2
Sich selbst professionalisieren und weiterbilden

2.1
Schulentwicklung für digitale Bildung mit außerschulischen Partnern (#EDchatDE vom 19. Januar 2016)

von *Monika Heusinger*

Eine effektive digitale Infrastruktur sowie eine kompetente Nutzung digitaler Medien machen institutionalisierte Bildung zukunftsfähig und helfen, Ziele wie nachhaltiges, inklusives sowie individualisiertes Lernen umzusetzen. Es ist wichtig, Lernenden eine aktive, selbstbestimmte, verantwortungsbewusste Teilhabe an der digital geprägten Gesellschaft zu ermöglichen. Wie sich Bildungsinstitutionen dahingehend bereits entwickelt haben und welche weiteren Schritte noch wichtig sind, wurde im Twitterchat diskutiert.

> *Wie läuft Schulentwicklung für digitale Bildung an deinem System? Welche Bereiche sind betroffen, welche Gremien involviert?*

Die Teilgeber nannten eine Vielfalt von Beteiligten in und außerhalb der Schule:
- Über das Medien-Team und den engagierten SL, aber auch viele Impulse über die SchiLF Digitale Bildung.
- Bei uns gibt's eine eigene Einheit „Akademie für neue Medien und Wissenstransfer".
- Gremien: Schulleitung, Medienberater/Medienscouts, Steuerungsgruppe, Bereichsleiter. Jeder kann Verbesserungsvorschläge machen.
- Eigene AG, Eltern, SuS, KuK; Gremien: Fachobleute, Gesamtkonferenz … Wir sind auf dem Weg.
- Regelmäßige IT-Runde mit Schulleitung, Fachkonferenzen zum Thema „iPad" und „Smartboard"; dazu regelmäßige Fobi für Kollegen.
- Bin eine von vielen eLearning-Koordinatorinnen an 200 Schulen, die Schule für digitale Bildung entwickeln.

> *Gibt es ein Medienkonzept an deiner Schule? Welche Merkmale, Kriterien, Inhalte sind wichtig?*

Hier wird die hohe Bedeutung eines Medienkonzeptes betont. Es ist auffällig, dass es teilweise schon Medienkonzepte gibt, die sogar schon wieder überarbeitet werden. Auch an Schulen ohne Medienkonzept wird eins erarbeitet. Ein Schwerpunkt liegt auf der Schülereinbindung und einer didaktischen Konzeption, die Schülern ein individuelles, kooperatives und kollaboratives Lernen ermöglicht.
- Bei uns gibt es: Schuleigene iPads und BYOD, ein didaktisches Konzept, vor allem individualisierendes sowie kooperatives/kollaboratives Lernen.

- Das Land BaWü schreibt jetzt Basiskurs Medienbildung in Kl. 5 und Aufbaukurs Informatik in Klasse 7 vor (Bildungsplan 2016).
- An der Uni Graz gibt es eine elearning-Strategie: https://t.co/c1mY1874Nn
- Unser Medienkonzept ist aktuell in Arbeit, vielleicht nächstes Schuljahr fertig. Wichtig: Alle müssen ins Boot! Und: Integration in Fachcurricula.
- Ja. Wird allerdings gerade überarbeitet. Für mich steht konstruktive, mündige Nutzung im Zentrum.
- Medienkonzept wird entwickelt, Fokus: Infrastruktur, didaktische Konzepte, Fortbildung, Schülereinbindung.

> *Organisation 2.0. Hat eure Schule einen digitalen Workflow? Wenn ja, wie geht das?*

Auch im Bereich der Schulorganisation werden digitale Möglichkeiten ausgenutzt wie die Digitalisierung von Arbeitsabläufen z. B. die Notenverwaltung und Bereitstellung von Material z. B. über ein schulinternes Intranet.
- IWBs und PCs sind über das Schulnetz verbunden; übers Verwaltungsnetz Magellan und GPUntis sowie DSB. Kollegen nutzen GDrive usw.
- Information erfolgt über das digitale schwarze Brett auch als App sowie über die Website der Schule.
- Digitalisierung von Arbeitsabläufen wie Notenverwaltung.
- Sammlung von Konzepten; Absprachen; Erklärungen in Mediawiki; Sammlung von Dateien in owncloud. Das wird gut angenommen.
- Offiziell im Wesentlichen Commsy und E-Mail …
- Wir haben ein schulinternes Intranet mit Mailverteiler für alle Kollegen, sodass schneller Austausch möglich ist.
- Schulkalender, Kontakte, Lernplattformen … Es ist schon viel digitalisiert.

> *Wo sind externe Partner bei Verwaltung, Unterricht und Datenschutz 2.0 sinnvoll? Wo gibt es Grenzen?*

Hier wird vor allem beim technischen Support und beim Datenschutz die Notwendigkeit von externen Partnern gesehen.
- Externe Partner sinnvoll bei IT-Zertifikaten wegen Vergleichbarkeit.
- Probleme bei Lernplattformen: Garantie der Weiterentwicklung? Was tun bei Geschäftsaufgabe? Private Nutzung durch SuS möglich?
- Ich würde mir wünschen, dass einige Software und Apps genutzt werden könnten … datenschutz2null
- Auf jeden Fall beim technischen Support.

- Ist das ohne externe Partner überhaupt möglich, aufgrund der steigenden Aufgaben-komplexität in diesem Bereich?

Antworte auf 3 Tweets unterschiedlicher Teilgeberinnen a) zustimmend, b) kritisch, c) provozierend!

Elke Höfler
@lacknere

@schloendorf: Und oft geht das Geld in Infrastruktur und nicht in die Schulung.

19:28 h · 19. Jan 2016

Wie wird sichergestellt, dass alle an Schule Beteiligten am Prozess der Schul-entwicklung für digitale Bildung partizipieren?

Neben der Einbeziehung von Schülern, Lehrern, Eltern und den Lehrern inklusive der Schulleitung werden auch technische Möglichkeiten genannt, um Schulentwicklung trans-parent zu gestalten.

Matthias Förtsch
@herr_foertsch

Alle Gremien tagen offen, Fortbildungsangebote werden über das Kollegium gestreut.

19:36 h · 19. Jan 2016

Stefan Schwarz
@swarzste

Runder Tisch, Befragungen von Schülern, Lehrern, Eltern, Schulleitung.

19:36 h · 19. Jan 2016

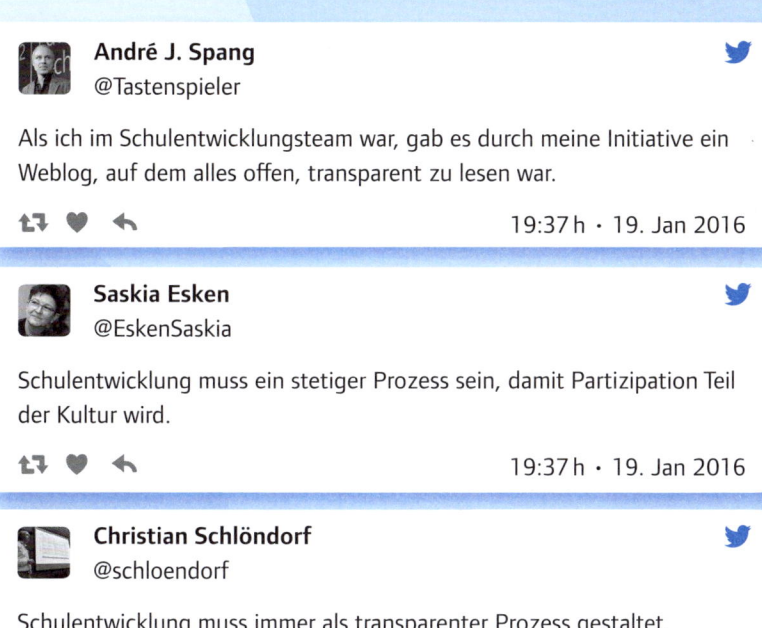

André J. Spang
@Tastenspieler

Als ich im Schulentwicklungsteam war, gab es durch meine Initiative ein Weblog, auf dem alles offen, transparent zu lesen war.

19:37 h · 19. Jan 2016

Saskia Esken
@EskenSaskia

Schulentwicklung muss ein stetiger Prozess sein, damit Partizipation Teil der Kultur wird.

19:37 h · 19. Jan 2016

Christian Schlöndorf
@schloendorf

Schulentwicklung muss immer als transparenter Prozess gestaltet werden, der alle Gremien einbezieht.

19:38 h · 19. Jan 2016

> *Wie kann Schulentwicklung mit digitalen Instrumenten evaluiert werden?*

Die folgenden drei Beispiele zeigen schon einige Möglichkeiten auf:
- Digitale Umfragen, evtl. unterstützt von den Medienzentren oder der Qualitätssicherungsabteilung im Ministerium.
- Google Forms zur Evaluation durch komplette Schülerschaft genutzt während der Mittagspause.
- Berufsbildende Schulen in Ö verwenden digitale Qualitätsmanagement-Tools für verschiedene Phasen.

> *Welche Anregungen, Fragen hast du sonst noch zum Thema?*

Hier folgt zum Abschluss noch ein Beitrag zum Thema:

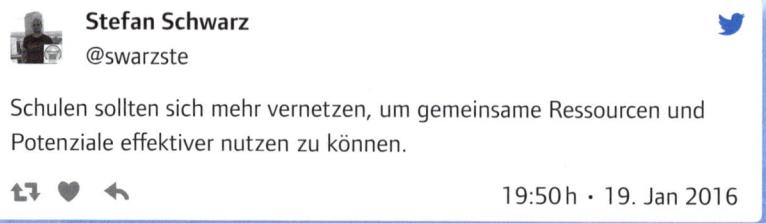

Stefan Schwarz
@swarzste

Schulen sollten sich mehr vernetzen, um gemeinsame Ressourcen und Potenziale effektiver nutzen zu können.

19:50 h · 19. Jan 2016

Fazit:

Bei der Schulentwicklung sollte eine Beteiligung aller möglich sein, damit Konzepte auch von der Gemeinschaft getragen werden. Dafür ist Transparenz nötig. Digitale Medien erleichtern den Zugriff auf Informationen und den Austausch. An Grenzen stößt man bei der Digitalisierung von Arbeitsabläufen oder in der unterrichtlichen Arbeit teilweise aufgrund des Datenschutzes. Externe Partner sowie Vernetzung mit anderen Schulen können hilfreich sein, um immer komplexer werdende Aufgabenbereiche professionell zu gestalten.

Weitere Infos zum Thema:

- Bundesministerium für Bildung und Forschung/Digitale Agenda der Bundesregierung und die Digitalisierung im Hochschulbereich: www.bmbf.de/de/digitale-agenda-der-bundesregierung-und-die-digitalisierung-im-hochschulbereich-1253.html
- Deutsche Telekom Stiftung/Schule digital – Der Länderindikator 2015: www.telekom-stiftung.de//sites/default/files/dts-library/materialien/pdf/schuledigital_2015_web.pdf
- Kerres, Michael/Heinen, Richard: Individuelle Förderung mit digitalen Medien – Handlungsfelder für die systematische, lernförderliche Integration digitaler Medien in Schule und Unterricht: www.bertelsmann-stiftung.de/fileadmin/files/BSt/Publikationen/GrauePublikationen/Studie_IB_iFoerderung_digitale_Medien_2015.pdf

Link zum vollständigen Protokoll:

- https://docs.google.com/spreadsheets/d/1ga3qf6U6b_gaSlgG_UIcy0eCs-iFiuQxcoktNSPJF2I/pubhtml

2.2 Brauchen wir in der Schule noch die Handschrift? (#EDchatDE vom 30. September 2014)

von Ines Bieler

Wenn man sich mit dem Thema der Handschrift in der Schule und ihre Bedeutung für den Lernprozess beschäftigt, stößt man auf kontroverse Meinungen. Es finden sich Forderungen, dass man besser keine Notizen am Laptop machen sollte (www.scientificamerican.com/article/a-learning-secret-don-t-take-notes-with-a-laptop/) bis hin zur Meldung von der Entscheidung Finnlands, die Handschrift in der Schule abschaffen zu wollen (www.spiegel.de/schulspiegel/ausland/schule-pisa-sieger-finnland-will-handschrift-abschaffen-a-1012000.html).

Dies ist ein heiß diskutiertes, sehr umstrittenes Thema. Wie sehen das die Teilgeber des #EDchatDE?

> *Kulturtechnik hin oder her: Wie sieht's bei dir mit dem Verhältnis Handschrift und Schreiben am PC, Laptop, Tablet oder Smartphone aus?*

Es folgen zunächst persönliche Einschätzungen:

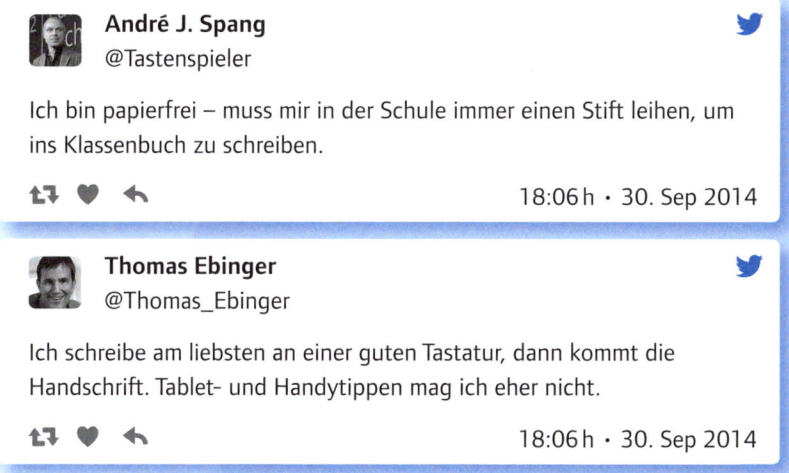

André J. Spang
@Tastenspieler

Ich bin papierfrei – muss mir in der Schule immer einen Stift leihen, um ins Klassenbuch zu schreiben.

18:06 h · 30. Sep 2014

Thomas Ebinger
@Thomas_Ebinger

Ich schreibe am liebsten an einer guten Tastatur, dann kommt die Handschrift. Tablet- und Handytippen mag ich eher nicht.

18:06 h · 30. Sep 2014

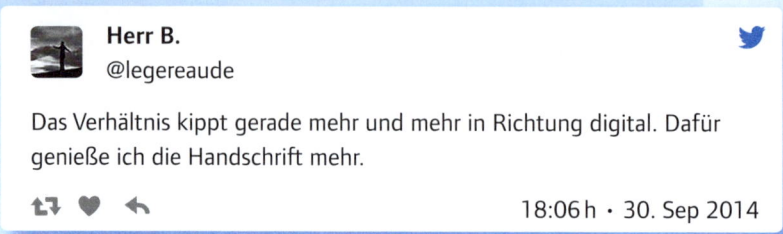

Herr B.
@legereaude

Das Verhältnis kippt gerade mehr und mehr in Richtung digital. Dafür genieße ich die Handschrift mehr.

⟲ ♥ ↩   18:06 h · 30. Sep 2014

Die Tendenz geht eindeutig zum Tippen – die einfache Archivierung und das leichtere Wiederfinden der Notizen hat für Lehrkräfte entscheidende Vorteile. Aber im persönlichen Bereich oder bei sehr schnellen und kurzen oder auch komplizierten Notizen, wie z. B. mathematischen Formelzeichen überwiegt der Stift.

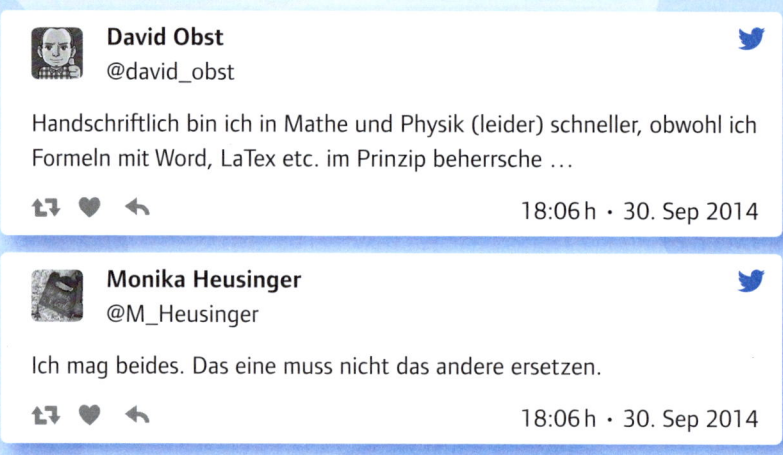

David Obst
@david_obst

Handschriftlich bin ich in Mathe und Physik (leider) schneller, obwohl ich Formeln mit Word, LaTex etc. im Prinzip beherrsche …

⟲ ♥ ↩   18:06 h · 30. Sep 2014

Monika Heusinger
@M_Heusinger

Ich mag beides. Das eine muss nicht das andere ersetzen.

⟲ ♥ ↩   18:06 h · 30. Sep 2014

Es geht natürlich auch eine Kombination aus beiden:

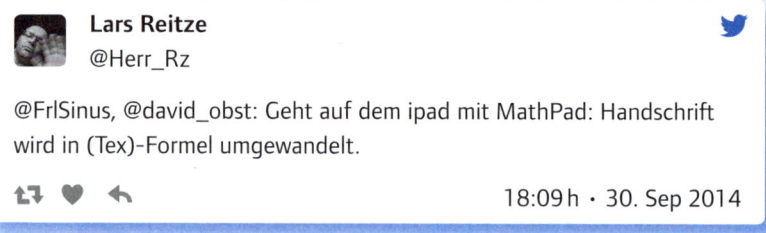

Lars Reitze
@Herr_Rz

@FrlSinus, @david_obst: Geht auf dem ipad mit MathPad: Handschrift wird in (Tex)-Formel umgewandelt.

⟲ ♥ ↩   18:09 h · 30. Sep 2014

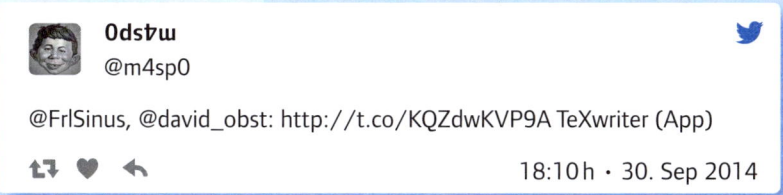

0dsⱵw
@m4sp0

@FrlSinus, @david_obst: http://t.co/KQZdwKVP9A TeXwriter (App)

⟲ ♥ ↰   18:10 h · 30. Sep 2014

Und nun noch ein paar Zahlen:

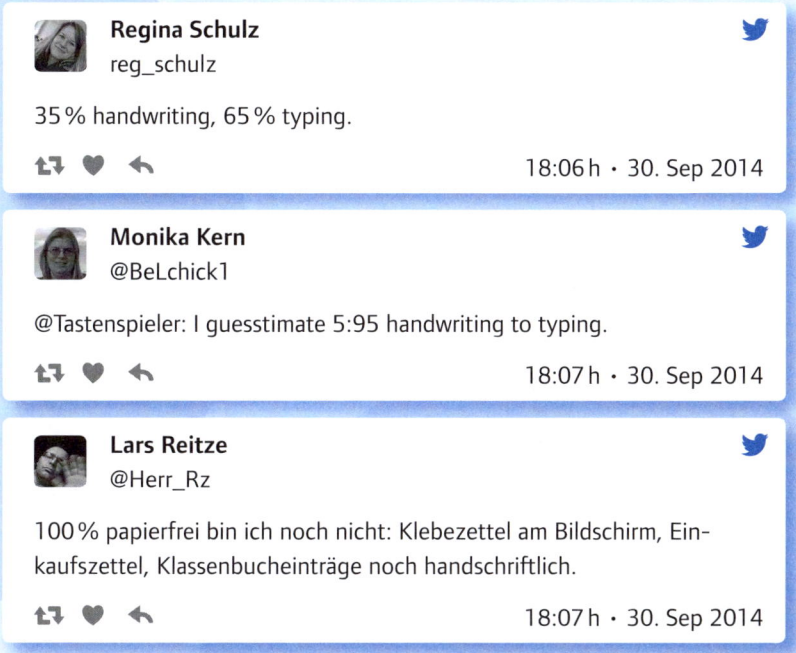

Regina Schulz
reg_schulz

35 % handwriting, 65 % typing.

⟲ ♥ ↰   18:06 h · 30. Sep 2014

Monika Kern
@BeLchick1

@Tastenspieler: I guesstimate 5:95 handwriting to typing.

⟲ ♥ ↰   18:07 h · 30. Sep 2014

Lars Reitze
@Herr_Rz

100 % papierfrei bin ich noch nicht: Klebezettel am Bildschirm, Einkaufszettel, Klassenbucheinträge noch handschriftlich.

⟲ ♥ ↰   18:07 h · 30. Sep 2014

Vielleicht erlebt die Handschrift ja ein digitales Revival? Die Technik macht's möglich – mit den neuen digitalen Stiften in verschiedenen Varianten lässt es sich gut an Tablets schreiben.

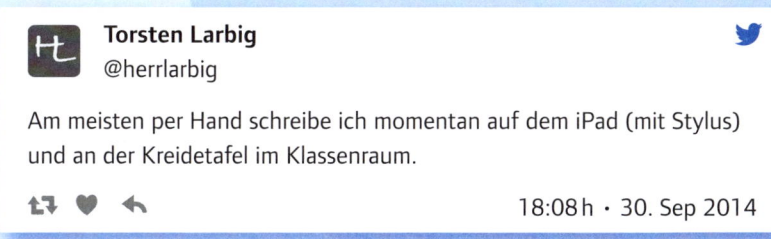

Torsten Larbig
@herrlarbig

Am meisten per Hand schreibe ich momentan auf dem iPad (mit Stylus) und an der Kreidetafel im Klassenraum.

⟲ ♥ ↰   18:08 h · 30. Sep 2014

Spannende Frage: – Wie sieht die weitere Entwicklung aus?

> **Was denkst du? Werden Lernende der jetzigen 1. Klasse in 5 Jahren noch mit der Hand schreiben und wenn ja, wie viel?**

- Auch in 5 Jahren wird auf die Handschrift nicht verzichtet werden können. Zu wichtig ist sie für den gesamten Lese-Schreib-Prozess.
- Lernende in 5 Jahren werden denken „mit der Hand schreiben" meint „am Smartphone schreiben" – oder wie das Gerät dann heißt.
- Das Problem ist die „Grundschrift". DIE wird in 5 Jahren hoffentlich keiner mehr schreiben! https://t.co/b9kCEQP54T
- Ja, aber weniger. Neue Eingabemöglichkeiten, gestenbasierte Bedienung, Spracherkennung und -steuerung drängen die Handschrift zurück.

> **Ist die Handschrift ein Relikt vergangener Zeit? Wertvolle Unterrichtszeit dafür verschwenden, oder was ist wichtiger?**

- Handschriftlich Schreiben können heißt auch unabhängig sein!
- Ich würde auf jeden Fall Pflichtzeit für das Tippenlernen mit 10 Fingern blind vorsehen. Das spart Lebenszeit.
- Es sollte eher gefragt werden, müssen alle SuS eine Druckschrift UND Schreibschrift in der Schule lernen?
- Die Handschrift ist Schlüsselkompetenz und auch Teil der Persönlichkeitsentwicklung. Daher schon wichtig.

Die Technik erledigt viele Dinge des Alltags. Aber wie ist das mit dem Lernen? Die nächste Frage stellt provokativ den Lernprozess des Schreibens schlechthin in Frage.

> **Wenn man seinem Handy diktiert und es alle Fehler automatisch korrigiert: Muss man überhaupt noch schreiben lernen?**

- In der Tat frage ich mich das manchmal … Aber: Schreiben muss man lernen, kann aber auch Tippen sein …
- Es gibt noch keine perfekte Korrektur. Wer nicht schreiben kann, ist immer abhängig.
- Wenn man das Schreiben (und Lesen) nicht eigenständig lernt, hat man kein Gefühl für Rethorik.
- Eine Studie zeigt, dass mit handschriftlichen Notizen mehr gelernt wird. Macht Tippen am Computer dumm? http://t.co/0UCfnKN9Zt

Dies ist eine ziemlich eindeutige Befürwortung des Schreibens! Und auch mit Bezug zur nächsten Frage, die sich auf das Memorieren bezieht. Das, was ich aufschreibe, behalte ich besser im Gedächtnis als das, was ich eintippe – stimmt das?

> *Wenn man tippt, hapert es mit der Sprach-/Lesebildung und man lernt nicht – sagen Studien: Was sagst du?*

 André J. Spang
@Tastenspieler

Was Studien so sagen – ich habe viel mehr gelernt und geschrieben, seitdem ich tippe … Eine Frage der Anwendung!

   18:36 h · 30. Sep 2014

 David Obst
@david_obst

Welche Studien sagen das denn? Traue keiner Statistik … Ihr kennt das ja ;-).

    18:36 h · 30. Sep 2014

 Kai Obermüller
@Kai_Obi

Durch Textadventures lernte ich Tippen und damit auch eine größtenteils saubere Rechtschreibung. Beat this, School!

    18:37 h · 30. Sep 2014

 Monika Heusinger
@M_Heusinger

Im beruflichen Bereich arbeite ich fast ausschließlich digital. Bisher sehe ich keinen Nachteil in Bezug auf Behaltensleistung.

    18:37 h · 30. Sep 2014

Thomas Ebinger
@Thomas_Ebinger

Das kann durchaus sein, könnte sich aber in 10–15 Jahren verändert haben, wenn man in der 3. Klasse Tippen lernt.

     18:37 h · 30. Sep 2014

 Johann Weilharter
jweilharter

Ich verwende am Bildschirm seit 2002 Mindmapping zum Entwurf von Texten. Hilfreich für mich!

      18:38 h · 30. Sep 2014

 Christine Skupsch
@iqberatung

Ich habe SuS der 8. Klasse freigestellt, ob sie mit Hand oder Tastatur schreiben. Per Tastatur lieferten sie viel längere Texte.

      18:40 h · 30. Sep 2014

 Martin Kurz
@martinkurz

@iqberatung: Die Erfahrung habe ich auch gemacht.

     18:40 h · 30. Sep 2014

 Stefan Schwarz
@swarzste

@iqberatung: Und wie war die Qualität der Texte?

     18:40 h · 30. Sep 2014

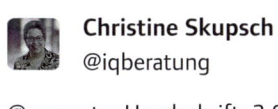

Christine Skupsch
@iqberatung

@swarzste: Handschrift: 3 Sätze inhaltlich viel zu knapp, nicht zu begreifen. Mit Tastatur: ausführlicher, sinnvoller Text.

⟲ ♥ ↩   18:42 h · 30. Sep 2014

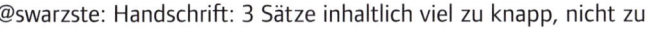

Welche Anregungen, Fragen hast du sonst noch zum Thema?

Die Antworten zu dieser Frage zeigen eine gute Einschätzung der Situation und bieten eine Zusammenfassung der Debatte.

- Es gibt analoge und digitale Lerntypen. Beide sollten Raum finden. Nicht nur der analoge, wie bislang an deutschen Schulen.
- Wenn die Schüler Studenten werden, müssen sie Texte gut formatiert verfassen. Leider bringen sie das kaum mit.
- Wichtiger als eine schöne Handschrift werden Kritik- und Teamfähigkeit, Kommunikation, Innovation, Zusammenarbeit, Netzwerk.
- Die Zusammenarbeit von Teams verändert sich: Sie wird virtuell, mobil, dialogorientiert und macht die Handschrift verzichtbarer.

Fazit:

Die Handschrift wird sicher erhalten bleiben, aber doch an Stellenwert verlieren. Allein die letzten Tweets machen deutlich, dass sich Anforderungen in der Arbeitswelt und damit die Abläufe ändern werden. Schreiben, Dokumentieren wird wichtig, aber dazu gehört nicht unbedingt die Handschrift.

Link zum vollständigen Protokoll:

- https://docs.google.com/spreadsheets/d/1nijBsEcYcrWAx-AnLoGKr1lNoG5VRT Zus0lVl-nlGpk/pubhtml

2.3 Implementierung einer persönlichen Lernumgebung (PLE) im Unterricht (#EDchatDE vom 29. April 2014)

von Monika Heusinger

Jeder lernt anders, strukturiert seine Lernprozesse anders. Daraus folgt die Überlegung, wie man die individuelle Organisation jedes Lernenden in die schulische Sozialwelt integrieren kann. Torsten Larbig meinte dazu: „Der Vorschlag, beim #EDchatDE über die *Implementierung einer persönlichen Lernumgebung (PLE) im Unterricht* zu diskutieren, enthält in sich eine wunderbare *Contradictio in adiecto:* Eine persönliche Lernumgebung soll also im Unterricht implementiert werden!?"

In der ersten Frage wurde daher diskutiert, ob dafür ein digitales Lernmanagementsystem (LMS) vorgegeben wird, das individuell gestaltbar ist oder ob den Lernenden freigestellt wird, mit welchen digitalen Anwendungen und welchen Vernetzungsmöglichkeiten sie ihre Lernprozesse selbst gestalten.

> *Persönliche oder personalisierte Lernumgebung? Persönlich gestaltet oder per LMS vorgegeben? Wovon reden wir heute eigentlich?*

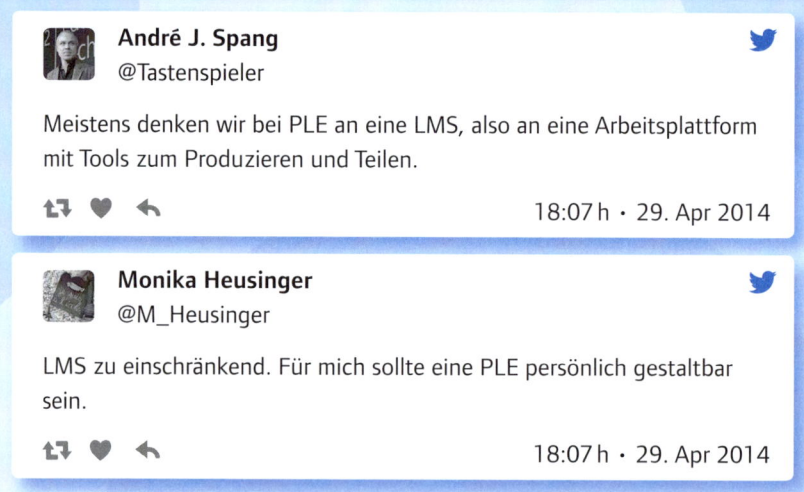

André J. Spang
@Tastenspieler

Meistens denken wir bei PLE an eine LMS, also an eine Arbeitsplattform mit Tools zum Produzieren und Teilen.

🔁 ♥ ↩   18:07 h · 29. Apr 2014

Monika Heusinger
@M_Heusinger

LMS zu einschränkend. Für mich sollte eine PLE persönlich gestaltbar sein.

🔁 ♥ ↩   18:07 h · 29. Apr 2014

Mandy Schütze
@ma_y

Persönliche Lernumgebung selbst zu gestalten ist Teil des Prozesses und wichtig. Hilfen und Tipps willkommen.

18:08 h · 29. Apr 2014

André Hermes
@Medienberater

LMS kann ja ein Teil des PLN sein. Guten Abend.

18:08 h · 29. Apr 2014

Steffen Jauch
@_jauch

Freiheit und Personalisierung kommt nicht aus sich selbst heraus. LMS am Start ist sinnvoll, PLE ist das Ziel! Ergänzen sich!

18:09 h · 29. Apr 2014

In den folgenden Fragen wurden konkret Organisationsmodelle und Möglichkeiten bzw. Grenzen der Implementierung diskutiert.

> *Hast du eine PLE? Wie sieht die aus?*

- Teile des Twitter-, G+-, FB- und Blog-Netzwerks bilden hauptsächlich meine PLE.
- Auch regelmäßiger Austausch mit Kollegen, Social Media wie Twitter, Feeds, Wikis, Blogs, Social Bookmarking, Newsletters.
- Bruchstücke, die zusammen eine ganz gute Umgebung bilden.

> *Persönliche Lernumgebungen in die Schule/Hochschule implementieren: (Wie) geht das? Erfahrungen? Visionen? Zweifel? Hindernisse?*

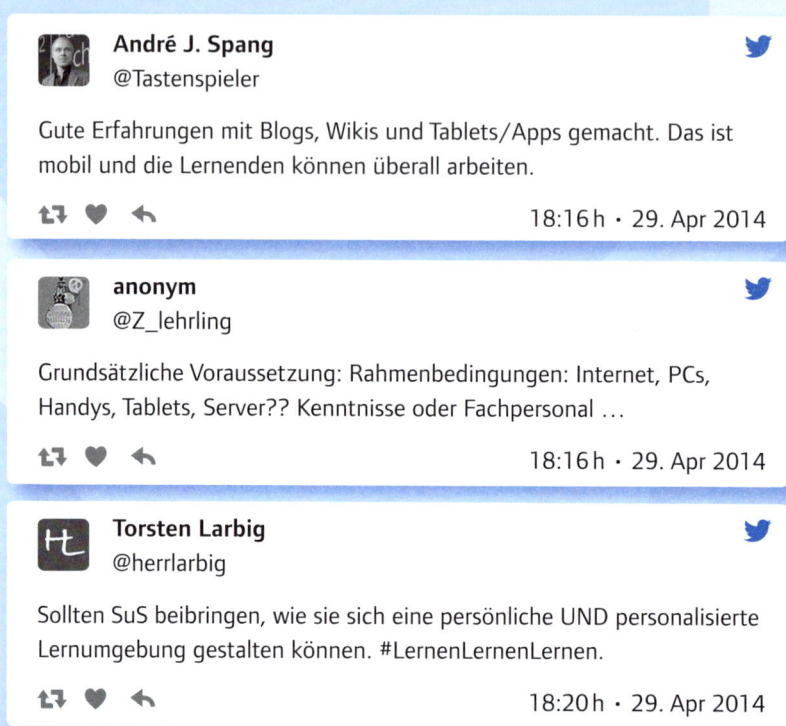

André J. Spang
@Tastenspieler

Gute Erfahrungen mit Blogs, Wikis und Tablets/Apps gemacht. Das ist mobil und die Lernenden können überall arbeiten.

18:16 h · 29. Apr 2014

anonym
@Z_lehrling

Grundsätzliche Voraussetzung: Rahmenbedingungen: Internet, PCs, Handys, Tablets, Server?? Kenntnisse oder Fachpersonal …

18:16 h · 29. Apr 2014

Torsten Larbig
@herrlarbig

Sollten SuS beibringen, wie sie sich eine persönliche UND personalisierte Lernumgebung gestalten können. #LernenLernenLernen.

18:20 h · 29. Apr 2014

> *Suche ein Bild (oder Musik/Video) zum heutigen Thema!*

- PLE versus LMS via @Downes, decentralized versus centralized: https://t.co/ZfXXw-WUSMC
- Erfolgreich studieren mit dem Internet. Uni Bremen: https://t.co/Ac6Bw9JXIW
- Musik: The First Step – Learning – https://t.co/TFJTNa1Nrs
- Ken Robinson: How to escape education's death valley: http://t.co/HZAif1Jhba

> *Worin eigentlich besteht der didaktische Mehrwert von PLE? Und mit welchen Methoden kann man sie im Unterricht einführen?*

- Vernetzung, Kollaboration, Nachhaltigkeit, offenes und transparentes Arbeiten, Individualisierung. Real life.
- Eine PLE kann man nicht „Einführen". Das kann nur wachsen. Mehrwert? PLE ist Lernen in seiner natürlichen Form! #backtotheroots
- Nützliche Software muss als sinnvolle Unterstützung wahrgenommen werden.
- Manche Lehrer „lernen", mehr Freiheiten zu gewähren/zu akzeptieren.

- Welches „System" sie dafür nutzen und wie sie ggf. auch zusammenarbeiten (Abitur …) ist mir da schon egal, Hauptsache sie tun's.
- Didaktischer Mehrwert liegt in der Motivation der Lernenden und in der Öffnung der Schule nach außen.
- PLE ist wichtig, um eigene Lernprozesse effektiver zu gestalten und die Informationsflut zu filtern bzw. zu organisieren.
- Hirngerechtes lebenslanges Lernen & individuelle Bildung.

Es ist nicht Aufgabe der Schule, PLE zu propagieren, sondern formalen Prüfungsanfoderungen gerecht zu werden, oder?

- Prüfungsanforderungen wird man einfacher gerecht, wenn man eine gut organisierte PLE hat.
- Ich bringe ihnen bei zu fischen … Wollen wir Roboter oder selbst denkende Menschen? Noten sind nicht alles.
- PLE ist kein Selbstzweck, sondern unterstützt das Lernen. Prüfungsanforderungen erreicht man damit spielend ;-).
- Smartphone und Internet gehören zum Alltag der Jugendlichen.
- Tendenziell zeigen Schüler, die vernetzt lernen und ihre PLE haben, bessere schulische Leistungen.
- @lisarosa hat dazu schon viel Wichtiges gesagt. PLE-Kompetenz ist zentrale Aufgabe der Schule: http://t.co/HF6BJ3fSo9
- Der @rappld war bei den edudays in Krems, weil er sein (Lern-)Netzwerk (Twitter, FB, WP) aufgebaut hat: http://t.co/fs6Ced6OrW

Welche Anregungen, Fragen hast du sonst noch zum Thema?

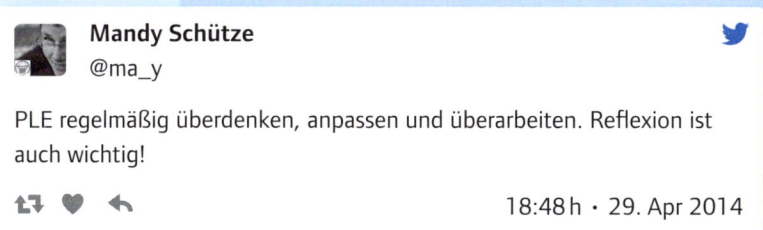

Mandy Schütze
@ma_y

PLE regelmäßig überdenken, anpassen und überarbeiten. Reflexion ist auch wichtig!

18:48 h · 29. Apr 2014

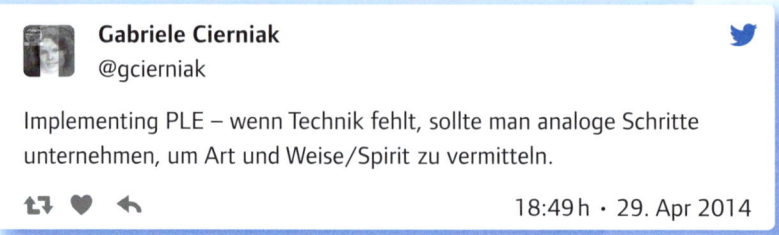

Gabriele Cierniak
@gcierniak

Implementing PLE – wenn Technik fehlt, sollte man analoge Schritte unternehmen, um Art und Weise/Spirit zu vermitteln.

18:49 h · 29. Apr 2014

Fazit:

In der Diskussion wurde immer wieder betont, dass Schule sich öffnen muss und dass Lernende die Möglichkeit haben müssen, ihre Lernumgebung selbst zu gestalten, um nachhaltiges und lebenslanges Lernen zu ermöglichen. Schule hat allerdings auch die Aufgabe, Organisations- bzw. Vernetzungsmöglichkeiten aufzuzeigen, da Lernerautonomie nicht von alleine entsteht.

Weitere Informationen zum Thema:

- Panke, Stefanie (für e-teaching.org), Personal Learning Environment und Open Online Course: Neue Formen offenen Lernens im Netz: https://www.e-teaching.org/materialien/artikel/langtext_offen_lernen_panke_2011.pdf
- Steitz, Klaus (für die TU Darmstadt), PLE – Personal Learning Environment und individuelle Lernumgebung: http://blog.e-learning.tu-darmstadt.de/2010/02/15/ple-personal-learning-environment-und-individuelle-lernumgebung/

Link zum vollständigen Protokoll:

- https://docs.google.com/spreadsheets/d/1dL3AYBl9ENlakJg7VsQCEUtChS2L41NMr2B_pPjaeME/pubhtml

2.4
Wie durchbreche ich das Einzelkämpfertum an meiner Schule? (#EDchatDE Summer-Special vom 11. August 2015)

von Peter Ringeisen

Während Teamarbeit in der Wirtschaft einen hohen Stellenwert hat, handeln viele Lehrpersonen immer noch als Einzelkämpfer: Sie gewähren Kollegen keinen Einblick in ihre Vorbereitung oder ihren Unterricht, sie behalten ihre – mühsam allein erstellten – Arbeitsblätter für sich, statt sie mit Kollegen zu teilen, sie geben sich große Mühe, entstehende Probleme allein zu lösen, statt sie mit Kollegen zu diskutieren und, wo möglich, auch mit Kollegen zusammen zu lösen.

Diese verbreitete und nachgerade unvernünftige Ausgangslage brachte @ju_hu_ und @daniel11007 auf die Idee, dieses Thema in einem Summer-Special anzubieten.

> *In welchen Bereichen gibt es Einzelkämpfertum an deiner Schule? Wo gibt es Zusammenarbeit?*

Zunächst wurde um erste Stellungnahmen gebeten. Es wurde deutlich, dass es vor allem bei Verwaltungsaufgaben funktionierende Mitarbeit gibt, doch wenn es an den eigentlichen Unterricht geht, wurde es schwierig. – Aber irgendwie musste es doch möglich sein, denn stellenweise gab es ja Kooperation. Also hatten die Betreffenden einen gangbaren Weg gefunden.

André Hermes
@Medienberater

Einzelarbeit ist unter Kollegen der Normalzustand. Das Wort „Kämpfer" ist aber eher unpassend. Einsame Arbeiter trifft es eher.

18:06 h · 11. Aug 2015

Dejan Mihajlović
@DejanFreiburg

Gelungene Zusammenarbeit gab es immer nur mit selbstkritischen, offenen Kollegen. Also selten. (Was nie funktioniert: Zwang.)

18:07 h · 11. Aug 2015

Mandy Schütze
@ma_y

Zusammenarbeit: bei Klassenleitung, in meinen Fachschaften, bei Generationenwechsel – insgesamt viel Kooperation.

18:08 h · 11. Aug 2015

Alicia Bankhofer
@aliciabankhofer

Allgemeine Hilfsbereitschaft ist auf jedem Fall bei uns vorhanden, besonders im Lehrerzimmer, aber Projektarbeit: SCHLECHT.

18:08 h · 11. Aug 2015

(Wie) kann man andere überzeugen?

Mit dieser Frage erhoffte man sich eine Wegbeschreibung. Erstens, so zeigten die Antworten, durch gutes Beispiel: den ersten Schritt machen, gutes Material anbieten und weitergeben. Zweitens, sich auf die Kolleginnen und Kollegen konzentrieren, die für eine Kultur des Teilens offen sind.

- Von Vorteilen des Materialaustausches überzeugen. Arbeiten im Team spart Zeit!
- Ich konzentriere mich nächstes Jahr auf die bright spots. Man kann wenige anstecken, sie tragen's weiter.
- Andere überzeugen? Nur, wenn Bereitschaft vorhanden ist, sich überzeugen zu lassen. Da fehlt es.
- Eigene Kultur der Kooperation an der Schule anfangen. Eine/r muss anfangen.
- Gar nicht. Lehrer, die nicht zusammenarbeiten wollen, haben ihre Gründe. IMHO: Unsicherheit, Mangel an Selbstkritik/Offenheit.

Im Folgenden beschäftigte sich die #EDchatDE-Community mit den Ursachen für das Phänomen des „Allein-Arbeiters":

Lehrerpersönlichkeit! Begünstigt Studium & Arbeit an der Schule „Einzelkämpfertum"? Sanktionen von Schulleitung, Kollegen?

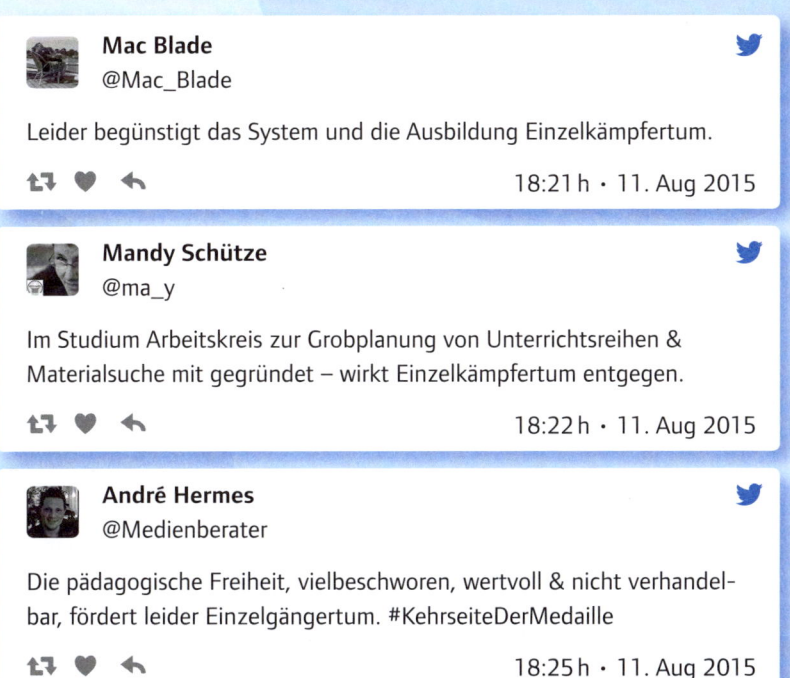

Mac Blade
@Mac_Blade

Leider begünstigt das System und die Ausbildung Einzelkämpfertum.

⟲ ♥ ↰   18:21 h · 11. Aug 2015

Mandy Schütze
@ma_y

Im Studium Arbeitskreis zur Grobplanung von Unterrichtsreihen & Materialsuche mit gegründet – wirkt Einzelkämpfertum entgegen.

⟲ ♥ ↰   18:22 h · 11. Aug 2015

André Hermes
@Medienberater

Die pädagogische Freiheit, vielbeschworen, wertvoll & nicht verhandelbar, fördert leider Einzelgängertum. #KehrseiteDerMedaille

⟲ ♥ ↰   18:25 h · 11. Aug 2015

Kollegiale Zusammenarbeit anstiften?!: Vorschläge zur Unterrichtsentwicklung im Großen? Material- und Methodenaustausch im Kleinen?

Diese Frage stellte eine Vertiefung der zweiten Frage dar. Eine Reihe von Beiträgen zeigte, dass Teilen von Material und Ideen als guter Ansatzpunkt für Gegenseitigkeit gesehen wurde. Ein interessanter neuer Gedanke war, mit anderen zusammen eine Fortbildung zu besuchen und die Erkenntnisse und Anregungen daraus dann hinterher gemeinsam umzusetzen.

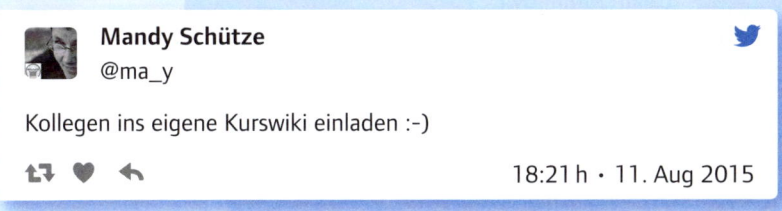

Mandy Schütze
@ma_y

Kollegen ins eigene Kurswiki einladen :-)

⟲ ♥ ↰   18:21 h · 11. Aug 2015

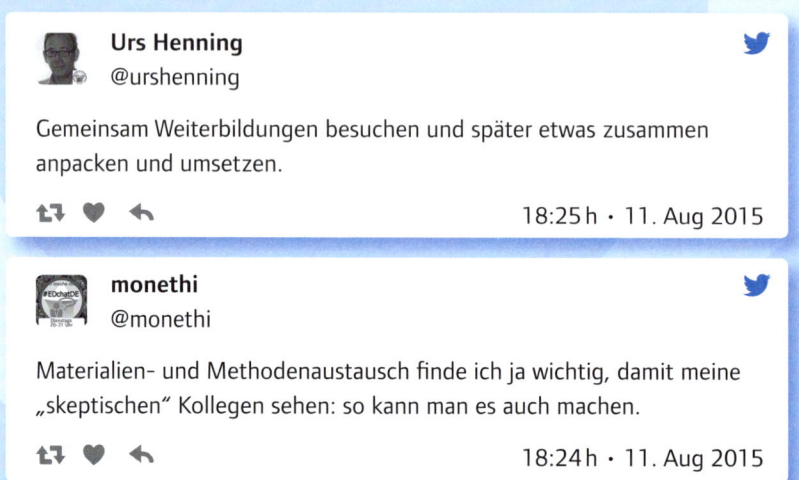

Urs Henning
@urshenning

Gemeinsam Weiterbildungen besuchen und später etwas zusammen anpacken und umsetzen.

⟲ ♥ ↰   18:25 h · 11. Aug 2015

monethi
@monethi

Materialien- und Methodenaustausch finde ich ja wichtig, damit meine „skeptischen" Kollegen sehen: so kann man es auch machen.

⟲ ♥ ↰   18:24 h · 11. Aug 2015

> *Antworte auf 3 Tweets unterschiedlicher Teilgeberinnen a) zustimmend, b) kritisch, c) provozierend!*

Die Antworten drehten sich oft darum, weshalb Kooperation für „typische" Lehrer schwierig sei.

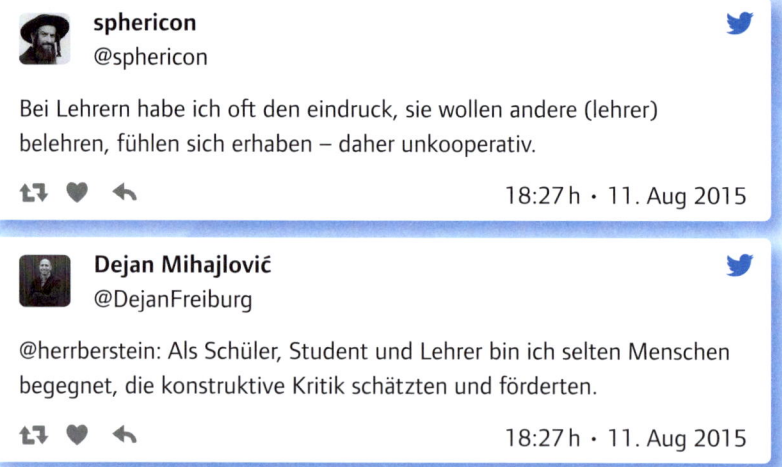

sphericon
@sphericon

Bei Lehrern habe ich oft den eindruck, sie wollen andere (lehrer) belehren, fühlen sich erhaben – daher unkooperativ.

⟲ ♥ ↰   18:27 h · 11. Aug 2015

Dejan Mihajlović
@DejanFreiburg

@herrberstein: Als Schüler, Student und Lehrer bin ich selten Menschen begegnet, die konstruktive Kritik schätzten und förderten.

⟲ ♥ ↰   18:27 h · 11. Aug 2015

Nun wollten die Moderatoren des Summer-Specials wissen, ob es besonders schwierig sei, auf dem Gebiet der digitalen Medien Zusammenarbeit zu erreichen. Die verschiedenen Antworten zeigten, dass eine Verallgemeinerung hier nicht sinnvoll ist – zu unterschiedlich seien die Voraussetzungen. Aber bei vielen brauche man Geduld und gute Argumente, um die Vorteile einer Zusammenarbeit beispielsweise auf einer gemeinsamen Plattform zu erläutern.

Ist eine besondere Überzeugungsarbeit beim Thema „Digitale Medien" erforderlich?

- Überzeugen nötig, v. a. hinsichtlich Mehrwert. Arbeitsbelastung! Digitale Unkenntnis! Schultechnik! …
- Nicht mehr oder weniger als bei anderen Themen. Eine Schule, die offene Debatten nicht scheut, arbeitet immer fortschrittlich.
- Yup. Manche sind ‚digitale Demenz' Anhänger, manche haben nicht mal privat einen Computer. NULL Digi-Erfahrung = VIEL Geduld.
- Die OER-Idee braucht Anlaufszeit. Man möchte das Beste nicht „verschenken" und hat anderseits Angst, sich zu blamieren.

Kohle!? Spielen Rahmenbedingungen für gelingende Kooperation gar keine Rolle?

Die Teilgeber arbeiteten heraus, dass äußere Bedingungen nicht unwichtig sind, aber noch wichtiger ist für sie die Bereitschaft zur Kooperation. Alicia Bankhofer legt allen ein Video ans Herz, das sie sich ansehen sollten, nämlich: „Olaf-Axel Burow: Mit Team-Flow zum Erfolg".

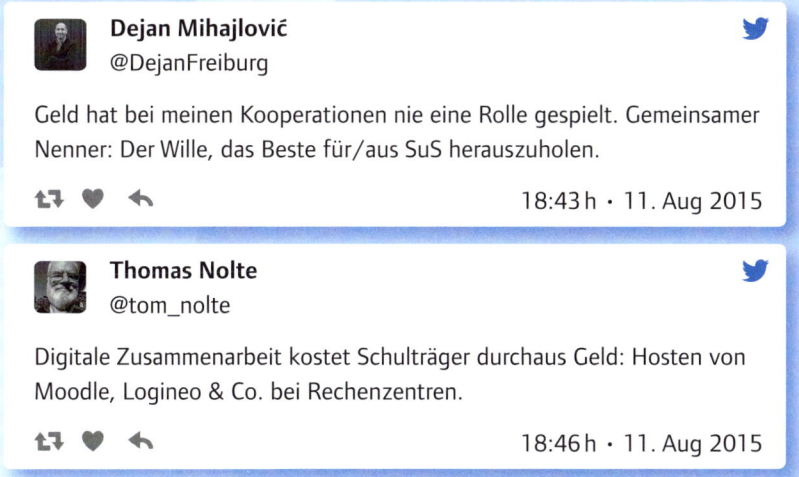

Dejan Mihajlović
@DejanFreiburg

Geld hat bei meinen Kooperationen nie eine Rolle gespielt. Gemeinsamer Nenner: Der Wille, das Beste für/aus SuS herauszuholen.

18:43 h · 11. Aug 2015

Thomas Nolte
@tom_nolte

Digitale Zusammenarbeit kostet Schulträger durchaus Geld: Hosten von Moodle, Logineo & Co. bei Rechenzentren.

18:46 h · 11. Aug 2015

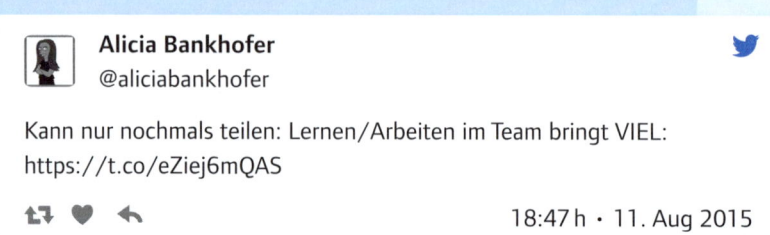

Alicia Bankhofer
@aliciabankhofer

Kann nur nochmals teilen: Lernen/Arbeiten im Team bringt VIEL:
https://t.co/eZiej6mQAS

⟲ ♥ ↩   18:47 h · 11. Aug 2015

Welche Anregungen, Fragen hast du sonst noch zum Thema „Einzelkämpfertum"?

Zum Schluss kam noch ein wichtiger Aspekt zur Sprache, der bei den Ursachen für die verbreitete „Allein-Arbeit" von Lehrkräften vorher nicht genannt wurde: Die Befürchtung, den Ansprüchen der Kollegen nicht zu genügen. Wenn man Unterrichtsmaterial und -ideen weitergibt, macht man sich gleichzeitig angreifbar – doch dies könne ein guter Startpunkt für eine Diskussion sein. Aus Kritik könne man ja auch lernen. Wer sich der Kritik öffnet und lernt, flexibel und unaufgeregt damit umzugehen, bleibt mit dem Kollegen im Gespräch.

André Hermes
@Medienberater

Hat denn schon mal jemand schlechte Erfahrungen beim Teilen gemacht?

⟲ ♥ ↩   18:47 h · 11. Aug 2015

Alicia Bankhofer
@aliciabankhofer

@Medienberater: Ja, da kommt manchmal Kritik oder Hinweise auf
Fehler. Aber ich denke, das ist auch wichtig, #mussgelerntwerden.

⟲ ♥ ↩   18:49 h · 11. Aug 2015

Alicia Bankhofer
@aliciabankhofer

@Medienberater: Ist vielleicht auch ein Grund, weshalb viele nicht teilen
wollen, weil sie sich der Kritik öffnen.

⟲ ♥ ↩   18:49 h · 11. Aug 2015

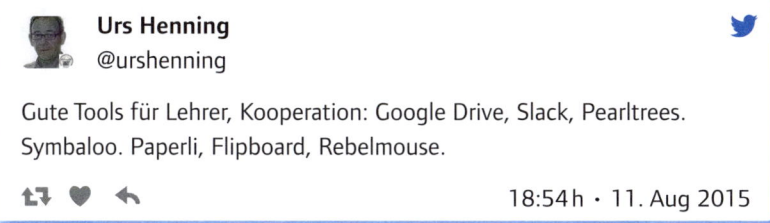

Urs Henning
@urshenning

Gute Tools für Lehrer, Kooperation: Google Drive, Slack, Pearltrees. Symbaloo. Paperli, Flipboard, Rebelmouse.

18:54 h · 11. Aug 2015

Fazit:

Zusammenarbeit im Kollegium spart nicht nur dem Einzelnen Arbeit, sondern sie sorgt insgesamt für eine bessere Schulatmosphäre. Schüler merken es, wenn ihre Lehrkräfte zusammenarbeiten und sich über Inhalte und Ziele ihres Unterrichts absprechen, und sie bekommen auch auf diese Weise vermittelt, dass sie und ihr Fortschritt den Lehrerinnen und Lehrern wichtig sind.

Weiteres zum Thema:

- 25. #EDchatDE, „OER in der Schule inkl. Linkliste": https://edchatde.wordpress.com/2014/03/17/zur-vorbereitung-des-25-edchatde-oer-in-der-schule-inkl-linkliste/
- 64. #EDchatDE, „Schulkultur: Wettbewerb oder Kooperation?": https://edchatde.wordpress.com/2015/01/19/zur-vorbereitung-des-64-edchatde-schulkultur-wettbewerb-oder-kooperation/

Link zum vollständigen Protokoll:

- https://goo.gl/rVsnJX

2.5
Schulische Medienkonzepte (#EDchatDE vom 09. Juni 2015)

von Monika Heusinger

Lernen in einer digital geprägten Gesellschaft erfordert Medienkompetenz. Im Rahmen der Schulentwicklung ist es daher sinnvoll, ein Medienkonzept zu entwickeln als Basis für eine inhaltliche und methodische Gestaltung der Medienarbeit.

Zunächst wurde das Thema eingegrenzt.

> *Wovon reden wir eigentlich? Was gehört in ein schulisches Medienkonzept hinein, was nicht?*

- Wir reden von der Didaktik und den Zielen, dann von Geräten und dann von der Umsetzung.
- Die Koordinierung der Medienarbeit und des Aufbaus von Medienkompetenzen innerhalb einer Schule / eines Schulhauses.
- Ein Medienkonzept enthält Aussagen zu Zielen, zur Unterrichtsentwicklung, zur Ausstattungsplanung, zum Qualifizierungsplan und zur Evaluation.
- Technische Rahmenbedingung, Eltern-Schüler-Lehrer-FoBis, nachaltiger Einsatz im Unterricht in allen Fächern. Verbindlich!
- Das Konzept soll möglichst konkret (Handlungsempfehlungen) sein und auf die Schule passen.
- Da gehört vor allem rein, den Medienbruch zwischen häuslichem und schulischem Lernen zu vermeiden.
- Im Konzept geht es auch um Ausstattung und Erfordernisse, damit es „gelebt" werden kann.

> *Welche Rolle spielen Medienerziehung und Medienpädagogik in deiner Schule heute?*

Hier stellten die Teilgeber die hohe Bedeutung eines Medienkonzeptes heraus und nannten als Beispiele das Medienkonzept ihrer Schule.

Matiz
@matizmusic

Wir haben ein eigenes Profil-Fach dafür: Mensch & Medien, einmalig in BaWü: http://t.co/TYmOEaOT2j

18:11 h · 09. Jun 2015

André J. Spang
@Tastenspieler

Eine große Rolle: Wir haben ein Tabletprojekt, nutzen Wikis und Blogs: http://t.co/T6G30HNVFf

18:13 h · 09. Jun 2015

Marc Albrecht
@AlbrechtHermann

Hier unser Medienkonzept: http://t.co/vJWBUzM9Az

18:13 h · 09. Jun 2015

> *Welche positiven Aspekte des Einsatzes traditioneller und digitaler Medien kannst du nennen? Können sie ins Medienkonzept einfließen?*

Hier wurden die positiven Einsatzmöglichkeiten digitaler Medien betont. Aber es wurde auch herausgestellt, dass die analogen Medien ihre Berechtigung haben und es auf eine gute Mischung ankommt.

- Es gibt kein Lernen ohne Medien – egal ob analog oder digital!
- Die Abwechslung und der gute Mix machen es aus.
- Pro digitale Medien: Vereinfachung von Vernetzung und Zusammenarbeit. Abholen der Schüler in ihrer Medienwirklichkeit.
- Der Einsatz von neuen Medien ermöglicht Lernen (auch in Gruppen) zeit- und ortsunabhängig.
- Digitale Medien motivieren, ermöglichen Binnendifferenzierung und höhere SuS-Aktivität.
- Hab mich dazu mal wieder ausgetobt heute: http://t.co/kSW6lNKYHw

Es wurde hervorgehoben, dass es besonders wichtig ist, die Ansätze ständig auf Aktualität zu prüfen. Außerdem stellt besonders die Nutzung eigener Geräte die Schulen anscheinend vor besondere Herausforderungen.

- Schulische Medienkonzepte sollten grundsätzlich immer wieder auf die Aktualität überprüft werden.
- Wir haben Bedarf im Bereich ständig wechselnder sozialer Netzwerke sowie in der konkreten Umsetzung von BYOD für die Arbeit.
- Die Medien müssten sich auf die Unterrichtskultur auswirken. Nicht nur Altes durch Neues (Digitales) ersetzen.
- Dringend notwendig sind Ansätze für die Integration von Medien in die unterschiedlichsten Fächer.
- Wie Smartphones, Internet und Social Media eingesetzt werden können – Positives betonen!
- Neue Regeln für die Nutzung eigener Geräte, BYOD – auch in Freistunden etc. – müssen bei uns her.

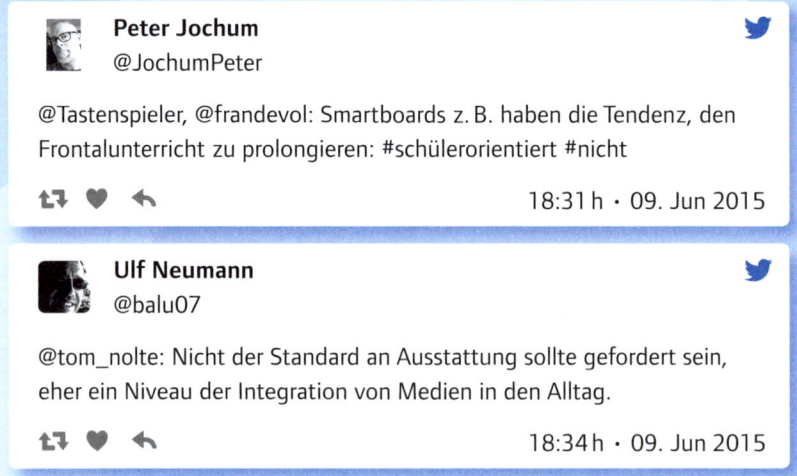

Peter Jochum
@JochumPeter

@Tastenspieler, @frandevol: Smartboards z. B. haben die Tendenz, den Frontalunterricht zu prolongieren: #schülerorientiert #nicht

18:31 h · 09. Jun 2015

Ulf Neumann
@balu07

@tom_nolte: Nicht der Standard an Ausstattung sollte gefordert sein, eher ein Niveau der Integration von Medien in den Alltag.

18:34 h · 09. Jun 2015

Hier wurden unterschiedliche Punkte genannt.

- Bestandsaufnahme, Curriculumentwicklung, Ausstattungsentwicklung, Qualifizierung im demokratischen, ganzheitlichen Prozess.
- Wir haben da was vom Kultusministerium: http://t.co/bDcdPhEtmQ
- Beteiligt werden müssen Lehrer, Schüler und Eltern.
- Find ich ganz gelungen, nicht nur fürs Ländle: https://t.co/APyqQlTX9b
- Martin Lindner, „10 häufig gestellte Fragen zum digital unterstützten Lernen an den Schulen": https://t.co/MToLrU7JfP

Vision: Wie könnte ein perfektes Medienkonzept einer Schule im Jahr 2025 aussehen?

Hier nannten die Teilgeber verschiedene Aspekte:

Frl. Sinus
@FrlSinus

Eine gute Symbiose von Analogem und Digitalem – beides hat seine Berechtigung und seinen Zweck.

18:40 h · 09. Jun 2015

Christian Schlöndorf
@schloendorf

Individuelle Medienkonzepte aller Schulen eines kommunalen Trägers sind verzahnt mit dessen Medienentwicklungsplan.

18:41 h · 09. Jun 2015

Matiz
@matizmusic

Ein perfektes Konzept ist eines, von dem alle wissen, dass es nicht perfekt ist. #Weiterentwicklung

18:41 h · 09. Jun 2015

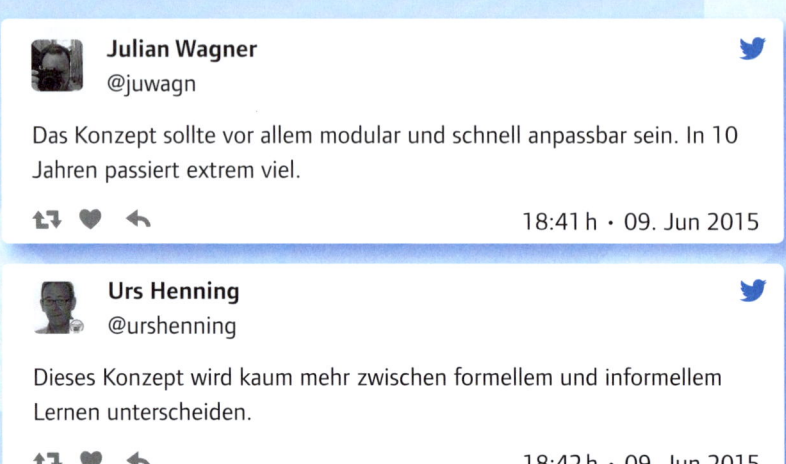

Julian Wagner
@juwagn

Das Konzept sollte vor allem modular und schnell anpassbar sein. In 10 Jahren passiert extrem viel.

18:41 h · 09. Jun 2015

Urs Henning
@urshenning

Dieses Konzept wird kaum mehr zwischen formellem und informellem Lernen unterscheiden.

18:42 h · 09. Jun 2015

Welche Anregungen, Fragen hast du sonst noch zum Thema „Schulische Medienkonzepte"?

Zum Abschluss noch zwei Stellungnahmen:

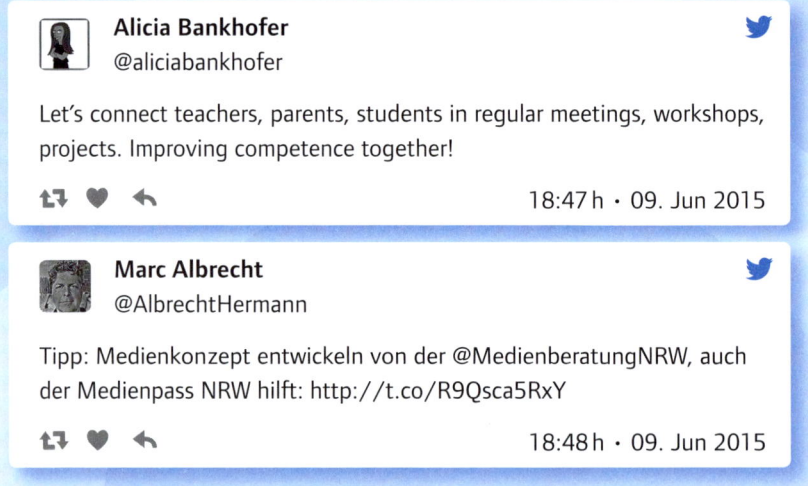

Alicia Bankhofer
@aliciabankhofer

Let's connect teachers, parents, students in regular meetings, workshops, projects. Improving competence together!

18:47 h · 09. Jun 2015

Marc Albrecht
@AlbrechtHermann

Tipp: Medienkonzept entwickeln von der @MedienberatungNRW, auch der Medienpass NRW hilft: http://t.co/R9Qsca5RxY

18:48 h · 09. Jun 2015

Fazit:

Bei der Konzeption des Medienkonzeptes sollten alle in der Schule Beteiligten mitarbeiten können. Ein regionaler oder nationaler Medienentwicklungsplan kann als Orientierungsrahmen dienen. Das Konzept muss jedoch an die Lernumgebung und Struktur der jeweiligen Schule angepasst werden. Damit Medienkompetenz effektiv gefördert wird, sind didaktische, methodische sowie technische Aspekte zu berücksichtigen. Wünschenswert sind konkrete Handlungsempfehlungen bei einer gleichzeitig offenen Konzeption, damit auf aktuelle Entwicklungen angemessen reagiert werden kann. Die Verbindlichkeit des Konzeptes stellt die gemeinsame Basis für eine mediengestützte Gestaltung der Lehr-Lern-Prozesse dar.

Weitere Informationen zum Thema:

- Bildungsserver RLP, Medienkonzepte: http://medienkompetenz.bildung-rp.de/materialien/medienkonzepte.html
- Medienberatung NRW, Medienkonzept: www.medienberatung.nrw.de/Medienberatung/Medien-und-Schule/Medienkonzept/

Link zum vollständigen Protokoll:

- https://docs.google.com/spreadsheets/d/16Azm3iF9kESx1QOkSM3w7vpVdAJ-TCtijXxdhpDYp3w/pubhtml

2.6
Kuratieren: Wie sammelt/publiziert man interessante Inhalte von Schülern für die Schule? (#EDchatDE vom 02. Juni 2015)

von Urs Henning

Der Begriff *Kurator* ist uns vertraut aus dem Kontext des Museums, für den Verantwortlichen einer Sammlung oder Ausstellung; das Verb *kuratieren* im Sinn von *content curation* hingegen ist noch jung und erst seit einiger Zeit im Journalismus gebräuchlich. Kuratieren hat im „Zeitalter des Informations-Overloads" eine Filterfunktion: Experten suchen Informationen, überprüfen diese, wählen die wichtigsten aus, moderieren und publizieren diese Beiträge. Bernd Oswald sagt, dass wir zunehmend Instanzen brauchen, die Orientierung liefern, die eine Auswahl treffen aus bereits vorhandenen Werken anderer. Kuratierende Journalisten seien „die Trüffelschweine, die den guten Inhalt im Netz aufspüren". Philippe Wampfler beschreibt seine Erfahrungen am Beispiel der Arbeit mit seiner *Niuws-Box*. Er liest Artikel, wählt sie nach bestimmten Kriterien aus, speichert sie, prüft sie erneut und gibt die wichtigsten mit einer kurzen Beschreibung für die Publikation frei.

Inhalte können auch automatisch kuratiert werden, mit Feeds oder Alerts oder mit Tools wie *Paper.li* oder *Rebelmouse,* dann spricht man von *Aggregieren.*

In diesem #EDchatDE wird der Begriff konventionell verwendet im Sinn von „für eine Veröffentlichung zusammenstellen". Im Zentrum stehen Fragen wie: Was für Inhalte sollen Schulen freigeben, welche sind heikel? Worauf muss man beim Kuratieren von Schülerarbeiten achten? Welche Plattformen bieten sich dafür an, welche Werkzeuge sind hilfreich?

> *Kuratoren stellen Ausstellungen zusammen. Was hat eine Schule denn von sich oder den Schülern auszustellen?*

Hier wurden unterschiedliche Möglichkeiten genannt:

- Exponate, z.B. Modelle, die von den Schülern im Rahmen von Projekten geschaffen wurden.
- Präsentationen. Projektarbeiten. Beides Pflicht gewesen. Besondere Leistungen (auch außerschulisch).
- Eine Aufarbeitung der Schulgeschichte. – Namensgeber meiner jetzigen Schule hatte z.B. widersprüchliche Rolle während NS-Zeit.
- Students' works and info about school show how much students and teachers care about their work – showcase their creativity!
- Schools need to curate a culture and climate that is genuine and „catchable". Something to believe in.

- Veranstaltungen wie Konzerte, Theater, Wettbewerbe, Auszeichungen (öffentl. Schulwebsite, Jahrbuch); interne SuS-Arbeiten auf Moodle.
- Projektarbeiten und alles, was in der Schule gemacht wird und für interessant gehalten wird.
- Ich erstelle mit meinen Studierenden heuer ein eBook mit Unterrichtsmaterialien. Alles unter OER.

Wenn man Schülerarbeiten kuratiert, worauf muss man (da) achten?

Die Teilgeber wiesen darauf hin, dass alles veröffentlicht werden kann, was dem Urheberrecht, dem Datenschutz und dem Schulleitbild entspricht. Schüler sind stolz und besonders motiviert, wenn sie kreativ für ein „echtes Publikum" arbeiten dürfen. Beim Veröffentlichen von Schülerarbeiten muss man die Privatsphäre und den Datenschutz beachten und vorsichtig sein mit personenbezogenen Schülerdaten. Unter Umständen sollte sogar das Einverständnis der Eltern eingeholt werden.

Monika Heusinger
@M_Heusinger

Keine personenbezogenen Daten von Schülern ohne Einverständniserklärung der Eltern.

⤺ ♥ ↩   18:10 h · 02. Jun 2015

David Obst
@david_obst

Auf die korrekte Arbeit mit Quellen/Urheberrecht – im Idealfall vorgelebt durch den Lehrer.

⤺ ♥ ↩   18:11 h · 02. Jun 2015

Elke Höfler
@lacknere

Urheberrecht, Datenschutz, Recht auf das eigene Bild.

⤺ ♥ ↩   18:11 h · 02. Jun 2015

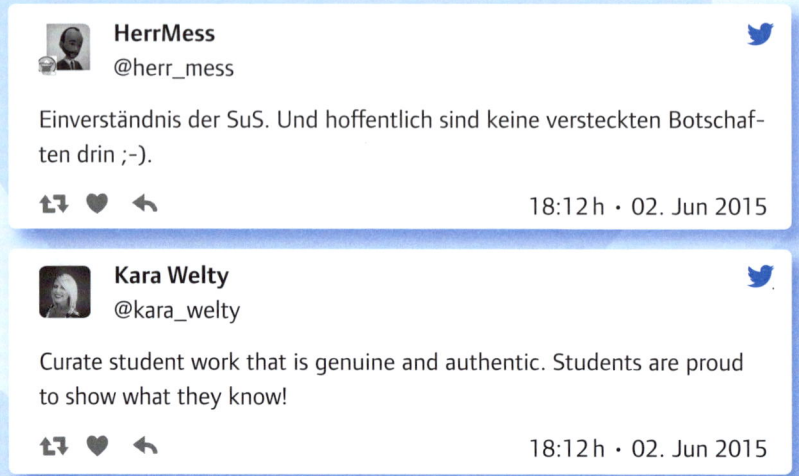

HerrMess
@herr_mess

Einverständnis der SuS. Und hoffentlich sind keine versteckten Botschaften drin ;-).

18:12 h · 02. Jun 2015

Kara Welty
@kara_welty

Curate student work that is genuine and authentic. Students are proud to show what they know!

18:12 h · 02. Jun 2015

Was sollte eine Schule nicht ausstellen/veröffentlichen?

Es wurde deutlich gemacht, dass man auf das Leitbild der Schule achten und nichts gegen den Willen der Schüler veröffentlichen sollte.

- Alles, was Schule und Schulgemeinschaft schadet oder NICHTS bringt! Keine Schönfärbereien!
- Alles, was die Aspekte der vorherigen Frage nicht berücksichtigt. ;-)
- You can't (and mustn't) publish works where the students don't agree with publication – or which would damage their reputation.
- Schulen sollten sich jedenfalls überlegen, was zum Leitbild der Schule gehört. #Digitale #Identität

Soziale Medien bieten sich für's Zeigen von Arbeiten der Schüler/Schule an. Oder was spricht für eine eigene Plattform?

Die Teilgeber stellten dar, dass weniger Datenschutzprobleme für eine eigene Plattform wie etwa die Schulhomepage, für Mahara oder Moodle sprechen. Blogs sind geeignet für eine Reihe ähnlicher Arbeiten. Soziale Medien sind zwar schnell erreichbar und versprechen das große Publikum. Einmal veröffentlicht sind die Inhalte aber nur schwer wieder zu entfernen, denn der virtuelle Raum ist nur bedingt kontrollierbar.

- Soziale Medien sind geeignet, wenn die Produkte auch für Außenstehende interessant sind.
- Für soziale Medien spricht das schnell erreichbare, große Publikum. Einmal veröffentlicht sind die Inhalte allerdings schwer wieder zu entfernen.

- If you have your own *reliable* school server, you can make sure that nothing is lost.
- Das Problem der formalen Bildung (bzw. ihrer Ergebnisse) ist generell, dass sie eher nicht ausgestellt werden will.
- Für eine eigene Plattform spricht, dass es keine Datenschutzprobleme gibt. Ich bevorzuge Mahara in Kombination mit Moodle.
- Für eigene Plattform spricht die (vermeintlich) volle Kontrolle über die Daten.
- Ich werde demnächst die eigene Plattform Mahara austesten. Die dortigen Funktionen können Facebook und Co. nicht leisten.
- Die Lizenzen (v. a. Verwertung), die man an Social Media abtritt.
- Formale Bildung wird häufig als intimer Prozess gelebt, der sich keiner Prüfung durch breite Öffentlichkeit unterziehen muss.
- Der unkontrollierbare virtuelle Raum.
- Siehe dazu auch den MOOC „Schule & Soziale Medien: für wen, wieso, wozu?": http://t.co/FsR9iSvC1W

> *Antworte auf 3 Tweets unterschiedlicher Teilgeberinnen a) zustimmend, b) kritisch, c) provozierend!*

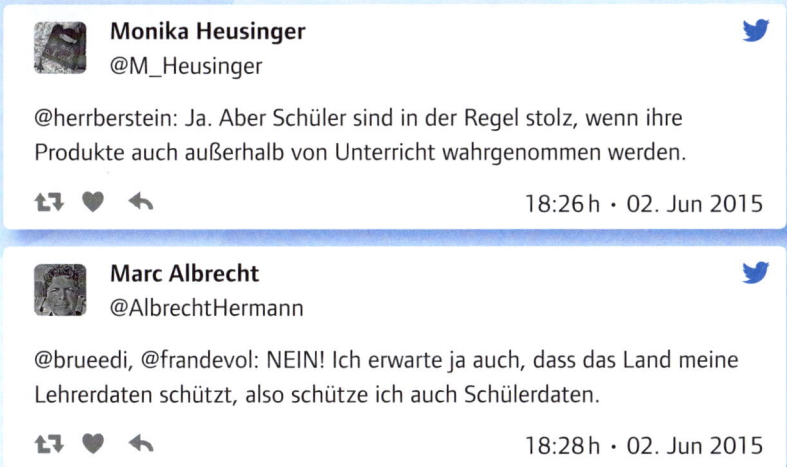

Monika Heusinger
@M_Heusinger

@herrberstein: Ja. Aber Schüler sind in der Regel stolz, wenn ihre Produkte auch außerhalb von Unterricht wahrgenommen werden.

18:26 h · 02. Jun 2015

Marc Albrecht
@AlbrechtHermann

@brueedi, @frandevol: NEIN! Ich erwarte ja auch, dass das Land meine Lehrerdaten schützt, also schütze ich auch Schülerdaten.

18:28 h · 02. Jun 2015

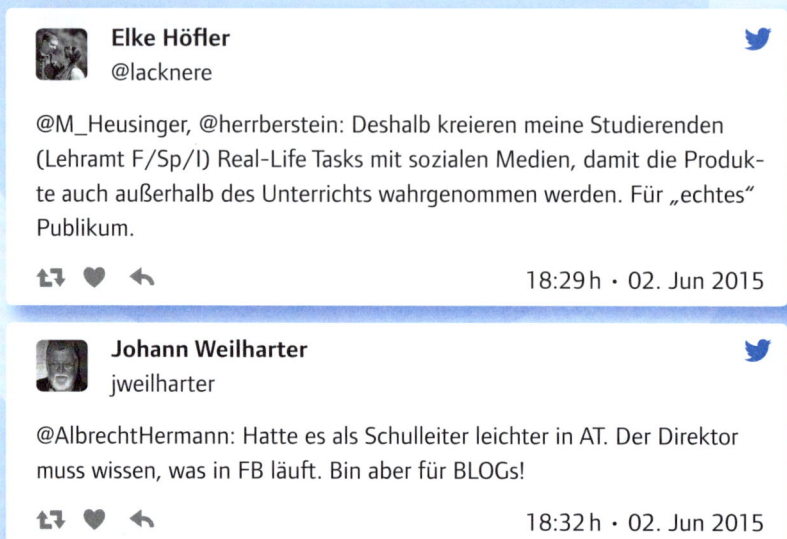

Elke Höfler
@lacknere

@M_Heusinger, @herrberstein: Deshalb kreieren meine Studierenden (Lehramt F/Sp/I) Real-Life Tasks mit sozialen Medien, damit die Produkte auch außerhalb des Unterrichts wahrgenommen werden. Für „echtes" Publikum.

18:29 h · 02. Jun 2015

Johann Weilharter
jweilharter

@AlbrechtHermann: Hatte es als Schulleiter leichter in AT. Der Direktor muss wissen, was in FB läuft. Bin aber für BLOGs!

18:32 h · 02. Jun 2015

> *Welche Werkzeuge machen das Kuratieren von Schülerarbeiten oder interessanten Schulinhalten leichter? Tipps. Links.*

Bei der Wahl der Werkzeuge wurden z. B. Social Bookmarking Tools genannt, zum Sammeln und Teilen von Links und Google Drive oder OneDrive für die Zusammenarbeit, auch Scoop.it und Twitter. Online-Zeitungen mit Paper.li, Rebelmouse oder Flipboard lassen sich für das persönliche PLE, im Klassenverband oder für die Schule insgesamt einsetzen, z. B. als soziales Dashboard, zeitweise gezeigt über einen Screen.

- Abgelegene Region: Lokale Ausstellungen bringen wenig Wirkung. Internet ist NOTWENDIG! Und gute Kontakte zur lokalen Presse!
- Pearltrees ist ein Online-Dienst, mit dem man Links, Dateien, Fotos oder Videos kuratieren kann: http://t.co/oKjV9tjEey
- Zum Beispiel eine Onlinepräsentation via @VideoScribeApp macht die Veröffentlichung anschaulich.
- Für Dokumentation der Unterrichtsaktivitäten und Infos nutze ich Google Drive.
- Not really a tool … but our school produces a yearbook which contains reproductions of artwork, photographs, reports …
- Ein Blog eignet sich wahrscheinlich gut für eine Reihe von Arbeiten – leicht zu erstellen, kostengünstig, gut zu verwalten.
- Blogs, Webseiten ebenso wie z. B. Pinterest oder Social Media, wenn z. B. Klassenaccount vorhanden.

- Auch Online-Zeitungen mit Paper.li lassen sich für die Schule einsetzen: http://t. co/7AFeyOMk7s
- Für Lehrer/innen jedenfalls Scoop.it & Twitter.
- Ich habe gerade Padlet kennengelernt – eine schöne Möglichkeit, Dinge zu sammeln und zu zeigen, Scoop.it ist auch prima.
- Flipboard erstellt Magazine, die man teilen kann.
- Um Nachrichten aus der spanischsprachigen Welt für die Schüler zusammenzustellen, nutze ich paper.li.: https://t.co/vGbVC70GdG
- Thinglink can be quite handy – here's one that showcases our Comenius project (2011–13): https://t.co/8oUB9NMWKc

> *Aber: Ist aktive Schul-PR nicht übertrieben? Sollte man Schülerarbeiten nicht im geschützten Raum verborgen halten?*

Es wurde betont, dass Schul-PR wichtig ist, aber nicht jede Aktivität veröffentlicht und auch keine Schönfärberei betrieben werden sollte.
- Nicht verborgen halten, aber Schulmarketing darf nicht zur Schönfärberei werden!
- Man kann aktive Schul-PR betreiben und sensiblere Kunstwerke im geschützten Rahmen der Schule „verbergen". Das schließt sich nicht aus.
- Schul-PR ermöglicht den Schülern, stolz zu sein auf ihre Schule, ihre Leistungen. – Wer würde sich das nicht wünschen?
- Man sollte nicht jede Aktivität ausstellen. Auswahl geeigneter Produkte wird stärker wahrgenommen.
- Ein soziales Dashboard für die eigene Schule fände ich spannend, z. B. zeitweise gezeigt über den Screen in der Eingangshalle.
- Im Zeichen zurückgehender SuS-Zahlen ist aktive Schul-PR nötiger denn je. Dabei Wichtiges von Unwichtigerem unterscheiden.
- Zu wissen, dass ihre Werke an die Öffentlichkeit gerichtet sind, führt oft zu mehr Ernsthaftigkeit und Qualität bei den Schülern.

> *Welche Anregungen, Fragen hast du sonst noch zum Thema „Kuratieren ..."?*

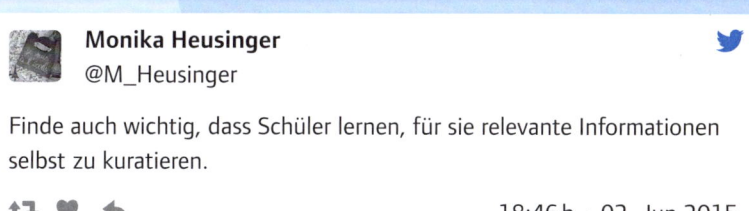

Monika Heusinger
@M_Heusinger

Finde auch wichtig, dass Schüler lernen, für sie relevante Informationen selbst zu kuratieren.

18:46 h · 02. Jun 2015

Peter Ringeisen
@vilsrip

Curating interesting content can also lead to a collection of great things that define a student's school history in a way.

⟲ ♥ ↰   18:46 h · 02. Jun 2015

 Johann Weilharter
jweilharter

Schön ist es, wenn SuS-Gruppen Wettbewerbe gewinnen! Da braucht man nicht kuratieren. Eine Schülerarbeit – Veröffentlichung!

⟲ ♥ ↰   18:47 h · 02. Jun 2015

 Urs Henning
@urshenning

Sehr gute, kurze Einführung im Video: Was ist Content Curation? http://t.co/0jrLVPHRY4

⟲ ♥ ↰   18:48 h · 02. Jun 2015

 Elke Höfler
@lacknere

Ich finde ja bloggende Lehrer/innen toll. Weil man da Infos aus der Praxis bekommt (u. auch Unterrichtsmaterialien).

⟲ ♥ ↰   18:48 h · 02. Jun 2015

 Urs Henning
@urshenning

Interessanter Post zum Kuratieren von Webinhalten als Lernszenario: Viele Werkzeuge, wenige Beispiele: http://t.co/ldT63ChbQz

                                    18:49 h · 02. Jun 2015

Weitere Informationen zu diesem Thema finden sich hier:

- Coaching1.ch: Was ist Content Curation? www.coaching1.ch/was-ist-content-curation/
- Meier, Christoph: Webinhalte kuratieren als Lernszenario: Viele Werkzeuge, wenige Beispiele. https://www.scil-blog.ch/blog/2012/10/26/webinhalte-kuratieren-als-lernszenario-viele-werkzeuge-wenige-beispiele/
- Oswald, Bernd: Kuratieren im Journalismus: Kontext ist King. http://www.fachjourna-list.de/kuratieren-im-journalismus-kontext-ist-king/
- Wampfler, Philippe: Niuws – meine Erfahrungen mit dem „Kuratieren". https://schulesocialmedia.com/2015/06/08/3495/

Link zum vollständigen Protokoll:

- https://docs.google.com/spreadsheets/d/1TbVtPgRZr7loASFjITde8dODTrV4LlfHXOO aVj5lz0Y/pubhtml

2.7
BigData – Chancen und Herausforderungen für Schule und Lehre (#EDchatDE vom 11. November 2014)

von Monika Heusinger

BigData besitzt in der Wirtschaft Potenziale zur Optimierung von Prozessen sowie zur Individualisierung von Angeboten. Daraus entsteht die Frage, inwiefern im schulischen Bereich die Analyse von Daten Lehr-Lern-Prozesse verbessern und individualisieren kann.

> *BigData, Learning Analytics – von was reden wir da überhaupt und kann es das Lernen und Lehren verbessern?*

Als Vorteile wurde genannt, dass über Datenanalyse Lernprozesse verbessert werden und Lernfortschritte damit exakt gemessen werden können. Als Nachteil wird gesehen, dass hier eventuell eine Totalüberwachung der Lernenden erfolgt.

Torsten Larbig
@herrlarbig

Die einen reden über Learning Analytics: http://t.co/IP9ytVh6JP – andere meinen BigData umfassender: http://t.co/St0fxIOChI

19:06 h · 11. Nov 2014

André J. Spang
@Tastenspieler

Datenanalyse kann Lernprozesse verbessern, wenn sie transparent mit den Lernenden besprochen wird.

19:06 h · 11. Nov 2014

Torsten Larbig
@herrlarbig

@swarzste: In den USA will man mit BigData bzw. Learning Analytics Schüler frühzeitig auffangen, die zu scheitern drohen.

19:06 h · 11. Nov 2014

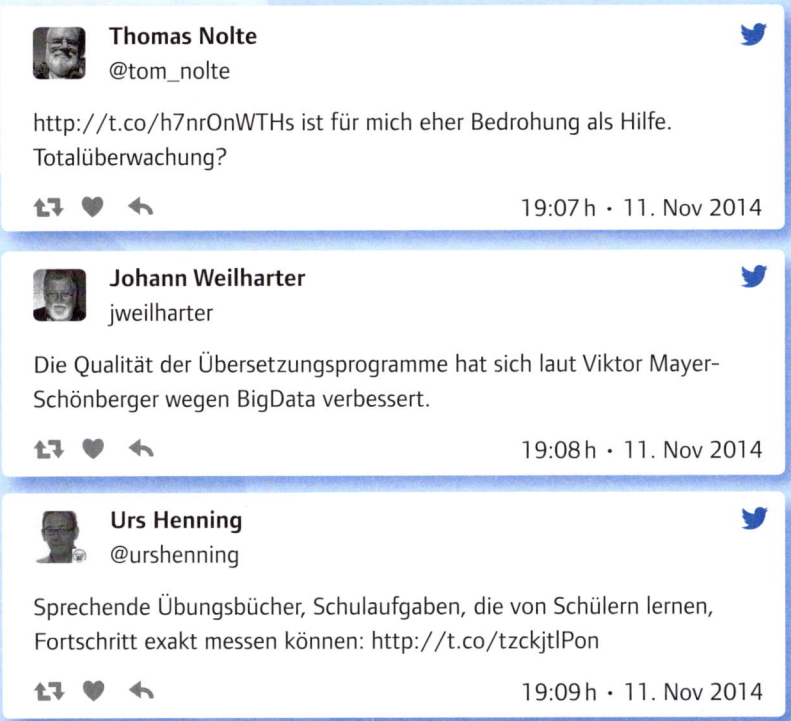

Thomas Nolte
@tom_nolte

http://t.co/h7nrOnWTHs ist für mich eher Bedrohung als Hilfe.
Totalüberwachung?

♺ ♥ ↰   19:07 h · 11. Nov 2014

Johann Weilharter
jweilharter

Die Qualität der Übersetzungsprogramme hat sich laut Viktor Mayer-
Schönberger wegen BigData verbessert.

♺ ♥ ↰   19:08 h · 11. Nov 2014

Urs Henning
@urshenning

Sprechende Übungsbücher, Schulaufgaben, die von Schülern lernen,
Fortschritt exakt messen können: http://t.co/tzckjtlPon

♺ ♥ ↰   19:09 h · 11. Nov 2014

> *Welche technische Ausrüstung brauchen Schulen/Universitäten, damit BigData*
> *überhaupt funktionieren kann?*

Neben brauchbaren Netzwerkstrukturen für Intra- und Internet wird als technische Voraussetzung genannt, dass auch der Unterricht auf/mit digitalen Geräten durchgeführt werden
müsste.

- I think we would need to discuss aims and plans before we could ask for technical equip-
  ment. „Why" before „how".
- Theoretisch sind ja die meisten Daten und zumindest Zensuren der Schüler in EDV er-
  fasst. Die SuS haben nur keinen Zugriff, oder?
- Hoffentlich bleiben die Leistungsdaten besonders geschützt! Ich bin auch gegen eine
  quantitative Ausweitung.
- Datenerfassung findet überall statt, nicht nur in Schulen. Datenbanken, WLAN Logins,
  Mailsystemen. BigData ist überall.
- Zunächst einmal müsste der Unterricht auf/mit digitalen Geräten Standard sein.
- Rechtliche Absicherung, technische Infrastruktur, fachliche Qualität.
- Brauchbare Netzwerkstrukturen für Intra- und Internet.

- Technisch? Nun z. B. digitale Schülerakten. Bislang sind die (oft in ihrem Infogehalt ungenutzt) als tote Daten im Aktenschrank.
- Bei Khan Academy sind schon heute 10 der 50 Mitarbeiter Data Scientists!

> *Do it yourself: Machst du selbst schon Datenerhebung/-analyse? Wie und was bringt es im Hinblick auf Unterrichtsentwicklung denn?*

Es macht den Eindruck, dass die Teilgeber noch keine digitale Datenerhebung für die Unterrichtsentwicklung verwenden, sondern diese eher „analog" durchführen. Es werden aber anscheinend schon Schulverwaltungsprogramme genutzt, um Leistungsdaten schneller und ortsunabhängiger verwalten zu können.

Herr B.
@legereaude

Meine Datenerhebungen sind Striche auf Evaluationsbögen. Das bringt schon was, ist aber oldschool.

⇄ ♥ ↩   19:16 h · 11. Nov 2014

André J. Spang
@Tastenspieler

In der Oberstufe nutzen wir http://t.co/QcsDlSTyh5, vorher Ibis, privat nutze ich Teachertool, Evernote und lese Wiki-Historie.

⇄ ♥ ↩   19:16 h · 11. Nov 2014

Johann Weilharter
jweilharter

Bildungsdokumentation, Lernplattform usw.

⇄ ♥ ↩   19:16 h · 11. Nov 2014

Thomas Nolte
@tom_nolte

Ich lehne so einen Positivismus ab, weil bei toter Technologie Menschliches viel zu kurz kommt. Nächstens Hirnströme messen?

⇄ ♥ ↩   19:23 h · 11. Nov 2014

Hier einige Vorschläge der Teilgeber:

- Daten müssen geschützt werden – klare Sache. Hinzu muss auch ein Umdenken in Bezug auf Daten und deren Nutzung kommen.
- Zunächst Aufklärungsarbeit, was BigData für Konsequenzen, Nutzen und Gefahren für Schule und Unterricht hat.
- Wir müssen vor allem klären, wem die persönlichen Lerndaten gehören und u. U. bereit sein, für die Dienste zu bezahlen.
- Evaluationsstudien, die die Wirksamkeit und Zweckmäßigkeit von BigData in Schule und Unterricht wissenschaftlich fundieren.

> *Antworte auf 3 Tweets unterschiedlicher Teilgeberinnen a), zustimmend, b) kritisch, c) provozierend!*

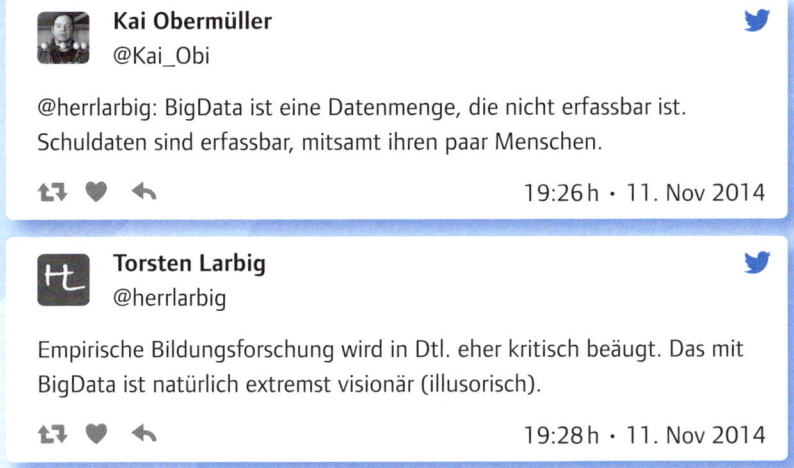

Kai Obermüller
@Kai_Obi

@herrlarbig: BigData ist eine Datenmenge, die nicht erfassbar ist. Schuldaten sind erfassbar, mitsamt ihren paar Menschen.

19:26 h · 11. Nov 2014

Torsten Larbig
@herrlarbig

Empirische Bildungsforschung wird in Dtl. eher kritisch beäugt. Das mit BigData ist natürlich extremst visionär (illusorisch).

19:28 h · 11. Nov 2014

> *Circa 2020: Nehmen wir an, wir hätten Tabletklassen, Datenanalysen und Lernplattformen: (Wie) würden sich Lernprozesse verändern?*

Es wurde als vorteilhaft herausgestellt, dass im Idealfall Lernprozesse und Lernerfolge besser nachvollzogen werden können und damit auch eine bessere Förderung der Schüler ermöglicht wird, weil ein konkretes Feedback einfacher wird.

- Klar. ‚Damit klarkommen' heißt auch: Wenn, Daten funktional erheben und schützen!

- Wir erhalten Daten über individuelle Lernprozesse, können Lernerfolge kontrollieren und präzise personalisierte Feedbacks geben.
- Educational inference & prediction will become more effective.
- Deutschland schläft. Und in den USA wird über Google Classroom BigData längst für effiziente Lernunterstützung genutzt.
- Lasttweet & davon abgesehen, wäre es eine Möglichkeit zur Förderung der Kollaboration und Individualisierung von Bildungsprozessen.
- Hört sich gut an. Aber was ist mit der Förderung sozialer und personaler Kompetenzen?
- Beim Lernen ist kaum etwas wichtiger als Feedback – also ist doch gläsern nicht unbedingt schlecht.

> *Ständige Datenanalyse und Vernetzung bedeutet auch lückenlose Überwachung und gläserne Lernende – oder wie siehst du das?*

Dieser Punkt wurde von den Teilgebern eindeutig bejaht und auf die dringende Notwendigkeit hingewiesen, die Daten schützen zu müssen.

- Wichtiger Punkt. Aber schau mal, was man „nur" aus den Bewegungsdaten eines Handys rausfinden kann: http://t.co/UVK1DkaL6q
- Lernende müssen ja nicht zwingend Objekte der Datenanalyse sein.
- Richtig, mit allen Vor- und Nachteilen.
- Die Daten gehen nicht weg. Brauchen Gesetze und effiziente Technologie zum Schutz der Daten.

> *Welche Anregungen, Fragen hast du sonst noch zum Thema?*

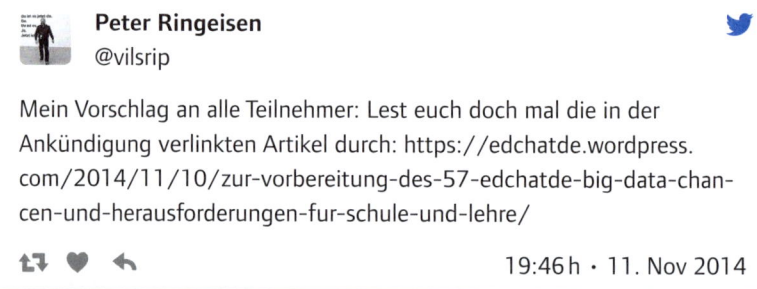

Peter Ringeisen
@vilsrip

Mein Vorschlag an alle Teilnehmer: Lest euch doch mal die in der Ankündigung verlinkten Artikel durch: https://edchatde.wordpress.com/2014/11/10/zur-vorbereitung-des-57-edchatde-big-data-chancen-und-herausforderungen-fur-schule-und-lehre/

19:46 h · 11. Nov 2014

Monika Lachner
@MoLa1303

BigData gibt es. Es umgibt uns alle. Wie gehe ich damit um? Wie bleiben
gläserne Lehrer und SuS ganz?

 　　　　　　　　　　　　　19:47 h · 11. Nov 2014

Philipp Wampfler
@phwampfler

Ohne viel gelesen zu haben – ich sehe die Gefahr, dass Bildungsindustrie
vereinnahmt und ausschlachtet.

  　　　　　　　　19:48 h · 11. Nov 2014

Stefan Schwarz
@swarzste

Wer würde die Daten sammeln, digitalisieren, löschen, überwachen,
weitergeben?

　　　　　　　　　　　　　　　　　　19:48 h · 11. Nov 2014

Torsten Larbig
@herrlarbig

@reg_schulz: Bedenklich finde ich bereits Schülerdaten, die Lehrer
unverschlüsselt per Mail hin- und herschicken.

  　　　　　　　　19:49 h · 11. Nov 2014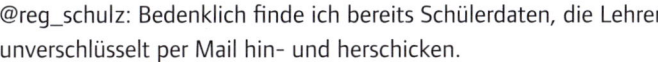

Urs Henning
@urshenning

Eine spannende, aktuelle Lektüre zum Thema: Lernen mit BigData: Die
Zukunft der Bildung: http://t.co/W5CcDRDird

    　　　　　　　　19:52 h · 11. Nov 2014

Fazit:

Die Analyse von Daten bietet viele Chancen. Sie kann Lernprozesse transparenter machen und Lernangebote können dadurch individualisiert werden. Jedoch muss der Schutz der persönlichen Daten der Lernenden gewährleistet sein. Daten sollten zudem nicht aufgrund technologischer Möglichkeiten erhoben und ausgewertet werden, sondern zweckgebunden. Sie können eine Hilfe für die Lehrperson sein, um frühzeitig individuell beraten zu können, ersetzen jedoch nicht die Lehrperson, da für eine Förderung sozialer Kompetenzen und für eine angemessene Feedbackkultur auch die persönliche Interaktion wichtig ist.

Link zum vollständigen Protokoll:

- https://docs.google.com/spreadsheets/d/1Rd-GoRlAPnnLqJHS0IwPUfYU9mQW diSCQrtmyYyU66w/pubhtml

2.8
Schüleraktivierende Methoden im Unterricht
(#EDchatDE vom 26. Mai 2015)

von Elke Höfler

Wie sehr das Thema *Schüleraktivierende Methoden* im Unterricht interessiert, zeigt die Tatsache, dass es sowohl 2014 (Ausgabe 33) als auch 2015 (Ausgabe 80) zum Wochenthema gewählt wurde. Um eine Wiederholung der Diskussionen zu vermeiden, wurde von den Moderatoren André J. Spang (@tastenspieler) und Torsten Larbig (@herrlarbig) eine Erweiterung des Themenfeldes angestrebt, wodurch nicht nur die psychische, sondern auch die physische Aktivierung zur Diskussion gestellt wurde.

> *„Wenn man uns lässt, machen wir gute Sachen." – Stimmt das und wie koordiniert man das?*

Als Einstieg wurde eine offene Frage gestellt, die eine Beantwortung auf unterschiedlichen Ebenen erlaubt. Die Teilgeber überlegten, welche Rahmenbedingungen und Voraussetzungen für schüleraktivierenden Unterricht gegeben sein bzw. berücksichtigt werden müssen. Dabei spielen der Freiheitsgedanke und sein Ausmaß eine zentrale Rolle:

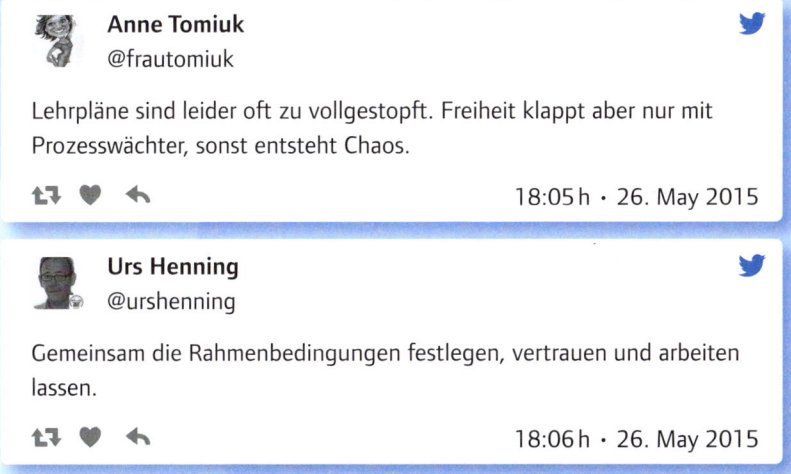

Anne Tomiuk
@frautomiuk

Lehrpläne sind leider oft zu vollgestopft. Freiheit klappt aber nur mit Prozesswächter, sonst entsteht Chaos.

18:05 h · 26. May 2015

Urs Henning
@urshenning

Gemeinsam die Rahmenbedingungen festlegen, vertrauen und arbeiten lassen.

18:06 h · 26. May 2015

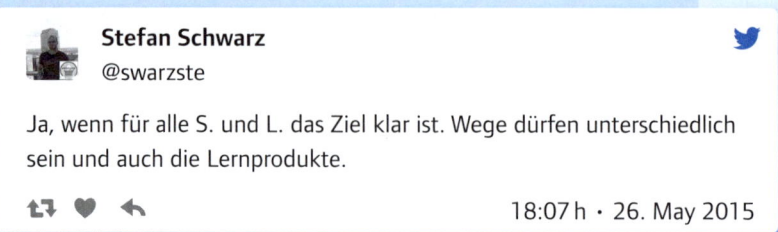

Stefan Schwarz
@swarzste

Ja, wenn für alle S. und L. das Ziel klar ist. Wege dürfen unterschiedlich sein und auch die Lernprodukte.

⟲ ♥ ↩   18:07 h · 26. May 2015

Der Umgang mit Freiheit beim Lernen ist dabei eine Frage der Sozialisierung:

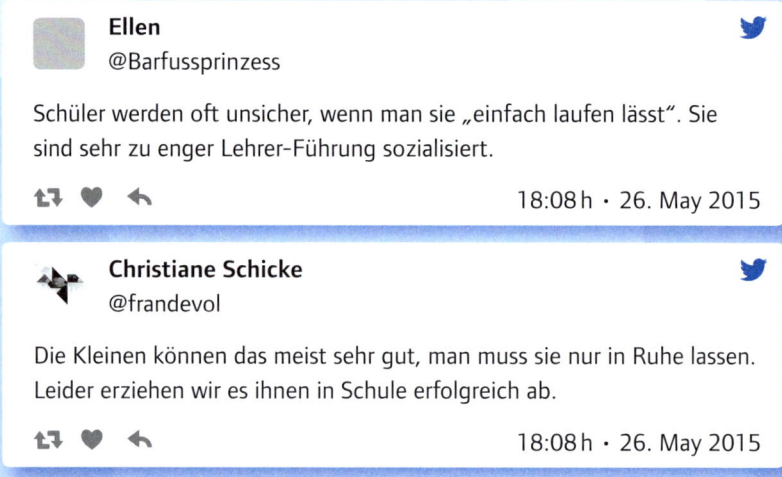

Ellen
@Barfussprinzess

Schüler werden oft unsicher, wenn man sie „einfach laufen lässt". Sie sind sehr zu enger Lehrer-Führung sozialisiert.

⟲ ♥ ↩   18:08 h · 26. May 2015

Christiane Schicke
@frandevol

Die Kleinen können das meist sehr gut, man muss sie nur in Ruhe lassen. Leider erziehen wir es ihnen in Schule erfolgreich ab.

⟲ ♥ ↩   18:08 h · 26. May 2015

Für Lehrende bedarf dieser Schritt in die Freiheit auch ein Umdenken:

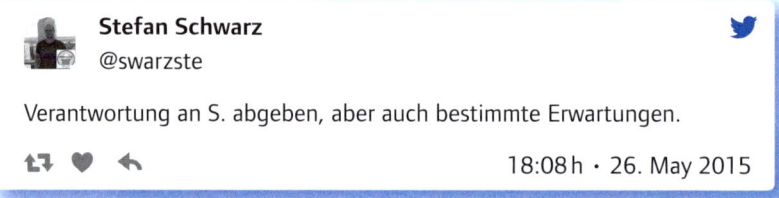

Stefan Schwarz
@swarzste

Verantwortung an S. abgeben, aber auch bestimmte Erwartungen.

⟲ ♥ ↩   18:08 h · 26. May 2015

> *Bewegung wirkt aktivierend, das sagt uns jeder Fitnesstracker: Aber wie schaffe ich das in kurzer Zeit im engen Klassenraum?*

Aktivierung meint auch physisches Bewegen mittels Methoden wie Partnermemory, Laufdiktat, Jahrmarkt oder einfachen Bewegungsspielen. Einige Impulse zur Integration von Bewegung in den Unterricht sollen hier genannt werden, weitere sind im vollständigen Protokoll nachzulesen:

- Kreidestaffel geht immer: Ergebnisse von vielen Schülern an die Tafel bringen lassen. Braucht kaum Anleitung.
- Zitate an den Wänden, Gesprächsgruppen dazu (Agora!), Gallery Walk mit Karikaturen, draußen unterrichten.
- Analoge Vernetzung im Klassenraum: SuS stellen Produkte (z. B. Texte) aus, gehen umher und kommentieren die Produkte.

Vor allem die Öffnung des Lernraumes erscheint in Hinblick auf Bewegung als Aktivierung zentral. Wobei die Bewegung durch digitale Medien nicht verhindert wird.

- Man beschränke den Unterricht nicht auf den Klassenraum! Da gibt es noch Treppen Aulen, Flure, Höfe und viel Umgebung.
- Einfach aufstehen hilft schon mal viel. In Tabletklassen (Reizwort) gehen alle sowieso immer durchs Haus.
- In der Sekundarstufe II habe ich auf geistige Aktivität geachtet. Heute Vision: mit kleinen Tablets Unterricht im Freien.
- Wenn Schüler Smartphones zusammen nutzen, weil teilweise keins da oder (häufiger) Monatsbudget schon leer ist, kommt Bewegung in den Raum.

> Montessori: *„Lehrer muss passiv werden, damit Schüler aktiv werden kann."*
> *– Leicht gesagt – wie schaffe ich das?*

Neben methodischen Ansätzen, wie die Integration des Flipped Classrooms, wurden hier Wege der Passivität ebenso diskutiert, wie die Frage, ob man als Lehrperson überhaupt eine passive Rolle einnehmen solle, um Schüler zu aktivieren:

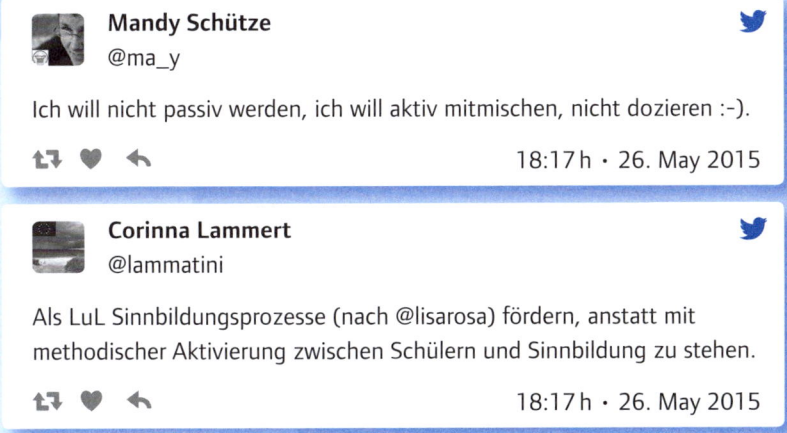

Mandy Schütze
@ma_y

Ich will nicht passiv werden, ich will aktiv mitmischen, nicht dozieren :-).

⇄ ♥ ↩   18:17 h · 26. May 2015

Corinna Lammert
@lammatini

Als LuL Sinnbildungsprozesse (nach @lisarosa) fördern, anstatt mit methodischer Aktivierung zwischen Schülern und Sinnbildung zu stehen.

⇄ ♥ ↩   18:17 h · 26. May 2015

Digitale Medien scheinen hierbei einen Weg vorzugeben:

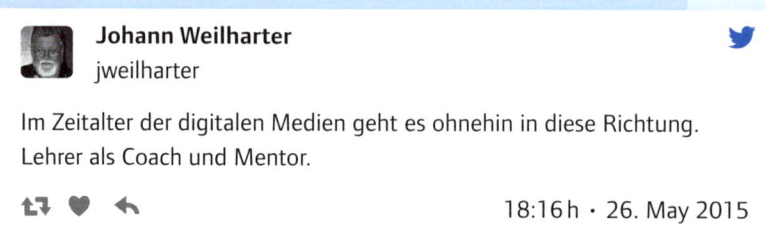

Johann Weilharter
jweilharter

Im Zeitalter der digitalen Medien geht es ohnehin in diese Richtung.
Lehrer als Coach und Mentor.

18:16 h · 26. May 2015

Wie in vielen Ausgaben des #EDchatDE kam das Gespräch dabei auch wieder auf den Umgang mit Fehlern in der heutigen Lehr- und Lernkultur.

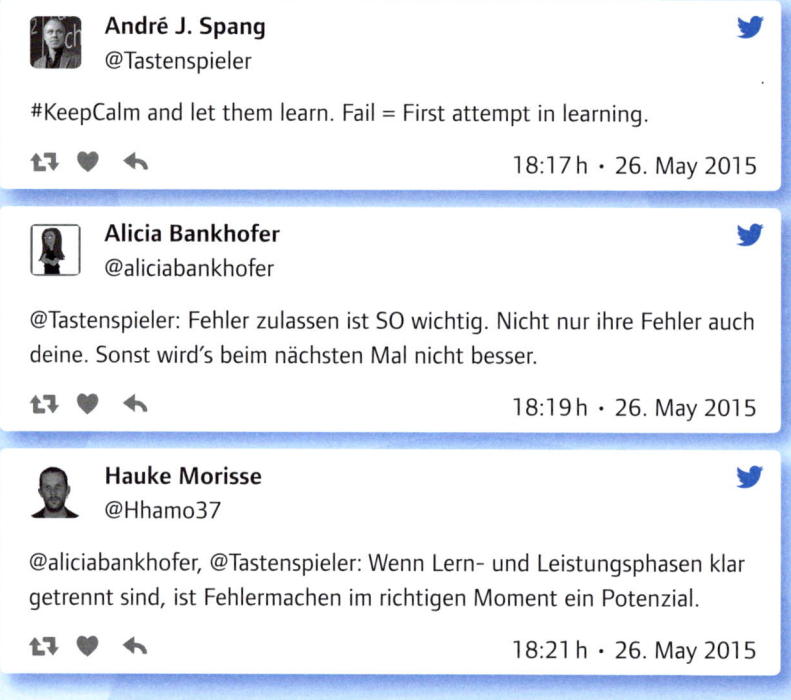

André J. Spang
@Tastenspieler

#KeepCalm and let them learn. Fail = First attempt in learning.

18:17 h · 26. May 2015

Alicia Bankhofer
@aliciabankhofer

@Tastenspieler: Fehler zulassen ist SO wichtig. Nicht nur ihre Fehler auch deine. Sonst wird's beim nächsten Mal nicht besser.

18:19 h · 26. May 2015

Hauke Morisse
@Hhamo37

@aliciabankhofer, @Tastenspieler: Wenn Lern- und Leistungsphasen klar getrennt sind, ist Fehlermachen im richtigen Moment ein Potenzial.

18:21 h · 26. May 2015

Wie so oft im Leben spielt auch in Hinblick auf die Aktivierung die Mischung und Abwechslung eine zentrale Rolle. Sowohl Lehrende als auch Lernende brauchen sowohl Aktivierung als auch passive Momente:

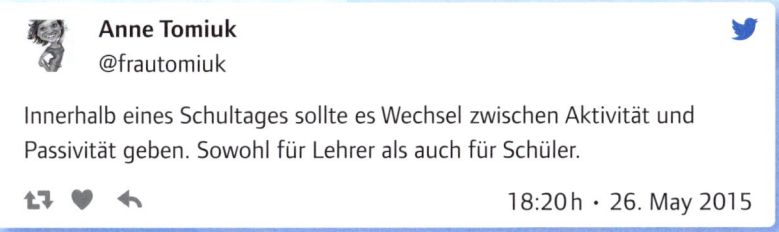

Anne Tomiuk
@frautomiuk

Innerhalb eines Schultages sollte es Wechsel zwischen Aktivität und Passivität geben. Sowohl für Lehrer als auch für Schüler.

18:20h · 26. May 2015

> *Aktivieren ist gut, dranbleiben ist besser: Wie schaffe ich Abwechslung und langfristige Motivation im Unterricht und darüber hinaus?*

Den nachhaltigen Lernprozess im Auge sollen Mittel und Wege gefunden werden, Abwechslung und Motivation im Unterricht zu garantieren. Hierfür wurden unterschiedliche Tipps gegeben, die vom „Fragen zulassen" bis zu konkreten Methoden reichen:

- Ein Feuerwerk ist gleich verpufft – das stimmt. Relevante Lernszenerien und Lebensweltbezug können helfen.
- T. Maier sagt, wir müssen Emotionen auslösen, die unter die Haut gehen. Dann gehe die Dopamin-Dusche an: http://t.co/XI2vYktdi4
- Unterrichtsprozesse gemeinsam planen, regelmäßige Evaluation des Unterrichts durch SuS, Zielvereinbarungen.

Dabei spielt vor allem der Methoden- und Medienwechsel eine zentrale Rolle, der weder zu einer Unter- noch zu einer Überforderung führen, sondern Abwechslung bringen soll:

- Methodenwechsel! Auch bei selbstbestimmtem Lernen kann man Rückmelde-, Kommunikations- und Zwischenpräsentationsphasen einbauen.
- Konzentrationsspanne der Schüler bzw. Lerngruppe berücksichtigen. Wechsel zwischen Phasen der Entspannung und Anspannung.
- Auf den Schüler passende Arbeitsszenarien achten. Also nicht Tablet um jeden Preis und nicht Stift und Papier um jeden Preis.

> *Antworte auf 3 Tweets unterschiedlicher Teilgeberinnen a), zustimmend, b) kritisch c) provozierend!*

Ausgelöst durch folgenden Transparenz-Tweet entwickelte sich eine spannende Diskussion in Hinblick auf die Notengebung:

 Elke Höfler
@lacknere

Transparenz ist ein wichtiger Baustein für Aktivität in der Klasse und auch hier die Wertschätzung.

   18:22 h · 26. May 2015

 André J. Spang
@Tastenspieler

@lacknere: Ja, genau so. Wie erreichst du Transparenz? 1 Beispiel genügt uns.

   18:27 h · 26. May 2015

 Elke Höfler
@lacknere

@Tastenspieler: Klare Lernziele, vereinbarte Regeln mit den SuS, an die ich mich halte.

                                             18:28 h · 26. May 2015

 Anne Tomiuk
@frautomiuk

@Tastenspieler, @lacknere: Idee zur Transparenz: Ich „verkaufe" Notenpakete zu Beginn des Schuljahrs. Währung ist Engagement.

   18:29 h · 26. May 2015

 Anne Tomiuk
@frautomiuk

@Tastenspieler, @lacknere: Es ist wie im Supermarkt. Suche dir eine Note aus und du bekommst das geforderte Engagement angezeigt.

                                          18:32 h · 26. May 2015

Wenn von digitalen Medien gesprochen wird, wird oft auch von einem didaktischen Mehrwert gesprochen, den diese Medien bringen (sollen). Oft wird ihnen dieser Mehrwert gerade aber auch abgesprochen, wie die folgenden Diskussionsbeiträge zeigen:

- Medien(-Einsatz) wirkt generell aktivierend und motivierend – daraus kann man etwas machen.
- Je verbotener, um so aktivierender sind digitale Medien für Schüler im Unterricht #sowillesmanchmalscheinen.
- Device use as part of lessons designed for creative learning is great. Giving a child a tablet is not enough #createvsconsume.
- Digitale Medien sind KEINE eierlegende Wollmilchsau und Rettung für „guten" Unterricht.
- Wie immer: Digitale Medien sind Mittel zum Zweck. Zur Partizipation als auch (falsch verstanden) zum passiven Konsum.
- Zweckmäßig und zielführend eingesetzt, ermöglichen sie eine höhere Methodenvielfalt und mehr Schülermotivation.

Tipps und Tricks: Wie gelingt dir Schüleraktiverung im Unterricht (und darüber hinaus)? Gerne mit Links!

In dieser Sammelfrage wurden zahlreiche Beispiele aus der Praxis geliefert, die im Gesamtprotokoll nachgelesen werden können. Hier sollen nur einige eher abstrakte Beispiele exemplarisch genannt werden:

- Schüler arbeiten und denken lassen durch aktive und passive Phasen (gute Mischung).
- Und jetzt mal ne Runde kleiner: Hier ist das Ziel, hier sind Wege zum Ziel im Angebot, sucht euch euren aus!
- Aktivierung beginnt für mich mit Ermutigung: Schüler die Erfahrung machen lassen, dass es einen Unterschied macht, ob sie da sind.

Welche Anregungen, Fragen hast du sonst noch zum Thema?

Neben zahlreichen Methodensammlungen wurden hier abschließend auch allgemeine Gedanken geäußert, die unkommentiert zitiert werden sollen, um zu zeigen, wie heterogen die geäußerten Gedanken der Teilgeber sind:

- Immer wieder erstaunlich: Auch eine längere, ruhige Einzelarbeit ist differenziert und aktivierend.

- Auch ein gut gemachter Lehrervortrag kann motivierend und aktivierend wirken.
- Letztlich ist nicht die Art der Methode sondern die Qualität der Methode entscheidend.

Fazit:

Hier lässt sich festhalten, dass Methoden, die Lerner/innen aktivieren, nicht zwangsläufig die Lehrperson passivieren. Vielmehr geht es für die Lehrperson darum, einen Rollenwechsel vorzunehmen, die Rahmenbedingungen für sich selbst und die Lernenden abzustecken und zu kommunizieren. Um ein Gelingen aktivierender Maßnahmen sicherzustellen, müssen Werte wie Wertschätzung und Transparenz gelebt und die Angst vor Kontrollverlust oder Fehlern, abgelegt werden. Erwartungen und Anforderungen müssen adaptiert und die Lernziele um soziale, personale und Methodenkompetenzen – sowohl auf Lernenden- als auch Lehrendenseite – erweitert werden.

Die Lerner/innen sollen zu einer aktiven Lernhaltung angeregt werden, wobei Aktivierung sowohl auf psychischer als auch physischer Ebene zu verstehen ist. Und auch hier gilt der Ruf nach Methodenvielfalt: Auf aktivierende Methoden sollten eher passiv-konsumierende Phasen folgen.

Weiterführende Materialien:

- Eintrag im Blog zu #EDchatDE no. 80: https://edchatde.wordpress.com/2015/05/25/zur-vorbereitung-des-80-edchatde-schuleraktivierende-methoden-im-unterricht/
- #EDchatDE no. 33 (vom 27. Mai 2014): Schüleraktivierung im Unterricht: https://edchatde.wordpress.com/2014/05/26/zur-vorbereitung-des-33-edchatde-schuleraktivierung-im-unterricht/
- Protokoll zu #EDchatDE no. 33: Schüleraktivierung im Unterricht: https://docs.google.com/spreadsheets/d/1zdIQd45TDQPWlriZCdXtRQxUyjcxZnYSD5fLTWH4iug/pubhtml
- Überblick zu schüleraktivierenden Lehr- und Lernformen nach D. Homberger: http://t.co/33fRijo5ch

Link zum vollständigen Protokoll:

- https://docs.google.com/spreadsheets/d/1srrW5qpEqZEjoCU3eqxE0kzc-llOPk-vk57dGG-QxcY/pubhtml

von Elke Höfler

Schüler, die den Unterricht durch ihr Verhalten in einer Weise beeinflussen, die von Lehrenden und auch von Lernenden als störend empfunden wird, gibt es vermutlich in den meisten Klassen.

Wie mit solchen Störungen umgegangen werden kann, ist eine zentrale Frage für Pädagogen, die einerseits an einem guten Lernklima arbeiten, die aber andererseits auch selbst z.T. starken Belastungen durch das Verhalten einzelner Schüler ausgesetzt sind.

Teilweise lassen sich solche Störungen durch angemessenes Classroom Management beheben, andererseits gibt es Verhaltensweisen, die möglicherweise komplexer pädagogisch aufgegriffen werden müssen.

Um diesen Fragehorizont ging es bei diesem #EDchatDE, moderiert von André J. Spang (@tastenspieler) und Torsten Larbig (@herrlarbig).

> *Du kennst das: Diese Klasse 8a, Montags 8./9.Stunde – ein Albtraum.*
> *Wie überstehst du das?*

Randstunden in Klassen in „interessantem" Alter sind immer eine Herausforderung, der man sich auf unterschiedlicher Weise stellen kann. In der Diskussion ergab sich vor allem eine Tendenz hin zur Lernendenzentrierung bzw. -aktivierung, aber nicht ausschließlich:

- Mit Humor, Verbindlichkeit und Konsequenz … und einem Kaffee.
- Produktive Arbeitseinheiten mit hoher Schüleraktivität funktionieren auch in der 8. Stunde in der 8. Klasse.
- Sehr situationsabhängig: Von viel geduldigem Verständnis bis zu „hartem Durchgreifen".
- Wie auch morgens bei lauten Klassen – mit einem „Fahrplan", den die Schüler kennen, und in dem Belohnungen eingebaut sind.
- Klare Regeln und Erwartungen an die SuS richten. Interessen und Wünsche der SuS einbeziehen, wenn möglich, z.B. Sozialform.
- Nicht signalisieren, dass man von der Lerngruppe genervt ist. (Kommt nur als Bestätigung an.) Sie ernst nehmen und eine positive Haltung ausstrahlen.

> *Anton kommt in der ersten Stunde immer etwas später, dann packt er erst mal sein*
> *Frühstück aus. Und du?*

Schüler für ihr Zuspätkommen vorzuverurteilen ist kein Weg, eine Laissez-Faire-Einstellung jedoch auch nicht. Der genannten Situation kann (und muss) dennoch auf unterschiedlichen Ebenen begegnet werden:

- Have a serious, friendly conversation with him after lesson. Ask him why he's late, why no breakfast at home & no eating in class.
- Wenn das schon öfter passiert ist, ist der Zug abgefahren. Beim ersten Mal eine klare Ansage auf der persönlichen Ebene.
- Ihm guten Appetit wünschen.
- Bei mir gibt es am Anfang jeder Stunde für alle SuS die Möglichkeit, zu essen und zu trinken.
- Es gibt classroomrules die ich mit den Lernenden zusammen entwickle. Und die werden eingehalten. Keine Diskussion. Nach der Stunde spreche ich allerdings mit ihm über die Sache: Das ist wichtig. #standpunkte #regeln #gründe

> *„Verhaltensauffälligkeiten" sind eine Frage der Perspektive? Wer definiert, warum, was auffällig ist?*

Diese Frage ging vor allem in die Richtung Normsetzung und Definition. Die Teilgeber versuchten, Auffälligkeit zu definieren und auch Wahrnehmungen damit zu verbinden.

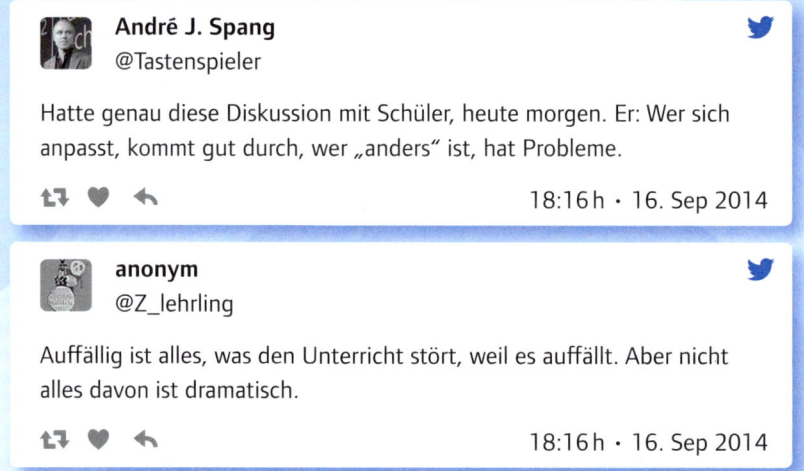

André J. Spang
@Tastenspieler

Hatte genau diese Diskussion mit Schüler, heute morgen. Er: Wer sich anpasst, kommt gut durch, wer „anders" ist, hat Probleme.

18:16 h · 16. Sep 2014

anonym
@Z_lehrling

Auffällig ist alles, was den Unterricht stört, weil es auffällt. Aber nicht alles davon ist dramatisch.

18:16 h · 16. Sep 2014

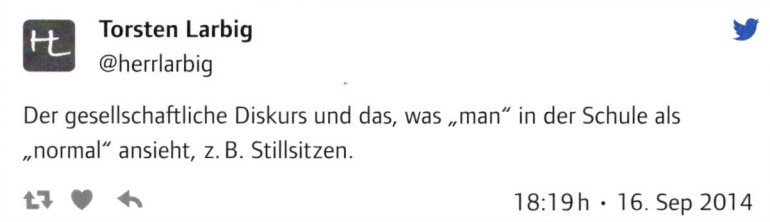

Torsten Larbig
@herrlarbig

Der gesellschaftliche Diskurs und das, was „man" in der Schule als „normal" ansieht, z. B. Stillsitzen.

↻ ♥ ↩   18:19 h · 16. Sep 2014

Aus den Beobachtungen eines auffälligen Verhaltens lassen sich auch Schlüsse ziehen, die aber nicht in einer Vorverurteilung enden sollten:

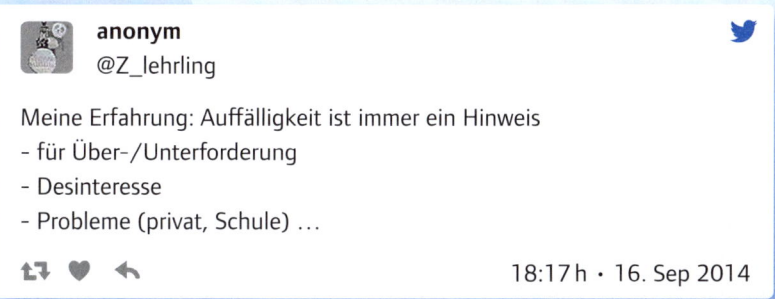

anonym
@Z_lehrling

Meine Erfahrung: Auffälligkeit ist immer ein Hinweis
- für Über-/Unterforderung
- Desinteresse
- Probleme (privat, Schule) …

↻ ♥ ↩   18:17 h · 16. Sep 2014

> *Antworte auf 3 Tweets unterschiedlicher Teilgeberinnen a) zustimmend, b) kritisch, c) provozierend!*

Es wurde noch einmal betont, dass das Auffallen nicht zwangsläufig negativ besetzt sein muss und dass es auch situationsabhängig zu sehen ist:

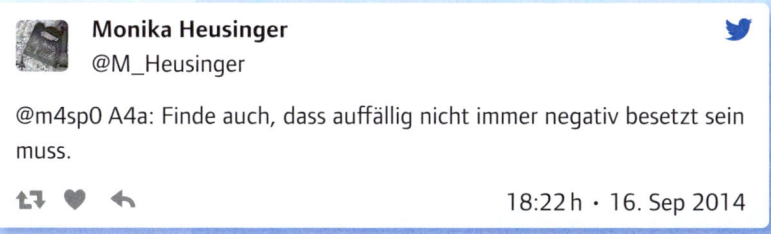

Monika Heusinger
@M_Heusinger

@m4sp0 A4a: Finde auch, dass auffällig nicht immer negativ besetzt sein muss.

↻ ♥ ↩   18:22 h · 16. Sep 2014

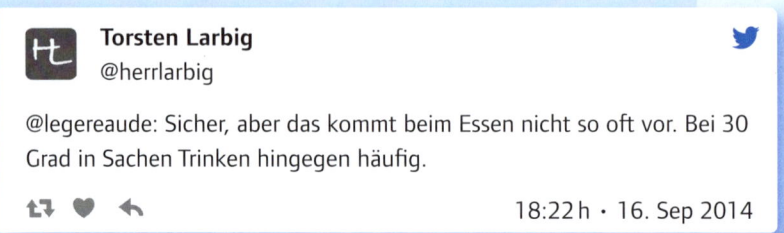

Torsten Larbig
@herrlarbig

@legereaude: Sicher, aber das kommt beim Essen nicht so oft vor. Bei 30 Grad in Sachen Trinken hingegen häufig.

18:22 h · 16. Sep 2014

Darüber hinaus wurden Unterrichtsstörungen als subjektive Wahrnehmung diskutiert:

Ellen
@Barfussprinzess

@monethi: Und wer sagt, dass die Ordnung so Sinn macht? Vielleicht ist ja auch die Regel blöd.

18:24 h · 16. Sep 2014

Christiane Schicke
@frandevol

Unterrichtsstörung entsteht erst dann, wenn ich mich gestört fühle. Also sorge ich dafür, dass wir uns nicht stören lassen.

18:28 h · 16. Sep 2014

Christiane Schicke
@frandevol

Wir sind es, die Unterrichtsstörungen verursachen – durch mangelnde Vorbereitung und Passung an die Bedürfnisse der Schüler.

18:30 h · 16. Sep 2014

> *Wie können digitale Medien dabei helfen, mit großen und sehr inhomogenen Lerngruppen besser klar zu kommen?*

Digitale Medien sind aus dem Alltag der Schüler nicht mehr wegzudenken. Wie sie eingesetzt werden können, um mit schwierigen oder anspruchsvollen Lehr- und Lernsituationen fertigzuwerden, zeigen die folgenden Aussagen:

- Digitale Lehrräume (arbeiten, wann und wo die Schüler wollen, Hauptsache, der Wochenplan stimmt), neue Lehrmittel (YT, Spiele).

- Genau das frage ich mich auch seit einem halben Jahr und habe noch keine wirkliche Ahnung.
- Mobile Endgeräte ermöglichen dezentrale Aktivitäten, hohe Schüleraktivierung, Motivation.
- Finde MOOC super, da kann jeder nach seiner Geschwindigkeit arbeiten, wann er will. Warum braucht man da noch Schulen?
- Digital Media are not a solution. For nothing. They are tools.

> *Still sitzen, alle arbeiten das gleiche Pensum im gleichen Tempo. Das kann doch nicht ernst gemeint sein, oder?*

Immer wieder wird von Binnendifferenzierung und einer Fokussierung auf die Lernenden gesprochen. Doch wird sie auch gelebt? Wie kann Abwechslung in den Unterricht gebracht werden?

- Um das in jedem Fach zu leisten, muss man verhaltenskreativ werden.
- Bei Lernstandserhebungen und Vergleichsarbeiten schon. Ansonsten zu homogeneren Klein-Gruppen zusammenfassen. Wochenpläne einführen.
- Sollte ja auch nicht so sein: Binnendifferenzierung, Lerntempoduett. Frage ist nur, geht das in einer 5er-Klasse mit 32 Schülern?
- Es hat etwas mit Menschenwürde zu tun, nicht über allen Schülern die gleiche Einheitssoße auszukippen
- „Still sitzen" darf ruhig ein Element von mehreren bei Verhalten in und außerhalb des Klassenraums bleiben.

> *Welche Anregungen, Fragen hast du sonst noch zum Thema?*

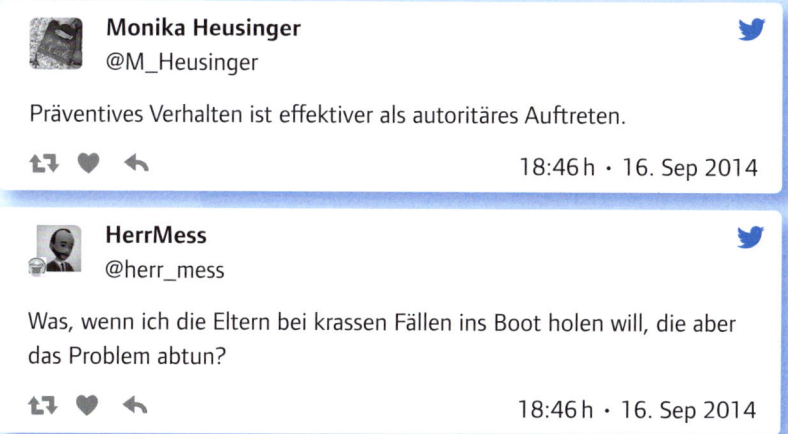

Monika Heusinger
@M_Heusinger

Präventives Verhalten ist effektiver als autoritäres Auftreten.

⟲ ♥ ↩   18:46 h · 16. Sep 2014

HerrMess
@herr_mess

Was, wenn ich die Eltern bei krassen Fällen ins Boot holen will, die aber das Problem abtun?

⟲ ♥ ↩   18:46 h · 16. Sep 2014

Torsten Larbig
@herrlarbig

Durch Fachwissen, Freundlichkeit und klare Ansagen Autorität aufzubauen ist besser, als autoritäres Gehabe an den Tag zu legen.

18:47 h · 16. Sep 2014

André J. Spang
@Tastenspieler

Auf Mitmenschlichkeit, Respekt und soziale Interaktion drängen. Dran bleiben, fragen, zuhören!

18:49 h · 16. Sep 2014

Herr B.
@legereaude

Interessant wäre auch, zu schauen, inwiefern digitales Lernen sich auf „verhaltenskreative" Schüler auswirkt. #BYOD

18:51 h · 16. Sep 2014

Fazit:

Es gibt ganz unterschiedliche Wege, mit verhaltenskreativen Schülern umzugehen. Ebenso unterschiedlich, da subjektiv, ist das Empfinden, was unter „Verhaltenskreativität" verstanden wird. Allgemeingültige und „sichere" Wege im Umgang mit Unterrichtsstörungen gibt es nicht, doch zeigt diese Ausgabe des #EDchatDE Möglichkeiten und individuelle Wege aus der Praxis auf, die sich bewährt haben. Als Fazit lässt sich vielleicht ziehen, dass man lernen muss, mit Störungen und Abweichungen umzugehen. Es hilft, Regeln zu definieren, diese einzufordern, aber sich auch selbst an sie zu halten.

Weiterführende Informationen:

- Blogpost zur Ausgabe 49 des #EDchatDE: https://edchatde.wordpress.com/2014/09/15/zur-vorbereitung-des-49-edchatde-umgang-mit-verhaltenskreativen-schulerinnen-u-schulern/
- Blogpost zur Ausgabe 61 des #EDchatDE: „Classroom-Management: cooperation with students during lessons (rules, methods, homework etc.) https://edchatde.wordpress.com/2014/12/08/zur-vorbereitung-des-61-edchatde-classroom-management-cooperation-with-students-during-lessons-rules-methods-homework-etc/

- Protokoll zur 61. Ausgabe des #EDchatDE: https://docs.google.com/spreadsheets/d/1GzCO9ca4V9F02uLNyWsLNIxaibbd1bzV5n6z0Z3kdJE/pubhtml
- Protokoll zur Ausgabe 134 des #EDchatDE: Classroommanagement (Summer-Special): https://docs.google.com/spreadsheets/d/1m2nMNdzXbklTFkt0uwjBccKpeQ6vWpK1arXIsAKuKfk/pubhtml

Link zum vollständigen Protokoll:

- https://docs.google.com/spreadsheets/d/12lVARnZDMMMXhJrm0An7re6CHQXYSP8k4IZyW8IshC4/pubhtml

2.10
Wie überzeuge ich Eltern vom Digitalen?
(#EDchatDE vom 26. November 2013)

von Peter Jochum

Welche Sorgen haben Eltern, wenn es um Smartphones, Tablets, Laptops etc. in der Schule geht?

Hier wurden als Sorge ökonomische Gründe vermutet bis hin zu einer Angst vor Missbrauch der digitalen Technik.

- Der Gruppenzwang / sozialer Druck, dass ihr Kind es auch haben muss? Viele können es sich nicht leisten.
- Wer lässt seine Kinder mit jemandem, der sich nicht auskennt, auf eine Klettertour gehen?
- Missbrauch von Technik, Zugriff auf nicht-jugendfreie Inhalte, Verletzung der Aufsichtspflicht im weitesten Sinn.
- Soziale Benachteiligung, Cybermobbing, Konzeptlosigkeit, WLAN-Strahlung, Diebstahl, lernt nicht mehr lesen/schreiben/rechnen.
- Beschäftigen sich mit dem Gerät / den Apps und nicht mit den Unterrichtsinhalten.
- „Ich hab das neumodische Zeugs auch nicht gehabt und aus mir ist was geworden. Nur zum Kommerz da."
- Bei BYOD vielleicht aufgrund des Gruppenzwangs Angst, dass neue Geräte angeschafft werden müssen.

Aber auch aus gesundheitlichen Gründen machen sich Eltern anscheinend Sorgen:

- Tablets sind unergonomisch: Bildschirm zu klein, Tastatur schlecht, kein 10-Finger-System, …, Haltungsschäden, Nackenstarre.
- Mein Kind wird dement, vereinsamt, wird gemobbt, wird mit Schund überhäuft, und und und … siehe: http://t.co/vQKIoSvmDY

Wie kann eine Schule auf berechtigte Sorgen von Eltern gegenüber Smartphones & Co. angemessen eingehen?

Nach Meinung der Teilgeber können Schulen mithilfe von Information, Transparenz, Offenheit sowie der Integration digitaler Aktivitäten in ein Gesamtkonzept Eltern in dieser Frage sinnvoll begegnen und sie ins Boot holen.

- Aufklärung, Medienpädagogik, Prävention
- Indem man sie Unterricht erleben lässt, wo sinnvoller Einsatz demonstriert wird.

- Infoabende, überzeugende didaktisch-methodische Modelle …
- Best practices zeigen, Eltern „ins Boot" holen, Elternabend, InternetScouts an Schule ausbilden, Mediencurriculum entwickeln.
- Mit Argumenten, z.B. in Homepageberichten, auf Elternabenden, ExploreCreateShare-Partys etc. Argumente siehe: http://t.co/vQKIoSvmDY
- Eltern ernst nehmen und genau sagen, was man vorhat – und warum.
- Medienpädagogik und -erziehung, Entwicklung von Medienkompetenz, klare Regeln bei der Nutzung im Unterricht.
- Wer Eltern überzeugen will, sollte die Schulleitung und den Elternbeirat aktiv einbeziehen.
- Smartphone als Tool begreifen, mit dem man arbeiten und es weglegen kann: Das überzeugt Eltern.
- Indem man überhaupt erst einmal einen Konzept für den Einsatz hat, was ich bei den meisten ehrlicherweise bezweifle.

Welche Argumente haben Lehrer für den Einsatz digitaler Technik in der Schule?

Eine Auswahl von Argumenten findet sich hier:

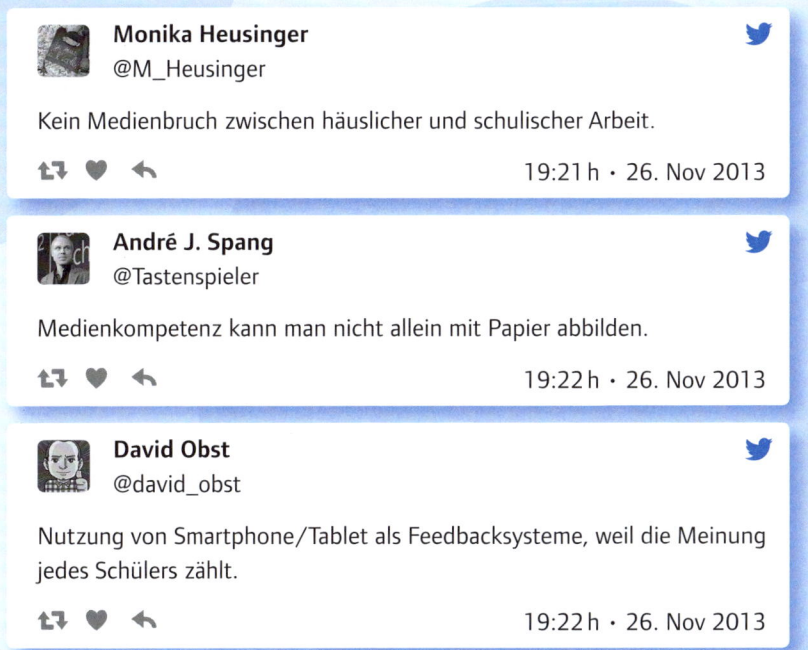

Monika Heusinger
@M_Heusinger

Kein Medienbruch zwischen häuslicher und schulischer Arbeit.

19:21 h · 26. Nov 2013

André J. Spang
@Tastenspieler

Medienkompetenz kann man nicht allein mit Papier abbilden.

19:22 h · 26. Nov 2013

David Obst
@david_obst

Nutzung von Smartphone/Tablet als Feedbacksysteme, weil die Meinung jedes Schülers zählt.

19:22 h · 26. Nov 2013

Regina Schulz
reg_schulz

Lebenswelt der SuS, #digitalliteracy, Aktualität.

⟲ ♥ ↰   19:23 h · 26. Nov 2013

Regina Schulz
reg_schulz

Sichtbarmachen von Lernen (Hattie), Transparenz, Motivation der SuS,
Öffnung von Schule.

⟲ ♥ ↰   19:25 h · 26. Nov 2013

André Hermes
@Medienberater

Lebenswirklichkeit, Vorbereitung auf Gesellschaft, Studium und Arbeit.

⟲ ♥ ↰   19:25 h · 26. Nov 2013

> **Wie wird digitale Technik im Bereich der Elternarbeit (bereits) sinnvoll eingesetzt?**

Die Teilgeber nannten verschiedene Möglichkeiten. Neben dem schon vielerorts eingesetzten E-Mail-Verteiler wurde die Homepage der Schule mit einem Login-Bereich für Eltern benannt, in dem sie sich auch Formulare herunterladen können, ein Elternstammtisch wurde über Doodle organisiert u. v. m.:

- Bei uns ist ein Eltern-/Notenportal angedacht, wo die Eltern jederzeit über die Leistungen der Kleinen Infos einholen können.
- Homepage mit Login-Bereich für Eltern für Infos, Formulare …
- In Form von Weblogs, z. B. für den vergangenen Abijahrgang: http://t.co/BPC3Rprr1Q
- Homepage mit Information und Präsentation, E-Mail Verteiler.
- Versuch, Elternsprechtag digital zu organisieren, ist gescheitert.
- Elterninfos werden digital abgelegt – Fördermöglichkeiten in digitaler Form für zu Hause, da sind Eltern sehr dankbar.
- Vertretungsplan ist online, bei spontanem Entfall nützlich. Fotos vom Schullandheim bei Dropbox hochgeladen.
- Schulhomepage und viel genutztes Klassenwiki mit Hausaufgaben, Terminen, Lerntipps, Links zu unterrichtsrelevanten Inhalten.

- Informationen an Elternabend digital aufbereiten. Überhaupt: Formulare digital verfügbar machen!
- Elternstammtisch über Doodle organisiert, klappte sehr gut, Gdrive Dokument über Probleme in der Klasse an die Eltern gesendet.

Die Schlussfolgerungen zu dem Thema?

 David Obst
@david_obst

Mit gutem Beispiel vorangehen, wenn die Schüler begeistert heimkommen, wird sich das schon rumsprechen :-)

  19:38 h · 26. Nov 2013

 André Hermes
@Medienberater

Bedenken ernst nehmen und ausräumen. Vorteile veranschaulichen. Informieren, diskutieren, ggf. Wahl lassen.

19:39 h · 26. Nov 2013

 Heiko Wagner
@Radrenner

Elterninitiative vielleicht starten mit Eltern, die mit diesen Dingen schon arbeiten und es für wichtig erachten.

  19:39 h · 26. Nov 2013

 Regina Schulz
reg_schulz

Offenheit, Kommunikation, Aufklärung, Transparenz, Strukturen geben, Eltern einbinden und mitbestimmen lassen.

  19:39 h · 26. Nov 2013

Anne Mehlem
@anmeh

Transparenz, Information – gutes Medienkonzept

19:40 h · 26. Nov 2013

Marc Schakinnis
@mschaki

Vor allem über Sorgen und Fragen angemessen mit den Eltern kommunizieren.

19:40 h · 26. Nov 2013

Torsten Larbig
@herrlarbig

Faktische Probleme NICHT herunterspielen! – Sorgen ernst nehmen! –
Selbst als digitaler Lerner sichtbar sein.

19:43 h · 26. Nov 2013

Fazit:

Wer Eltern vom Digitalen überzeugen möchte, braucht ein digitales Methoden- und Medienkonzept. Er holt die Schulleitung ins Boot und bindet die schulischen Entscheidungsgre-
mien ein. Eltern wollen informiert und involviert werden, ihre Einwände ernst genommen
sehen. Solange niemand benachteiligt, ausgeschlossen oder unter Druck gesetzt wird, stehen Eltern dem Thema Digitalisierung offen gegenüber, Totalverweigerer sind die Ausnahme. Und für radikale Medienasketen lässt sich immer eine analoge Alternative finden.

Link zum vollständigen Protokoll:

- https://docs.google.com/spreadsheets/d/1UbwfpXJL_7g-DPFLDeg7HQvJNrJ_
  OEmH5B6eVX_OkoQ/pub?single=true&gid=0&output=html

3
Rund um Unterricht und Unterrichts- vorbereitung

3.1
Social Media verbieten oder nutzen?
(#EDchatDE vom 29. Oktober 2013)

von Torsten Larbig

Die Kommunikation zwischen Lehrern und Schülern ist wichtig. Dem widerspricht niemand. Sobald es aber um die Kanäle geht, derer sich diese Kommunikation bedient, ist Widerspruch nicht weit. Und bei diesem Thema sind wir in einem der Epizentren dessen, was Digitalisierung ausmacht: Kommunikation, Austausch, Kollaboration – kurz: Vernetzung. Sprechen wir also von Kommunikation zwischen Lehrern und Schülern, dann sprechen wir über Formen der Vernetzung. Und ganz abgesehen von Fragen des Datenschutzes, die auftauchen, wenn man sich der unter Jugendlichen jeweils aktuellen Kommunikationsplattformen bedient, taucht für alle Seiten die Frage nach der Trennung von Arbeitszeit und Freizeit auf. Vernetzung lebt ein Stück weit davon, dass Grenzen verschoben werden. Wie weit diese Verschiebung gehen darf und soll, das ist die Streitfrage, um die es bei dem Thema „Social Medial als Kontaktmöglichkeit Schülern/Lehrern verbieten oder nutzen". Dieser #EDchatDE spiegelt den Stand von 2013 wider, aber an der Grundfrage hat sich wenig geändert …

Knüpfen wir zunächst bei den Gegebenheiten an:

> **Wie kommunizierst du mit Schülern außerhalb des Unterrichts / der Schule?**

- Als Pfarrer fand ich die Residenzpflicht was Schönes, da trifft man SuS auch auf der Straße und kann Pläuschchen halten.
- Ich finde es schade, dass so viele LuL bewusst weit weg von ihrer Schule wohnen.
- Die Kleinen rufen mich an, mit den Großen kommuniziere ich per E-Mail oder über Edmodo – es kommt auf das Fach und das Alter an.
- Sehr unterschiedlich: viel über E-Mail, Moodle, zunehmend über FB.
- E-Mail, Google-Drive, Whatsapp (wichtig, weil es alle haben).
- Wichtig finde ich, im Zweifelsfall den Weg zu nehmen, der den Schülern bekannt ist – in der „Kuschelzone". Darum derzeit FB.
- Hauptkommunikationsmittel sind das Klassenwiki und „Fachwiki", aber das geht ja nur in eine Richtung.

Neben die Nutzung digitaler Kommunikationsplattformen, unter denen die Nutzung von Facebook mittlerweile auf ältere „Jugendliche" schließen lässt, tritt die administrative Herausforderung, wie man mit solchen immerhin kommerziell und nicht immer mit den Datenschutzvorstellungen der Schuladministration konformen Plattformen von Verordnungsseite her umgeht. Während Baden-Württemberg die Nutzung verbietet, weist Hessen die Lehrkräfte auf die Risiken hin und vertraut auf deren Kompetenz, Verantwortung auch in diesen Kontexten zu übernehmen. Es ist also naheliegend, in jedem Fall zu recherchieren, wie es im eigenen Bundesland aussieht. Hier ein paar Beispiele, alles Stand 2013.

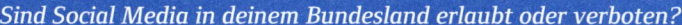

Sind Social Media in deinem Bundesland erlaubt oder verboten?

HerrMess
@herr_mess

Bayern. Mehr sage ich nicht dazu ;-).

19:13 h · 29. Oct 2013

Torsten Larbig
@herrlarbig

In Hessen gibt es kein Facebookverbot. Und die Politik hat das gerade bestätigt: http://t.co/f3U2ak8AOI

19:16 h · 29. Oct 2013

Miss B
@FrlLehrerin

In Sachsen wird gerade ein Verbot von Facebook als Kontaktmöglichkeit zw. LuL und SuS diskutiert. Finde ich nicht so gut.

19:16 h · 29. Oct 2013

Thomas Nolte
@tom_nolte

In NRW bislang kein Verbot. Und wenn, dann Musterklage bzgl. der Grundrechte? Natürlich verbreite ich keine streng dienstl. Daten.

19:16 h · 29. Oct 2013

Maik Riecken
@mccab99

In NDS gibt es kein Facebookverbot. Vor Gericht wäre man wahrscheinlich trotzdem verloren.

19:17 h · 29. Oct 2013

Thomas Ebinger
@Thomas_Ebinger

http://t.co/3XBm4pQHFQ – Ein Facebook-Bann liegt schwer auf B-W.

19:17 h · 29. Oct 2013

Christiane Schicke
@frandevol

NDS – man hält uns für verantwortungsvoll genug, das selbst zu entscheiden.

19:17 h · 29. Oct 2013

Thomas Spahn
@didactic_dude

Hamburg – bisher kein explizites Facebookverbot meines Wissens, jedoch dennoch schwierig wegen strengem Datenschutz in HH.

19:18 h · 29. Oct 2013

Wie gesagt: Wir dokumentieren hier den Stand 2013, der sich in vielen Fällen nicht verändert haben dürfte. Einfach einmal recherchieren … – Wie auch immer: Fakt ist, dass Social Media als Kommunikationsplattform heute im Grunde Standard geworden ist und noch verbreiteter als 2013 sind. Von daher liegt die Frage nahe, was eigentlich passiert, wenn man es nutzt … – Hier empfehle ich dringend das gesamte Chatprotokoll im Wiki auf EDchatDE zu lesen, da wir hier nur eine Auswahl bringen. Das Gesamtbild: Wenige berichten von schlechten Erfahrungen, viele von guten bzw. davon, dass die Nutzung völlig unauffällig verläuft, und einige wollen sich nicht zu sehr in die Lebenswelt der Jugendlichen einklinken …

- Whatsapp geht sehr schnell, Google-Docs geht sehr kollaborativ und E-Mail geht sehr differenziert.
- Facebook lief nicht gut. Nie war eine ganze Klasse dort. Auch die Beteiligung war nicht größer als bei Moodle.
- Gute: Schüler gehen sehr verantwortungsvoll damit um, z.B. bei fragwürdigen Kommentaren von Außen im Kursblog. Auch stille Schüler äußern sich mehr, da sie nicht unter Druck gesetzt werden, sofort zu antworten. Schüler fragen bei Kollegen nach, ob sie bestimmte Sachen nicht in einem Wiki machen können, ist doch viel praktischer.
- Ich halte das für einen Raum der Jugendlichen. Ich gehe ja auch nicht in deren Diskos und Clubs.
- Schlechte: Nur langsames Internet zu Hause, Schüler vergessen, dass ich auch in FB (also doch) als Lehrerin bin.
- Ich brauche einen geschlossenen, nicht mit kommerziellen „Nebenspielchen" belasteten Lernraum. Also auch kein Google+.

Woran aber liegt es, dass es doch überraschend viele Lehrkräfte gibt, die sich sozialer Medien bedienen?

Welche Vorteile siehst du in der Nutzung von Social Media mit Schülern?

- Um solche Schüler zu erreichen, die für eine Wortmeldung zu scheu sind. Auch um andere Herangehensweisen zu finden. Kontakt!
- Für Schulen ohne vernünftige Netzwerkausstattung ist das manchmal ein Gebot des Pragmatismus.
- So allgemein gefragt ist dies schwierig zu beantworten. Wert in sich („Medienkompetenz") und unkompliziert.
- Es ist nicht direkt ein Vorteil, aber durch die Social Media erleben SuS mich als Lernenden. Finde ich auch nicht schlecht.
- Öffnung des Unterrichts – Überprüfbarkeit von außen fördert die Selbstdisziplin.
- Vorteil, dass Lernende SocMed konstruktiv und nicht als „gelbe Seiten" nutzen und es ein normales Tool wird.

Und wie ist das mit den Verboten, die es teilweise gibt? Gibt es Gründe, die gegen diese sprechen?

Nina Pfeil
@fraupfeil

Es besteht ja kein Social-Media-Verbot, sondern ein spezieller FB-Bann. WKW z. B. wird explizit positiv hervorgehoben (RLP).

           19:39 h · 29. Oct 2013

Μαθουσαλίξ
@Mathusalix

Abgesehen davon, dass ohnehin zu viel reglementiert wird, macht das Schule noch lebensfremder.

   19:40 h · 29. Oct 2013

HerrMess
@herr_mess

Ich fühle mich in meiner pädagogischen Freiheit sehr beschränkt. Ich würde gerne was Neues ausprobieren, darf aber nicht.

            19:40 h · 29. Oct 2013

Alicia Bankhofer
@aliciabankhofer

Alle MÜSSEN lernen, mit virtuelle Umgebungen und Netzwerke umzugehen.

            19:41 h · 29. Oct 2013

Maik Riecken
@mccab99

Die Verweigerer werden bestätigt in ihrer Verweigerung und erhalten mehr Standing im Kollegium.

            19:42 h · 29. Oct 2013

Rüdiger Fries
@r_fries

Eine Verbotskultur verhindert Selbstständigkeit, ein Verbot kann aber auch beschützen.

19:42 h · 29. Oct 2013

Sigi Jakob
@Networking_Lady

Das ist wie mit dem Handyverbot, die reale Lebenswelt der SuS bleibt draußen … anstatt das fürs Lernen nutzbar zu machen …

19:45 h · 29. Oct 2013

Nina Pfeil
@fraupfeil

FB oder anderes darf aber nicht alternativlos sein. Die Schüler müssen nicht (quasi) gezwungen sein, einen Account anzulegen.

19:46 h · 29. Oct 2013

Ein schönes Fazit im Rahmen des freien Austausches am Ende jeder Ausgabe des #EDchatDE:

Gabriele Cierniak
@gcierniak

Den sozialen Gedanken hinter Social Media klar machen und was es für Gesellschaftsform und Verantwortung bedeutet.

19:52 h · 29. Oct 2013

Fazit:

Seit 2013 haben sich soziale Medien noch stärker als alltägliche Formen der Kommunikation, des Austausches und der Vernetzung etabliert. Selbst Teilgeber des #EDchatDE, die sich 2013 noch kritisch zurückhaltend äußerten, sind heute teilweise deutlich unbefangener unterwegs. Was aber an kritischer Reflexion der gesellschaftlichen Prozesse, die mit der Digitalisierung allgemein und den sozialen Medien im speziellen verbunden sind, im Unterricht läuft oder auch nicht läuft, das bedarf nach wie vor der Aufarbeitung. Und so ist es mal wieder Zeit für ein kurzes Innehalten und Nachdenken über die eigenen Aktivitäten, sowohl bei der Nutzung sozialer Medien als auch bei der Reflexion der Bedeutung sozialer Medien – für das gesellschaftliche Zusammenleben, aber eben auch für die jeweiligen Fachdidaktiken. Kann man Social Media nicht nur zur Kommunikation, sondern auch zum Lernen nutzen? Der #EDchatDE ist auf diese Frage eine positive Antwort, denn er bedient sich Twitter. Und das ist sicher ein soziales Medium …

Link zum vollständigen Protokoll:

- https://docs.google.com/spreadsheets/d/11A__FPQbOrk_PdaxVg7QNiMnlFnLSosvl NPBecOb09s/pub?single=true&gid=0&output=html

3.2
Informationen beschaffen: Digitale Kanäle und Strategien (#EDchatDE vom 01. März 2016)

von Ines Bieler

Die voranschreitende Digitalisierung in allen Lebensbereichen erfordert neue Strategien der Informationsbeschaffung und der Arbeitsorganisation. Das Internet bietet eine unüberschaubare Flut von Nachrichten, Meldungen, Meinungen und Bewertungen an. Wie informiert man sich gezielt, findet gesuchte Informationen und arbeitet mit diesen. Es geht in diesem #EDchatDE um den digitalen Workflow: Informationen suchen, speichern, ver- und bearbeiten.

Gefragt sind also Strategien, mit denen man schnell an die „richtigen" Informationen kommt.

> *Mit welchen Strategien kommst du zu deinen Informationen?*

Die #EDchatDE-Teilgeber geben einen Einblick in ihre digitale Arbeitsweise und nennen eine breite Auswahl von Strategien und Tools, die zur Informationsbeschaffung genutzt werden.

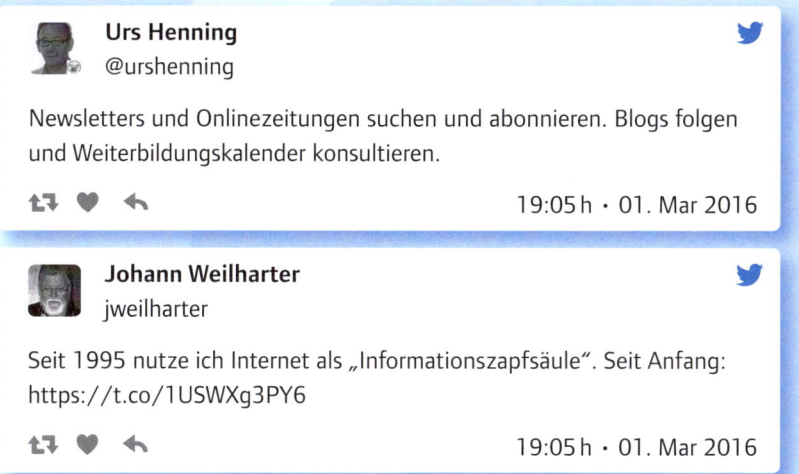

Urs Henning
@urshenning

Newsletters und Onlinezeitungen suchen und abonnieren. Blogs folgen und Weiterbildungskalender konsultieren.

19:05 h · 01. Mar 2016

Johann Weilharter
jweilharter

Seit 1995 nutze ich Internet als „Informationszapfsäule". Seit Anfang: https://t.co/1USWXg3PY6

19:05 h · 01. Mar 2016

André J. Spang
@Tastenspieler

Digitale Vernetzung. Googlen. Mit den Menschen reden. Telefonieren.
Also digital UND analog.

19:06 h · 01. Mar 2016

Dietmar Johlen
@lernbar

Google-Suche, Aggregatoren wie Flipboard, Feedly, Twitter, Facebook,
WhatsApp.

19:06 h · 01. Mar 2016

Urs Henning
@urshenning

Suchen mit OER-Suchmaschinen wie: https://t.co/R6fWGh83t9 oder
https://t.co/VlejYsa088 oder https://t.co/UEHyvL4Wb3

19:09 h · 01. Mar 2016

Man merkt sehr schnell, wie man an gute Informationen kommt bzw. an wen man sich wenden kann. So bilden sich relativ schnell bei jedem persönliche bzw. professionelle Lernnetzwerke (PLN) heraus.

> *Welche Rolle spielt dein PLN bei der Informationsbeschaffung? Gerne mit Links.*

- Niu.ws ist ein News-Aggregator mit zusammengestellten News, z. B. Komp. fürs 21. Jh.
- PLN spielt eine wichtige Rolle für Informationsbeschaffung, da diese nicht einkanalig erfolgt.
- Viele meiner Ressourcen habe ich erst durch mein PLN gefunden. Beispiele? Gibt es auf meinem Blog: https://t.co/9nsTr15ket
- My main PLN is #EDchatDE https://t.co/ZqHDXptYNc and Twitterhashtags like #ed-tech, #ipaded, #satchat.
- I also like to do webinars with @wagjuer and eLectures at @virtuelleph – loads of interesting courses to stay up-to-date.
- Lehrerblogs abonnieren. Das ZUM-Wiki führt eine umfassende Liste: https://t.co/W5xhi8eeOr

Aber die Informationsflut will auch verwaltet werden. Die dritte Frage befasst sich mit dieser Thematik:

> *Wie und wo organisierst, verwaltest und speicherst du deine Informationen/ Ressourcen?*

Hier zeigt sich die Vielseitigkeit der digitalen Welt. Es werden zahlreiche Tools angegeben. Wichtig ist, dass man den Umgang beherrscht und den Einsatz gut plant. Viele der aufgezählten Apps oder Programme leisten nicht nur gute Dienste bei der Speicherung von großen Datenmengen, sondern es lassen sich die Daten auch leicht verwalten, suchen, kategorisieren und zur Verfügung stellen. Dieser digitale Workflow ist für die Kollaboration wichtig.

- Google-Drive, One-Drive, Dropbox und https://t.co/aW61HLLHDq sowie USB-Sticks
- Flippen mit Flipboard: https://t.co/sNNroIcmSk und https://t.co/OJT8uFH2Zg
- I'm busy on @scoopit for professional resources: https://t.co/5Gq9JLtvbq
- I use my Wiki a lot to prepare Keynotes, Workshops, Courses, Seminars, Webinars: https://t.co/wPIy23dLGX
- Sammeln, speichern, sortieren von Links, Texten, Bildern, Fotos, PDF, Scans mit Evernote. Sogar Scans sind damit durchsuchbar
- Links speichere ich in Diigo https://t.co/4H6MYWf2e3, ganze Webseiten und pdfs in Devon Think oder Evernote
- Instapaper, Pocket, Flipboard, Diigo, Feedly, Evernote und als Screenshot (old school).
- Literaturverwaltung, bestens mit @zotero; Tweets speichere ich meist mit @Pocket, um sie später wieder zu finden.

Informationen veralten schnell, man muss auf dem Laufenden bleiben und auch immer nach neuen Wegen suchen.

> *Welche Möglichkeiten nutzt du, um deine Info-Kanäle zu vergrößern/zu erweitern?*

Erste Möglichkeit für alle #EDchatDE-Teilgeber ist natürlich:

Mandy Schütze
@ma_y

Ich schaue, wer beim #EDchatDE tolle Sachen schreibt, dem folge ich dann :-)

19:20h · 01. Mar 2016

Elke Höfler
@lacknere

I go to traditional conferences and look for webinars and eLectures.

⟲ ♥ ↰   19:21 h · 01. Mar 2016

Birgit Lachner
@BirgitLachner

Am ehesten über Twitter, aber auch G+, Facebook, direkte Kontakte, Zeitschriften … was halt kommt.

⟲ ♥ ↰   19:21 h · 01. Mar 2016

André J. Spang
@Tastenspieler

Twitterlists, YouTube PlayLists, store Links in my Wiki, Follow and Unfollow Tweeps.

⟲ ♥ ↰   19:22 h · 01. Mar 2016

Miriam Gronert
@MiriamGronert

Noch wichtiger als FB, Twitter und Co ist es für mich, meine Kontakte auch mal in Real Life zu treffen.

⟲ ♥ ↰   19:23 h · 01. Mar 2016

Die nächste Frage beschäftigt viele Lehrende, denn der digitale Austausch ist nicht nur personen-, sondern auch institutionsbezogen wichtig.

> *Inwieweit werden an deiner (Hoch-)Schule/Institution digitale Kanäle zum Austausch und zur internen Kommunikation genutzt?*

Und es wird geklagt! Bei vielen sind die Möglichkeiten, digitale Kanäle für den Austausch zu nutzen sehr spärlich. Es gibt viele Beschränkungen oder wenig wirklich gut funktionierende Systeme:

● Es gibt seit kurzem einen internen Bereich für das Kollegium auf der Webseite. Sonst nur E-Mail, seufz.

- Ich versuche zurzeit, mit der Fachschaft über Slack zu kommunizieren; mühsam. Einen gemeinsamen Dropbox-Ordner gibt es schon.
- Es gibt Moodle und seit einem Jahr verstärkt @Logineo (E-Mail Verteiler an alle, Fachkonferenzen, AKs, Projekte und für Dateien EduSharing).
- Bei uns ist selbst der Vertretungsplan noch in Papierform. So viel zu digitalem Austausch. Forget it!
- Wichtigster Infokanal bei uns: Das (analoge!) Mitteilungsbuch im Lehrerzimmer …

Also Fazit:

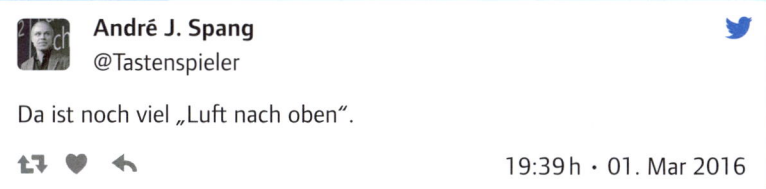

Wie wirkt sich dann aber die digitale Vernetzung mit ihren kollaborativen Möglichkeiten beim Einzelnen aus? Wäre das nicht auch ein Vorbild für andere Lehrende oder gar für Politiker, die sich mit Bildungsfragen und der Reform des Bildungssystems befassen?

Wie hat sich dein PLN mit der Digitalisierung verändert? Hat es sich verändert?

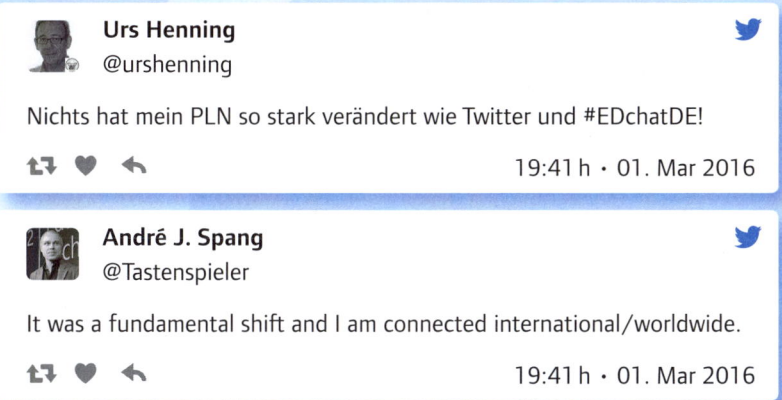

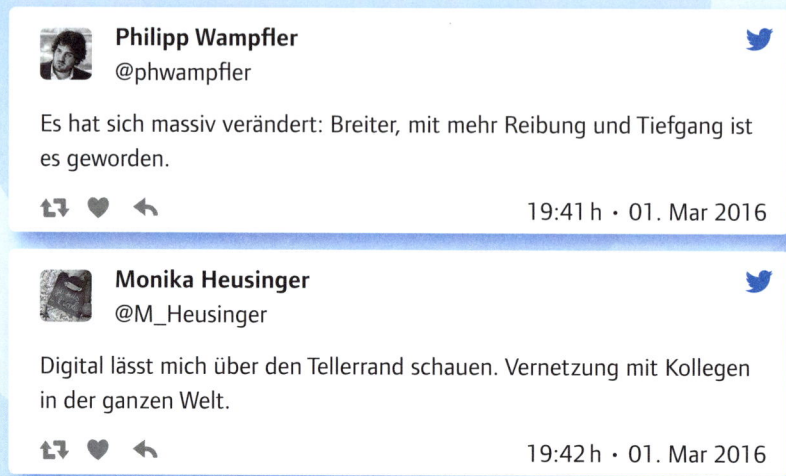

Philipp Wampfler
@phwampfler

Es hat sich massiv verändert: Breiter, mit mehr Reibung und Tiefgang ist es geworden.

19:41 h · 01. Mar 2016

Monika Heusinger
@M_Heusinger

Digital lässt mich über den Tellerrand schauen. Vernetzung mit Kollegen in der ganzen Welt.

19:42 h · 01. Mar 2016

Aber:

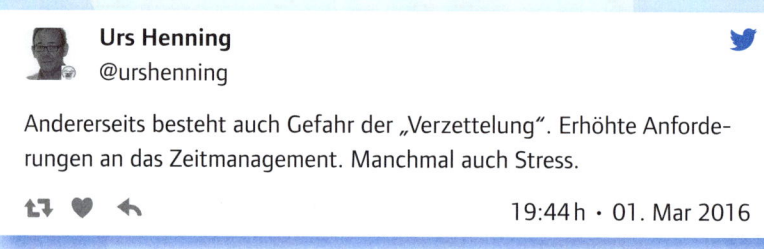

Urs Henning
@urshenning

Andererseits besteht auch Gefahr der „Verzettelung". Erhöhte Anforderungen an das Zeitmanagement. Manchmal auch Stress.

19:44 h · 01. Mar 2016

Welche Anregungen, Fragen hast du noch zum Thema, um am Ball zu bleiben?

- Überblick zu weiteren Bildungschats: https://t.co/7nvV8irMcl
- Barcamps wie z. B. das #vbmcamp16 zur Vernetzung: https://t.co/CXMkwCNbKb
- Weiterbildungskalender wie: https://t.co/o6yqBk4N6e oder https://t.co/OR2DIxdQvt oder https://t.co/GE9OMTkLdw
- Der Horizon Report 2016 (Higher Education Edition) ist da: https://t.co/HhRQQicXtJ

Fazit:

Digitale Kanäle und Strategien, um am Ball zu bleiben – ein unerschöpfliches Thema. Die Entwicklungen gehen weiter und sicher gibt es schon wieder neue Methoden, Apps oder Programme, die man testen und nutzen kann.

Link zum vollständigen Protokoll:

- https://docs.google.com/spreadsheets/d/1x6VpOVGIlWfPQT023dFGBqWzWTsN4fVlicQaP58TF3o/pubhtml

3.3
How schools kill creativity (Ken Robinson)
(#EDchatDE vom 10. März 2015)

von Peter Ringeisen

Jedes Land hat seine Bildungspropheten. Aber nur wenigen gelingt es, so bekannt zu werden wie Sir Ken Robinson.

Im Februar 2006 hielt Robinson einen Vortrag mit dem Titel „Do schools kill creativity?", den wir hier gerne verlinken:

- http://www.ted.com/talks/ken_robinson_says_schools_kill_creativity?language=de

Der (leicht abgewandelte) Titel dieses Vortrages wurde zum Thema des 71. #EDchatDE gekürt. Und was auf den ersten Blick womöglich zur Zustimmung einlädt, ist bei genauerer Betrachtung deutlich komplizierter, als man möglicherweise annehmen mag. Von daher hat es sich vielleicht selten so gelohnt, sich auf ein #EDchatDE-Thema vorzubereiten wie in dieser Woche. Wer nicht ganz so vertraut mit dem Englischen ist, kann sich hier das deutsche Transkript des Vortrags ansehen:

- http://www.ted.com/talks/ken_robinson_says_schools_kill_creativity/transcript?language=de

Und ganz klar muss an erster Stelle die Frage stehen: Stimmt das denn, was Robinson da behauptet bzw. unterstellt? Die Antworten darauf waren unterschiedlich: Von manchen kam klare Zustimmung. Vor allem die bürokratische Seite der Schule (feststehende Lehrpläne, Notengebung) schade der Kreativität. Andere bestritten die Kreativitätsfeindlichkeit der Schule, indem sie darauf verwiesen, dass es doch auf die individuelle Lehrperson ankomme, dass Unterricht sehr wohl kreativitätsfördernd ausgerichtet sein könne.

> *„Schule erstickt die Kreativität" http://t.co/NBzx49EycN – eine steile These von Sir Ken Robinson: Stimmt das überhaupt?*

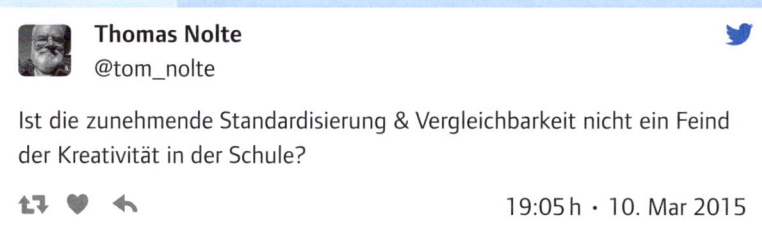

Thomas Nolte
@tom_nolte

Ist die zunehmende Standardisierung & Vergleichbarkeit nicht ein Feind der Kreativität in der Schule?

19:05 h · 10. Mar 2015

André J. Spang
@Tastenspieler

Pauschal-Urteile sind immer schlecht. In gewissen Punkten stimme ich überein. Und: @sirkenrobinson will auch provozieren.

🔁 ♥ ↩   19:06 h · 10. Mar 2015

Steffen Jauch
@_jauch

Es gibt nicht die „Schule" und damit auch nicht den „Killer" von Kreativität.

🔁 ♥ ↩   19:06 h · 10. Mar 2015

Frl. Sinus
@FrlSinus

Die SuS müssen bestimmte Fächer bis zum Ende belegen, auch ohne ihr Interesse. Ergebnis: fehlende Motivation zur Kreativität

🔁 ♥ ↩   19:06 h · 10. Mar 2015

Anne Tomiuk
@frautomiuk

Schule erstickt nicht die Kreativität. Die Hetzjagd nach Noten schon!

🔁 ♥ ↩   19:06 h · 10. Mar 2015

Die nächste Frage provozierte mit der Unterstellung, dass die Forderung nach Kreativität die gleichen schöpferischen Impulse von allen verlange – ohne dabei zu berücksichtigen, dass es natürliche Unterschiede zwischen individuellen Voraussetzungen und Begabungen gibt. Doch die Teilgeber ließen sich nicht in die Irre führen. Erstens braucht auch der kreativste Mensch ab und zu Pausen; zweitens tritt Kreativität in den unterschiedlichsten Bereichen auf und drittens muss man sich darüber im Klaren sein, dass Kreativität sich in diversen Formen zeigt, beispielsweise in Flexibilität, im Infragestellen traditioneller Wege. Dieser Umgang mit Kreativität ist nicht jedem in die Wiege gelegt, aber er ist lehr- und lernbar.

- Lesebefehl http://t.co/cGRnI17MRJ von Austin Kleon – Kreativität durch Nachahmung, Remix, Teilen.
- Ständig kreativ ist anspruchsvoll. Es muss zumindest Zeit und Raum gegeben werden, um Lerninhalte zu verarbeiten.
- Csikszentmihalyi says, creative persons are very good in one domain. They KNOW a lot. – You have to learn to become creative.
- Kreativität bedeutet auch: Neue Wege beschreiten, Redefinition von Bestehendem, Flexibilität: Das sollte jeder (lernen) können.

Um die besten Bedingen zur Förderung von Kreativität ging es im Folgenden.

Wie schaffe ich eine Arbeitsumgebung, die die Kreativität fördert?

Johann Weilharter
jweilharter

Der Projektunterricht fördert und erfordert viel Kreatiivität!

19:15h · 10. Mar 2015

Torsten Larbig
@herrlarbig

I do not have to create a working environment that encourages creativity – I have to be open for the moment, that enables c.

19:16h · 10. Mar 2015

Monika Heusinger
@M_Heusinger

Offene Unterrichtsformen und individualisiertes Lernen. Nach Möglichkeit auch außerschulische Lernorte integrieren.

19:18h · 10. Mar 2015

André J. Spang
@Tastenspieler

Kreativität braucht Bewegung – Stillsitzen hilft da wenig. #keepmoving

19:19h · 10. Mar 2015

Beispiele sind oft die besten Hilfsmittel zum Einstieg in ein bisher nicht oder wenig bekanntes Gebiet. Deswegen wurden die Teilgeber nun zu einer Parade eigener gelungener Aufgaben zum Thema Kreativität aufgefordert.

> **Aus der Praxis: Deine „best of creativity assignments, worksheets and tasks"?**

- Die kreativsten Ergebnisse erzielen meine Lernenden dann, wenn das Assignment / die Aufgabenstellung möglichst offen, das Ziel aber klar ist.
- (Buch-)Vorträge als Filmpräsentationen http://t.co/5qgPt0aYMY
- Ein wenig über Kreativitätsförderung mit digitalen Mitteln: http://t.co/X6fLpRFwc1
- Digitale Lerntheken in Moodle, produktorientierte GA mit eigener Wahl der Art der Ergebnispräsentation …
- Beispiele aus meinem Unterricht/Examples from my classroom 1: http://t.co/5uNBMU Z2BH – http://t.co/av8l4NcMjM
- Arbeit an Kurzgeschichten bzw. Material zum eigenen Schreiben, s. Blogeintrag: http://t.co/0E13cMXUI2

Nun ging es um eine (gezielte) Interaktion zwischen den Anwesenden. Hier wurden weitere Links genannt, die zum Thema passen. Torsten Larbig konterte die provokative Frage, ob denn zur Kreativität eine spezielle Technik gehöre. Auch die Definition von Kreativität kam nochmals zur Sprache.

> **Antworte auf 3 Tweets unterschiedlicher Teilgeberinnen a) zustimmend, b) kritisch, c) provozierend!**

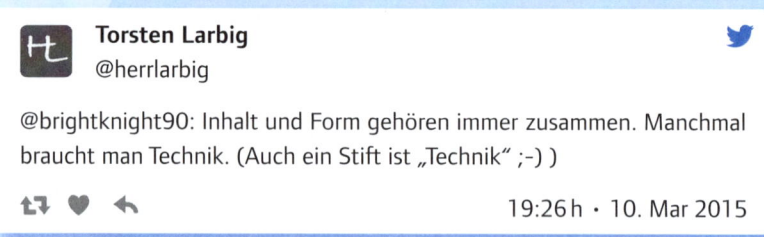

Torsten Larbig
@herrlarbig

@brightknight90: Inhalt und Form gehören immer zusammen. Manchmal braucht man Technik. (Auch ein Stift ist „Technik" ;-))

19:26h · 10. Mar 2015

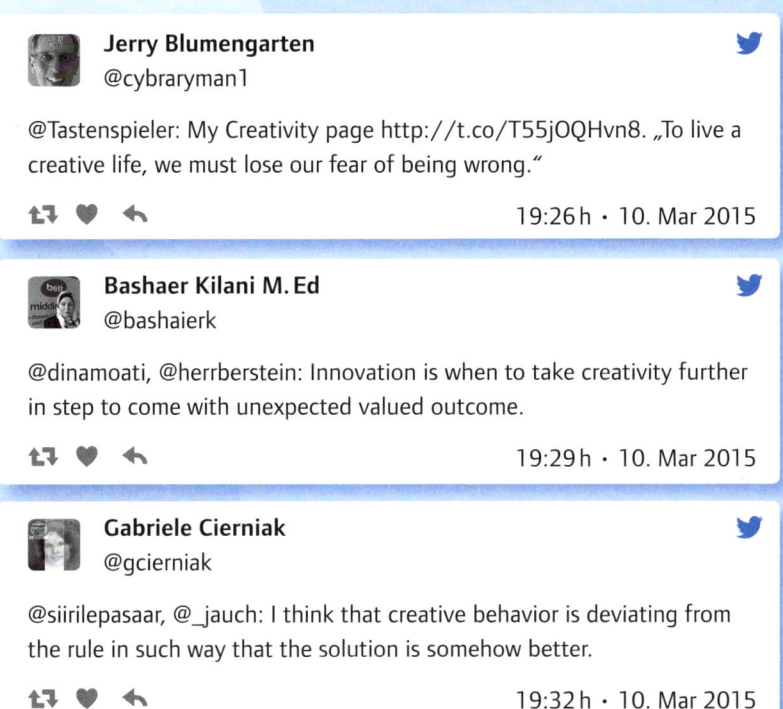

Jerry Blumengarten
@cybraryman1

@Tastenspieler: My Creativity page http://t.co/T55jOQHvn8. „To live a creative life, we must lose our fear of being wrong."

19:26 h · 10. Mar 2015

Bashaer Kilani M. Ed
@bashaierk

@dinamoati, @herrberstein: Innovation is when to take creativity further in step to come with unexpected valued outcome.

19:29 h · 10. Mar 2015

Gabriele Cierniak
@gcierniak

@siirilepasaar, @_jauch: I think that creative behavior is deviating from the rule in such way that the solution is somehow better.

19:32 h · 10. Mar 2015

Zur Frage nach der Möglichkeit, kreatives Arbeiten mit digitalen Medien zu unterstützen, wurden verschiedene Aspekte digitaler Medien genannt, die einerseits die Organisation eines kreativen Prozesses, andererseits aber auch den Prozess selbst erleichtern und unterstützen können.

> *Können digitale Medien das kreative Arbeiten fördern? Wie machst du das denn?*

- Ja. Sie können helfen, viele Ideen transparent zu sammeln und daraus „one big thing" entstehen zu lassen.
- Digitale Medien KÖNNEN kreative Prozesse unterstützen. Sie bieten zusätzliche Umsetzungs-, Verbreitungs- und Interaktionsmöglichkeiten.
- Mit digitalen Medien gibt es neue kreative Formen wie Lehrvideos, Video Tutorials, Glogster Plakate …
- Hypertext begünstigt Kreativität, weil mit dem Ordner-Unterordner-Denken das reflektierende Bewusstsein ausgeblendet wird.

Vom Allgemeinen zum Konkreten: Welche Apps und Tools sind am besten geeignet, kreatives Arbeiten zu unterstützen? Hier machte die #EDchatDE-Community ihr Schatzkästchen auf.

- ipadED: iMovie, GarageBand, Prezi, Minecraft, Sculpt+, Floors, Brushes Redux, Thing-Link, AdobeIdeas, Toontastic, Phoster
- Twitter-Konferenzen :-), BLOGs, Geogebra, Mindmaps. Screencorder. Smartphone, Facebook-Messenger.
- LapTeacher Toolbox – einfache, spontan und ohne Registrierung einsetzbare Tools für den Unterricht! http://t.co/kayzkxuogs

Fazit:

Zumindest die engagierten Beiträge der #EDchatDE-Community zeigten, dass an vielen Schulen kreativer gearbeitet wird, als es in der Öffentlichkeit manchmal den Anschein hat. Die grundsätzliche Forderung des Vortrags von Sir Ken Robinson, der Kreativität der Kinder Raum und Zeit zum Wachsen und Sich-Entwickeln zu geben, wurde bejaht, und viele Praxis-Beispiele belegen, dass auch im bestehenden Schulsystem Platz für Kreativität vorhanden ist.

Was in diesem #EDchatDE nicht weiter verfolgt wurde, sind die umfassenderen Konsequenzen, die sich aus Robinsons Erziehungsprinzipien ergeben. Hierzu sei eine eingehende Beschäftigung mit seinen Publikationen empfohlen, beispielsweise mit seinem Buch *The Element: How Finding Your Passion Changes Everything* (New York: Penguin, 2009) oder auch mit dem Film *We Are The People We've Been Waiting For* (2009, Regie: Daryl Goodrich, Produzentin: Caroline Rowland), der maßgeblich von Robinson mitgestaltet wurde. Es geht Robinson nicht nur um Kreativität, sondern um Chancengerechtigkeit, um Wertschätzung von Berufen unterschiedlichster Art, die alle zu einem funktionierenden Gemeinwesen beitragen.

Weiteres zum Thema Kreativität:

- 119. #EDchatDE: Modelle für 4K-Lernprozessgestaltung (Kreativität, Kritisches Denken, Kommunikation, Kollaboration), 15.03.2016
- https://edchatde.wordpress.com/2016/03/13/zur-vorbereitung-des-119-edchatde-am-15-03-16-modelle-fuer-4k-lernprozessgestaltung-kreativitaet-kritisches-denken-kommunikation-kollaboration/
- #EDchatDE SummerSpecial: Wie fördert man Kreativität im Unterricht? vom 1. Sept. 2015; Protokoll: https://goo.gl/flcqi4

Link zum vollständigen Protokoll:

- https://goo.gl/5wJ3C8

3.4
Tipps und Tricks zu digitalen Workflows
(#EDchatDE vom 15. Oktober 2013)

von André J. Spang

Mit klarer Mehrheit wurde dieses Thema von der #EDchatDE Community gewählt. Wen wundert es, kann man doch davon ausgehen, dass alle Teilnehmerinnen und Teilnehmer des Twitterchats der Nutzung digitaler Medien gegenüber zumindest sehr aufgeschlossen gegenüberstehen.

Der Workflow der meisten EDchatter ist also überwiegend digital, vor allem, wenn es die häusliche Vorbereitung angeht. In der Schule stoßen dann einige doch an Grenzen, die z. B. fehlendes W-Lan, kaputter Beamer oder Datenschutz heißen, um nur einige zu nennen.

Doch davon lässt sich der begeisterte #papierfreie Lehrer nicht abschrecken – er versucht andere zur Nutzung digitaler Medien durch seinen eigenen „Good Practice" zu motivieren, gibt Tipps und bietet Hilfe an. Was da an Tipps zusammen gekommen ist, kann man in den folgenden, ausgewählten Tweets nachlesen, die auch nun schon gut 3 Jahre nach dem Chat immer noch nichts an Aktualität eingebüsst haben.

> *Was steht/liegt auf deinem Schreibtisch? Analoges? Digitales? Überflüssiges? (Gerne mit Beweisfoto)*

Die #EDchatDE-Lehrenden sind digital gut ausgestattet – keine Angst, sie nutzen auch noch Bücher und Papier, viel zu viel, wie manche meinen:

- iMac, Smartphone, jede Menge Klassenmappen mit Kopiervorlagen, leider.
- My desk at school has books, calendar, writing tools, a computer, my planner, pictures etc.
- Digital immer, analog je nach Bedarf.
- Alles mögliche – leider./Everything – unfortunately: http://t.co/sQpVucY6n4
- Rechner, Tablet (Smartphone), Papierunterlage zum schnellen Mitkritzeln, Papier.
- Links Dinge, die fertig sind, rechts Dinge die zu tun sind, Scanner und Drucker, Teetasse.
- 3 Monitore, Smarty, ueberfluessigerweise: Papierablage, 3-stoeckig.
- Also außer meinem – absolut dringend gebrauchten – Laptop? (hüstl) Kaffeetasse von heute Morgen, von gestern Abend und …

> *Wie digital ist dein Workflow? Papierfrei, Mix, analog?*

Der private Workflow sieht schon sehr digital aus, ob das auch in der Schule so ist …

- Fast alles, was ich bekomme, wird digitalisiert. Fast alles, was die Schüler bekommen, wird analogisiert, leider.

- Bei mir ist 80 % digital, 20 % analog.
- Ich versuche, so viel wie möglich digital zu machen und so wenig wie möglich auszudrucken. Ich habe sogar schon vom Tablet musiziert.
- Google educational suite, mostly docs/spreadsheets/calendars, dropbox, vimeo, email, wordpress, bitly.
- Noch Mix. Ich arbeite täglich auf das papierlose Universum hin.
- Fast alles ist digitalisiert, Sammeln und Jagen auch …
- Ich versuche, so viel wie möglich im ZUM-Wiki zu erstellen: http://t.co/9L2F1pq4UP. Das klappt leider nicht immer.
- Ich bereite alles digital vor, dann gehe ich mit USB-Stick und Ausdruck in die Schule, da ich dort überwiegend offline arbeiten muss.
- Unterrichtsvorbereitungen: digital, außer ich habe es mit Papiermaterial zu tun, das gecopyrighted ist und ich nicht verwenden darf.
- Mix: Am Schuljahresanfang mache ich viel ipad-Planung. Je weiter das Schuljahr fortgeschritten ist, desto mehr Improvisation erfolgt. Arbeitsblätter erstelle ich mit dem Laptop.

> *Welche digitalen Tools nutzt du und warum? Links sind willkommen!*

Der Chat stammt aus 2013 – dennoch, sind die meisten Anwendungen immer noch aktuell und hilfreich. Ob Datenschützer damit allerdings immer einverstanden sind, wie die Inhalte verwendet werden, ist fraglich …

- Ich mache alle Handnotizen auf dem iPad mit Notability. Danach kann ich sie auch digital austauschen und weiter verarbeiten.
- Ich nutze: http://t.co/0WAJia64n6. Die ganze Klasse ist vernetzt, man folgt sich wie auf Twitter
- Neuerdings mal http://t.co/Bnjdbe302s mit Erfolg ausprobiert. Ich nutze außerdem evernote, Dropbox, Google Calender (leider) etc.
- Important tools for me: @ownCloud , GoodNotes (Handwriting!) (iOs), NotebooksApp (iOs), PDF, Scanner.
- Tools, die auch bei Schülern gut ankommen: Youtube, Vine (bzw. Instagram Video), G+ gerade für kleine Lehrvideos.
- Ich nutze: Course Notes für Vorbereitungen, TeacherTool für Notenverwaltung, Kalender für Termine, Google Drive für Materialien.
- Für Mindmaps nutze ich XMind und SimpleMind.
- Ist Wiki auch ein Tool? Dann http://t.co/TidikvD57G. Zu empfehlen ist auch: „Der (schwere) Wiki-Weg des Lernens": http://t.co/PTgMrqShMQ

- TeacherTool zum Verwalten von Klassen und Listen.
- Definitiv Evernote. – Das finde ich genial für die Unterrichtsplanung.
- Google und Hangouts – Kollegiale Beratung, Netzwerken, Aufzeichnung von Weiterbildung, Mentoring via Screensharing.
- I can't stop recommending Evernote, but I'm tired of posting the link to my blog over and over again.
- Prezi – zur Unterrichtsvorbereitung und als Kollaborationstool.
- Ich empfehle, offene Formate zu nutzen! Für Kollaboration der Schüler hat sich Etherpad bewährt. Manche SuS nehmen auch GoogleDocs.
- Evernote, Teachertool, Projektwiki. Ich schrieb darüber: http://t.co/ZZr4QhwyTq

Was haltet ihr davon, wenn wir eine Tool-Database anlegen? Wer macht es und wie?

Zu dieser Frage lesen wir eher Skepsis der Teilgeber. Lediglich der Teilgeber „Herr_Mess" wartet direkt mit einer Liste auf:

HerrMess
@herr_mess

A scoop-it databank would be perfect for that: http://t.co/8vbNDlSqv3
I already started one on my blog.

18:30 h · 15. Oct 2013

Anja Lorenz
@anjalorenz

Ich fand LearnersGarden mal einen coolen Ansatz, aber er ist etwas angestaubt: http://t.co/kO47X0Ocni

18:33 h · 15. Oct 2013

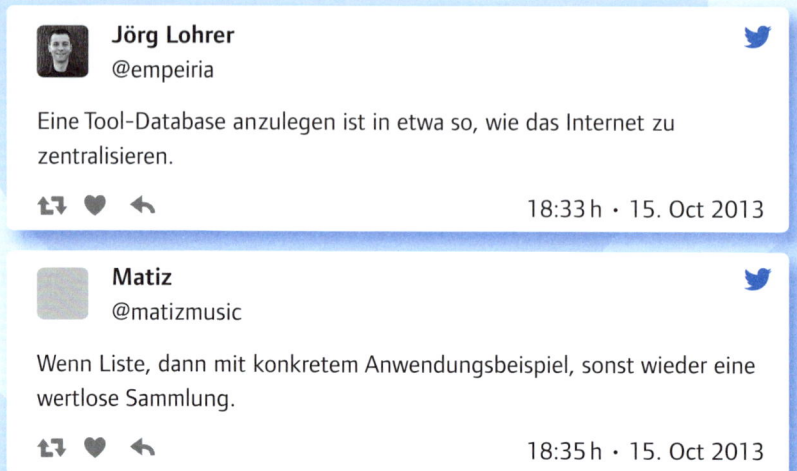

Jörg Lohrer
@empeiria

Eine Tool-Database anzulegen ist in etwa so, wie das Internet zu zentralisieren.

18:33 h · 15. Oct 2013

Matiz
@matizmusic

Wenn Liste, dann mit konkretem Anwendungsbeispiel, sonst wieder eine wertlose Sammlung.

18:35 h · 15. Oct 2013

> *Warst du schon mal total enttäuscht von einem Tool? Gab es einen Totalausfall?*

Leider gibt es hier einige Beispiele. Technik funktioniert eben nicht (immer), wie auch die Teilgeber berichten können:

- Aber Hallo! Teste regelmäßige neue Tools und viele fliegen sofort wieder raus. Manche nach einer Weile Test.
- Davon bin ich enttäuscht: http://t.co/7ezHtDBXdK – Gruselige usability.
- Doof ist, wenn gute Tools sterben oder untauglich gemacht werden, z. B. Delicious, Tweetdeck oder Astrid.
- Ich bin enttäuscht von verschiedenen Terminplanern, die sehr schnell wieder verschwanden. Meist wegen Komplexität oder Unflexibilität.
- Mit google calendar hatte ich mal eine Zeit lang Probleme, was bei Terminen extrem ärgerlich ist.
- Institutionalized VLEs are a letdown, cause a) learners don't find them appealing and b) teachers don't know how to use them.
- Ein Totalausfall ist für mich: Das „neue" EduCommsy. Leider werde(n) ich (und meine Schüler) immer wieder dazu genötigt.
- Alles, was Account-Barriere hat ist für mich ein Totalausfall.

> *Haben wir etwas vergessen? Hast du ein Rezept, andere von digitaler Vernetzung zu begeistern?*

Kurz und knapp: einfach mal machen …

HerrMess
@herr_mess

Be a role model! Using these tools in front of students in class will spread like a fire and eventually reach your colleagues.

  18:48h · 15. Oct 2013

 Andrea Brücken
@dieHauteCulture

Wie vorhin gesagt: visuelles Arbeiten. Vor allem kollaborativ. Also mit Boards, Sketchnotes, gerne auch mal analog.

  18:49h · 15. Oct 2013

 André Hermes
@Medienberater

Mein Rezept: peer2peer

   18:50h · 15. Oct 2013

 Torsten Larbig
@herrlarbig

Übrigens: Ein Schüler digitalisiert sich und bloggt drüber. Lesen! http://t.co/fj5PlbOPZC

   18:51h · 15. Oct 2013

 Kristina Lucius
@LuciLucius

Umwege nutzen: Ich bin anders nicht mehr gut zu erreichen … und plötzlich werden die Vorteile für alle sicht- und spürbar.

   18:52h · 15. Oct 2013

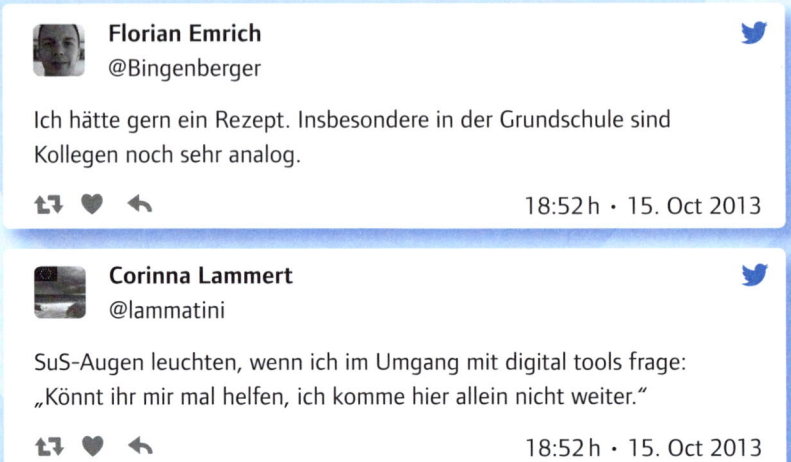

Florian Emrich
@Bingenberger

Ich hätte gern ein Rezept. Insbesondere in der Grundschule sind Kollegen noch sehr analog.

18:52 h · 15. Oct 2013

Corinna Lammert
@lammatini

SuS-Augen leuchten, wenn ich im Umgang mit digital tools frage: „Könnt ihr mir mal helfen, ich komme hier allein nicht weiter."

18:52 h · 15. Oct 2013

Fazit:

Obwohl in diesem Chat viele Tipps und Tricks getauscht werden, muss immer klar bleiben, dass das Lernen im Vordergrund steht, nicht die Technik.

Es geht, trotz aller Technik, nicht um deren Selbstzweck, sondern um die Chancen, die aus ihr erwachsen und die da lauten:

- Kooperation
- kritisches Denken
- Kreativität
- Kommunikation

Also die sogenannten „4 K des 21. Jahrhunderts". Es geht nicht darum, mal einen Wikieintrag zu erstellen, weil es eben cool ist, oder eine App zu nutzen, weil Papier doch von vorgestern ist.

Mit Schwarz-weiß-Malerei verschreckt man nur und nimmt Skeptiker nicht mit, sondern verliert sie. Es muss klar sein, dass das Internet ein Werkzeug ist, dass es neue Möglichkeiten bietet, um sich zu vernetzen und auf Informationen zuzugreifen – dass es aber, genau wie der Einsatz vorn Technologie, kein Lernziel ist.

Mein Tipp, wenn Sie „digital Beginner" sind: Ein Tool heraussuchen, was Ihnen besonders gut liegt und in den Workflow passt. Dann in Ruhe ausprobieren und evaluieren. Wenn es sich als hilfreich und produktiv herauskristallisiert, dann kann man es z. B. anderen Kollegen empfehlen, zeigen oder auch in geeigneten didaktischen Kontext setzen.

Die Top-Links des #EDchatDE Nr. 6 „Digitaler Workflow" haben wir hier zusammengestellt:

- http://www.flickr.com/photos/empeiria/10016607603/in/photostream/
- http://kowalski.titanpad.com/tooldatabase
- http://edchatde.wordpress.com/2013/10/14/earn-a-badge-edchatde-meets-ce13/
- http://experimentdigital.wordpress.com
- http://youtu.be/PhOlJpN-euw
- http://joerg-lohrer.de/2011/01/14/dinge-geregelt-kriegen/
- http://may2.wordpress.com/category/digitalworkflow/
- http://mathfour.com/commentary/att-in-my-day-commercial-is-killing-math-students
- http://edchatde.wordpress.com/2013/10/14/ear
- http://youtu.be/nEpUPRGON-8
- https://springpad.com/about
- http://buff.ly/167Fbss
- http://www.symbaloo.com/shared/AAAAAr1nTPsAA41_HCNrAg==
- http://www.scoop.it/t/teacher-tech-by-herrmess
- https://mural.ly
- http://medienpad.de/p/epartizipationtools
- http://bit.ly/edchatde
- http://wiki.zum.de/Papierlose_Schultaschehttp://herrmess.wordpress.com/technik-im-unterricht/
- http://www.andre-spang.de/wiki

Link zum vollständigen Protokoll:

- https://docs.google.com/spreadsheets/d/1rC_OFViNVCVYkDIVXT3ZVDIuBGhBlN-FuBEjGTjpgrEg/pub?single=true&gid=0&output=html

von Torsten Larbig

Da steht man nun als Lehrperson und gibt Aufgaben, wie eh und je. Ob nun eine Zelle mikroskopiert und anschließend gezeichnet oder der Inhalt einer Lektüre im Deutschunterricht zusammengefasst werden soll: Die Ergebnisse zeichnen sich durch eine große Ähnlichkeit aus. Der Grund dafür ist einfach. Aufgaben, bei denen es um Zusammenfassungen oder Darstellungen bekannter Wissensbestände geht, sind quasi eine „Aufforderung", die Suchmaschine des eigenen Vertrauens zu benutzen und die Aufgaben so zu bewältigen. Das gilt für nahezu alle Fächer.

Oft betrifft das Phänomen die Hausaufgaben. Aber auch im Unterricht stellt sich die Frage nach Aufgabenformaten intensiv. Entsprechend sind beispielsweise Fragen der Aufgabenstellungen u. a. in der Schreibdidaktik in den Fokus der Wissenschaft geraten.

„Gute (neuartige) Aufgaben für einen guten Unterricht" war am 12. 11. 2013 Thema. Und wenn auch schon wieder einige Zeit vergangen ist, sind die Fragen und auch Antworten nach wie vor hilfreich.

> *Welche Aufgaben kann man heute guten Gewissens nicht mehr stellen?*

Zunächst einmal ist es hilfreich, Bilanz zu ziehen: Welche Aufgabentypen kommen in meinem Fach vor? Welche Aufgaben stelle ich selbst? Wie sinnvoll sind die Aufgaben bezogen auf den Lerneffekt? Was soll ich lieber bleiben lassen?

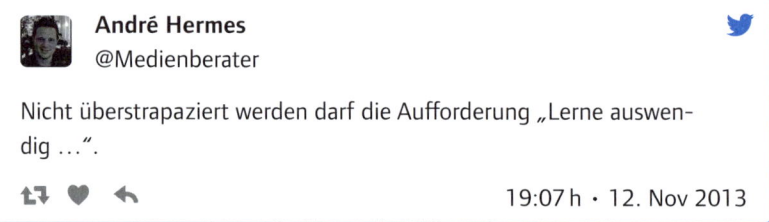

André Hermes
@Medienberater

Nicht überstrapaziert werden darf die Aufforderung „Lerne auswendig …".

19:07 h · 12. Nov 2013

Gut, Vokabeln muss man vielleicht auswendig lernen. Formeln hingegen kann man in Formelsammlungen nachschlagen. Wie sieht das mit Gedichten aus? Und sollte man, so man Musik macht, nicht auch das eine oder andere Werk im Kopf haben? Es kommt auf den Kontext an! Und so wurde es auch in diesem #EDchatDE schnell auf den Punkt gebracht, ja, sogar Denkanregungen wurden gegeben, um das Problem der überflüssigen Aufgabentypen in den Blick zu nehmen.

- Kontextlose stupide Abfrage wie Lückentexte sind absolut sinnlos.
- Da fällt mir spontan keine ein – im richtigen Maß zur richtigen Zeit ist auch Auswendiglernen im Sinne von Automatisierung gut.
- Aufgaben, die nur Zeit totschlagen sollen und das Kurzzeitgedächtnis unnötig befüllen, sind so etwas von out und so etwas von üblich.
- Also ich finde auch das Abschreiben von der Tafel ein bisschen oldschool, auch bei Merksätzen. Oder reines Vorlesen von langen Texten.

Es kommt also auf Kontexte an. Je nach Kontext kann man durchaus auf Formate zurückgreifen, die andere „oldschool" nennen. Denn es geht ganz schnell, da hört man zu dieser Frage auch andere Äußerungen, die auf anderen Erfahrungen zu beruhen scheinen:

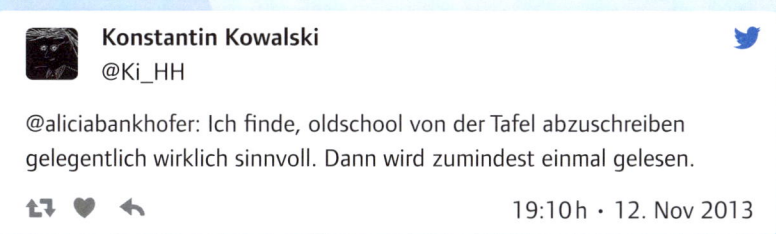

Konstantin Kowalski
@Ki_HH

@aliciabankhofer: Ich finde, oldschool von der Tafel abzuschreiben gelegentlich wirklich sinnvoll. Dann wird zumindest einmal gelesen.

19:10 h · 12. Nov 2013

Es geht um die Befähigung der Lernenden, etwas zu lernen und dies effizient zu tun. Dazu gehört sicher die Wiederholung. Das wusste man auch in Oldschool-Kontexten: Von der Tafel abschreiben unterstützt den Lernprozess möglicherweise an der einen oder anderen Stelle besser, als man glauben mag.

Gravierender als diese Fragestellung aber ist das Wikipediaproblem, das im Chat ausführlich diskutiert wurde, sodass dieser Austausch wohl für sich selbst stehen kann:

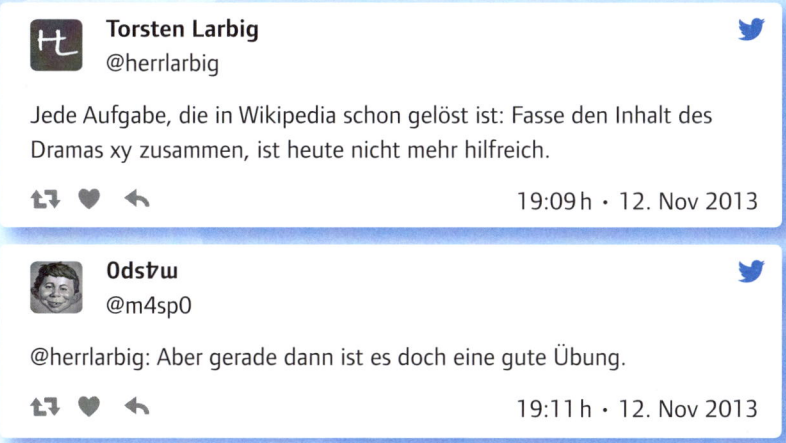

Torsten Larbig
@herrlarbig

Jede Aufgabe, die in Wikipedia schon gelöst ist: Fasse den Inhalt des Dramas xy zusammen, ist heute nicht mehr hilfreich.

19:09 h · 12. Nov 2013

Odsƥɯ
@m4sp0

@herrlarbig: Aber gerade dann ist es doch eine gute Übung.

19:11 h · 12. Nov 2013

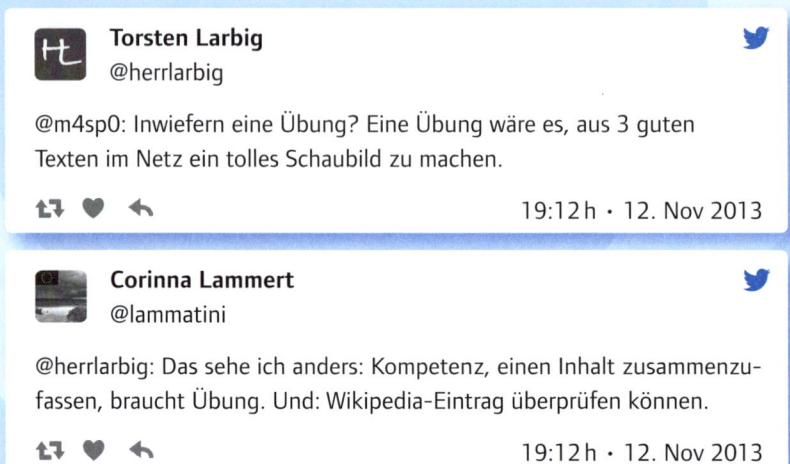

Torsten Larbig
@herrlarbig

@m4sp0: Inwiefern eine Übung? Eine Übung wäre es, aus 3 guten Texten im Netz ein tolles Schaubild zu machen.

19:12h · 12. Nov 2013

Corinna Lammert
@lammatini

@herrlarbig: Das sehe ich anders: Kompetenz, einen Inhalt zusammenzu-fassen, braucht Übung. Und: Wikipedia-Eintrag überprüfen können.

19:12h · 12. Nov 2013

Und schon ist selbst an dieser Stelle der Diskurs ausdifferenziert. Wie schafft man zum Lernen nötige Redundanzen, ohne durch sie gleichzeitig das Lernen zu verhindern? Latein scheint von Wiederholungen zu leben, Englisch hingegen …

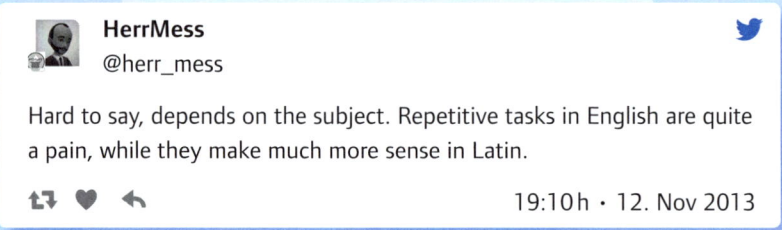

HerrMess
@herr_mess

Hard to say, depends on the subject. Repetitive tasks in English are quite a pain, while they make much more sense in Latin.

19:10h · 12. Nov 2013

Sehr beliebt sind für die Überprüfung von Wissensbeständen auch Lückentexte. Sind diese aber im Kontext einer ganzheitlichen Sprachförderung und didaktisch betrachtet wirklich lohnenswert?

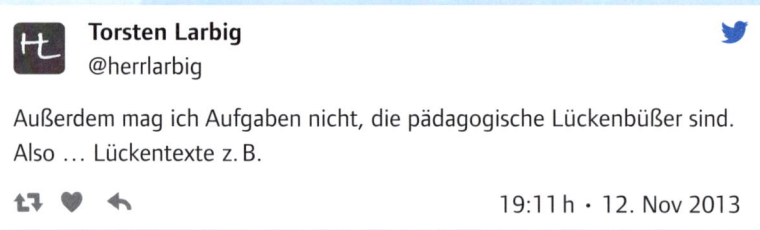

Torsten Larbig
@herrlarbig

Außerdem mag ich Aufgaben nicht, die pädagogische Lückenbüßer sind. Also … Lückentexte z. B.

19:11h · 12. Nov 2013

Bezüglich des Niveaus der Aufgaben, die im Unterricht und als Hausaufgaben gestellt werden können, können wir das Problem schnell auf den Punkt bringen:

- Die TOTALE Überforderung, sodass sich SuS dann nicht mehr herantrauen bzw. die Lust verlieren.
- Die TOTALE Unterforderung, sodass SuS gelangweilt sind und absolut keine Lust mehr haben.

Aufgaben, die heute nicht mehr wirklich gut in den Unterricht passen, zeichnen sich allesamt durch ein Kritierium aus, es sind …

Mit welchen Aufgaben förderst du Produktivität und Eigenaktivität in deinem Fach?

Betrachten wir die Frage nun von der anderen Seite her: Wenn es das Ziel ist, Produktivität und Eigenaktivität von Lernenden zu fördern, dann müssen Aufgabentypen her, die diesem Ziel dienen …

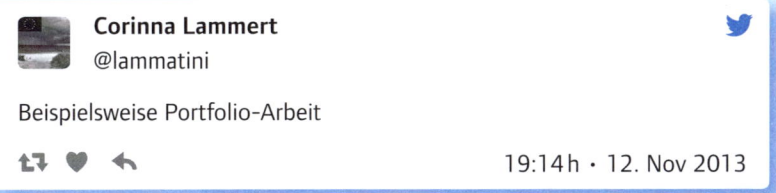

Portfolios sind nach wie vor in aller Munde, wenn auch deren praktische Nutzung in der Schule weit seltener stattzufinden scheint, als man sich angesichts ihrer Präsenz im didaktischen Diskurs vorstellen mag. Die Einführung von Portfolios und die Begleitung des von diesen geprägten Lernprozesses ist nicht ganz einfach und stellt einige Herausforderungen an die Lehrpersonen.

Aber es gibt ja die Gruppenarbeit, von Lehrern geliebt, von Schülern oft nicht. Wenn man sie aber gezielt und didaktisch begründet nutzt, kann sie gut eingesetzt werden.

- Group work, but only when it makes sense. People have to work towards a certain goal that needs to be accomplished.
- Gut strukturierte Gruppenarbeit mit Prozessvorgabe, aber frei wählbarem Inhalt funktioniert.

Kreative Herangehensweisen, die Inhalte in andere mediale Formen transformieren, sind auch gut geeignet, um Denkprozesse zu aktivieren und somit Lernen zu ermöglichen.

Anne Mehlem
@anmeh

Ein Thema kreativ umsetzen – als Comic, Film, Hörspiel.

↻ ♥ ↰   19:16 h · 12. Nov 2013

Andere bedienen sich einer Lernplattform, häufig ist das heute Moodle:

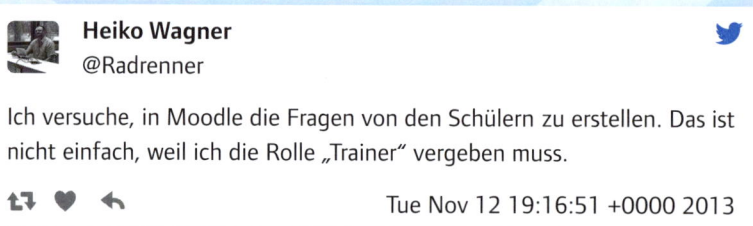

Heiko Wagner
@Radrenner

Ich versuche, in Moodle die Fragen von den Schülern zu erstellen. Das ist nicht einfach, weil ich die Rolle „Trainer" vergeben muss.

↻ ♥ ↰   Tue Nov 12 19:16:51 +0000 2013

Aber warum soll man selbst Fragen erstellen? Überhaupt: Müssen es immer Fragen sein? Aufgaben sind doch keine Fragen, sondern komplexe Gebilde, die ein hohes Maß an Eigenaktivität der Lernenden ermöglichen, worauf dann auch beim #EDchatDE sehr deutlich hingewiesen wurde.

- Die SchülerInnen stellen sich ihre EIGENEN Aufgaben, Fragen und arbeiten daran 7 Std. pro Woche.
- Dafür brauchen die S. aber ein großes Vorwissen. Sonst können sie keine inhaltstiefen Fragen stellen. Sehe ich kritisch.

Was passiert, wenn man diesem Rat von @jensgrb folgt und die Skepsis überwunden wurde, kann man z.B. an den folgenden Beispielen sehen. Die Lernenden hatte völlig freie Hand, was sie nach einer länger Unterrichtseinheit mit dem erworbenen Wissen und den ihnen verfügbaren Kompetenzen im Rahmen des Literaturunterrichts machen wollten.

- Schüler machen aus Faust einen Raptext http://t.co/5uNBMVgDtf
- Schüler arbeiten zu Fontane „Irrungen, Wirrungen" http://t.co/av8l4MVaVc
- Büchners Lenz (Auszug) als Lego-Lenz (Video auf Youtube!) http://t.co/O0XIO4bbEc – Ergebnisse freier Aufgaben!

Darüber hinaus sind Aufgaben oft sehr anregend, die den Transfer ermöglichen. Indirekt wurde das schon gesagt, hier soll es aber noch einmal auf den Punkt gebracht werden:

- Gute Transferaufgaben sind: Rollenspiel, Stellung nehmen, einem Mitschüler in eigenen Worten etwas erklären, einen Blogartikel verfassen.
- Ja, Blogs haben viel Potenzial für das Lernen – nicht nur in der Schule!

Neuartige Aufgabenformate, die in Wirklichkeit ja gar nicht so neuartig sind, sondern vor allem das Ergebnis des Einzugs konstruktivistischer Ideen in die Didaktik. Dabei stellt sich die Frage nach der Rolle der Lehrperson. Auch wenn Begriffe wie „Lerncoach" oder „Lernbegleiter" heute oft so genutzt werden, dass der Eindruck entstehen könnte, Lernende sollten ganz auf sich selbst gestellt lernen: Ohne Anleitungen geht es nicht. Ganz im Sinne des Cognitive Apprenticeship kann man sagen:

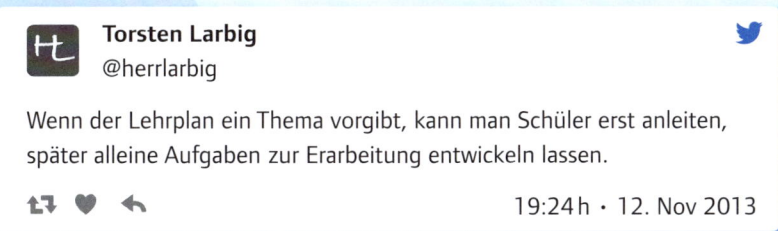

Torsten Larbig
@herrlarbig

Wenn der Lehrplan ein Thema vorgibt, kann man Schüler erst anleiten, später alleine Aufgaben zur Erarbeitung entwickeln lassen.

19:24 h · 12. Nov 2013

Dabei muss immer klar sein, warum welche Aufgaben gute Aufgaben sind – und welche Aufgaben vielleicht auch nicht weiterhelfen.

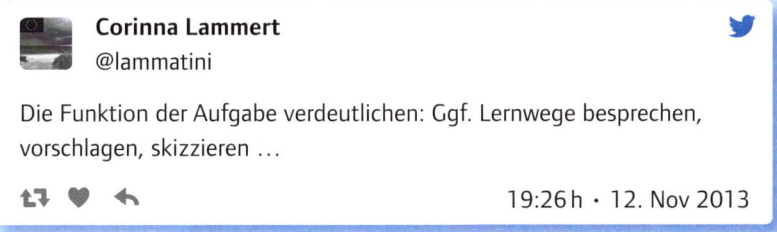

Corinna Lammert
@lammatini

Die Funktion der Aufgabe verdeutlichen: Ggf. Lernwege besprechen, vorschlagen, skizzieren …

19:26 h · 12. Nov 2013

Und außerdem:

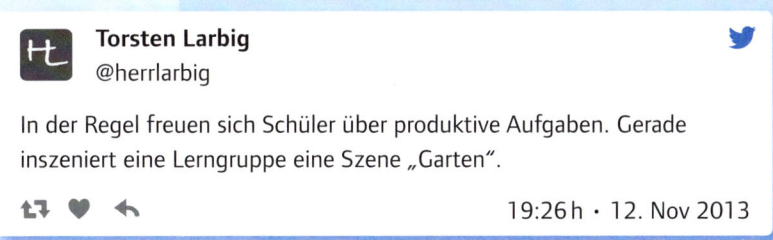

Torsten Larbig
@herrlarbig

In der Regel freuen sich Schüler über produktive Aufgaben. Gerade inszeniert eine Lerngruppe eine Szene „Garten".

19:26 h · 12. Nov 2013

Gabriele Cierniak
@gcierniak

Entwickelt ein Modell zum Thema. Studis: Ach, sagen Sie uns doch die Lösung! Erklären, dass es keine gibt – immer wieder.

↻ ♥ ↰   19:29 h · 12. Nov 2013

Wie kannst du Leistung in offenen Lernformen und Aufgaben messen?

Die Leistungsmessung ist im gegenwärtigen System, in dem Lehrpersonen Unterricht gestalten müssen, einer der wesentlichen Knackpunkte. Sind Lernformen offen, so können die Arbeiten nicht mehr alleine auf Basis der Inhalte bewertet werden. Andere Bewertungsformen können aber ins Spiel gebracht werden:

- Das ist ganz schwierig. Ist aber mit klaren Kompetenzrastern möglich.
- Kriterien werden zusammen mit SuS vorher entwickelt. Nach denen kann man dann bewerten.
- Kriterien mit SuS gemeinsam erarbeiten. Dann erfolgt individualisiertes Peer-feedback.

Und wenn man früher in Gruppenarbeiten nie so genau wusste, wer eigentlich was erarbeitet hat, so kann man auch hier Abhilfe schaffen, wenn Gruppenarbeiten z. B. online dokumentiert werden müssen:

Torsten Larbig
@herrlarbig

Etherpad macht zumindest transparent, wer was erarbeitet hat. Gilt auch für Wikis, GoogleDocs.

↻ ♥ ↰   19:32 h · 12. Nov 2013

Und noch ein paar Tipps, die für sich alleine stehen können:

- Meistens wissen Schüler selbst, Leistungen in offenen Formen einzuschätzen. Und zwar oft besser als der Lehrer.
- Mit der Kombination aus „Punktepool" und eigenen kriteriengeleiteten Beobachtungen habe ich gute Erfahrungen gemacht.
- Wie immer ist Transparenz essenziell.
- Leistungsmessung ist oft sehr subjektiv (mündliche Note) und trotzdem zutreffend. Mut zum eigenen Urteil ist gefragt, auch bei Gruppenarbeit.
- Mit Wikis und Blogs ist das einfach. Aber es geht auch bei kreativen Leistungen. Am besten Peer-Review und Peer-Assessment.

Wenn die Inspirationen aus diesem Kapitel noch nicht reichen, hier noch ein paar Tipps aus der #EDchatDE-Community, die helfen können, entsprechende Aufgaben zu finden:

- Get great suggestions and inspiration from teacher blogs. They're extremely dedicated.
- Again and again, great tasks are mentioned in my Twitter timeline. So exchange with colleagues is helpful.
- Frag die Schüler, was sie gerne wissen wollen, was sie üben wollen, lass sie selber Aufgaben stellen – geht oft.
- Inspiration finde ich in Büchern oder Blogs und dann passe ich an / wandele ab bzw. würze ich mit meinem Eigensinn.
- Textbooks are helpful. It is a pitty, I can not easily remix the content due to copyright.
- Great ideas for English lessons in mailing list „enpaed": http://t.co/SUDExIap3P (closed group, apply 4 membership).
- Als Mitglied einer PLG (professionelle Lerngruppe) erhalte ich von Kollegen gute Ideen. Suche in Fachliteratur, Blogs, Tweets.
- Und bei zum.de gibt es auch viele Sachen, die man sehr gut nutzen kann.
- Für die Religionslehrer: rpi-virtuell und guck auch mal bei openreli.de.
- Bei Mathe hilft: https://t.co/jVkY9sybMS
- Ich fahre zu Tagungen und Fortbildungen. Das liefert mir auch neue Ideen. Ganz undigital.
- Kann Pinterest wärmstens empfehlen. MOOCs sind auch tolle Quellen für Ideen. Und Google natürlich.

Fazit:

Viele Aufgabentypen sind in Zeiten des Internets obsolet geworden. Andere Aufgaben stehen bezüglich ihrer Wirksamkeit auf dem Prüfstand. Neue Aufgabenformate sind aber so schwer nicht zu finden, wenn man sie auf das Lernen der Schüler bezieht und von diesem Lernen her entstehen lässt. Darüber hinaus ist das Thema in der didaktischen Forschung zur Zeit aktuell, sodass auch der Blick in Fachzeitschriften zur Didaktik des je eigenen Unterrichtsfachs weiterhelfen kann. Wichtig scheint uns der Hinweis, dass auch die Lernenden in vielen Fällen durchaus in der Lage sind, eigenständig Aufgaben zu entwickeln, die dem eigenen Lernprozess dienen können. – Darüber hinaus empfehlen wir den intensiven Austausch über Aufgabenformate mit den Lernenden und auch mit Kolleginnen und Kollegen. Es kann sehr spannend sein, gemeinsam Aufgaben zu entwickeln. Digitale Hilfsmittel wie Etherpad, GoogleDocs oder andere Kollaborationsplattformen im Internet können hierbei hervorragende Helfer sein.

Link zum vollständigen Protokoll:

- https://docs.google.com/spreadsheets/d/1fEnTadbk3hJr0_iYHuYbxJEBILO-UMZW01AR_SJJhWM/pub?single=true&gid=0&output=html

3.6
Tipps und Tricks zur Unterrichtsvorbereitung
(#EDchatDE vom 03. Dezember 2013)

von Torsten Larbig

Da das Thema der Stunden- und Unterrichtsvorbereitung zum Kerngeschäft dessen gehört, was die Praxis des Unterrichtens ausmacht, ist es keine Überraschung, dass dieses Thema schon in einer Ausgabe des gerade ein Vierteljahr alten #EDchatDE eine Rolle spielte. Und in dieser Ausgabe wurden zahlreiche Links getauscht, von denen dem Vernehmen nach einige nach wie vor von den Kolleginnen und Kollegen genutzt werden, nachdem sie sie in dieser Ausgabe des #EDchatDE entdeckt hatten.

Aber fangen wir erstmal mit den Rahmenbedingungen an:

Was gehört für dich/in deinem Fach zur Unterrichtsvorbereitung dazu?

- Drucker, Laminierer, Schere, viel enaktives Material, bevorzugt Montessori, Bilderbücher und Computer, IWB.
- Lektüre von Primär-/Sekundärliteratur, Auseinandersetzung mit Inputs von Lernenden. Methodische Reflexion und Planung.
- Ideensammlung (Internet, Schulbuch), Grobgliederung, Wochenübersicht, Organisation, Bezug zur Realität / aktuelle Ereignisse.
- Für mich gehören Fragen zum Weiterdenken dazu.
- Und dann im Wesentlichen: Schülerinteressen und die Frage: Was können sie schon, was können sie bald besser können?
- Lehrplan, festlegen der Lernziele, Computer, altes „Material"!

Neben der Arbeit des Vorbereitens im „stillen Kämmerlein" berichten viele Lehrkräfte immer wieder von regelrechten Aha-Erlebnissen, sobald sie die Schüler in den Prozess der Planung von deren eigenem Lernen einbeziehen, sodass die Frage naheliegt:

Inwiefern beziehst du Lernende in die Planung mit ein?

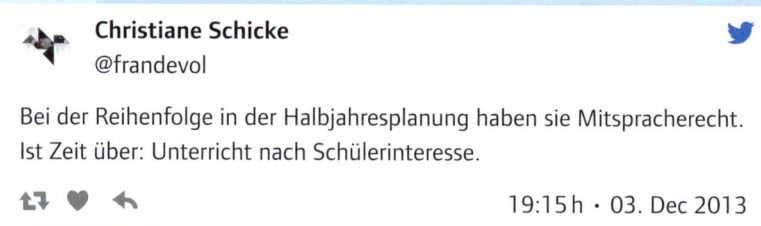

Christiane Schicke
@frandevol

Bei der Reihenfolge in der Halbjahresplanung haben sie Mitspracherecht. Ist Zeit über: Unterricht nach Schülerinteresse.

19:15 h · 03. Dec 2013

Torsten Larbig
@herrlarbig

Regelmäßig Projekte, in denen Schüler mit Themen völlig frei umgehen. Da entsteht vom StopMotionfilm bis zum Song alles Mögliche.

 19:15 h · 03. Dec 2013

Peter Ringeisen
@vilsrip

Bei Auswahl von Klassenlektüre: Schüler haben die Wahl aus diversen Vorschlägen. Selbst Vorschlagsrecht.

 19:15 h · 03. Dec 2013

Crystal_Harlie
@Crystal_Harlie

Motivation, Interessen, Lernstand, Leistung, Stärken der SuS. SuS bei Auswahl ggf. mit einbeziehen.

  19:16 h · 03. Dec 2013

anonym
@Z_lehrling

Mitspracherecht kann man in der GS auch gut als Belohnung verkaufen.

   19:17 h · 03. Dec 2013

Corinna Lammert
@lammatini

In unterschiedlichem Maße in didaktische und methodische Entschei-dungen; SuS-Feedback berücksichtigen und Zielvereinbarungen.

   19:17 h · 03. Dec 2013

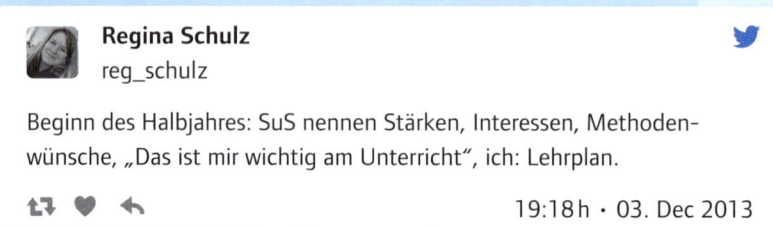

Regina Schulz
reg_schulz

Beginn des Halbjahres: SuS nennen Stärken, Interessen, Methoden-wünsche, „Das ist mir wichtig am Unterricht", ich: Lehrplan.

19:18h · 03. Dec 2013

Hat man die Grundfragen geklärt, was zur Unterrichtsvorbereitung dazu gehört und in welcher Form die Lernenden in die Vorbereitung einbezogen werden, braucht man Quellen, die einem Weiterhelfen. Und solche Quellen findet man gut im Austausch miteinander, sei es nun im Lehrerzimmer oder eben mit Lehrenden, die sich beim #EDchatDE untereinander austauschen:

> *Welche Plattformen im Netz dienen dir als Materialquelle? Link?*

- Ohne Wikimedia wäre ich definitiv aufgeschmissen!
- Für physikalische Themen kann ich http://t.co/5PEZQQ1HBb empfehlen: Versuche etc.
- In didaktischer und methodischer Hinsicht sind Twitter und LuL-Blogs oft meine Musen. Fachlich: zu vielfältig.
- Bester Fundort sind immer noch die kleinen grauen Zellen.
- Mir helfen sehr fach- und projektspezifische Seiten. Oft hilfreich: Google-Suche mit „filetype:pdf".
- Kommentierte Gesamtausgaben (Deutschlehrer mit Hang zu INHALTEN eben).
- Ich nutze z. B. gpaed.de, eine Seite für die Förderschule.

Man liest sich bei all diesen Quellen gerne auch einmal fest und schon ist die ganze schöne Zeit weg, die man für die Planung geplant hatte. Und jetzt?

> *Welche Tipps hast du für das Zeitmanagement in Sachen Unterrichtsvor- und nachbereitung?*

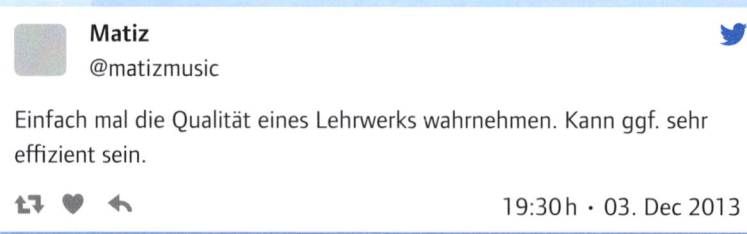

Matiz
@matizmusic

Einfach mal die Qualität eines Lehrwerks wahrnehmen. Kann ggf. sehr effizient sein.

19:30h · 03. Dec 2013

André J. Spang
@Tastenspieler

Mut zur Lücke … und ich arbeite unter Zeitdruck am besten ;-).

  ♥ ↰   19:31 h · 03. Dec 2013

 Gabriele Cierniak
@gcierniak

@Tastenspieler: Ich würde es ja gerne mal ohne Zeitdruck probieren … mein Ziel :-).

                       19:34 h · 03. Dec 2013

 Ines Bieler
@seni_bl

Und wieder Evernote + Prezi. das kürzt die Zeit ungemein ab.

                       19:33 h · 03. Dec 2013

 Corinna Lammert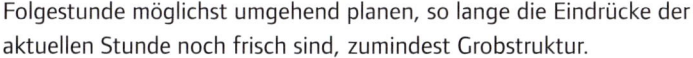
@lammatini

Folgestunde möglichst umgehend planen, so lange die Eindrücke der aktuellen Stunde noch frisch sind, zumindest Grobstruktur.

                       19:33 h · 03. Dec 2013

 Peter Ringeisen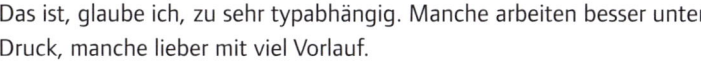
@vilsrip

Das ist, glaube ich, zu sehr typabhängig. Manche arbeiten besser unter Druck, manche lieber mit viel Vorlauf.

                       19:34 h · 03. Dec 2013

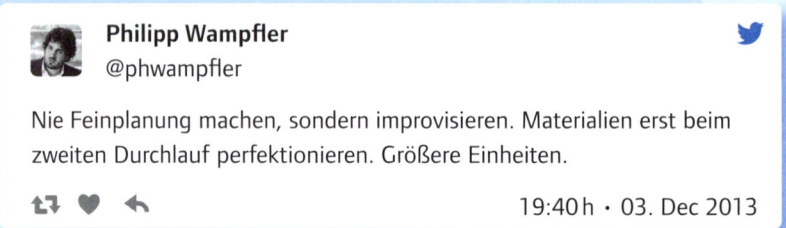

Philipp Wampfler
@phwampfler

Nie Feinplanung machen, sondern improvisieren. Materialien erst beim zweiten Durchlauf perfektionieren. Größere Einheiten.

19:40 h · 03. Dec 2013

Direkt zum Zeitmanagement gehört ein Thema, das man sich durchaus noch einmal ehrlich und gesondert vornehmen sollte: Wie vermeide ich den Hang zum Aufschieben, zur Prokrastination, wenn ich diesen Hang denn habe:

> *Prokrastination: Wie schirmst du dich vor Ablenkungen ab, oder ist dies gerade gut, um auf andere Gedanken zu kommen?*

- Ehrlich? Mein 2. Vorname ist: Prokrastination. Aber wenn mich die Idee gepackt hat, gibt's keine Ablenkung mehr
- Ich arbeite ausschließlich im Lehrerarbeitsraum. Trotzdem twittere ich gerne!
- In PLE vermischen sich Prokrastination und Inspiration.
- Bis zum letzten möglichen Augenblick warten, dann beschränkt man sich auf das wirklich wichtige und ist schneller fertig.
- … Und da ist er wieder der Zeitdruck, aber da kommen einem wirklich die besten Ideen. Das fördert die Kreativität.
- Großartig „Procrastination": https://t.co/Jecv7Lr5j1.
- Die tiefenpsychologische Bewertung von „Prokrastination" dauert länger als einen #EDchatDE.

Und bei diesem Thema ein kleiner Eindruck davon, dass auch auf Twitter Dialoge möglich sind:

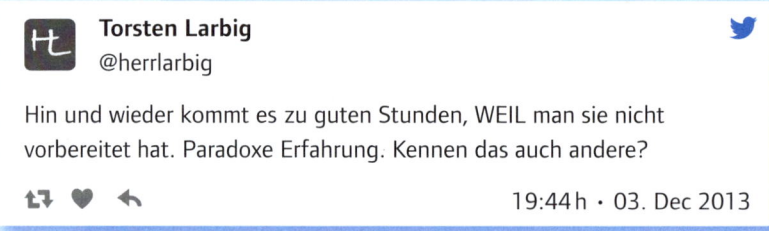

Torsten Larbig
@herrlarbig

Hin und wieder kommt es zu guten Stunden, WEIL man sie nicht vorbereitet hat. Paradoxe Erfahrung. Kennen das auch andere?

19:44 h · 03. Dec 2013

Ines Bieler
@seni_bl

@herrlarbig: Oh ja, das sind die besten Stunden. Kann es sein, dass man da einfach präsenter und dichter an den Schülern ist?

19:45 h · 03. Dec 2013

Matiz
@matizmusic

@herrlarbig: Ziemlich häufig sogar, liegt aber auch am Fach GK.

19:45 h · 03. Dec 2013

Peter Ringeisen
@vilsrip

@herrlarbig: Kommt vor, sollte aber wohl nicht die Regel sein :-). Wichtig ist auf jeden Fall Offenheit und Zielbewusstsein.

19:45 h · 03. Dec 2013

Corinna Lammert
@lammatini

@herrlarbig: Ja, kenne ich auch, vermutlich weil ich dann mehr auf die SuS eingehe. Allerdings: Grobplanung muss für mich immer sein.

19:46 h · 03. Dec 2013

Und zum Schluss bleibt noch der offene Austausch. Übrigens: Wenn du Fragen hast, bist du herzlich eingeladen, dich auf Twitter mit all den Leuten, die beim #EDchatDE dabei sind, zu vernetzen.

Welche Anregungen, Fragen hast du sonst noch zum Thema?

André J. Spang
@Tastenspieler

Legt euch ein Wiki, Blog, YouTubeKanal an, teilt eure Ideen, Materialien, arbeitet zusammen!

19:47 h · 03. Dec 2013

Regina Schulz
reg_schulz

KOLLABORATION, Teamteaching, Verantwortung für Lernprozess schrittweise an SuS abgeben.

19:51 h · 03. Dec 2013

Philipp Wampfler
@phwampfler

Die Themen intensiv vorbereiten, die einen selbst interessieren. Das ist für alle Beteiligten motivierend.

19:51 h · 03. Dec 2013

Corinna Lammert
@lammatini

Nicht alle Stunden müssen did./meth. Feuerwerke sein, aber regelmäßig auf alle Klassen verteilt sollte es leuchten: Das bringt Motivation.

19:51 h · 03. Dec 2013

Fazit:

In dieser Ausgabe des #EDchatDE zeigte sich eine der großen Stärken dieses Formats: Es gab eine ganze Reihe an Links zum Thema, die @gcierniak gesammelt und neben anderen Informationen unter https://www.smore.com/rj3q zur Verfügung stellte. Und damit ist auch schon ein zentraler Trick für Stunden- Unterrichtsvorbereitung genannt: Sei als Lehrer nicht nur Materialjäger und -sammler, sondern sorge auch dafür, dass du und andere davon etwas haben.

Link zum vollständigen Protokoll:

- https://docs.google.com/spreadsheets/d/1KVaYjgDVi0eCnVV1mdsDqfwPkXaOt
  v6BZs4dkJhU6iY/pub?single=true&gid=0&output=html

von Mandy Schütze

Wer kennt das Klischee nicht: Lehrer haben riesige Flächen in ihren Wohnungen mit Material zugebaut, das sie im Unterricht bereits verwendet haben, verwenden wollen oder irgendwann vielleicht einmal brauchen könnten. Lehrer sind die Messies in Sachen Lehrmaterialien.

Mit Rollkoffern begeben sie sich Jahr für Jahr zur didacta, sie drucken das halbe Internet aus und wenn sie dann in Pension gehen, transportieren sie ihr Material ins Lehrerzimmer, weil sie glauben, dass all ihre Beute aus all den Lehrerjahrzehnten vom Jagdinstinkt der Kollegen aufgezehrt werden wird und so der teure Müllcontainer vermieden werden kann. Wenn es ja mal nur ein Klischee wäre!

Dass die Sammlung von Unterrichtsmaterial deutlich platzsparender und darüber hinaus so gestaltet werden kann, dass man zur rechten Zeit auch das richtige Material findet, ahnen jene, die sich digitalen Medien ausliefern und sich von diesen all die Dienste erweisen lassen, die sich bei der Sammlung und Organisation von Unterrichtsmaterial so bieten.

Tricks, Tipps und Hilfestellungen zur digitalen Organisation von Unterrichtsmaterial soll es bei diesem Beitrag geben.

Erstmals gab es bei diesem #EDchatDE keine Links, sondern die Fragen vorab. Dieses Vorgehen auf so positive Resonanz, dass folgend beides kombiniert wurde: vorbereitende Links und die Fragen vorab.

> *Welche Vorteile analoger und digitaler Materialsammlung gibt es für Lehrende?*
> *Deine Meinung ist gefragt!*

Bei dieser Frage wurden viele Vorteile digitaler Materialsammlungen angesprochen: die einfache Suche, das schnelle Finden, Synchronisation auf mehreren Geräten, die vielen Möglichkeiten, sofort und überall damit weiterzuarbeiten, die effizientere Organisation und Archivierung, der leichter mögliche Austausch mit Kollegen. Ein weiterer Vorteil ist, dass der Unterricht damit individueller an die Lerngruppen angepasst und differenzierend gearbeitet werden kann.

- Digital hält länger, es ist mobil, flexibler zu re-usen und macht einfach mehr Spaß!
- Analoges trainiert in Ordnern ordentlich die Oberarme ;-). Digitales kürzt die Vorbereitung immens ab, wenn alles mal da ist.
- Digital pro: Inhalte sind leichter zu finden, per Cloud habe ich alle Materialien immer dabei, Multimedia, Tagging, Teilen, Kollaboration.

- Ein digitales Medium lässt sich einfacher in mehreren Kontexten abspeichern bzw. verlinken.

Die analoge Materialsammlung fand erwartungsgemäß bei der #EDchatDE-Runde kaum noch Freunde. Allerdings wurde auch auf Risiken und Nachteile digitaler Sammlungen hingewiesen. Und einen kleinen Vorteil hat das analoge Arbeiten, neben der Möglichkeit, auch bei ausgefallenem Strom und fehlendem Internet zu arbeiten, dann doch.

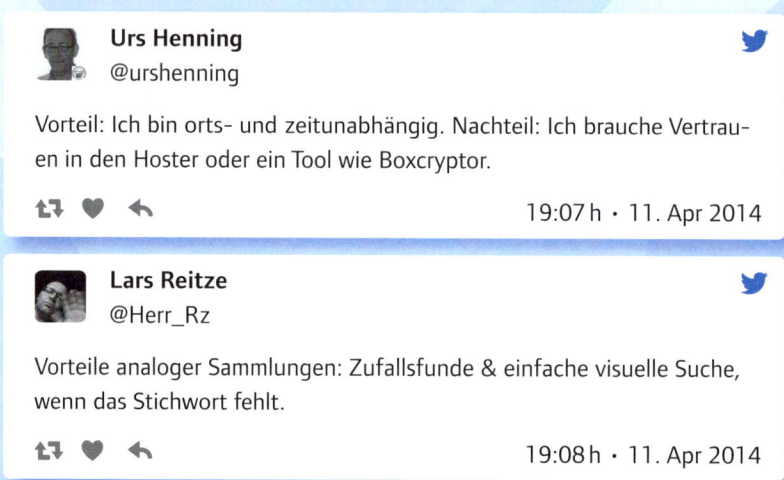

Urs Henning
@urshenning

Vorteil: Ich bin orts- und zeitunabhängig. Nachteil: Ich brauche Vertrauen in den Hoster oder ein Tool wie Boxcryptor.

19:07 h · 11. Apr 2014

Lars Reitze
@Herr_Rz

Vorteile analoger Sammlungen: Zufallsfunde & einfache visuelle Suche, wenn das Stichwort fehlt.

19:08 h · 11. Apr 2014

> *Welche Voraussetzungen für eine sinnvolle digitale Materialsammlung kannst du benennen? Wie soll man einsteigen? Welche Fragen haben Einsteiger?*

Die wichtigste Voraussetzung ist eine intelligente Archivierungsmöglichkeit, da die Digitalisierung das Sammeln von weit mehr Materialien ermöglicht als bei einer analogen Sammlung. Dafür gab es einige Tooltipps von den Kollegen:
- Mobiles Device, am besten Tablet ist sehr hilfreich. Apps: Evernote, Stiftapp (Penultimate), Dropbox, GoogleDocs.
- Ich nutze für meine Planungen Evernote, für Materialien Tex.
- Für digitale Materialsammlung nutze ich Anwendungen, auf die man von allen Geräten aus zugreifen kann, mit automatischer Synchronisation.
- Digitale Materialsammlung: Ordnungssystem – Tags oder Ordnerstruktur.
- Mein Tipp: Eingescannte Sachen mit Texterkennung durchsuchbar machen, sonst bleibt Mehrwert auf der Strecke.

Außerdem gab es hilfreiche Tipps wie z. B. die Selbstbeschränkung, um nicht zum digitalen Messie zu mutieren. Man sollte hinterfragen, was man sammelt und nur das speichern, was auch wirklich (potenziell) benutzt wird. Außerdem wurde darauf hingewiesen, dass von digitalen Materialsammlungen regelmäßig Backups gemacht werden müssen.

Bei dieser Frage wurde klar, dass den vielen theoretisch möglichen Anwendungsfällen, insbesondere dem Weiterbearbeiten und Tauschen mit Kollegen, juristische Grenzen gesetzt werden. Auch dessen sind sich die Teilnehmer des #EDchatDEs bewusst und zeigen Alternativen, beispielsweise OER – offene Bildungsmaterialien, auf.

Monika Heusinger
@M_Heusinger

In einem Intranet oder in einer Lernplattform dürfen keine urheberrechtlich geschützten Dokumente gespeichert werden.

19:15 h · 11. Apr 2014

Florian Emrich
@Bingenberger

Vieles darf nicht gescannt oder digital gespeichert werden. Würde aber die Schultasche enorm erleichtern.

19:16 h · 11. Apr 2014

Torsten Larbig
@herrlarbig

Großes rechtliches Problem sind nach wie vor Schulbuchverlage, die mir das Editieren von Material nicht ermöglichen wollen.

19:17 h · 11. Apr 2014

Als Tools wurden häufig folgende genannt: Wikis, LectureNotes für Android, Evernote, OneNote, LibreOffice, Inkscpae, Browser, Feedly, Edutags, GeoGebra, Penultimate, Explain Eve rything, GoogleDocs, DropBox Teacher Tool, Crosswords, Quip, Owncloud. Weitere Tools, die sich spontan und sofort im Unterricht einsetzen lassen finden sich hier:

- http://web2-unterricht.blogspot.de/2014/09/lapteacher-toolbox.html

Tipps und Tricks der Autorin:

- Verschlagwortung nutzen,
- Blind tippen lernen,
- Sinnvolle Struktur von Ordnern oder Notizbüchern,
- Sicherung in der Cloud oder regelmäßig Backups erstellen,
- Immer dran bleiben und weiter nutzen, auch wenn es am Anfang Schwierigkeiten bei der Umstellung gibt, es lohnt sich.

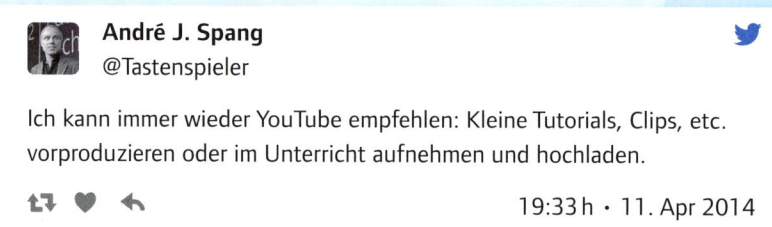

André J. Spang
@Tastenspieler

Ich kann immer wieder YouTube empfehlen: Kleine Tutorials, Clips, etc. vorproduzieren oder im Unterricht aufnehmen und hochladen.

19:33 h · 11. Apr 2014

> *Wie können dich Anbieter von Unterrichtsmaterial bei deiner Arbeit unterstützen? Wo behindern sie dich?*

Das Wunschkonzert der Edchat-Kollegen brachte viele Vorschläge, z. B.:

- Gute Ideen haben, Weiterarbeit mit dem Material ermöglichen; b) Remixen und Teilen.
- Lösen von immer neuen eigenen Plattformen.
- Es gibt gute Papierunterlagen mit Übungen, die es dann aber nicht digital gibt. Ich zahle gern für digitale Übungen.
- Ich möchte Bildmaterial (und Audio und Video und Animation) bekommen, das ich in meiner IWB-Software frei kombinieren kann.
- Digitalisate oder zumindest die digitalen, gekauften Arbeitsblätter sollte man legal & digital an SuS weiterreichen dürfen.
- Größere Auswahl digitaler Schulbücher, die frei editierbar sind.

Alle Antworten spitzen sich in dieser Antwort von Tastenspieler zu:

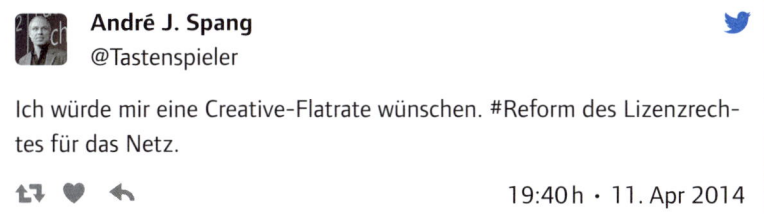

André J. Spang
@Tastenspieler

Ich würde mir eine Creative-Flatrate wünschen. #Reform des Lizenzrechtes für das Netz.

19:40 h · 11. Apr 2014

Bei den Antworten wurde deutlich, dass die Probleme und Wünsche sehr ähnlich sind: hilfreich wären Rechtssicherheit mit mehr Möglichkeiten, Materialien zu bearbeiten und zu teilen sowie das generelle Vorhandensein digitaler Materialien, wenn für analoge bereits bezahlt wurde.

> *Welche Anregungen, Fragen hast du sonst noch zum Thema?*

Urs Henning
@urshenning

In der Zeit von BigData wird es immer wichtiger, Wissen zu filtern, zu kuratieren und zu aggregieren mit speziellen Tools.

19:43 h · 11. Apr 2014

Monika Heusinger
@M_Heusinger

Alltagstaugliche Lösungen für digitale Schulbücher.

19:47 h · 11. Apr 2014

Dietmar Johlen
@lernbar

SuS in die Materialerstellung einbeziehen und in die Lage versetzen, ihre Lernerfolge in geeigneten Dokumenten auszudrücken.

19:47 h · 11. Apr 2014

André J. Spang
@Tastenspieler

Dein Motto sollte sein: a) #sharingIsCaring und b) #openPractice #oer.
Und tagge dein Material bei @edutags_de.

19:48 h · 11. Apr 2014

Urs Henning
@urshenning

Online-Vorlesungen und gezielt Elemente aus MOOCs nutzen und in den
Unterricht einbauen! Die sind von Profis gemacht.

19:48 h · 11. Apr 2014

André J. Spang
@Tastenspieler

Bezüglich d. digitalen Organisation v. Unterrichtsmaterialien geht meine
klare Empfehlung an das @ZUMTeam: https://www.zum.de

19:50 h · 11. Apr 2014

Sigi Jakob
@Networking_Lady

Ich wünsche mir, dass SuS mehr Freiheiten bei der Auswahl ihrer eigenen
Lernmaterialien bekommen: Aktualität, Relevanz.

19:54 h · 11. Apr 2014

Fazit:
Unterrichtsmaterial digital zu organisieren beschäftigt viele Kollegen, da das Internet sowie
die Schulbuchverlage Material bereitstellen, dass sinnvoll strukturiert gespeichert werden
will, damit es leicht wiedergefunden wird. Es gibt eine Reihe von Tools, die die Organisation
vereinfachen, besonders häufig wurden Evernote und OneNote genannt. Die wichtigsten
Tipps bei diesem Thema sind, seine Dateien durch Backups zu sichern und nicht wahllos
alles zu sammeln.

Weiterführende Links:

Viele Erfahrungsberichte von Kollegen gibt es in Lehrerblogs (hier eine Liste von Lehrerblogs: https://wiki.zum.de/wiki/Lehrerblogs) sowie bei einer Google-Suche unter dem Stichwort „papierlose Schultasche".

Internetlinks zum Thema:

- Unterrichtsvorbereitung mit Evernote: http://www.lehrerfreund.de/schule/1s/unterrichtsvorbereitung-evernote/4369
- Zur rechtlichen Regelung über digitale Kopien: http://www.schulbuchkopie.de/index.php/die-digitale-kopie
- „Schummelzettel" zur Verwendung freier Materialien: http://web2-unterricht.blogspot.de/2013/11/schummelzettel.html

Linkliste:

- https://docs.google.com/spreadsheets/d/1Dk2xnm5cWpxRN-jIQtWB2wx8SlqzKEJY TczrvhNzxAg/pubhtml

Link zum vollständigen Protokoll:

- https://docs.google.com/spreadsheets/d/1umP3Fqu4YXr-keH5kNkVzh8neLtx7Itr Y-35zGnF020/pubhtml

4
Konkrete Unterrichtsideen

von Peter Ringeisen

Das Summer-Special um die Frage, wie es gelingen kann, Kreativität im Unterricht zu fördern, schlugen Matthias Förtsch (@herr_foertsch) und Alicia Bankhofer (@aliciabankhofer) vor. Kreativität mag zunächst so klingen, als wäre das etwas für das Fach Kunsterziehung oder vielleicht noch für die Fantasieerzählung im Fach Deutsch. – Aber natürlich erfordert auch das Finden eines Lösungsweges in Mathematik kreatives Herangehen, und vermutlich fallen jedem für sein Fachgebiet Situationen und Aufgabenstellungen ein, in denen Kreativität gefragt ist.

Um am Bekannten anzuknüpfen, eröffnete das Summer-Special-Team mit der Frage:

> *Krea… was? Wo bist du heute schon kreativ gewesen?*

Die Antworten zeigen, dass sowohl in der Schule als auch im Lehrer-Alltag Gelegenheit zu Kreativität gegeben war:

- Ich arbeite gerade an einer kreativen Wandgestaltung im Wohnzimmer zu unserer großen Leidenschaft, den Brettspielen.
- Ich war heute schon kreativ bei der Sketchnote-Instagram-Challenge #frauhoellewaerestolz: https://t.co/OYDYYVdfXo
- Ich habe ein Sessionangebot für das #ecBER15 zu Ende gedacht.
- Ich hab für meinen MUD (textbasiertes Online-Rollenspiel) einen Blogpost verfasst. Und werde wohl bald dort mitschreiben.

Nach diesem Einstieg ging es ums Grundsätzliche, und die Antworten waren erfrischend kreativ, konzentrierten sich aber zunächst auf die erste Hälfte der Frage:

> *Wie würdest du Kreativität definieren und warum ist sie wichtig?*

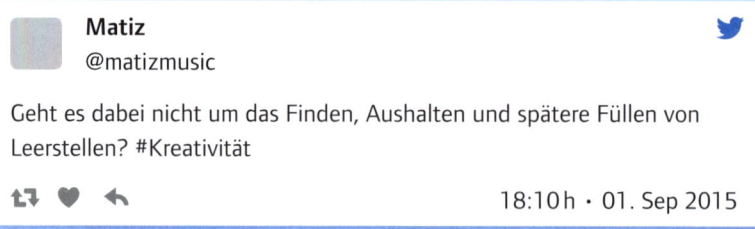

Matiz
@matizmusic

Geht es dabei nicht um das Finden, Aushalten und spätere Füllen von Leerstellen? #Kreativität

17 ♥ ↰   18:10h · 01. Sep 2015

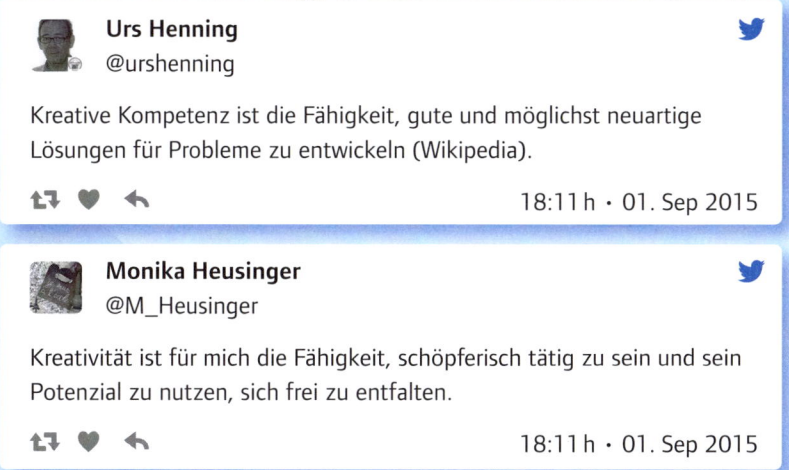

Urs Henning schließlich gab eine Antwort auf die Frage, warum Kreativität wichtig ist:

Urs Henning
@urshenning

Ohne Kreativität sind wir Automaten. Nur mit Kreativität verwirklichen wir uns selbst.

18:14 h · 01. Sep 2015

Vom Allgemeinen zur Kreativität im Klassenzimmer führte die nächste Frage:

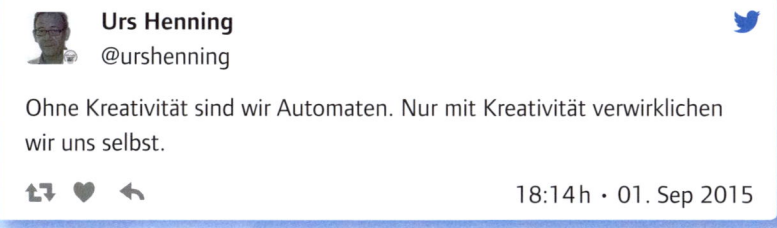

Wie sieht es aus, wenn Lernende kreativ im Unterricht sind? Her mit den Beispielen!

Einige Teilgeber äußerten sich zum Arbeitsklima bei kreativer Arbeit im Unterricht. Zum Teil wurde berichtet, es werde „ruhig, konzentriert und fokussiert" gearbeitet, zum Teil hieß es, das lasse sich nicht verallgemeinern, da es von der Art des Arbeitsauftrags und von der individuellen Zusammensetzung der Gruppen und Klassen abhänge. Anschaulich zeigten zahlreiche Beispiele, wie angewandte Kreativität im Klassenzimmer aussehen kann:

- Zum Beispiel (Buch-)Vorträge als Filmpräsentationen: http://t.co/5qgPsZTnVq
- Papier, Bleistift, Bleistift durch Papier gestochen. Damit Normalform der Ebene erklärt.
- Seminarkurs, der Song schreibt und vermarktet: https://t.co/mOBCIjPQE4
- Manche kreative Produkte meiner Schüler sind hier auf der Pinterest-Plattform zu finden: https://t.co/1wfyx7EcNC

- Für den Geografieunterricht verwendet, um Folge von Erdbeben zu demonstrieren: http://t.co/8DGt0M5fLU
- Theaterstück „ROT ist tot" in Anlehnung an Max Frischs „Andorra": http://t.co/PaUSTQFhmy
- Schüler schreiben und performen Musical selbst: http://t.co/BSdQU8NV4Z

Im Folgenden ging es um einen Erfahrungsaustausch über unterschiedliche Wege zur Kreativitätsförderung.

> *Nenne eine konkrete Methode, mit der man Kreativität im Unterricht fördern kann.*

Ein Teil der Antworten bezog sich auf Bedingungen, unter denen Kreativität gelingen kann, ein anderer Teil auf Beispiele (mit Links).
- Kreatives Schreiben, Brainstorming, Denkhüte, Zukunftswerkstatt, BarCamp …
- Hier hatte ich mal weitere kreative mündliche Formate aufgelistet: http://t.co/40GiwEzup6
- Szenariotechnik, Ein-Satz-Kurzgeschichten, Zeit lassen!
- Vorübergehend das reflektierende Bewusstsein ausschalten wie beim Blitzschach oder beim Tanz.
- Wichtig ist vor allem die stete Ermutigung, eigene Ideen zu verfolgen, zu Ende zu denken und zu präsentieren. Egal, wie.
- Methoden ohne entsprechend offenes Lernsetting sind schwierig. Dann aber: Darstellendes Spiel, Theater, Poetry Slam, Projekte.

Nun wurden die Teilgeber gezielt um persönliche Erfahrungen gebeten, die den Umgang der einzelnen Lehrperson mit Kreativität zeigten.

> *Wie bist DU als Lehrende(r) kreativ? Einstiege? Lernspiele?*

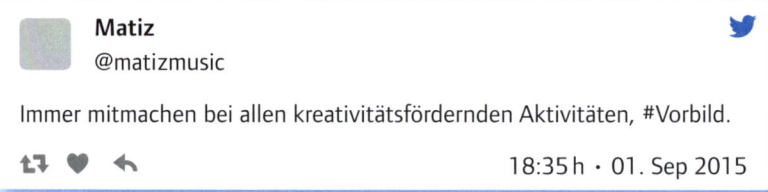

Matiz
@matizmusic

Immer mitmachen bei allen kreativitätsfördernden Aktivitäten, #Vorbild.

18:35 h · 01. Sep 2015

Peter Ringeisen
@vilsrip

For example: Find/create new example sentences to practice grammar rules – relating to indivual pupils (they love it).

18:36h · 01. Sep 2015

Kai Obermüller
@Kai_Obi

Ich versuche, den Inhalt an die Schüler anzupassen: Vektoren mit Minecraft erklären, Chemie an der Natur … Was sie anfixt.

18:36h · 01. Sep 2015

André Hermes
@Medienberater

Lehrer entwerfen kreativ Einstiege, Stunden, Tafelbilder usw., weil sie meist Einzelkünstler sind und wenig übernehmen.

18:39h · 01. Sep 2015

Im Anschluss daran stellten die Moderatoren die Frage nach der Vergleichbarkeit der Fächer in punkto Kreativität, also ob einem in manchen Unterrichtsfächern die Kreativität nur so zufliege, während es in anderen weniger schöpferisch zugehe. Hier waren sich die meisten einig, dass Kreativität in allen Fachbereichen eine große Rolle spielt.

> *Gibt es Fächer, bei denen es leichter ist, kreativ zu sein, z. B. musikalische oder bildnerische Erziehung?*

- Kreativ kann man in jedem Bereich sein, wenn man es darf. ;-)
- Kreativität ist keine Frage des Inhalts. Vielleicht lässt sie sich eher als Geisteshaltung erklären, die immer anwendbar ist.
- Kaum ein Fach kommt heute ohne Kreativität aus. Auch Mathe, Deutsch, Informatik nicht. Programmieren ist Kreativität schlechthin.

Wenn nun Kreativität so verbreitet ist – hat man im Unterricht überhaupt Zeit dafür?

> *Bleibt in Zeiten von Kompetenzorientierung noch Zeit für Kreativität? Oder ist Kreativität eine Kernkompetenz?*

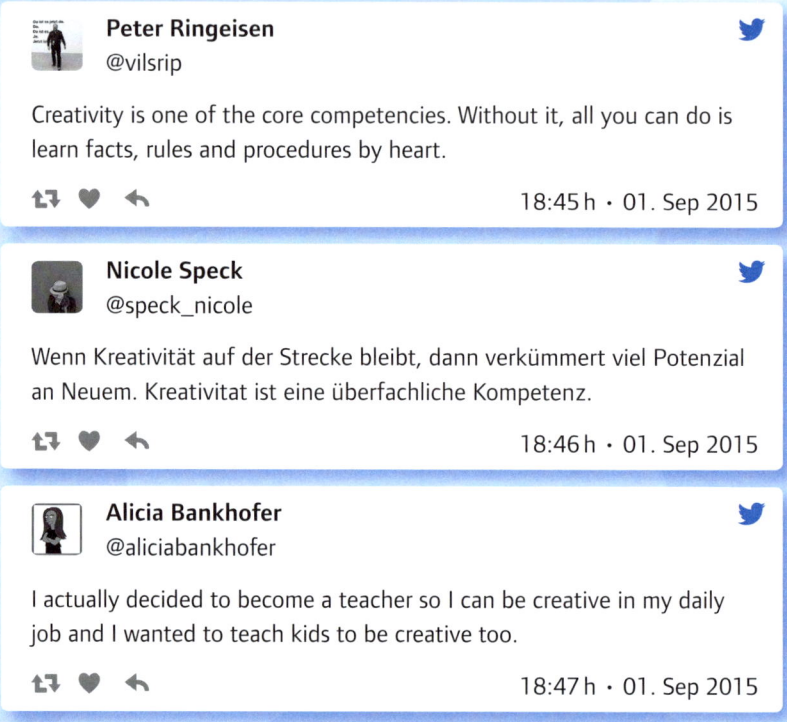

Peter Ringeisen
@vilsrip

Creativity is one of the core competencies. Without it, all you can do is learn facts, rules and procedures by heart.

18:45 h · 01. Sep 2015

Nicole Speck
@speck_nicole

Wenn Kreativität auf der Strecke bleibt, dann verkümmert viel Potenzial an Neuem. Kreativitat ist eine überfachliche Kompetenz.

18:46 h · 01. Sep 2015

Alicia Bankhofer
@aliciabankhofer

I actually decided to become a teacher so I can be creative in my daily job and I wanted to teach kids to be creative too.

18:47 h · 01. Sep 2015

Die abschließende Frage hatte die Kollegen an der Schule im Blick, die möglicherweise noch (zu) wenige kreative Arbeits- und Aufgabenformen einsetzen.

> *Wie kann man Kollegen ermuntern, Kreativität in ihrem Unterricht zu fördern? Sonstige Anregungen?*

- Projekte gemeinsam mit Kollegen planen und durchführen.
- Gegenseitige Unterrichtshospitationen, „Klassenräume öffnen".
- Mit Best-practice-Beispielen und Lehrerzimmergesprächen Lust an Kreativität im Unterricht generieren.

Weitere Informationen zu diesem Thema:

- 71. #EDchatDE: „How schools kill creativity" (Sir Ken Robinson), 10.03.2015
  https://edchatde.wordpress.com/2015/03/09/zur-vorbereitung-des-71-edchatde-how-schools-kill-creativity-sir-ken-robinson/

- 119. #EDchatDE: Modelle für 4K-Lernprozessgestaltung (Kreativität, Kritisches Denken, Kommunikation, Kollaboration), 15.03.2016
  https://edchatde.wordpress.com/2016/03/13/zur-vorbereitung-des-119-edchatde-am-15-03-16-modelle-fuer-4k-lernprozessgestaltung-kreativitaet-kritisches-denken-kommunikation-kollaboration/

Link zum vollständigen Protokoll:

- https://goo.gl/flcqi4

4.2
Sinn von Hausaufgaben
(#EDchatDE vom 09. Februar 2016)

von Torsten Larbig

Für diesen #EDchatDE wurde ein Thema ausgewählt, über das man gut streiten kann. Oft kommt dann aber kein erfrischender Streit der Positionen zustande, sondern die nackte Darstellung dessen, wovon die unterschiedlichen Seiten sowieso schon überzeugt sind. – So schwer kann es also nicht sein, das Thema differenzierter als in diversen Talkshows zu diskutieren, selbst dann, wenn pro Gedanke nur 140 Zeichen auf Twitter verfügbar sind.

Einerseits werden Schultage im Schnitt immer länger, setzt sich die Ganztagsschule an vielen Stellen mehr und mehr durch, andererseits sollen dann noch Hausaufgaben gemacht werden? Wozu eigentlich? Klar, Vokabeln wollen gelernt, geübt, wiederholt werden; längere Texte zu verfassen, braucht Zeit und nicht jeder Schüler findet die Muße dazu in der Schule. Andererseits werden Hausaufgaben oft auch eingesetzt, um Stoff erarbeiten zu lassen. Das bringt möglicherweise Nachteile für Schüler mit sich, die zu Hause keine Eltern haben, die bei den Hausaufgaben helfen könnten. Nachteile bezüglich der Herkunftsfamilien würden durch Hausaufgaben nur vergrößert. – Ein weites Feld also, zu dem man sich als Lehrperson verhalten muss. Der #EDchatDE hat sich der aktuellen Diskussion gestellt, die Christian Füller in einem Storify zusammengefasst hat: https://storify.com/ciffi/hausaufgaben-die-debatte?xing_share=news

> *Um es gleich zu klären: Gibt es an deiner Schule noch Hausaufgaben, nur in den Hauptfächern, oder gar nicht?*

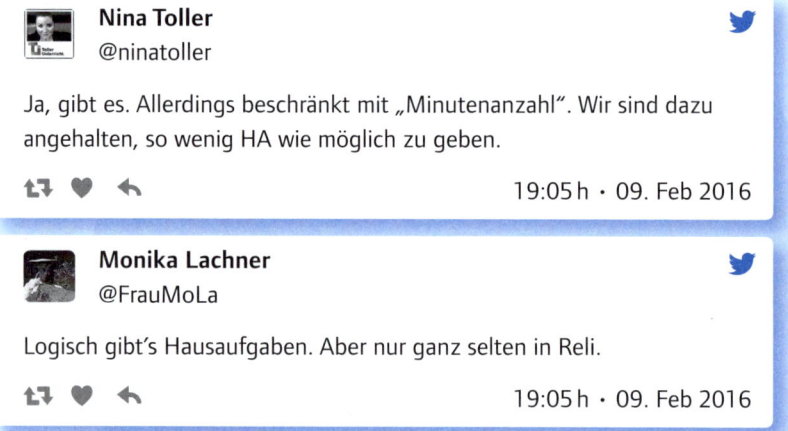

Nina Toller
@ninatoller

Ja, gibt es. Allerdings beschränkt mit „Minutenanzahl". Wir sind dazu angehalten, so wenig HA wie möglich zu geben.

19:05 h · 09. Feb 2016

Monika Lachner
@FrauMoLa

Logisch gibt's Hausaufgaben. Aber nur ganz selten in Reli.

19:05 h · 09. Feb 2016

Konkrete Unterrichtsideen

David Obst
@david_obst

Man sollte eher fragen: Was sind eigentlich HA? Zählt dazu auch die Unterrichtsvor- und -nachbereitung? Das Vokabelnlernen?

19:06 h · 09. Feb 2016

David Obst
@david_obst

HA gibt es in allen Fächern, aber im Vergleich zu anderen Schulen stark reduziert. Schulleitung strebt hausaufgabenfreie Schule an!

19:06 h · 09. Feb 2016

Torsten Larbig
@herrlarbig

Ja. Und wir arbeiten aus Überzeugung mit Hausaufgaben. Ein Musikinstrument lernt man auch nicht ohne häusliches Üben.

19:06 h · 09. Feb 2016

Hausaufgaben sind also nach wie vor ein Thema, es gibt Tendenzen, diese zu reduzieren oder abzuschaffen und ein zentrales Argument ist dabei die zeitliche Belastung der Schüler. Einerseits also gibt es verbreitet nach wie vor Hausaufgaben, andererseits:

> *Im G8 + an Ganztagsschulen sind die Schüler bis zum Nachmittag an der Schule. Danach noch Hausaufgaben? Was ist mit Familie, Musik, Sport und Spielen?*

- Im regelmäßigen Ganztagsbetrieb sollten die SuS auf keinen Fall mit HA nach Hause gehen.
- Ich stelle es mir sehr schwer vor, bei der Terminbelastung ein Instrument zu lernen oder einen Sportverein zu besuchen.
- Ich passe. Bei uns wird in ECTS gerechnet, da ist klar (und nachrechenbar), wie viel „zu Hause" zu tun ist.
- Freizeitaktivitäten sind wichtig als Ausgleich. Alternativen zu HA hier: Von Hausaufgaben zu Schulaufgaben: https://t.co/mTe9QPlKyA
- Sachsen hat schon immer G8. – Was das mit HA zu tun hat, erschließt sich mir nicht.

Andererseits kann man durchaus auch diese Position vertreten:

Englisch, Französisch, Mathe ohne Üben zu Hause? – Hausaufgaben sind gut!?

- Ist es etwa falsch, sich mit den Lerngegenständen zu Hause zu beschäftigen? Was für eine absurde Annahme.
- Sind Hausaufgaben Vor- und Nachbereitung des Unterrichts?
- HA sind nicht gleich HA. Sie sind gut, wenn sie: motivierend, differenziert und ohne fremde Hilfe lösbar sind und keine Beschäftigungstherapie darstellen!

Und wenn man das momentan an vielen Stellen heiß diskutierte Modell des „Flipped Classrooms" noch berücksichtigt, wird es richtig kompliziert:

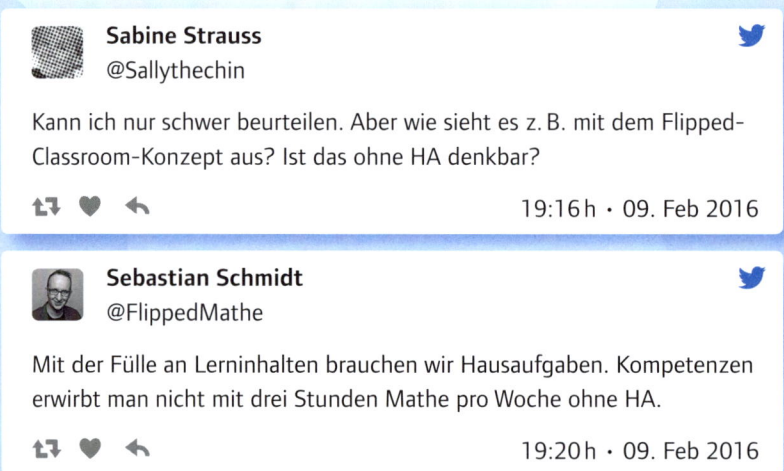

Sabine Strauss
@Sallythechin

Kann ich nur schwer beurteilen. Aber wie sieht es z. B. mit dem Flipped-Classroom-Konzept aus? Ist das ohne HA denkbar?

19:16 h · 09. Feb 2016

Sebastian Schmidt
@FlippedMathe

Mit der Fülle an Lerninhalten brauchen wir Hausaufgaben. Kompetenzen erwirbt man nicht mit drei Stunden Mathe pro Woche ohne HA.

19:20 h · 09. Feb 2016

Andererseits gibt es auch Ausführungen dazu, dass Hausaufgaben genau betrachtet gar nichts bringen:

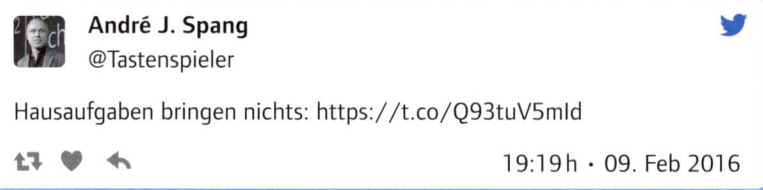

André J. Spang
@Tastenspieler

Hausaufgaben bringen nichts: https://t.co/Q93tuV5mld

19:19 h · 09. Feb 2016

Wenn wir uns nun aber Familien angesichts von Hausaufgaben beim Abendessen vorstellen und die Frage auftaucht, ob denn schon alle Hausaufgaben gemacht wurden … Ja, wie viel Streit ließe sich wohl verhindern, wenn man das Thema Hausaufgaben nicht als Teil des

Familienlebens hätte? Diese Frage liegt nahe – und wurde natürlich auch beim #EDchatDE gestellt:

> *Hausaufgaben und die Folgen: Wie wirken sich Hausaufgaben auf das Familienleben aus?*

- Wir hatten zur Fobi eine Psychologin – HA spielen in den Paar- und Familientherapien erschreckend häufig eine Rolle.
- Sie stressen die gesamte Familie – und provozieren manche Eltern zu fatalem Leistungsdenken.
- Aus Elternsicht, Hausaufgaben positiv gesehen: Ich krieg mit, was mein Kind in der Schule gerade lernt.
- Ich als Lehrer mache ja auch meine HA trotz Ganztagsunterricht ;-). Das frisst auf jeden Fall „Familienzeit".
- Hausaufgaben sind ein wichtiger Wirtschaftsfaktor! Nachhilfe, Kinder-Psychologen, Pharmaka … Das sind Milliarden-Umsätze. Also sind sie wichtig!
- Hausaufgaben helfen nur den Klugen: https://t.co/72ZmTvBVcQ
- Manche meiner Eltern wollen sogar HA – aus Gründen der Kontrolle ihrer Kinder!

Eine spannende Diskussion und viele weitere Anregungen, die bereits bei den ersten Fragen dieses #EDchatDE gegeben wurden, kann man im Tweetprotokoll im Wiki nachlesen.

Hier ist es nun Zeit, kurz innezuhalten und sich selbst die Frage zu stellen: Ich als Lehrperson, wie halte ich es mit Hausaufgaben? Weiß ich, wer Eltern hat, die helfen können, wo es ein Umfeld gibt, in dem Hausaufgaben zur Gefährdung des Schulerfolgs werden? Und wie oft frage ich mich wirklich, welchen Mehrwert eine Hausaufgabe hat? Sie ist doch hoffentlich nicht nur Routine?

Und dann geht es weiter zur spannenden Frage:

> *Gibt es Alternativen zu Hausaufgaben, die sich aus der digitalisierten Welt ergeben (müssen)?*

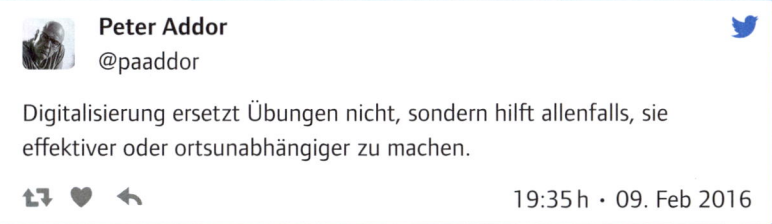

Peter Addor
@paaddor

Digitalisierung ersetzt Übungen nicht, sondern hilft allenfalls, sie effektiver oder ortsunabhängiger zu machen.

19:35 h · 09. Feb 2016

André J. Spang
@Tastenspieler

HA 2.0: Projektarbeit, vernetztes Lernen und außerschulische Lernorte/ digitale Räume fördern.

 19:36h · 09. Feb 2016

 The Shepherd
@caramboolage

Ich erhoffe mir von der Digitalisierung individuellere Hausaufgaben bzw. Übungen … und direktes Feedback vom Gerät.

 19:36h · 09. Feb 2016

---

anonym
@Nina_Denise_

YouTube schauen auf Englisch oder digitale Produktion als Hausübung. Mehr Möglichkeiten. Mehr Kreativität.

 19:37h · 09. Feb 2016

 Torsten Larbig
@herrlarbig

Portfolios; Arbeit mit dem PLN und dem PLE (Personal Learning Network/ Environment) … Überhaupt: Vernetztes Lernen (≠Copy/ Paste).

 19:37h · 09. Feb 2016

 Christopher Liebich
@Ch_Liebich

Jeder S. kann zu jeder Zeit an jedem Fach lernen und durch Lernvideos Input holen. Ist Unterrichtsfachstruktur überflüssig?

 19:37h · 09. Feb 2016

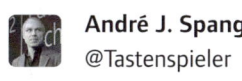

André J. Spang
@Tastenspieler

Wikis und Blogs nutzen: Macht Lernen sichtbar und individuelle Stärken können eingebracht werden.

19:39 h · 09. Feb 2016

Nach dieser Zusammenfassung einiger Tipps soll ein weiteres Problem mit Hausaufgaben nicht übergangen werden, nämlich die Frage nach (aus welchen Gründen auch immer) nicht gemachten Hausaufgaben:

> *Und wenn es Hausaufgaben gibt: Wie sorgt man als Lehrkraft dafür, dass die auch ALLE wahrnehmen (können)?*

- Genug Zeit geben, HA niederzuschreiben und nachzufragen – und sie nicht mit dem Pausenklingeln in die Klasse werfen.
- HA müssen relevant für die thematische Reihe sein, signifikante Inhalte und eine motivierende Konzeption mit Bezug zur Lebenswelt aufweisen.
- SuS will ja eine Fähigkeit erarbeiten. Warum sollte ich als Lernbegleiter dafür sorgen, dass er die Übungen macht?
- Die Hausaufgaben sind ja optional: Ich habe die Übungen vorbereitet, die du machen kannst, wenn du Routine haben möchtest.
- Achtung! Hausaufgaben sind eine Dienstleistung des Lernbegleiters für die SuS! Nicht umgekehrt!
- Eine Kultur des Peer-Reviews und Feedbacks erarbeiten. Lehrer moderiert die Feedbackphase.
- In Geschichte sammle ich Texte/Plakate … immer ein und gebe ein persönliches Feedback, schriftlich oder mündlich.
- SuS können per Videos Inhalte lernen, kritisches Denken nur durch Austausch, Diskussion. Dafür brauchen sie Zeit, Raum.

Fazit:

An Hausaufgaben scheiden sich die Geister. Wichtig ist, dass Lehrkräfte sich grundsätzlich und jedes Mal fragen, ob eine Hausaufgabe sinnvoll ist, ob mit ihr ein didaktischer Mehrwert verbunden ist, den jedes Kind auch erreichen kann, unabhängig von den Gegebenheiten im Elternhaus. Oder kann es nicht oft viel sinnvoller sein, sich die Zeit im Unterricht zu nehmen und mit den Kindern intensiv zu üben? Mit der Digitalisierung entstehen neue Möglichkeiten der Durchführung von Projektarbeit. Sich darüber Gedanken zu machen, ist bestimmt sinnvoll. Und in vielen Bundesländern kann man durch solch eine alternative

Arbeitsform sogar eine Klassenarbeit ersetzen. Oft zeigen Schüler, die in klassischen Klassenarbeiten wenig Erfolgserlebnisse haben, gerade bei solchen alternativen Formen der Leistungsmessung ganz unerwartete Ergebnisse. Und manchmal entdeckt man auf diesem Wege auch Talente der Jugendlichen, die man über Hausaufgaben und Klassenarbeiten nicht entdecken würde.

Link zum vollständigen Protokoll:

- https://docs.google.com/spreadsheets/d/1wxiF4kREL4EIxNtawjE9IEkGzkDldkNk NANUsCNqlt8/pubhtml

von Ines Bieler

John Dewey (1859–1952) schrieb in seinem Buch *Democracy and Education* (1916, 239): „Education is not preparation for life, education is life itself." Der US-amerikanische Philosoph und Pädagoge sieht den Zusammenhang zwischen Lernen und Leben also als Einheit. Ein Leben ohne Bildung ist nicht möglich. Leben bedeutet Bildung und umgekehrt. Lebenslanges Lernen ist also ein natürlicher Prozess und nicht nur, aber besonders für Lehrer von Bedeutung.

Für Lehrer ist Lernen nicht nur auf ihre Schüler bezogen, sondern beinhaltet auch, sich selbst weiterzubilden und zu professionalisieren. Noch dazu müssen sie Schüler auf das lebenslange Lernen vorbereiten, ihnen also die Kompetenzen dafür vermitteln. Wie geht das überhaupt? Was ist hilfreich? Kann das Schule und wenn ja, mit welchen Mitteln?

Was ist Lebenslanges Lernen für dich?

Bei der ersten Frage sind sich alle Teilgeber einig.

- Wer nicht mehr wissbegirig ist, hört auf zu leben. Ohne weiteres Lernen und Probieren wird es langweilig.
- Lebenslanges Lernen ist für mich ein selbst gesetztes Ziel. Die Welt wird schneller und neue Entwicklungen will ich weiterhin verstehen können.
- Lebenslanges Lernen ist für mich: Nie aufhören zu lernen, neue Quellen erschließen, Lernen nicht VERlernen.
- Lifelong learning: For me, as long as I teach, trying to improve my teaching, trying new things, trying to motivate.
- Lebenslanges Lernen heißt für mich, neugierig zu bleiben und Gewohnheiten immer wieder kritisch zu hinterfragen.
- Neugierde in viele Richtungen. Offenheit für Neues …
- Zu lebenslangem Lernen gehört die Offenheit, eigene Überzeugungen zu hinterfragen.

Die nächste Frage wurde dann schon konkreter und es wurden verschiedene Dinge benannt, die auf den Einzelnen motivierend beim Lernen wirken:

Was motiviert dich zum Lernen im Leben?

Am häufigsten wurde genannt:

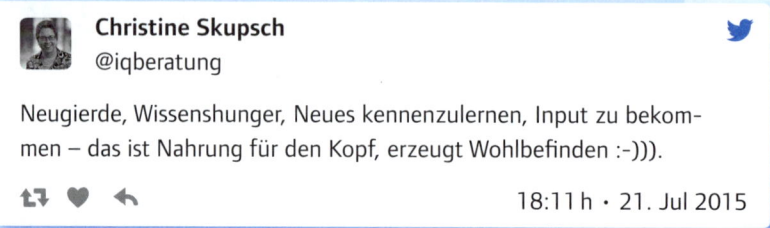

Christine Skupsch
@iqberatung

Neugierde, Wissenshunger, Neues kennenzulernen, Input zu bekommen – das ist Nahrung für den Kopf, erzeugt Wohlbefinden :-))).

🔁 ♥ ↩   18:11 h · 21. Jul 2015

Aber auch:

Christian Roth
@SIMPLIFYmatters

Lernen macht nachweislich glücklich. Und Glückseligkeit ist für mich der
Sinn des Lebens. Ergo Lernen = Sinn des Lebens :-)

🔁 ♥ ↩   18:11 h · 21. Jul 2015

Elke Höfler
@lacknere

Das Leben motiviert mich zum Lernen am Leben.

🔁 ♥ ↩   18:11 h · 21. Jul 2015

Monika Lachner
@FrauMoLa

Langeweile …

🔁 ♥ ↩   18:13 h · 21. Jul 2015

So viel zur Theorie. Aber haben auch Orte etwas mit Lernen zu tun?

*Welche Projekte, Institutionen oder anderen Lernorte für Lebenslanges Lernen
kennst du oder nutzt du selbst?*

- „Lernen" beinhaltet immer eine Reflektionsebene des „Gelernten". Deswegen kann man
  nicht überall lernen.
- Überwiegend Internet, speziell Twitter, YouTube, Wikipedia oder Fachseiten, bei sehr
  speziellen Themen auch Bücher und Zeitschriften.

- Teilnahme an MOOCs: Spaß macht es, wenn es Möglichkeiten gibt, online etwas zusammen zu erarbeiten und im Netz zu präsentieren.
- Ich netzwerke echt viel auf Tagungen usw., weil ich sehr gerne von anderen lerne und Gespräche bereichernd finde.
- Ich nutze #EDchatDE und Fortbildungen, Workshops oder Kurse.

Die digitale Welt ermöglicht eine Vielzahl von Lernorten und vernetztes Arbeiten. Die Möglichkeiten, die die Technik bietet, kollaborativ zu arbeiten, werden von vielen Teilgebern genutzt. Besonders die Auswahl, die jeder nach seinen Bedürfnissen vornehmen kann, wird als positiv empfunden:

- Man sucht sich die Themen zum Lernen aus und beginnt im Netz zu wandern.
- Beispielsweise gestern an Hauswänden, Straßenschildern in Halle (Saale): http://t.co/v0SVCjSDyF
- Dann liebe ich die Inspirata http://t.co/dVlSwsG5RH und das autodidaktische Zentrum http://t.co/Xl3I5XvTEg
- Selbst bloggen und neue Inhalte erarbeiten hat für mich auch mit Lernen zu tun.

Daraus ergibt sich dann für Lehrer die Frage:

> *Braucht es noch eine „Schule/Universität", wenn immer und überall gelernt werden kann?*

Dies wird sehr eindeutig beantwortet:

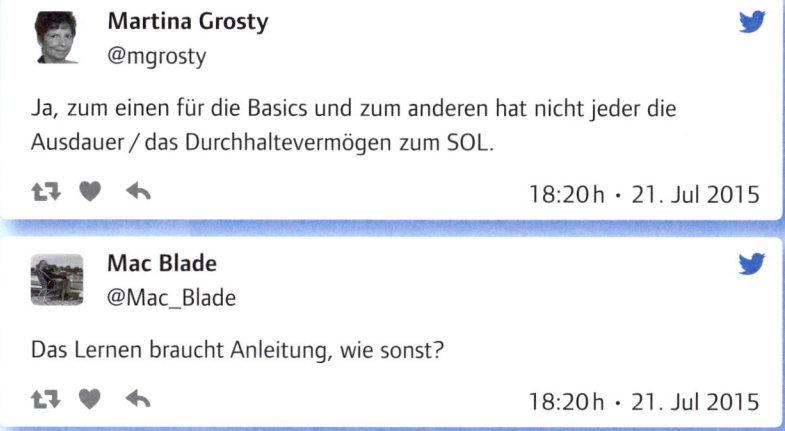

Martina Grosty
@mgrosty

Ja, zum einen für die Basics und zum anderen hat nicht jeder die Ausdauer / das Durchhaltevermögen zum SOL.

18:20 h · 21. Jul 2015

Mac Blade
@Mac_Blade

Das Lernen braucht Anleitung, wie sonst?

18:20 h · 21. Jul 2015

Frl. Sinus
@FrlSinus

Ja, als Ort, an dem das Lernen gelernt wird. Unter anderem auch das Lernen von Dingen, auf die man keine Lust hat.

18:20 h · 21. Jul 2015

 Christine Skupsch
@iqberatung

Lerntechniken & soziale Kompetenz haben/können, damit man sich alleine Wissen & Umgang mit dem Wissen nachhaltig aneignet.

18:21 h · 21. Jul 2015

 Peter Ringeisen
@vilsrip

Ja! Schule und Universität bieten nötigen f2f-Kontakt. Universität fördert und fordert Konzentration, Forschung.

18:21 h · 21. Jul 2015

 Monika Heusinger
@M_Heusinger

Ja, der Mensch ist ein soziales Wesen. Daher ist der Face-to-Face-Kontakt im RL auch wichtig.

18:21 h · 21. Jul 2015

@DejanFreiburg fasst es zusammen:

 Dejan Mihajlović
@DejanFreiburg

Teile können sicher sinnvoll ins Netz ausgelagert werden. Interaktion mit Mitschülern/Kommilitonen bleibt aber unersetzbar.

18:21 h · 21. Jul 2015

Das wirft die Frage auf, wie diese neuen Formen der Schule aussehen müssten. Dass sie gebraucht werden, ist unbestritten. Aber die althergebrachte Form wird angezweifelt.

- Ja, es braucht Schulen mehr denn je … nur in einer anderen Form … als Curator, Filter, sich mit Gleichgesinnten aussprechen.
- Anders gefragt: Braucht es DIESE Art von Schule, die an der Lebensrealität vorbeigeht? Nö.
- Schule und Universität werden immer ein Ort der Bildung sein. Wahrscheinlich müssen sie sich aber transformieren.
- Schulen wie wir sie jetzt kennen, wo Schüler sitzen und Sachen auswendig lernen und wiedergeben müssen, werden aussterben.

Weitere Vorschläge:

- Es würde ein Forum brauchen, keine Schule mehr. Die SuS diskutieren und erarbeiten ein Thema kollaborativ und selbstständig.
- MOOC kommen dem Ideal sehr nahe.
- Unis könnten zu Zertifizierungs- und Forschungsstellen umgewandelt werden. Seminare gehen auch Online, im Park etc.

> *Antworte auf 3 Tweets unterschiedlicher Teilgeber a) zustimmend, b) kritisch, c) provozierend!*

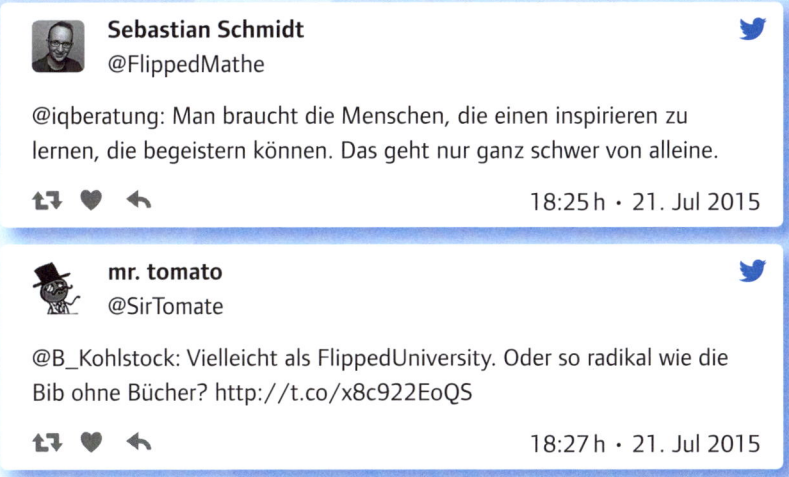

Sebastian Schmidt
@FlippedMathe

@iqberatung: Man braucht die Menschen, die einen inspirieren zu lernen, die begeistern können. Das geht nur ganz schwer von alleine.

18:25 h · 21. Jul 2015

mr. tomato
@SirTomate

@B_Kohlstock: Vielleicht als FlippedUniversity. Oder so radikal wie die Bib ohne Bücher? http://t.co/x8c922EoQS

18:27 h · 21. Jul 2015

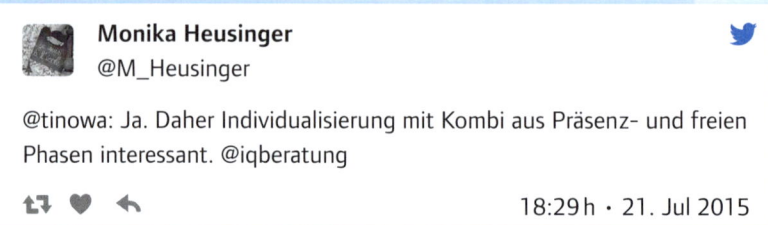

Monika Heusinger
@M_Heusinger

@tinowa: Ja. Daher Individualisierung mit Kombi aus Präsenz- und freien Phasen interessant. @iqberatung

18:29 h · 21. Jul 2015

Da wir aber in gegebene Strukturen des Bildungssystems eingebunden sind, müssen diese auch genutzt werden.

> *Wie kann Schule auf lebenslanges Lernen vorbereiten? Welche Tipps hast du?*

Monika Heusinger
M_Heusinger

Unterricht muss Lernerautonomie fördern und Freiräume geben.

18:35 h · 21. Jul 2015

Peter Ringeisen
@vilsrip

@M_Heusinger: Hierfür ist LdL sehr gut geeignet. Lernerautonomie und Freiraum. -> Wer sich daran gewöhnt, wird Spaß an LLL haben.

18:35 h · 21. Jul 2015

Stämpfli-Gobet
@BeatrixR

Schüler mit ihren Stärken vertraut machen. Motivation bei Erfolg steigt.

18:36 h · 21. Jul 2015

Martina Grosty
@mgrosty

Mehr eigenständiges Lernen fördern. Mehr kritisches Auseinandersetzen mit Inhalten.

18:36 h · 21. Jul 2015

Christian Roth
@SIMPLIFYmatters

In Teams Probleme lösen. Deswegen #pbl. Am besten kombiniert mit #flipclass! Lehrer als Guides nicht als Wissensvermittler?!

18:36 h · 21. Jul 2015

André J. Spang
@Tastenspieler

Focus in the 4C's: Communication, Collaboration, Creativity, Critical Thinking.

18:37 h · 21. Jul 2015

monethi
@monethi

Lernstrategien, Teamarbeit, Kooperationsfähigkeit, kollaborative Arbeit beibringen.

18:38 h · 21. Jul 2015

Urs Henning
@urshenning

Nicht durch Verbot von Handys, Tablets und Laptops.

18:39 h · 21. Jul 2015

Aus der Schule raus – ins digitale Berufsleben rein.

> *Welche Rolle spielt lebenslanges Lernen im Berufsleben im digitalen Zeitalter? (Außer bei Lehrern)*

- Angesichts der Veränderungen/Herausforderungen des digitalen Zeitalters gehört Lebenslanges Lernen zur Überlebensstrategie.
- … die Bedeutungsvollste, sonst wären wir alle nicht gerade hier ;-).
- http://t.co/JVlliUCxhi – Die Arbeitswelt wird sich ändern und nur durch LLL wirst du nicht abgehängt.

- Man musste sich nach jeder Ausbildung/jedem Studium immer schon weiterbilden. Durch Digitalisierung noch mehr/häufiger.
- Lebenslanges Lernen geht nicht mehr vom Wissen des Lehrers aus. Er motiviert, inspiriert und zeigt Techniken, die Wissen abrufen.

Diese letzte Äußerung fasst die Bedeutung des lebenslangen Lernens zusammen und zeigt auf, dass Schule dabei eine entscheidende Rolle spielt.

Link zum vollständigen Protokoll:
- https://docs.google.com/spreadsheets/d/1cJ_xKX_iSbNhs9uND9g1rk-wDCuEl-u_dylS9m3rYlU/pubhtml

4.4
Sind Klassenstrukturen noch zeitgemäß?
(#EDchatDE vom 26. Januar 2016)

von Ines Bieler

Die Bildungsdebatte in unserer Gesellschaft kommt voran. Forderungen nach einer Bildungsreform werden lauter, Meinungen, Ansichten und Vorschläge immer vielfältiger. Es wird vieles diskutiert und, das ist auch das Vorrecht jedes Reformansatzes, manches in Frage gestellt. Sowohl die Organisationsformen des Lernens, classroom management, als auch die Notengebung werden auf ihren Mehrwert für den Bildungsprozess betrachtet.

Die Vorstellungen von Schule in einer digitalen Gesellschaft gehen weit auseinander. Eins ist sicher: So bleiben kann Schule nicht, wenn sie Menschen auf zukünftige Herausforderungen vorbereiten will. Und dies ist hier nicht auf Inhalte, sondern auf Struktur und Organisation von Schule bezogen. Schule ist zuerst ein Ort zum Lernen. Wie ist dieser Lernort organisiert? Wenn man durch deutsche Schulen geht, sieht man Räume, Klassenstrukturen und Lernszenarien, die noch aussehen wie vor 20, 30 oder 50 Jahren. Das ist alles andere als förderlich, um eine Entwicklung Richtung Zukunft auf den Weg zu bringen.

Anfang des Jahres 2016 wurde beim #EdchatDE diskutiert und gefragt, ob Klassenstrukturen noch in die heutige, vernetzte Gesellschaft passen oder nicht. Ein Thema, das nach wie vor spannend diskutiert wird.

Ausgangspunkt der Diskussion ist die Bestandsaufnahme:

> *Klassenstrukturen in der Schule – wieso gibt es das und warum macht das Sinn?*

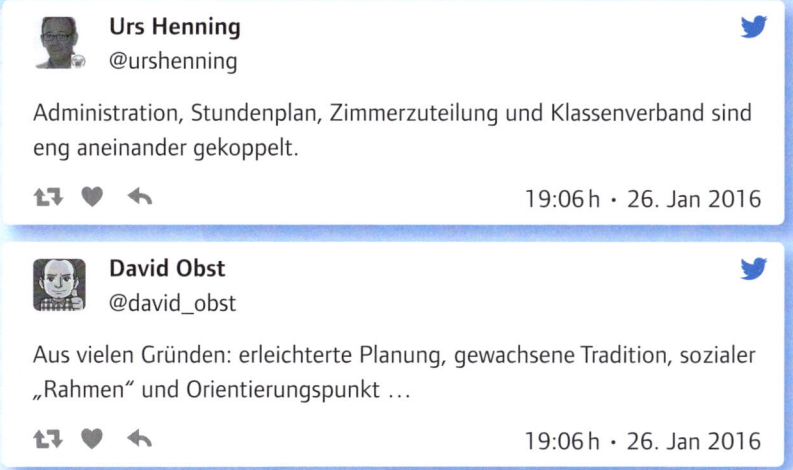

Urs Henning
@urshenning

Administration, Stundenplan, Zimmerzuteilung und Klassenverband sind eng aneinander gekoppelt.

⟲ ♥ ↩   19:06 h · 26. Jan 2016

David Obst
@david_obst

Aus vielen Gründen: erleichterte Planung, gewachsene Tradition, sozialer „Rahmen" und Orientierungspunkt …

⟲ ♥ ↩   19:06 h · 26. Jan 2016

Das Hauptargument für die traditionelle Struktur ist also die Organisation der Unterrichtsabläufe in althergebrachter Gebäude- und Schulstruktur. Dies sollte aber den Erfordernissen, die sich in rasantem Tempo ständig weiterentwickeln, angepasst werden.

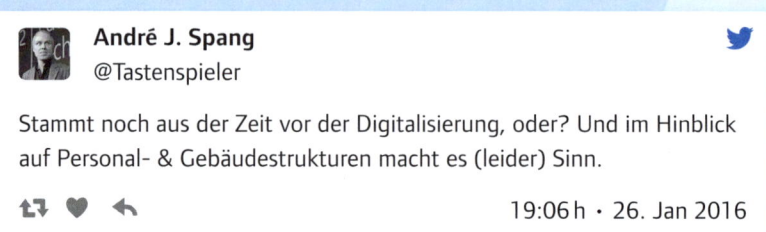

André J. Spang
@Tastenspieler

Stammt noch aus der Zeit vor der Digitalisierung, oder? Und im Hinblick auf Personal- & Gebäudestrukturen macht es (leider) Sinn.

19:06 h · 26. Jan 2016

Man hört den bedauernden Unterton. Aber gebäudetechnische Voraussetzungen lassen sich nicht einfach ignorieren.

Nicht alles ist schlecht. Feste Orte haben auch Vorteile, denn sie können das Zusammengehörigkeitsgefühl festigen. Und Klasse bedeutet eben nicht nur Klassenraum, sondern auch Lerngruppe.

- SuS mit ähnlichen Interessen lernen gemeinsam, das fördert das Gemeinschaftsgefühl.
- Als feste Peergroup für Lernende und überblickbare Gemeinschaft macht eine Klassengemeinschaft Sinn.
- Klassenstrukturen bieten Übersicht und geben den Schülern Routine.
- Soziale und Team-Kompetenzen sind schwer alleine anzueignen.

So einfach, wie es sich am Angang anlässt, ist die Sache dann aber doch nicht. Sobald man sich der Frage nach der Definition der Lerngruppe bzw. Klasse zuwendet, tauchen die ersten Bedenken auf.

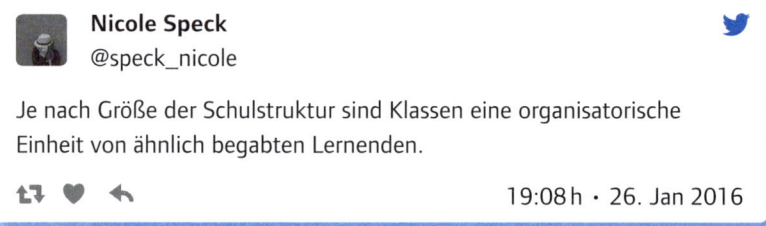

Nicole Speck
@speck_nicole

Je nach Größe der Schulstruktur sind Klassen eine organisatorische Einheit von ähnlich begabten Lernenden.

19:08 h · 26. Jan 2016

Aber braucht es dazu eine feste Klassenstruktur? Das ist die Frage?!

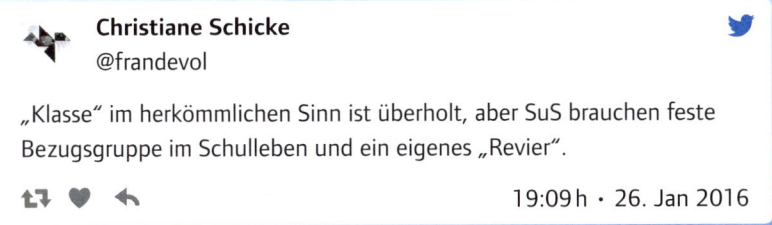

Christiane Schicke
@frandevol

„Klasse" im herkömmlichen Sinn ist überholt, aber SuS brauchen feste Bezugsgruppe im Schulleben und ein eigenes „Revier".

19:09 h · 26. Jan 2016

Es kristalliert sich heraus, dass der Begriff „Klasse" nicht mehr mit dem Inhalt übereinstimmt, den wir heute unter Lerngemeinschaft verstehen. Die Gruppe ist flexibler geworden. Denn Zusammenhalt sollte nicht mehr die zufällige Zuordnung bei der Klassenbildung sein (und Alter, Geschlecht), sondern die gemeinsame Interessenlage, der Wissensstand, das Lerntempo … Alles dies kann sich verändern: Durch Bildungszuwachs erreicht man ein höheres Level, die Interessenlage oder die Erfordernisse ändern sich.

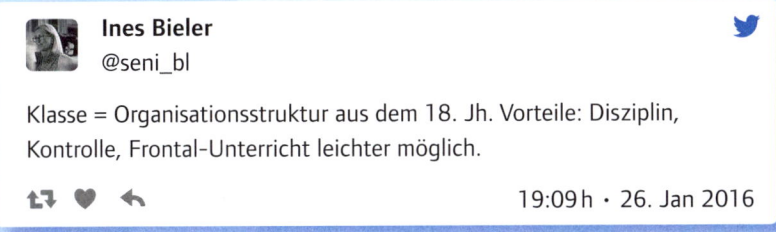

Ines Bieler
@seni_bl

Klasse = Organisationsstruktur aus dem 18. Jh. Vorteile: Disziplin, Kontrolle, Frontal-Unterricht leichter möglich.

19:09 h · 26. Jan 2016

Schulstruktur, entstanden vor ca. 250 Jahren, sollte heute nicht mehr den Lernprozess behindern. Denn dieser hat sich in den letzten Jahren durch den digitalen Wandel in allen Bereichen der Gesellschaft verändert und Schule, also auch die Strukturen, müssen diesem Wandel endlich Rechnung tragen. Festhalten an alten Organisationsformen mit der Begründung „Das war schon immer so!", ist überholt …

Also provokativ gefragt:

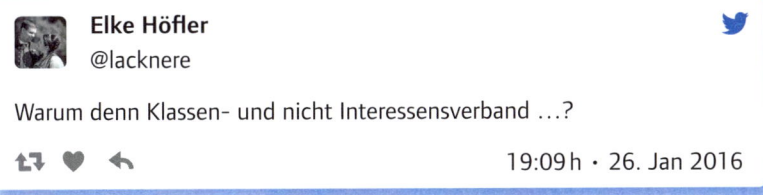

Elke Höfler
@lacknere

Warum denn Klassen- und nicht Interessensverband …?

19:09 h · 26. Jan 2016

… denn Teamwork ist einer der Softskills, die von den zukünftigen Berufstätigen erwartet werden und der von Schule herausgebildet werden soll.

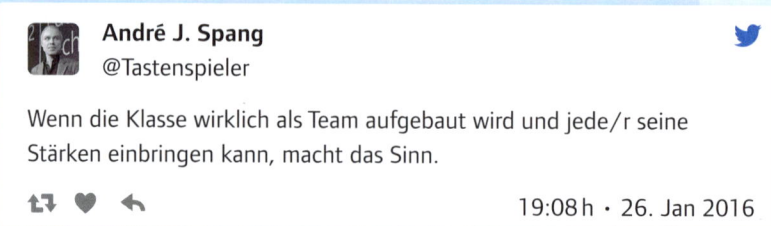

André J. Spang
@Tastenspieler

Wenn die Klasse wirklich als Team aufgebaut wird und jede/r seine Stärken einbringen kann, macht das Sinn.

⇄ ♥ ↩   19:08 h · 26. Jan 2016

Wenn also Veränderungen notwendig sind, was liegt bis jetzt an Erfahrungen, z. B. zum jahrgangs- oder fächerübergreifenden Unterricht schon vor? Darauf geht die folgende Frage ein.

> *Welche Modelle der Klassenstruktur/Unterrichtsgestaltung gibt es an deiner Schule, um jahrgangsübergreifendes Lernen zu ermöglichen?*

Klare Ansage:

Birgit Lachner
@BirgitLachner

Keine!

⇄ ♥ ↩   19:10 h · 26. Jan 2016

Leider ist diese Antwort keine Einzelmeinung. Noch zu oft scheitern solch wichtige Ansätze des kooperativen Arbeitens an den veralteten Gegebenheiten: – Es sind nicht genug Räume vorhanden, Ausstattung fehlt – oder sie scheitern an dem durch die Lehrer nicht zu stemmenden zeitlichen und organisatorischen Aufwand und der fehlenden Unterstützung durch die Schulleitung.

- Im fächerverbindenden Unterricht, in Projektwochen … ist es möglich. Das ist aber an den Schulen, die ich kenne, eher die Ausnahme.
- Jahrgangsübergreifend läuft da wenig. Ich praktiziere das oft über Wikis und Blogprojekte. Das klappt gut.

Aber es geht auch anders!

- Jahrgangsübergreifend: Makerspace „Code Camp", Medienunternehmen „Schülerzeitung", Big Band, Orchester, Chor.
- At my school, most electives are inter-year groups, e.g. my drama group (13 to 18 years). For „serious" subjects – rarely used.
- Wir haben mindestens zweimal im Jahr im Sachunterricht ein Projekt, bei dem wir die Klassen 1 bis 4 zusammenlegen (einmal auch mit KiGa).

- Wir haben Wahlpflichtkurse ab Klasse 8, viele Arbeitsgemeinschaften im Nachmittagsbereich und eine Bibliothek als Selbstlernzentrum.

Einen Beitrag zum besseren kollaborativen Arbeiten kann digitale Bildung leisten, z.B. durch Lernmanagementsysteme (LMS), die individualisiertes und personalisiertes Lernen ermöglichen.

Felix Kolewe
@fkolewe

Schüler greifen durch digitale Lernplattform auf Unterrichtsinhalte anderer Jahrgangsstufen zu.

19:12 h · 26. Jan 2016

Es gibt auch ganz konkrete Beispiele, die zeigen, wie jahrgangs- oder fächerübergreifendes Unterrichten erfolgreich initiiert und durchgeführt wird.

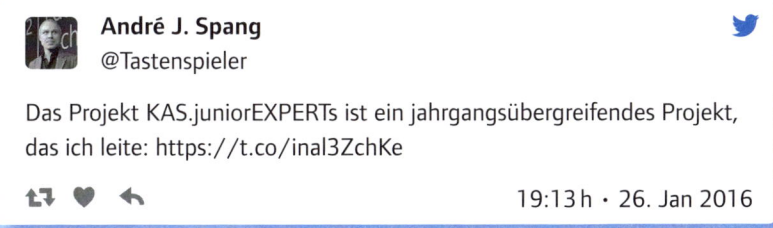

André J. Spang
@Tastenspieler

Das Projekt KAS.juniorEXPERTs ist ein jahrgangsübergreifendes Projekt, das ich leite: https://t.co/inal3ZchKe

19:13 h · 26. Jan 2016

Auch eine neue Form der Organisation des kollaborativen Austausches und Lernens wird angesprochen:

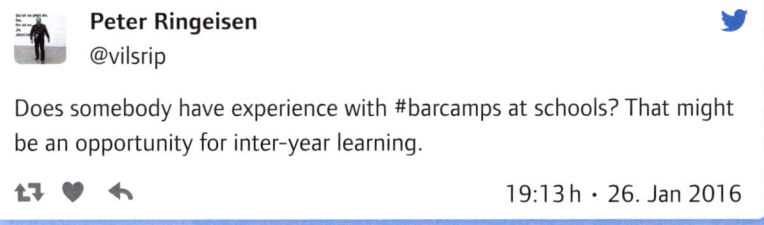

Peter Ringeisen
@vilsrip

Does somebody have experience with #barcamps at schools? That might be an opportunity for inter-year learning.

19:13 h · 26. Jan 2016

Die Form des Barcamps im schulischen Bereich als Möglichkeit des Lernens und Lehrens ist ein innovativer Ansatz, der den Austausch der Schüler untereinander sehr gut unterstützt.

- Kollaboration via Kulturzugangsgerät öffnet Barrieren und Grenzen.
- Denkbar sind sowohl kleinere als auch größere Lernverbünde, je nach Zielsetzung.
- Mehr Flexibilität. Individueller und selbstorganisierter lernen.
- Ich würde mir eher einen Mix zwischen fester Klassenstruktur und Stunden/Fächern mit Mischung wünschen.

Ein Fazit ist schnell gezogen, Vor- und Nachteile sind schnell abgewogen:

- Man muss ja nicht gleich alles ändern, das Lernen um die heutigen Möglichkeiten zu erweitern, wäre schon ein Anfang!
- Bei aller Technologie und Digitalisierung stehen immer gute Lehrkräfte, Lernen und sogenannte Beziehungen im Mittelpunkt.
- Aber digitales Arbeiten geht ja auch in Klassen und Kursen. Völlig sozialkontaktfreies MOOC-Lernen in Schule? Bitte nicht!
- In Kombination mit Blended Learning öffnen sich gewaltige Horizonte!

Und dann kommt natürlich die Frage nach dem Wie, nach der konkreten Umsetzung:

> *Inklusion, Integration, alternative Lernwege: Ja! Aber wie schafft man das in*
> *festen Klassenstrukturen (mit analogen Medien)?*

- Die ersten beiden nur sehr oberflächlich und schwer. Alternative Lernwege gehen mit gutem Arbeitsmaterial und offenen Lernangeboten einher.
- Durch ganz, ganz, ganz kleine Klassen und ganz, ganz, ganz viel Lehr- und Betreuungspersonal.
- Mit viel Geduld, Verständnis für den Einzelnen und die gesamte Gruppe, Regeln und evtl. Rückzugsmöglichkeiten für Einzelne.
- Durch schulübergreifende Zusammenarbeit z. B. mit @etwinning: https://t.co/k3ddJ-9dRQC
- Mithilfe individueller Wochenpläne … Mit Freizeilen für Lernen nach eigener Wahl.

Lernbegleiterin
@Lernbegleiterin

@seni_bl: Kurssystem in der Oberstufe? Zu dem geeigneten Lehrer oder
zur geeigneten Peergroup gelangt man aber nicht zwingend.

  19:25 h · 26. Jan 2016

Ines Bieler
seni_bl

@Lernbegleiterin: Schüler müssten wählen können. Vorschlag: z. B.
Deutsch, Angebot Dramatik bei L1, Lyrik bei L2 …

   19:27 h · 26. Jan 2016

Lernbegleiterin
@Lernbegleiterin

@frandevol, @seni_bl: Das ist ja der Hammer. Sowas wäre tatsächlich
eine Wahlfreiheit.

  19:30 h · 26. Jan 2016

Lernbegleiterin
@Lernbegleiterin

@vilsrip, @urshenning, @fkolewe: Lernzeit plus ist der viel bessere
Begriff als „Nachhilfe"!

  19:27 h · 26. Jan 2016

Konkrete Beispiele folgen:

*Wie kann man mit digitalen Medien trotz fester Klassenstrukturen klassenüber-
greifend arbeiten? Deine Ideen, Erfahrungen, Beispiele!*

- Klassenübergreifende Lern- und Arbeitsgruppen via Facebook, Google, GoConqr o.a. funktionieren gut, z.B: https://t.co/8KQaUmLFwX
- Der Klassiker: GoogleDocs oder Office Online zum gemeinsamen Analysieren von Gedichten.
- Gemeinsam an Online-Dokumenten arbeiten, z. B. zur Vorbereitung von Veranstaltungen oder auch Experimenten.
- Klassenstruktur für Organisationszwecke – digitale Klassenstruktur für Lernzwecke.
- Mein Kollege zeigte dies hier in Physik: https://t.co/qtfhP9JjfM als Kooperation zwischen verschiedenen Jahrgangsstufen. Ich habe das mit Blogs und Wiki gemacht, als Integrationsprojekt: https://t.co/VgbOCMcCA7
- Wenn man die SuS betrachtet, sind sie da ja schon sehr aktiv: Austausch über Lerninhalte über Klassen- und Kursgrenzen hinweg.
- Durch eine gemeinsame Plattform, virtuelle Klassenräume oder über Skype.
- Kollaboration mit Titanpad: https://t.co/wGlbpAEiDH

> *Wenn die Klassenstrukturen aufgelöst sind, braucht man da nicht auch andere Räume und Gebäude? Wie sehen die aus?*

Diese berechtigte Frage nach den Auswirkungen der neuen Organisationsformen auf die „Hardware" – Schulgebäude beantworteten die Teilgeber eindeutig mit ja und gaben einige Impulse:

David Obst
@david_obst

Viel größere (!!!) Räume, geeignete Ausstattung (flexibel anzuordnende Tische), bessere Schallisolierung ;-).

19:41 h · 26. Jan 2016

Christiane Schicke
@frandevol

@david_obst: Und mehr Räume … ein freies Atelier, Experimentierräume, Bauwerkstatt …

19:44 h · 26. Jan 2016

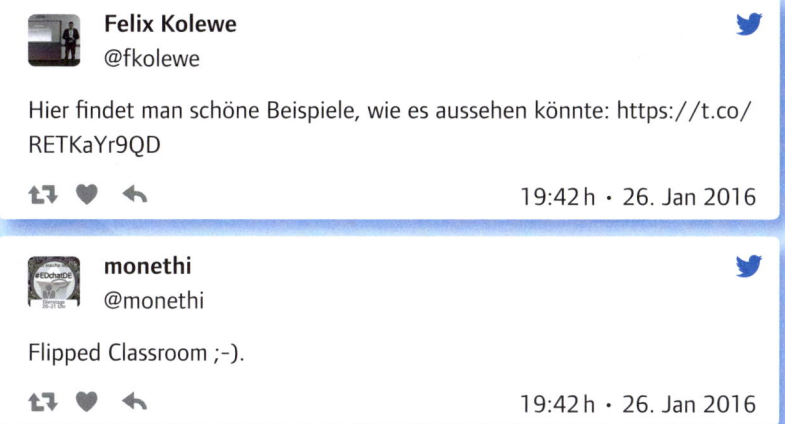

Felix Kolewe
@fkolewe

Hier findet man schöne Beispiele, wie es aussehen könnte: https://t.co/RETKaYr9QD

19:42 h · 26. Jan 2016

monethi
@monethi

Flipped Classroom ;-).

19:42 h · 26. Jan 2016

Aber wir Lehrer sind auch schon genügsam und mit kleinen Fortschritten zufrieden.

- Eine Anpassung der Einrichtung würde schon ausreichen! Beamer mit digitaler kabelloser Übertragungstechnologie, keine OHP mehr!
- Pädagogik und Architektur müssen beim Gestalten neuer Lernräume zusammenarbeiten.
- Auf alle Fälle müssten genügend Rückzugsmöglichkeiten (kleine Räume) für GA/PA zur Verfügung stehen.
- Wollen wir nicht zwischen Klassenverband (soziale Struktur) und Klassenraum unterscheiden? Raum gern so flexibel wie möglich.
- Hier werden drei spannende Aufsätze vorgestellt: Lernräume der Zukunft: https://t.co/xNALnqrbnb
- „Future Classroom Lab" in Brüssel hat ein spannendes Projekt, „Labor für das Schulzimmer der Zukunft": https://t.co/aDxpYDphvI

Und zum Schluss noch eine Anregung zum Weiterdenken!

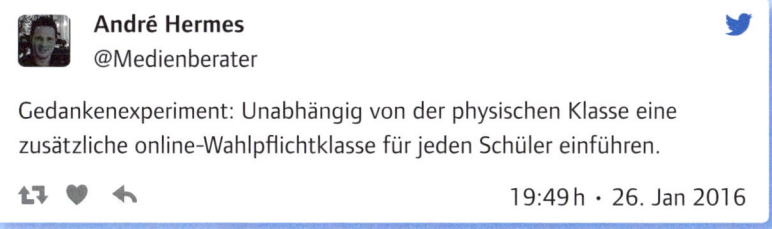

André Hermes
@Medienberater

Gedankenexperiment: Unabhängig von der physischen Klasse eine zusätzliche online-Wahlpflichtklasse für jeden Schüler einführen.

19:49 h · 26. Jan 2016

Link zum vollständigen Protokoll:

- https://docs.google.com/spreadsheets/d/1NKs9HcZsBJ9x7e2aWHIxy6AIes0Y8UXpfB4wRcXFc9k/pubhtml

von Peter Ringeisen

Kompetenzen, Kompetenzen, Kompetenzen – wohin man sieht. Der seit 2014/15 in Bayern eingeführte „LehrplanPLUS" ist beispielsweise konsequent von den zu erreichenden Kompetenzen her gedacht. Doch die Orientierung am Kompetenz-Begriff ist länderübergreifende Lehrplanrealität. Wo man früher lesen lernte, erwirbt man jetzt „Lesekompetenz". Für die Entwicklung der Persönlichkeit und des Charakters müssen „persönliche und soziale Kompetenzen" entwickelt werden.

Professionelle Reflexion aber fragt, was sich tatsächlich verändert: gesellschaftlich, technisch, bei den Anforderungen für Ausbildung und Studium. Und professionelle Reflexion im pädagogischen Kontext fragt, wie man mit diesen Veränderungen sinnvoll umgehen kann. Entsprechend könnte man den Titel des #EDchatDE mit „Wie kann man Kenntnisse und Kompetenzen vermitteln, die Jugendliche heute erwerben sollen?" umschreiben. Damit ist auch eine normative Seite dieser Kenntnisse schon mit angesprochen. Es ging nicht vor allem um die Frage, was Kinder lernen wollen, sondern auch um die Frage, was Kinder lernen *sollen*.

Zunächst beschäftigten sich die Teilgeber – wie so oft – mit Aspekten der Definition. Für den Kontext dieses #EDchatDE wurde gesetzt: „Skills" seien Kompetenzen plus Kenntnisse. (Freunde des Kompetenzbegriffs werden nun einwenden, auch die Definition von „Kompetenz" schließe Kenntnisse mit ein – sie seien um Nachsicht gebeten.)
Bei den als nötig empfundenen Skills wurden häufig vernetztes Denken genannt, Kreativität und die Klassiker: Lesen, Schreiben, Rechnen, aber auch der Umgang mit der digitalen Welt.

> *„Skills" sind Kompetenzen und Kenntnisse. Welche braucht man bis zum Verlassen unterschiedlicher Schulformen?*

- Problemlöse-Strategien, Kreativität, ICT-Grundkenntnisse, Selbstständigkeit, Reflexionsfähigkeit.
- Kulturtechniken: Lesen, Schreiben, Rechnen, künstlerisches und musikalisches Gestalten, analytische und Soft/Social Skills, Partizipation.
- Neugier, richtiges Fragen, vernetztes Denken, Fähigkeit zum autonomen und Teamlernen, personal Mastery, Systemwissen.
- Freude am Lernen, Rechtschreibsicherheit, Kopfrechenfähigkeit, Informationen finden, bewerten und verknüpfen

Nun wurden die Unterschiede zwischen dem 21. und dem 20. Jahrhundert in den Blick genommen: Was ist anders? Und die Antworten waren relativ eindeutig. Neu ist in jedem Fall die Notwendigkeit, mit digitalen Medien zurechtzukommen: sie bedienen zu können, Inhalte kritisch einzuschätzen, Informationen zu filtern und kreativ und effizient damit zu arbeiten. Diese Tätigkeiten wurden von einigen als anspruchsvoller eingeschätzt im Vergleich zu früher.

> *Was ist im 21. Jahrhundert anders als im 20.? Welche „Skills" sind dazugekommen, welche weggefallen?*

- Dazugekommen ist: digital literacy. Informationsbeschaffung und -verwaltung im Web ist präsenter und wesentlicher denn je.
- Erhöhte Komplexität erfordert systemisches Denken und die Fähigkeit, komplexe Probleme selbstständig zu lösen.
- Weggefallen sind: Kurzschrift, Rechenschieber. Dazugekommen sind: BLOG, Computer, Algebra System. Der Taschenrechner ist mega out.
- Früher musste man nicht so oft Informationen bewerten. Das muss man nun nach jedem Klick.

Im folgenden ging es um den Zusammenhang zwischen dem Begriff „Skills" und der Wirtschaft sowie darum, ob sich die Schule zu sehr als Lieferantin der Wirtschaft andiene, wenn sie sich um „Skills" kümmere.

> *Das Wort „Skills" kommt aus dem Wirtschaftsleben. Ist die Schule in Sachen „Skills" eine Dienstmagd der Wirtschaft?*

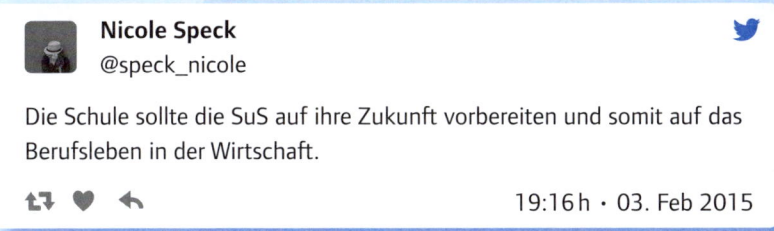

Nicole Speck
@speck_nicole

Die Schule sollte die SuS auf ihre Zukunft vorbereiten und somit auf das Berufsleben in der Wirtschaft.

19:16 h · 03. Feb 2015

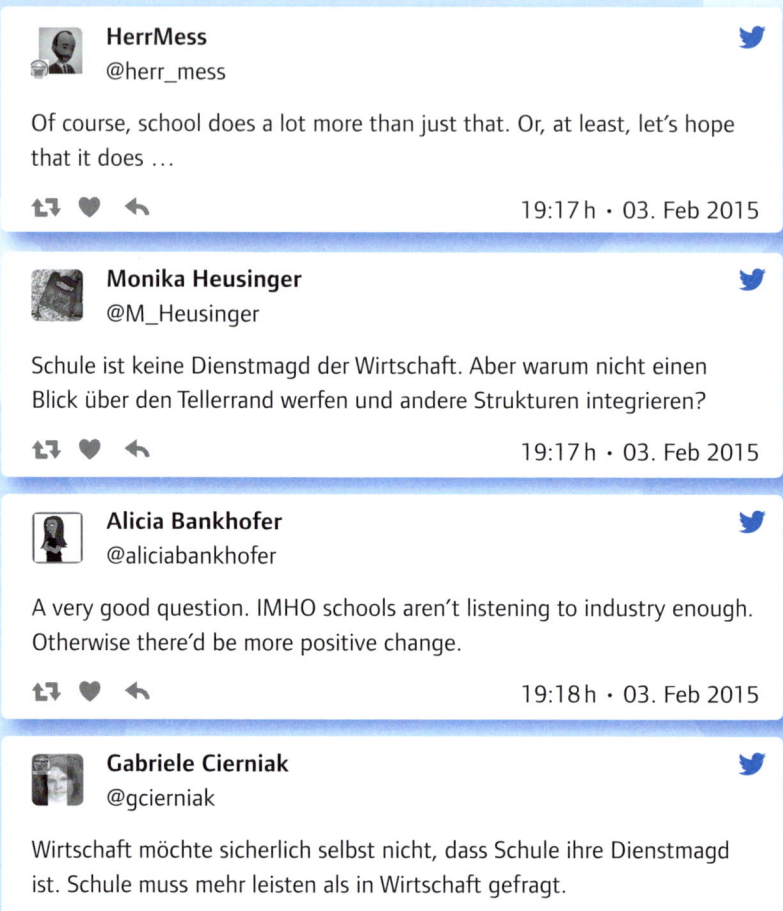

HerrMess
@herr_mess

Of course, school does a lot more than just that. Or, at least, let's hope that it does …

19:17 h · 03. Feb 2015

Monika Heusinger
@M_Heusinger

Schule ist keine Dienstmagd der Wirtschaft. Aber warum nicht einen Blick über den Tellerrand werfen und andere Strukturen integrieren?

19:17 h · 03. Feb 2015

Alicia Bankhofer
@aliciabankhofer

A very good question. IMHO schools aren't listening to industry enough. Otherwise there'd be more positive change.

19:18 h · 03. Feb 2015

Gabriele Cierniak
@gcierniak

Wirtschaft möchte sicherlich selbst nicht, dass Schule ihre Dienstmagd ist. Schule muss mehr leisten als in Wirtschaft gefragt.

19:19 h · 03. Feb 2015

Nun wendeten sich die Teilgeber wieder der Seite der Lehrkräfte zu. Wenn es Vorstellungen gibt, was die Schüler am Ende der Schulzeit wissen und können sollen, – was (und wie) müssen dann die Lehrkräfte lehren?

> *Bildung zeichnet sich durch andere Fähigkeiten und Kenntnisse aus als „Skills",
> die ein Beruf fordert. Was muss Schule lehren?*

● Schule muss lehren, dass »das eigene« immer relativ ist, nie absolut und so Fundamentalismen vorbeugen.

- Mitleid, Empathiefähigkeit, Gutmenschentum, ökologische Verantwortung etc. All das läuft der Ökonomie diametral entgegen.
- Selbstvertrauen, nicht nur den Leistungsgedanken, die Muße, auch mal an scheinbar unnützen Sachen zu verweilen …
- Auch, dass es sich lohnt, sich mit Ehrgeiz tief in eine Materie einzuarbeiten und am Ende stolz zu sein.
- Difficult: Today's graduates will have 5 to 15 careers in their lifetime.

> *Antworte auf 3 Tweets unterschiedlicher Teilgeberinnen a) zustimmend, b) kritisch, c) provozierend!*

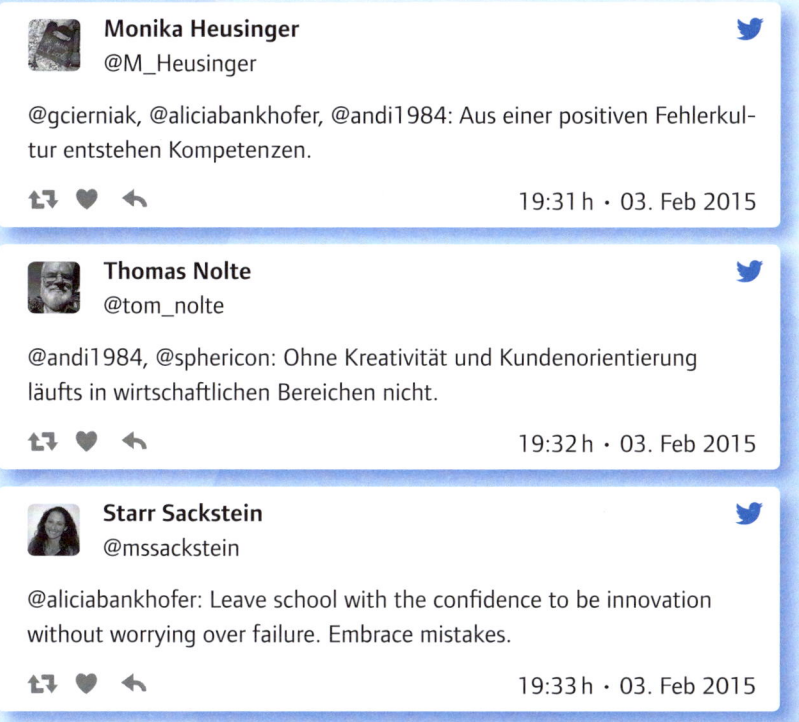

Monika Heusinger
@M_Heusinger

@gcierniak, @aliciabankhofer, @andi1984: Aus einer positiven Fehlerkultur entstehen Kompetenzen.

19:31 h · 03. Feb 2015

Thomas Nolte
@tom_nolte

@andi1984, @sphericon: Ohne Kreativität und Kundenorientierung läufts in wirtschaftlichen Bereichen nicht.

19:32 h · 03. Feb 2015

Starr Sackstein
@mssackstein

@aliciabankhofer: Leave school with the confidence to be innovation without worrying over failure. Embrace mistakes.

19:33 h · 03. Feb 2015

Dann ging es um Mittel und Wege zum Erreichen von Bildungszielen.

> *Wie kann Schule das Ziel Bildung erreichen und dabei „Skills" fördern? Welche Didaktik, Inhalte, Methoden helfen dabei?*

- Bildung und Kompetenzerwerb durch Förderung der Lernerautonomie
- Learning must be student centered, personalized and mobile.
- Mystery, Planspiele, Debatten etc., statt Buch auf und Aufgabe 1 bis 5 erledigen. Ach ja und natürlich: Explore, Create, Share.
- Lernen relevant machen durch Problemorientierung, Kooperationen zwischen Schulen und Gesellschaft.
- Mit SuS (systemdynamische und agentenbasierte) Modelle bauen, systemische Spiele spielen (BoothSweeney, System Thinking, Playbook).

Die Rolle der digitalen Medien beim Aufbau von Bildung und Skills wurde im Folgenden thematisiert. Als Vorteile des digitalen Ansatzes stellten sich heraus: Der Aspekt des Spielerischen; die Möglichkeit, das Lernen in einer persönlichen Lernumgebung (PLE, personal learning environment) zu personalisieren; die Transparenz, Übersichtlichkeit und ständige Verfügbarkeit.

> **Wie können digitale Medien helfen, Bildung und Skills umfassend zu lehren?**

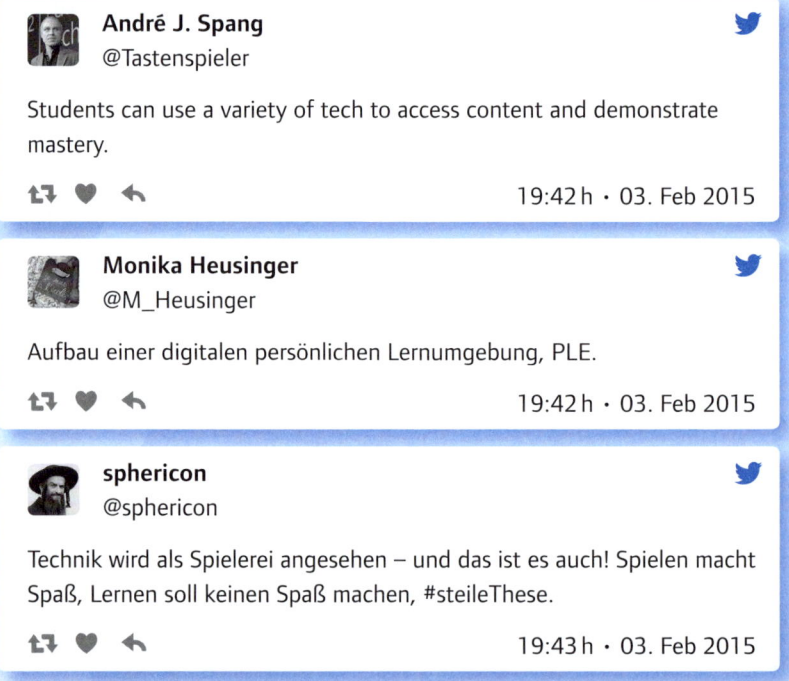

André J. Spang
@Tastenspieler

Students can use a variety of tech to access content and demonstrate mastery.

19:42 h · 03. Feb 2015

Monika Heusinger
@M_Heusinger

Aufbau einer digitalen persönlichen Lernumgebung, PLE.

19:42 h · 03. Feb 2015

sphericon
@sphericon

Technik wird als Spielerei angesehen – und das ist es auch! Spielen macht Spaß, Lernen soll keinen Spaß machen, #steileThese.

19:43 h · 03. Feb 2015

Sascha Dieter
@saschadieter

Echtzeit-Kollaboration ist ein immenser Fortschritt. Zumal man sich so außerdem noch den Prozess ansehen kann.

   19:44 h · 03. Feb 2015

Welche Anregungen, Fragen hast du sonst noch zum Thema?

- Students do not need to be entertained – they need to be engaged.
- Ein schlechter Lehrer mit digitalen Medien bleibt ein schlechter Lehrer mit digitalen Medien. Und andersrum.
- Ich treffe immer wieder auf Lehrer, die z. B. den Begriff »blended learning« nicht kennen. Müssen Skills erst Lehrern beibringen!
- Wir, d. h. der #EDchatDE und deren Makers, müssen auch aus der Filterblase raus und Brücken bauen. Das ist extrem wichtig.

Fazit:

Einigkeit bestand weitgehend darüber, dass das 21. Jahrhundert komplexeres Denken erfordert, geschickten Umgang mit einer Flut an Information und Vertrautheit mit den sich wandelnden Möglichkeiten der (internationalen) Kommunikation. Aufgabe der Schule ist es, auf diese Anforderungen vorzubereiten und dabei Möglichkeiten der Kontextualisierung und der Umsetzung ins Spielerische zu nutzen.

Link zum vollständigen Protokoll:

- https://goo.gl/Dnms2g

von André J. Spang

Gamification im Unterricht? Was bedeutet das? Elemente, die man von Spielen her kennt, in den Unterricht und den Lernprozess zu integrieren – kann das funktionieren?

Bei der Gamifizierung von Unterricht werden spieltypische Elemente, also High Score Liste (Tabelle der besten Spieler), Fortschrittsbalken, Ranglisten, Badges (= Abzeichen für eine erworbene Kompetenz) und verschiedene Spieldesigns für den Lernprozess verwendet. Hierzu eignen sich z. B. „LearningApps". Die Lernenden erstellen selbst die entsprechenden Apps oder nutzen bereits vorhandene auf der Plattform. Die gesamte Handhabung ist selbsterklärend. Programmieren muss man dazu nicht können. Es kommt vor allem darauf an, den fachlichen Inhalt verstanden zu haben und diesen in eine Spiele-App übertragen zu können, also z. B. in ein Memory oder in ein Millionenspiel o. ä. Auf einer Blog- oder Wiki-seite kann man alle Apps, die die Schüler zum jeweiligen Thema erstellt haben, sammeln. Natürlich kann man den Link zur App auch als QR-Code ausdrucken. Die Plattform bietet diese Möglichkeit bereits an. Einfach einmal ausprobieren. Ich selbst nutze diese Option oft und klebe die QR-Codes einfach auf ein großes, leeres Plakat im Klassenraum. Die Motivation und die Lernkurve der Lernenden bei Gamification sind allgemein sehr hoch.

Eine andere Möglichkeit ist der Einsatz der Spiele-App „Minecraft". Dieses Spiel kann man sich als eine Art „virtueller Sandkasten" vorstellen. Die Spieler finden sich in sogenannten Welten zusammen und erbauen Gebäude, Landschaften usw. Zum Projekt „Klimawandel" erstellte mein Kurs in Klasse 9 mit Minecraft virtuelle Welten, die dann nach einer Klimakatastrophe überschwemmt werden. Die Screenshots und kleinen Videosequenzen aus Minecraft dienen dann als Vorlage für ein Storyboard zu einem Dokumentarfilm zum Thema. Dabei wird ein Protagonist verschiedene Aspekte im Zusammenhang zum Klimawandel kennenlernen und durch von Klimakatastrophen bedrohte Welten reisen: https://vine.co/v/MiM7i1YMddV

Ein anderer Kurs in Klasse 6 bildet „Ausstellungen" und Gebäudekomplexe zu Unterrichtsthemen in virtuellen Räumen ab. Das Thema Kirchenbau drängt sich in einem solchen Kontext geradezu auf. Aber auch andere Themen können so handlungsorientiert angegangen werden. Die Kollaboration und die Gruppendynamik in einem solchen Spiel sind sehr hoch. Die Schüler entwickeln eigene Ideen und müssen Lösungen finden, diese gemeinsam umzusetzen: https://vine.co/v/MiYlnVM6xhI

Im Fach Musik haben meine Schüler zu Wagners Walkürenritt die entsprechenden „Bühnenbilder" mit Minecraft nachgebaut und diese dann mit Instrumenten und Keyboards vertont und zu einem kleinen Film zusammengeschnitten: www.youtube.com/watch?v=j8En-UENAjE

Und was sagt die #EDchatDE-Community zum Thema Gamification?

Dann schauen wir uns das mal an ein paar Beispielen an. (Hinweis: Da wir in diesem Chat die Gründerin des original #EDchat aus USA Shelly Sanchez Terrell (@ShellTerrell) als Gastmoderatorin hatten, sind die Tweets vor allem englischsprachig.)

A. Einstein sagte: „Spielen ist die höchste Form der (wissenschaftlichen) Forschung!" Wie siehst du das?

Die Teilgeber waren sich einig. Sie betonten die hohe Bedeutung des Spiels für das Lernen.

Shelly Sanchez Terrell
@ShellTerrell

It's important we know the difference btwn Game Based Learning & Gamification. Gamification is when our curriculum has game like characteristics like levels, points, badges, leaderboards, missions.

18:58 h · 28. Jan 2014

Kai Obermüller
@Kai_Obi

Klares Ja! Wer spielt, will mehr. Zumindest meine Erfahrung. Anreize schaffen, Ziele setzen und belohnen. Erfahrungspunkte! ;-)

19:07 h · 28. Jan 2014

Torsten Larbig
@HerrLarbig

Johan Huizinga schrieb 1938 das Buch »Homo ludens«. Er sieht das Spiel als kulturelles Phänomen: http://t.co/nVBWYTjrbS

19:07 h · 28. Jan 2014

HerrMess
@herr_mess

Playing is probably the most immersive way to work on a problem without even noticing that you're actually solving it.

⟲ ♥ ↩   19:08h · 28. Jan 2014

Peter Ringeisen
@vilsrip

Playing a game gets you into a flow set of mind.

⟲ ♥ ↩   19:08h · 28. Jan 2014

Urs Henning
@UrsHenning

Freud: Der Gegensatz von Spielen ist nicht Ernst, sondern Wirklichkeit. Beim Spielen erschafft man sich eine Fantasiewelt.

⟲ ♥ ↩   19:10h · 28. Jan 2014

Shelly Sanchez Terrell
@ShellTerrell

I recommend following @educatoral & his blog to learn more about #gamification: http://t.co/k3sLC35RYu

⟲ ♥ ↩   19:10h · 28. Jan 2014

Eine persönliche Einschränkung nannte @Barfussprinzess:

Ellen
@Barfussprinzess

Allerdings braucht Forschung nicht nur Interesse, Leidenschaft. Es braucht auch Reflektion. Spiel kann nicht alles sein.

⟲ ♥ ↩   19:08h · 28. Jan 2014

> *Bei Schach lernt man viel; PC-Spiele hingegen sind schlechte Spiele, die dem Lernen nur schaden. Oder?*

Wie bewerten die Teilgeber Computerspiele? Hier wiesen sie vor allem darauf hin, dass es auf das Spiel ankommt. Es wurde betont, dass es sehr gute Spiele gibt und man seine Vorurteile deswegen auch einmal beiseite lassen sollte.

- Ich bin Lehrer und spiele zum Teil die gleichen Spiele wie meine S. Bin schon lange Gamer und geschadet hat es scheinbar nicht.
- Das Gehirn lernt neutral von dem, was man ihm anbietet. PC-Spiele wie Autorennen fördern z. B. die Reaktionsgeschwindigkeit.
- „Computer games are harmful" is so generalized as to make no sense at all. IT DEPENDS what kind of game.
- I never regretted being a videogamer. They stimulate your mind in ways a TV show would never be able to accomplish …
- We could take a lot from game design and how this motivates people to keep learning versus our textbooks, worksheets and lectures.
- Similarities between chess and computer games? Perhaps using strategies …
- Es gibt auch sehr gute Computerspiele. Minecraft wird z. B. bereits erfolgreich im Unterricht eingesetzt.
- Über den schlechten Ruf von Computerspielen sollten wir hinweg sein!
- When you fail in games you start again and feel challenged, if you fail in school you loose courage.
- What keeps students motivated is also that they play by choice, but HAVE TO attend lessons.

Christiane Schicke und Shelly Sanchez Terrell zeigten auf, welche Inhalte in Computerspielen zum Tragen kommen können.

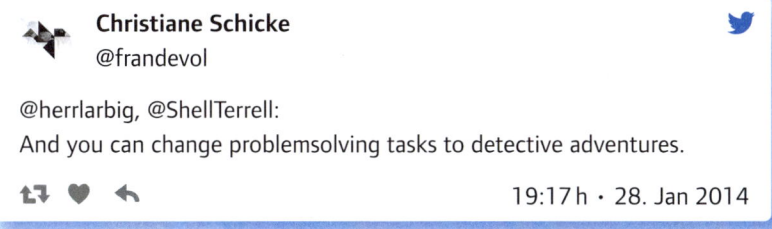

Christiane Schicke
@frandevol

@herrlarbig, @ShellTerrell:
And you can change problemsolving tasks to detective adventures.

⇄ ♥ ↰   19:17 h · 28. Jan 2014

Shelly Sanchez Terrell
@ShellTerrell

@frandevol, @herrlarbig: There are games where you use math skills to achieve or create.

↻ ♥ ↰   19:19h · 28. Jan 2014

Elemente aus Spielen (Level, Belohnungen, Wettkampf) als Teil des Unterrichts? Wie könnte eine gamifizierte Schule aussehen?

Diese Frage sprach die Kreativität der Teilgeber an.
- No more grading. Instead „quests" (projects) that have to be fulfilled in order to reach the next „level"?
- A gamified school would look like a big behavioristic experiment in action, #stillsceptic.
- School is often gamified with reward charts, but online badges can give a high-tech edge to an old trick ;-).
- There's a Danish school that teaches EVERYTHING through roleplay: http://t.co/cWdnnSokgs
- Badges/Medals/Token Economies – are interesting applications of gamification to the classroom.
- Problem von Spiel-Elementen in der Schule: Sie machen ALLES in der Schule sofort sehr viel aufwändiger.
- There would be a lot of #Openbadges assigned from learners to learners showing evidences of their skills.
- I think all of those things are inherent in learning anyway. Why shouldn't it be fun too.
- Quests, badges, levelups and well-chosen rewards (next time group questing, lesser homework …).
- I don't think gamification would eliminate differences. There will always be more skilled players & less skilled ones.
- Badges, medals … seems a lot like traditional grades …
- Spiel und Spaß stehen für sich, man muss beides nicht begründen – deshalb wertvoll für die Schule.
- Interesting article, „gaming the schools": http://t.co/fzZI5QUzCO

Die Äußerungen zeigen zum Teil auf, dass gamifizierte Elemente noch nicht so recht in unseren Schulen Einzug gehalten haben. Es gibt weniger ganze Spielstunden, sondern es werden einzelne Spiele z. B. für den Stundeneinstieg genutzt.

- I use games to start lessons. Apart from that: No place yet. I just don't have enough ideas for gamification lessons.
- Games occur in our English coursebook now and then. I use those. – Sometimes I use play-acting, which the smaller kids love.
- Und ich würde mich nicht trauen, eine noch so sinnvolle Spielstunde in einem Unterrichtsbesuch zu machen. Das ist mir zu riskant. Leider.
- Game elements can appear in any lesson, but rely on sound pedagogy. Good game elements don't make bad lessons good.
- I trust my students to experiment with their research ideas with few formal research rules. Lots of freedom.
- Rollenspiele, Planspiele in Englisch, Geschichte, z. B. 11. Klasse: Frühkapitalismus; Song-Analyse als Plattenlabel.

Hier wurden verschiedene Aspekte genannt:

- Gamification is a lot like world of business men – next level to earn next badge – intrinsicmotivation might be compromised.
- Man sollte das Spiel nicht funktionalisieren und damit entwerten – auch um des darin liegenden Lernpotenzials willen.
- If there is nothing but games, pupils will have trouble adapting to the world of work/college. But I don't see that coming.
- Risk that gamification becomes an empty phrase for nearly anything that could be a game.
- I see the risk of the students taking learning not seriously enough. Certain things just need to be learnt. End of story.
- Here is an example of gamification: German words for family members: http://t.co/BqWBvPPAZy
- Auch GBL braucht ein didaktisches Konzept. Das Spiel alleine macht noch keinen besseren Unterricht.
- The risk is that teachers rely on games for TEACHING new concepts – instead of for PRACTICING teachers have taught.

- Ich hab das auch schon eingesetzt. Urteilsvermögen ist natürlich schwer prüfbar: http://t.co/V2hMJi91XK
- Last plug for: http://t.co/0rj7ZyAkDP – Check out my website for a tutorial/explanation: https://t.co/wifdevzuHy

Fazit:

Der Chat hat gezeigt, dass das Thema Gamification in der Diskussion zwischen Lehrenden angekommen ist und teilweise schon konkret im Unterricht praktiziert wird. Weitere Anregungen kannst du dem gesamten Chat entnehmen. Wir hoffen, du hast nun Mut bekommen, die Möglichkeiten und Herausforderungen der Gamification für dich und deinen Unterricht auszuloten und zu probieren. Vertraue dabei auch auf die Tipps und Vorschläge deiner Lernenden.

Weitere Infos zum Thema Gamification findet man unter folgenden Links:

- Gamification Education – Gamification.org Portal: http://gamification.org/education
- Gamification in Education: What, How, Why Bother http://www.academia.edu/570970/Gamification_in_Education_What_How_Why_Bother
- Let's Begin … Why games? What can you learn from playing games? How can games change the world? Jane McGonigal addresses the idea of using games in education at the 2011 Microsoft Innovative Education Forum. http://ed.ted.com/on/uk36wtoI
- GAMIFICATION INFOGRAPHIC – http://www.knewton.com/gamification-education/
- moving learning games forward – http://education.mit.edu/papers/MovingLearningGamesForward_EdArcade.pdf

Link zum vollständigen Protokoll:

- https://docs.google.com/spreadsheets/d/1vI9uoKri_M3O-MYnjlcLnG5QaTYrUeq-m2ocR8HJyfBY/pub?single=true&gid=0&output=html

von Alicia Bankhofer

Es ist irgendwie passend, dass beim 100. #EDchatDE das Thema „Digitale Kompetenzen" im Fokus war. 2016 prägten technologische Neuerungen unsere Wissens- und Informationsgesellschaft weiter. Für die Institution Schule sind die gesellschaftlichen Entwicklungen eine ernstzunehmende Herausforderung, für die es kein leichtes Rezept gibt. Wie kann Schule den Bildungsauftrag in diesem Bereich nachkommen? Wie und wann sollen digitale Kompetenzen vermittelt werden?

Bei der Diskussion ging es zunächst um die inhaltliche Frage. – Worüber reden wir, wenn wir über digitale Kompetenzen sprechen?

Digitale Kompetenzen? Was gehört denn alles dazu?

Monika Heusinger
@M_Heusinger

Bedienen/Anwenden, Informieren/Recherchieren, Kommunizieren/ Kooperieren, Produzieren/Präsentieren, Analysieren/Reflektieren.

18:05 h · 13. Oct 2015

HerrMess
@herr_mess

The ability to use, work with and criticize digital tools of all sorts.

18:05 h · 13. Oct 2015

Elke Höfler
@lacknere

Recherchekompetenz, Unterscheidung zwischen vertrauenswürdigen und nicht vertrauenswürdigen Quellen.

18:05 h · 13. Oct 2015

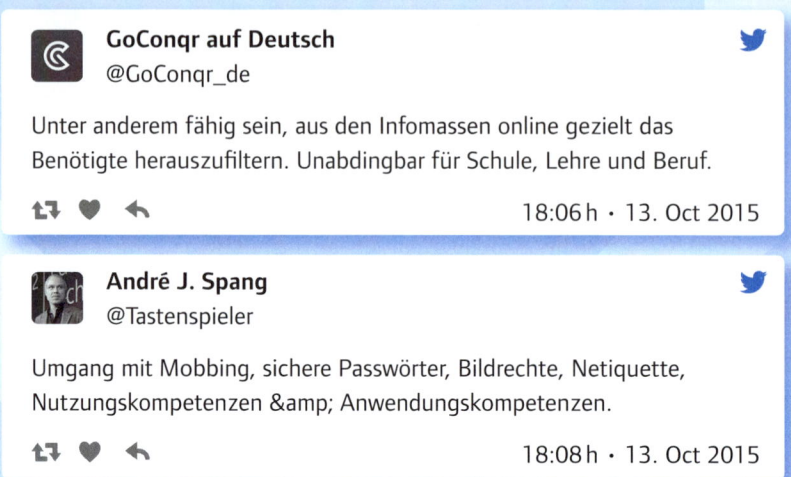

GoConqr auf Deutsch
@GoConqr_de

Unter anderem fähig sein, aus den Infomassen online gezielt das Benötigte herauszufiltern. Unabdingbar für Schule, Lehre und Beruf.

18:06 h · 13. Oct 2015

André J. Spang
@Tastenspieler

Umgang mit Mobbing, sichere Passwörter, Bildrechte, Netiquette, Nutzungskompetenzen & Anwendungskompetenzen.

18:08 h · 13. Oct 2015

Die Teilgeber beschäftigten sich nun mit dem erweiterten inhaltlichen Spektrum: Wie sieht das Fehlen von digitalen Kompetenzen aus? Wie sehen manche „Sünden" aus?

> *Inkompetenz im Digitalen? Wo zeigt sich die? (Gerne mit Links)*

- Unreflektiertes Posten in sozialen Medien.
- Unsere 16-jährigen Mitarbeiter: E-Mails … ach ja. Vor drei Wochen das letzte Mal abgerufen. Schickt sie mir bitte via WhatsApp.
- Inkompetent ist: Digitale Bildung in der Schule ausschließlich mit Rechercheaufträgen im Internet gleichzusetzen.
- Digital illiteracy: Handyverbote, weil man sich von ihnen selbst überfordert sieht.
- Urheberrechtsmissbrauch durch Unwissenheit.
- Wenn digitale Medien wie analoge verwendet werden (z. B. Whiteboard als Tafelersatz).

Natürlich muss geklärt werden, wer für digitale Bildung zuständig ist. Inwiefern brauchen das die „digital natives" überhaupt?

> *Wer ist für das Erlernen bzw. die Vermittlung digitaler Kompetenzen zuständig? Warum?*

- Jede/r Einzelne selbst.
- Die Eltern! Es muss klare Regeln und Begleitung geben – dafür müssen Eltern aber auch neugierig, offen und lernbereit sein.

- Teaching digital literacy is one of the important tasks schools have. It's comparable to teaching handwriting.
- Das Bildungsministerium, das Digitalkunde endlich verbindlich auf den Schulplan schreiben sollte.
- Schule und Eltern gemeinsam. Meine Erfahrung: Manche Eltern geben die Hardware und erwarten den Rest dann von der Schule.
- Teachers and schools can only assist as most of digital usage is (still!) done outside the classroom.

Nun wurden die Teilgeber herausgefordert, einen Plan für die digitale Bildung zu erstellen. Geht das denn so leicht? Konzepte existieren bereits, vereinzelt …

Bastelt ein Curriculum für die Vermittlung von digitalen Kompetenzen, das mindestens die Klassen 5 bis 10 umfasst. Was soll wann erreicht werden?

- Beispiele finden sich im Medienpass NRW:https://t.co/HfwACwYzUf und Medien-komP@ss RLP: http://t.co/MMy8GQkd2E
- Ich denke, dass der https://t.co/HfwACwYzUf da ein guter Ansatzpunkt ist. Kompetenzen 5–6: https://t.co/BO0LgJvWFD, Kompetenzrahmen 7–9/10: https://t.co/BO0LgJvWFD
- Praktische Beispiele finden sich auch im Medienkompass Mecklenburg-Vorpommern: http://t.co/JRVl83ZTJS
- Der Medienpass NRW integriert digitale Kompetenzen in alle Fächer – teilweise auch ohne digitale Medien, da z. B. Quellenbewertung allgemein gültig.
- Am besten integriert man sinnvoll viele digitale Medien in viele Fächer, dann steigt die digitale Kompetenz ohne Extra-Lehrplan.

Antworte auf 3 Tweets unterschiedlicher Teilgeberinnen a) zustimmend, b) kritisch, c) provozierend!

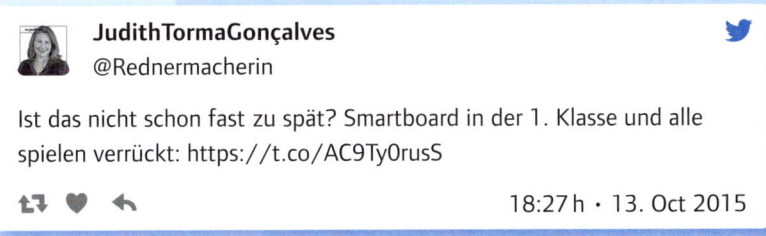

JudithTormaGonçalves
@Rednermacherin

Ist das nicht schon fast zu spät? Smartboard in der 1. Klasse und alle spielen verrückt: https://t.co/AC9Ty0rusS

18:27 h · 13. Oct 2015

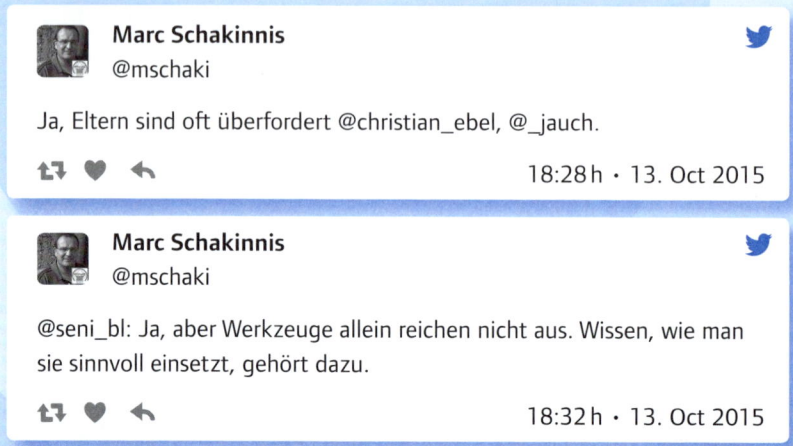

Marc Schakinnis
@mschaki

Ja, Eltern sind oft überfordert @christian_ebel, @_jauch.

⟲ ♥ ↰   18:28 h · 13. Oct 2015

Marc Schakinnis
@mschaki

@seni_bl: Ja, aber Werkzeuge allein reichen nicht aus. Wissen, wie man sie sinnvoll einsetzt, gehört dazu.

⟲ ♥ ↰   18:32 h · 13. Oct 2015

Nun diskutierten die Teilgeber die Rolle der Eltern bei der Vermittlung von digitalen Kompetenzen. Hier wurde betont, dass es sehr wichtig ist, dass die Eltern sich entweder alleine oder gemeinsam mit den Kindern fortbilden.

> *Erziehungsberatung: Wie können Eltern digitale Kompetenzen fördern? Was sollen sie tun? Was sollen sie bleiben lassen?*

- Gespräch, Vorbild, nicht mit Verboten reagieren, sondern gemeinsam Möglichkeiten des reflektierten Umgangs finden.
- Eltern: Geben und Nehmen von digitalen Kompetenzen! Automatisierte Informationen ablehnen!
- Eltern sollten sich zuerst einmal selber weiterbilden und dann die Kinder quasi „mitnehmen".
- Ein tolles Beispiel, was Eltern tun können – Vortrag und Interview von @moolder (Vater, UI-Designer): http://t.co/tziE9y6MNB
- Gute Kommunikation zwischen Lehrern und Eltern ist immer gewinnbringend.
- Eltern könnten sich gemeinsam mit ihren Kindern digitale Kompetenzen aneignen: zuschauen, mitmachen.

Nun ging es um spezifische Tools zur Vermittlung von digitalen Kompetenzen: Twitterchats wie #EDchatDE, Online-Seminare oder Lehr-/Lernvideos …

> *Welche digitalen Kompetenzen vermitteln Formate wie der #EDchatDE, Webinare oder Flipped-Classroom-Modelle?*

- Selbstgesteuertes, lebenslanges informelles Lernen.
- Collaboration, connecting, research, life-long-learning, workflow.
- Der #EDchatDE ist wie ein Crash-Kurs in Digital Literacy, es gibt keinen sanften Einstieg, aber es funktioniert und man lernt sofort mit.
- Die Kompetenz, das Digitale als das Alltägliche zu erkennen und es zugunsten des Alltags zu nutzen.
- Mit FlipClass lernt man, dass Bildung auf YouTube bereits vorhanden ist und man dies für andere Fächer und Lebenslagen nutzen kann.
- Interesting that alternative formats offer novel ways for people to interact, people who wouldn't usually interact in the way they do.
- Geordnete „Konferenzen" mit vielen Teilnehmern. Immer und überall lernen ist möglich.

Im Folgenden reflektierten die Teilgeber eine besondere Frage:

> *100-mal #EDchatDE. Was hat es dir gebracht? Welche Auswirkungen hatte es für deine berufliche/persönliche Entwicklung?*

- Das kann ich gar nicht alles aufzählen … Ich habe auf jeden Fall sehr viel gelernt und Freundschaften geschlossen.
- Ich weiß, dass ich nicht alleine bin. Gut zu wissen, dass ihr am selben Thema dran seid! Danke euch!
- Ich bin nicht der digitale Spinner und Einzelkämpfer. Da sind ganz viele da draußen in der richtigen Welt.
- Ich habe den Nutzen nach ca. 30 Ausgaben schon einmal kritisch hinterfragt. Inzwischen: Das Wissen, dass andere ähnlich denken.
- Ich habe viele spannende Leute kennengelernt und jetzt einen viel kürzeren Draht zu ihnen als zuvor möglich.
- Man erkennt, dass alle nur mit Wasser kochen. Das ist gut für die Seele.

Fazit:

Dieser #EDchatDE hat es wieder bewiesen: Es ist möglich, in einer knappen Stunde über ein komplexes Thema wie z. B. die Vermittlung von **Digitalen Kompetenzen** zu diskutieren und von den Erfahrungen von Didaktikern zu profitieren. Das Rad muss nicht neu erfunden werden. Viele Lehrpersonen praktizieren bereits digitale Bildung im Alltag, mit dem Ziel die Schüler sowohl für die Gegenwart als auch für ihre persönlichen und beruflichen Zukunft vorzubereiten.

Link zum vollständigen Protokoll:
- https://docs.google.com/spreadsheets/d/1CSuBIujYcaJB7hfPnEoCVKiVIFaMbe2gY-TDS7pdVa0/pubhtml

5

Pädagogische Fragen und die eigene Rolle reflektieren

von Alicia Bankhofer

In diesem #EDchatDE wurde das spannende Thema des Videos im Unterricht behandelt. Die Nutzung von Filmen im Unterricht ist keine Neuerscheinung im digitalen Zeitalter. Videomaterial wurde schon seit Jahrzehnten in Klassen zu Anschauungszwecken verwendet. Was die Technik dennoch heutzutage bietet, ist die Möglichkeit, auf unkomplizierte Weise kostengünstig Videos selbst zu produzieren und zu verbreiten sowie Zugang zu Millionen von Lernvideos zu bekommen. Und das seitens der Lehrpersonen UND Schüler. Nur, wie geht man als Lehrer am besten vor? Wie können Videos sinnvoll zur Unterstützung des Lernprozesses eingesetzt werden?

Filme? Zeigen manche Lehrer oft im Unterricht. Sind sie zu faul oder (wann) haben Filme didaktischen Mehrwert?

Zunächst ging es um die didaktischen Vorteile von Filmen im Unterricht. Die Frage ist, ob Filmschauen nur eine faule Alternative für Lehrkräfte ist. Dies wurde eindeutig verneint, und es wurden einige Vorteile von Filmen benannt.

- … sinnvoll, wenn sie zielführend für das Thema sind und für Schüler verständlich.
- Einige sicherlich! Einen Mehrwert haben Videos dann, wenn sie didaktisch reduziert, auf den Punkt gebracht und nicht zu lang sind.
- Didaktischer Mehrwert? Unbedingt! Der liegt in der Visualisierung, Aktivierung, Motivation, didaktischen Reduktion.
- Videos sind als Learning-on-Demand-Ansatz natürlich sehr frontal, aber für einige reicht das. Der Flipped Classroom wäre ohne schwer.
- Schüler sind mit Filmen oft eher zu motivieren.
- Filme können einige sehr abstrakte Dinge (z. B. in Physik) wunderbar visualisieren und als Einstieg und Diskussionsanlass dienen. In Chemie sind sie auch gut, wenn man das Experiment nicht machen darf wegen der giftigen Chemikalien. Wie soll das sonst anschaulich gehen?

Frontalphasen als Video aufzeichnen und im Folgejahr zur Vorbereitung bereitstellen? Sinnvoll, schon gemacht?

Diese Frage wurde von den Teilgebern widersprüchlich beantwortet. Einerseits wird dies als sinnvoll erachtet und praktiziert, aber es gibt durchaus auch die Meinung, dass es nichts bringt, diese Filme in einer anderen Klasse zu zeigen. Dafür werden unterschiedliche Gründe benannt.

- Das mache ich im aktuellen Schuljahr: Powerpointpräsentation daheim aufnehmen und auf http://t.co/myzj0wTUjM bereitstellen.
- Das klingt gut. Aber man muss die rechtliche Seite beachten, wenn Schüler gefilmt werden.
- Aber die Klasse ist nächstes Jahr doch eine andere! Ich halte Videos von Frontalphasen für Lehrzwecke didaktisch wenig sinnvoll.
- Verfilmter Unterricht wird leicht langweilig. Filme müssen viel dichter sein und Inhalte zusammenfassen.
- Wir hatten das an der Uni bei einigen Vorlesungen … Der Vorteil: Man konnte die Sprechgeschwindigkeit erhöhen.
- Es gibt genug OER-Material da draußen, das man verwenden kann. Genug auf diversen Plattformen, auch Videos.
- Lernvideos zu Theorien/kurzen Sachverhalten sind sinnvoll, für größere Zusammenhänge sind sie in meinen Fächern schwierig.

> *Welche neuen Möglichkeiten beim Umgang mit verfügbaren Lehr-/Lernvideos in der Bildung bietet die Digitalisierung?*

Hier wurden unterschiedliche Aspekte genannt, wie z.B., dass die Erstellung von Videos einfacher ist, und sie orts- und zeitunabhängig angeschaut werden können.

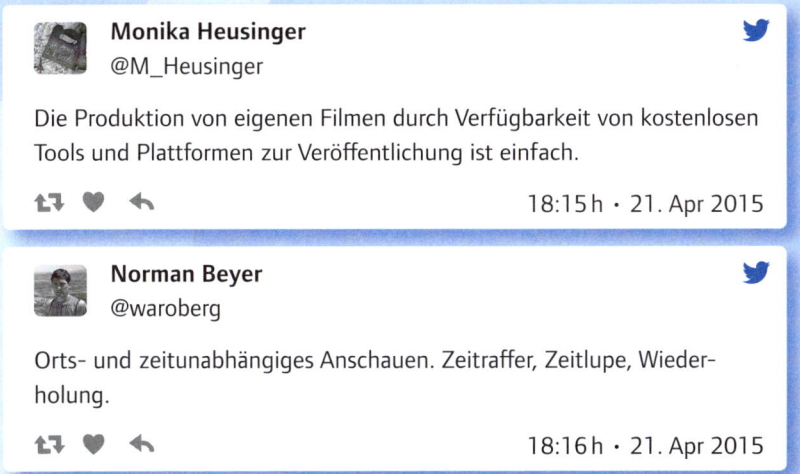

Monika Heusinger
@M_Heusinger

Die Produktion von eigenen Filmen durch Verfügbarkeit von kostenlosen Tools und Plattformen zur Veröffentlichung ist einfach.

↻ ♥ ↩   18:15 h · 21. Apr 2015

Norman Beyer
@waroberg

Orts- und zeitunabhängiges Anschauen. Zeitraffer, Zeitlupe, Wiederholung.

↻ ♥ ↩   18:16 h · 21. Apr 2015

André J. Spang
@Tastenspieler

Durch mobile Geräte &amp, WLAN sind Filme immer verfügbar und können den Unterricht bereichern.

18:16 h · 21. Apr 2015

jnwbr
@jnwbr

Eigene Produktion leichter, Distribution einfacher, schneller, aktueller …

18:16 h · 21. Apr 2015

Nicole Speck
@speck_nicole

Lernende erstellen Lernvideos für Peers.

18:17 h · 21. Apr 2015

Peter Addor
@paaddor

Animationen, z. B. Graphen von Funktionen verändern mit Schieberegler etc. Sehr anschaulich und einprägsam.

18:18 h · 21. Apr 2015

Sebastian Schmidt
@FlippedMathe

Man kann Schülern Angst vor Fächern nehmen. Videos sind so lange da, bis man es kapiert, ein L-S-Gespräch nicht.

18:19 h · 21. Apr 2015

> *Vom Konsum zur Produktion: In welchen Zusammenhängen ist es sinnvoll, Schüler Videos drehen zu lassen?*

Neben der Kreativität, die bei der Erstellung von Videos erforderlich ist, wurde betont, dass sich die Schüler so sehr intensiv mit den Inhalten auseinandersetzen. Videos können in unterschiedlichen Bereichen sinnvoll gedreht werden. Von den Teilgebern wurden einige Beispiele aufgezeigt:

- Zur kreativen Auseinandersetzung mit Lerninhalten.
- Wenn die Schüler selbst Videos erstellen, beschäftigen sie sich sehr intensiv mit dem Inhalt, oft in mehrerlei Hinsicht.
- Visualisierung von Literatur, Selbstreflexion von Präsentationen, Speaking Practice, etc., etc.
- „Erklärvideos" selbst drehen, Interviews machen, Versuchsabläufe filmen, Legevideos erstellen, Rollenspiele aufzeichnen.
- Eventuell am Ende einer Unterrichtseinheit, um nochmals das Wichtigste zusammenzufassen
- Im Deutschunterricht: Mit Sofatutor einsteigen, dann selbst ein Video zu einer literaturgeschichtlichen Epoche drehen.
- Produktionsorientiertes Arbeiten im Musikunterricht, Reihe Filmmusik oder Reihe Musik in der Werbung. Das ist Schüleraktivierend!
- Ich liebe es in Sprachübungen. Schüler nehmen sich gegenseitig bei Dialogen auf. Dann analysieren sie Dialoge von anderen.

Nun sollten sich die Teilgeber gegenseitig kommentieren.

Antworte auf 3 Tweets unterschiedlicher Teilgeberinnen a) zustimmend, b) kritisch, c) provozierend!

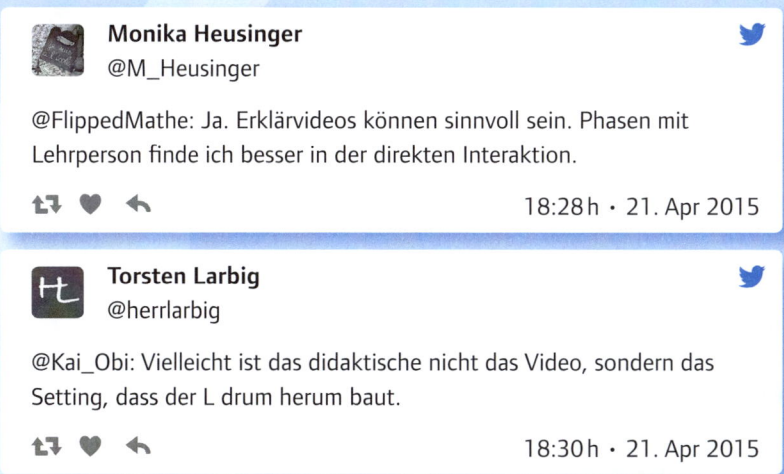

Monika Heusinger
@M_Heusinger

@FlippedMathe: Ja. Erklärvideos können sinnvoll sein. Phasen mit Lehrperson finde ich besser in der direkten Interaktion.

18:28h · 21. Apr 2015

Torsten Larbig
@herrlarbig

@Kai_Obi: Vielleicht ist das didaktische nicht das Video, sondern das Setting, dass der L drum herum baut.

18:30h · 21. Apr 2015

 **Sebastian Waack**
@sebastianwaack

@_jauch: 100 % einverstanden! Filme machen wird einfacher. Gute Filme machen bleibt trotz neuer, kleinerer Technik aber schwer.

　　　　　　　　　　　　　　　　18:31 h · 21. Apr 2015

> **Deine Lieblingsvideos zum Lehren/Lernen? Gerne mit Link! Gerne mit kurzer Begründung.**

- The videos of the mathematics-MOOC of @dunkelmunkel et al. I do not like math, but this videos: https://t.co/iJ1qBZHjgJ
- Der Dorffuchs hat tolle Mathe-Ohrwürmer. Die Formeln summen die SuS auch 5 h später vor sich hin: http://t.co/hmZyqdZVJN
- Hilberts Hotel: https://t.co/AIsHBTZEKl. Mein jetzt 10-jähriger Enkel kennt das Video noch zwei Jahre danach auswendig!
- Via @captivate have a look one video I made to explain and one is interactive for practice: http://t.co/DOJcdJweSz
- Noch einmal der Hinweis auf die Videos von @oncampusfhl: https://t.co/g8Bl3olF6v inklusive vieler MOOC-Videos unter OER-Lizenz.
- The marshmallow test/experiment: kids battling desire: https://t.co/5VwrA57cL3
- Ich mag das Video von @joeranDE zu #OER: https://t.co/wbiCZencmD
- Von einem aktuell erfolgreichen Rap-Produzenten Reimschemata und sprachliche Mittel erklären lassen: http://t.co/1BGMTaQiYX
- Video zur Herleitung des Kugelvolumens: https://t.co/pZ9O7sDFB6 Gründe: kurzweilig, auf den Punkt, Video im Video.
- Immer noch geniales, dichtes Video von Jörn Loviscach: Herausforderungen, Werkzeuge, Erfahrungen: https://t.co/31gI85276W
- Videos von Lernvideos und Vorträgen, Beispiel zur Französischen Revolution: https://t.co/Fnc9okVwSf

> **Soll ich als Lehrer selbst Videos produzieren? Wenn ja: Worauf muss ich achten? Tools? Tipps?**

Hierzu gaben die Teilgeber einige Anregungen.
- Gerne! Nutze einfach dein Smartphone. Achte auf Persönlichkeitsrechte/Urheberrecht und stelle sie, wenn möglich, unter CC-Lizenz.

- Zeiten beachten. Sie sollten nicht länger als 10 Minuten dauern. Perfektionismus bringt es nicht! Dann würde es zu lange dauern.
- Office Mix als PowerPoint Add-In, um Film-/Quiz-/ Präsentationen / ... zu erstellen.
- Ja. Aber sich erst mit den Programmen vertraut machen und dann selber Videos einstellen. Ausreichend Zeitpuffer einplanen.
- Screencasts mit Screencast-o-matic ist einfach und das ist auch Video. Kann jede(r). Mehr traue ich mich nicht.
- Keep it short and simple. Ansonsten ausprobieren und vor allem: anfangen.
- Wir machen die meisten Screencasts mit Camtasia. Aber auch ExplainEverything ist super.
- Notwendige Tools sind: gutes Mikrofon, Screencastsoftware (ich verwende Bandicam), Powerpoint, WindowsMovieMaker für Schnitt.
- Tipps: Möglichst in einem Durchgang aufnehmen, da es „echter" ist und nicht so viel Zeit fürs Schneiden draufgeht.

Welche Anregungen, Fragen hast du sonst noch zum Thema?

Torsten Larbig
@herrlarbig

@dualbore: Das hilft da bestimmt: Rechtslage zur Nutzung von Videos in der Schule: http://t.co/z7Dpv9CcUU

18:50h · 21. Apr 2015

Urs Henning
@urshenning

„Jetzt helfe ich mir selbst" – Die 100 besten Video-Tutorials im Netz: https://t.co/Fz6YsQeP2j

18:50h · 21. Apr 2015

Stefan Schmid
hingeSCHMIDet

Schüler/innen arbeiten gerne @PowToon – hier ein Beispiel: https://t.co/fhQauN6M9l

18:50h · 21. Apr 2015

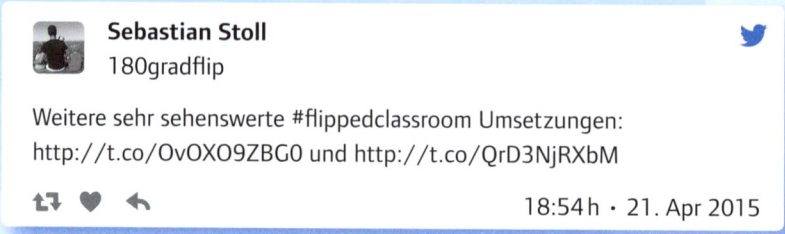

Sebastian Stoll
180gradflip

Weitere sehr sehenswerte #flippedclassroom Umsetzungen:
http://t.co/OvOXO9ZBG0 und http://t.co/QrD3NjRXbM

18:54 h · 21. Apr 2015

Fazit:

Der Einsatz von Videos zur Unterstützung des Lernens nimmt dank immer besser werdender Angebote von Plattformen und Tools konstant zu. Neben zahlreichen Quellen für Lernvideos die unter OER frei und kostenlos zur Verfügung stehen, gaben die #EDchatDE-Teilnehmenden wertvolle Erfahrungen und Empfehlungen für die Eigenproduktion sowie didaktische Vorgehensweise weiter – ein tolles Ergebnis dieser aktiven Twitter-Community.

Weiterführende Links:

- Birte Svea Philippi: Erklärvideos selbst erstellen: Techniken, Planung und Umsetzung: www.e-teaching.org/community/communityevents/schulung/erklaervideos-selbst-erstellen-techniken-planung-und-erstellung-training
- sofatutor-Magazin: Ist das Lernen mit Videos effektiv? – Ja, sagen Wissenschaftler: http://magazin.sofatutor.com/schueler/2014/01/29/ist-lernen-mit-videos-effektiv-ja-sagen-wissenschaftler/

Link zum vollständigen Protokoll:

- https://docs.google.com/spreadsheets/d/1Il2iV3h8yWbDu-nqmf0f1SCtfjyIQ2UPxL5-9rZfDPk/pubhtml

5.2
Papierlose Schultasche für Anfänger
(#EDchatDE vom 23. September 2014)

von Alicia Bankhofer

Wird der Traum von einer papierlosen Schultasche für alle je in Erfüllung gehen? Spätestens seit 2010, als mit der Einführung des iPads Tablet-PCs erstmals tägliche Arbeitswerkzeuge für Millionen von Menschen in verschiedenen Branchen wurden, stiegen die Bemühungen im Bildungsbereich, analoge Drucksorten mit digitalen Medien und papierlosen Tools zu ersetzen. Trotz immer schlanker und schneller werdenden Netbooks, Laptops und Tablets erweist es sich für viele noch als leichter gesagt als getan.

In diesem #EDchatDE teilt die Community ihre Erfahrungen mit papierlosen Workflows und gibt Tipps für Anfängerinnen und Anfänger.

> *Was in deiner Schultasche ist noch aus Papier, was ist schon digital?*
> *Und wie sieht das in 10 Jahren aus?*

Die Teilgeber/innen sehen bei sich durchaus noch Entwicklungspotenzial in Richtung Digitalisierung.

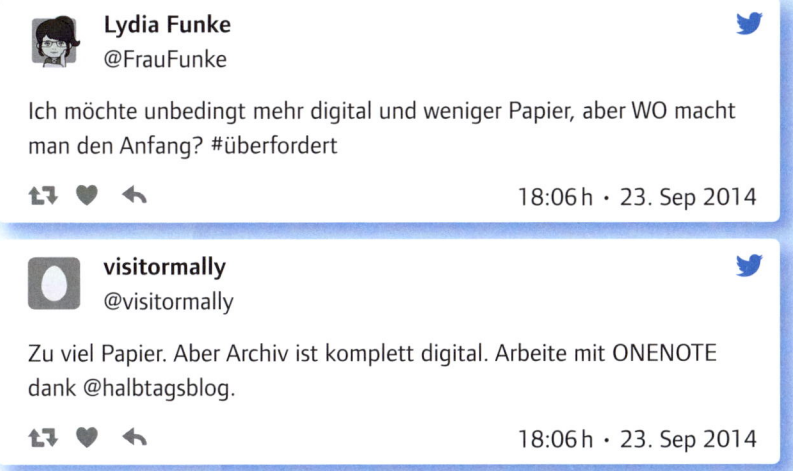

Lydia Funke
@FrauFunke

Ich möchte unbedingt mehr digital und weniger Papier, aber WO macht man den Anfang? #überfordert

18:06 h · 23. Sep 2014

visitormally
@visitormally

Zu viel Papier. Aber Archiv ist komplett digital. Arbeite mit ONENOTE dank @halbtagsblog.

18:06 h · 23. Sep 2014

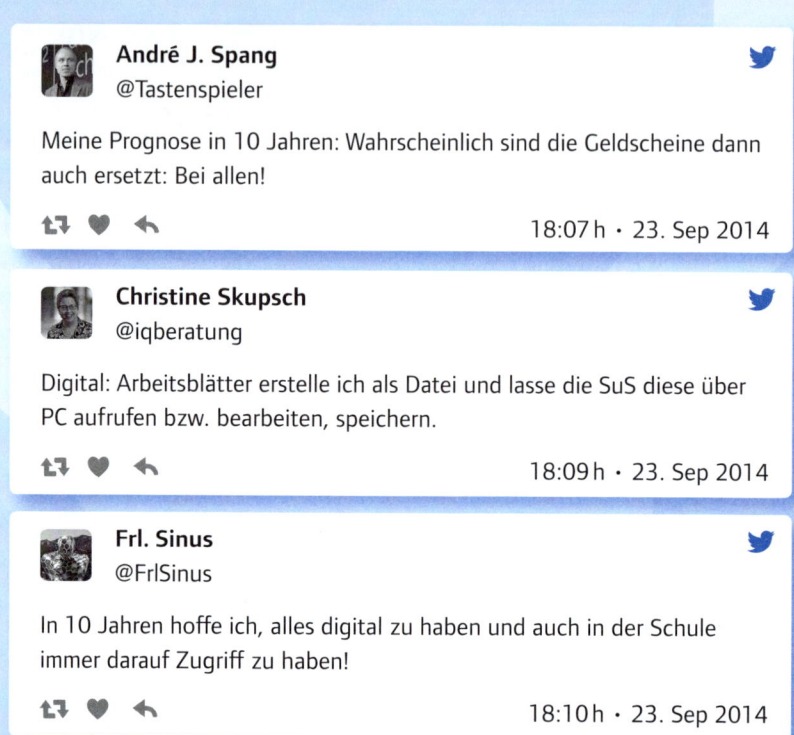

André J. Spang
@Tastenspieler

Meine Prognose in 10 Jahren: Wahrscheinlich sind die Geldscheine dann auch ersetzt: Bei allen!

18:07 h · 23. Sep 2014

Christine Skupsch
@iqberatung

Digital: Arbeitsblätter erstelle ich als Datei und lasse die SuS diese über PC aufrufen bzw. bearbeiten, speichern.

18:09 h · 23. Sep 2014

Frl. Sinus
@FrlSinus

In 10 Jahren hoffe ich, alles digital zu haben und auch in der Schule immer darauf Zugriff zu haben!

18:10 h · 23. Sep 2014

> *Warum ist Deutschland im Vergleich mit anderen Ländern so zögerlich, was die Digitalisierung des Lernens und Lehrens betrifft?*

Dafür kamen unterschiedliche Begründungen. Einerseits wurde z. B. vermutet, dass bei den Schulbuchverlagen, den Kultusbehörden und Schulträgern zu wenig auf Digitalisierung gesetzt wird, andererseits wurde eine mangelnde Medienkompetenz bei Lehrern beklagt.

- „Deutschland – das Land der Dichter und Denker" … und die tief verwurzelte Vorstellung, man könne nur auf Papier dichten und denken.
- Zu wenige Investitionen im EU-Durchschnitt im Bereich Bildung?
- Weil die Datenschutzgesetze hier ziemlich strikt sind und man als Lehrer im Dunklen steht, was recht ist und was nicht.
- Die Schulbuchverlage mauern (haben gemauert), die Kultusbehörden scheuen Kosten, die Schulträger ebenso.
- Unklar, wie man www sinnvoll nutzen kann. Die meisten haben Angst, dass SuS es missbrauchen oder sie es nicht verstehen.
- Das „Land der Ideen" ist digital-didaktisch ideenlos.

- Ich würde einmal vorsichtig spekulieren: mangelnde Medienkompetenz in deutschen Lehrerzimmern?

> *Papierlos = digital. Ist Datenschutz schlechter als früher mit Lehrerkalender, der in der Pause auf dem Pult liegt?*

Die Möglichkeiten des Datenschutzes wurden im digitalen Bereich von fast allen Teilgebern als besser eingeschätzt. Allerdings kamen auch Hinweise, dass personenbezogene Daten besonders geschützt werden müssen.

- Nicht schlechter, eher besser. Aber: Wenn Daten in falsche Hände gelangen oder leaken, können sie schneller verbreitet werden.
- Digitaler Datenklau kann in ganz anderem Maße erfolgen, wie z.B.: Schüler schauen sich temporär den Kalender eines Lehrers an.
- Passwort = Vorhängeschloss, Verschlüsselung = Geheimsprache. So einen Papierkalender hab ich noch nicht gesehen …
- Meine Noten im Tablet sind doppelt geschützt – der Kalender gar nicht.
- Im digitalen Zeitalter muss man (mehr denn je) wissen, was man mit (seinen) Daten macht.
- Datenschutz betrifft ja nicht nur Noten, sondern personenbezogene Daten. Risiko steigt mit zunehmender Digitalisierung erheblich.
- Schutz der Privatsphäre wird in Deutschland durch Transparenzphobie begründet.

> *Welche Vorteile bietet das papierlose, digitale Arbeiten? Konkrete Tipps! Welche APP für was? Links mögen wir hier besonders.*

Als positiv wurde genannt, dass Digitalisierung zu einer besseren Ordnung und Übersicht führt und Arbeitsabläufe schneller zu organisieren sind. Die Teilgeber nannten einige Beispiele für Apps, die sie verwenden.

- Ich verliere endlich keine Zettel mehr, habe meine Materialien immer und überall im Zugriff, kann mit anderen zusammenarbeiten etc.
- Weniger Aktenordner, in denen ich bestimmte Folien, Tafelbilder suchen muss.
- Ich finde es genial, wenn ich z.B. im Blog Links zum Anschauen als Hausi posten kann.
- Recherchetool für Lehrer und Schüler, Wikilinks (Nur iOs): http://t.co/ekiyKP5Gel
- Vorteil: Ich finde alles schneller und die Vorbereitung geht rascher. Alle Notizen sind an einem Ort.
- Ich kann Kollegenwünsche nach Arbeitsmaterial von mir SOFORT über Teilenfunktion und E-Mail erfüllen.
- Evernote, Explain Everything, Etherpad, Wikis, Blogs, GoogleDocs, iCloud Apps, YouTube.

- Doodle für Terminabsprachen, Buchbestellungen, Theaterorganisation und für den Klassenkassier.
- Kollegen schreiben Konferenzprotokolle per Hand und tippen sie dann. Meine gehen nach kurzer Überarbeitung sofort raus.

> **Was forderst du von Bildungsmedien-Verlagen, Ländern und Politik, damit es mit dem „papierlos" richtig klappt?**

Auf der Wunschliste stehen besonders digitale Schulbücher und handhabbare Datenschutzlösungen.

- Publishers: Don't even plan school books on paper in the future – make sensible e-books.
- Ich erwarte sichere und handhabbare Datenschutzlösung … und bezahlbar soll sie auch sein.
- Digitale Schulbücher für mehr als ein Gerät. Nutzung in verschiedenen Umgebungen (IOS, Windows, Android, Linux).
- Politik: Geld für WLAN in den Schulen, sonst ist papierlos witzlos.
- Vorbereitung der LuL sowie SuS auf diese Entwicklung.
- Schulbuchverlage: Alle Möglichkeiten digitaler Medien nutzen, nicht nur Schulbuchseiten einscannen.
- Most important for successful & effective digital technology use is the right pedagogy.
- Multimediale Schulbücher mit einem wirklichen Mehrwert, nicht nur eBooks.
- Enger fachlicher und wissenschaftlicher Austausch zwischen Schulen und Hochschulen.
- Bildungspolitiker zu Unterrichtshospitationen einladen.
- Von Verlagen und Ministerien fordere ich inzwischen gar nichts mehr, nur noch von SuS, die sich Sorgen um ihre Zukunft machen.

> **Welche Anregungen, Fragen hast du sonst noch zum Thema „Papierlose Schultasche für Anfänger?"**

Auch hier kamen einige Hinweise:

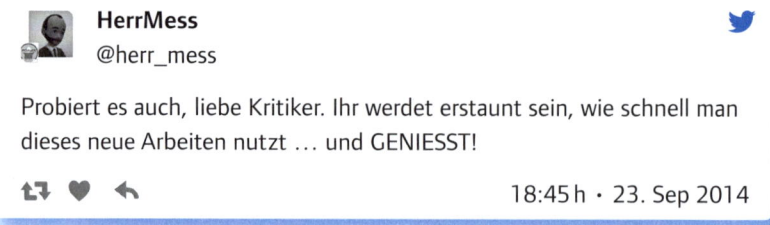

HerrMess 🐦
@herr_mess

Probiert es auch, liebe Kritiker. Ihr werdet erstaunt sein, wie schnell man dieses neue Arbeiten nutzt … und GENIESST!

↻ ♥ ↩   18:45 h · 23. Sep 2014

Frl. Sinus
@FrlSinus

Ich finde immer ganz viel für iOS. Wünsche mir mehr für Android.

 　　　　　　　　　　　18:46 h · 23. Sep 2014

 Stefan Schwarz
@swarzste

Ich würde in meiner Klasse auch gerne z. T. nach #flippedclassroom arbeiten. Problem: Nicht alle SuS haben zu Hause Internet.

  　　　　　18:46 h · 23. Sep 2014

 Christian
@cdierks

Mich würde mal interessieren, wie das mit Daten (z. B. U.-Planung) in herkömmlichen Clouds und der rechtlichen Seite aussieht?

  　　　　　18:48 h · 23. Sep 2014

 Monika Heusinger
@M_Heusinger

Kontinuierlicher Erfahrungsaustausch mit Kollegen wäre hilfreich.

  　　　　　18:48 h · 23. Sep 2014

 **Christine Skupsch**
@iqberatung

Schulleiter u. a. Multiplikatoren zu Fortbildung „Vorteile der papierlosen Schultasche" verpflichten.

  　　　　　18:52 h · 23. Sep 2014

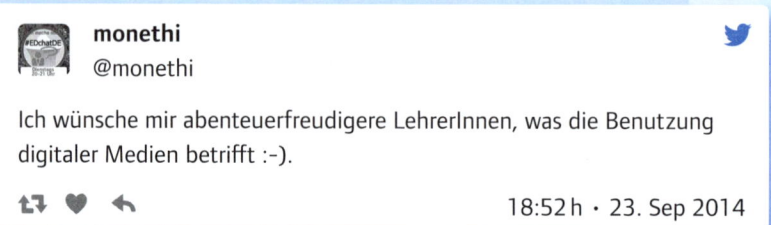

monethi
@monethi

Ich wünsche mir abenteuerfreudigere LehrerInnen, was die Benutzung digitaler Medien betrifft :-).

18:52 h · 23. Sep 2014

Fazit:

Viele Lehrende im deutschen Sprachraum nutzen bereits papierlose Formate in ihrer Unterrichtsplanung, Vorbereitung und in ihrer allgemeinen Organisation von Lehrinhalten. Allerdings bleibt noch viel zu tun. Lehrende fordern digitale Lehrbücher und mehr freie Bildungsressourcen, Hardware und Infrastruktur an den Schulstandorten sowie didaktische Konzepte die digitale Workflows erleichtern. Wir sind gespannt, wie die Situation in zehn Jahren aussehen wird!

Weiterführende Links:
- ZUM-WIki zum Thema „papierlose Schultasche": https://wiki.zum.de/wiki/Papierlose_ Schultasche
- Lehrer-Workflow – die papierfreie Schultasche: http://lernwolke.de/2010/03/11/ lehrer-workflow-die-papierfreie-schultasche/

Link zum vollständigen Protokoll:
- https://docs.google.com/spreadsheets/d/1WyaobWVW6T2zl_1TpcOGsCMNs79MlM F9rZIE-07hYpM/pubhtml

5.3 Kollegen für den Einsatz digitaler Werkzeuge gewinnen (#EDchatDE vom 15. Juli 2014)

von Peter Jochum

Der MIT-Vordenker C. Otto Scharmer behauptet: „Five committed guys can change the world"[1]. Nicht ganz so ambitioniert, aber ähnlich geht es zu bei der Digitalisierung des Lehrens und Lernens und der Kollegien. Bei diesem Thema geht es um Schulentwicklung und das Change Management in der Schule. Unsicheres, unkalkulierbares Neuland ist zu beschreiten. Solisten, Helden oder eine starke Schulleitung alleine reichen nicht aus, um gewachsene Schulkulturen zu bewegen. Die Pioniere der Veränderung müssen sich verbünden. Es braucht ambitionierte Changeteams, die sich der digitalen Idee verschreiben, gemeinsam etwas bewegen wollen und nicht beim ersten Widerstand aufgeben. Und es braucht Verbündete an vielen Stellen im Kollegium. Wie kann man Kollegen davon überzeugen, digitale Medien im Unterricht einzusetzen, um digitale Kompetenzen zu fördern sowie digitale Medien für den eigenen Workflow zu nutzen?

> *Nenne 3 Impulse, Vorteile, die dich veranlasst haben, digitale Werkzeuge zu benutzen!*

- Alle Quellen, Materialien etc. sind immer sofort digital verfügbar.
- a. Individuell auf SuS eingehen, b. Aufgaben variabler gestalten zu Fähigkeiten, c. flexiblere Gestaltung des Unterrichts.
- Zeitersparnis, Effizienzsteigerung, Mobilität (Arbeiten am Mainufer und so).
- 1. Zeitersparnis, 2. Kooperationsmöglichkeiten, 3. Motivationale Impulse.
- Arbeitserleichterung, vielfältigere Methoden, mehr Spaß.
- Neugierde, Hoffnung auf Effizienz, bessere Dokumentation.
- Anschaulichkeit, Motivation, Kreativität.
- Persönliche Faszination, die Möglichkeit, die Schüler abzuholen und die Notwendigkeit für die Zukunft.
- Mir von den Schülern nichts vormachen lassen (mich auskennen), Medienpädagogik unterrichten zu können, VERNETZUNG.
- Vereinfacht: Archivierung, erleichtert Austausch, ermöglicht Veränderungen.

---

1 Zit. n. Klaus Zierer (2015): Hattie für gestresste Lehrer. Baltmannsweiler, S. 15

- Mit Kollegin aus Grundschule für einen Wettbewerb getwittert. SuS haben @Lea_ Weltretter erfunden, Tweets geschrieben.
- Erst mal: Für mich #facebook-Gruppe; bessere Erreichbarkeit der Studierenden.
- Goodreader: Mein Dokumentenarchiv; Notes Plus: Meine digitale Tafel; Teacher Tool: Mein digitaler Lehrerkalender.
- Dropbox http://t.co/L9OihAsCK7 or Box http://t.co/oIxzy1spx5.
- Webquests im Geschichts- und Englischunterricht: cf. http://t.co/gjsj4YNryw
- Prezi: http://t.co/zoJO0u2L5f, Example: http://t.co/qaIRU6rOpf
- Google Drive zur Archivierung und zum Austausch.
- Polleverywhere für schnelle Meinungsbilder/Umfragen: http://t.co/riP4KVdWs6
- OneNote für Materialsammlung, Unterrichtsplanung etc.: http://t.co/X3ggkixgI3
- Einfache, wirkungsvolle Tools wie Answergarden, Wordle, Doodle, Quizlet. Und natürlich die Google Tools. Decken fast alles ab.
- Etherpad wie das Zumpad zum kollaborativen Schreiben: http://t.co/UeV0ewkizS
- Ich unterrichte mit Evernote und verwende es nicht nur zum Organisieren, sondern auch beim Visualisieren: http://t.co/rE6xnx0TAC

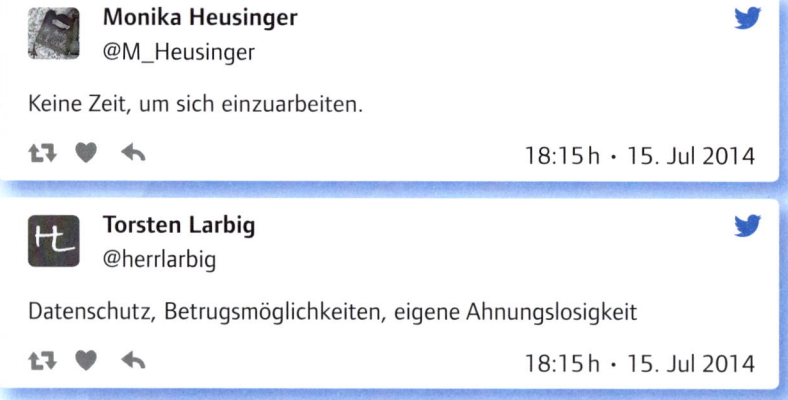

Monika Heusinger
@M_Heusinger

Keine Zeit, um sich einzuarbeiten.

18:15 h · 15. Jul 2014

Torsten Larbig
@herrlarbig

Datenschutz, Betrugsmöglichkeiten, eigene Ahnungslosigkeit

18:15 h · 15. Jul 2014

Christine Skupsch
@iqberatung

Technik zu kompliziert, Internet nicht verfügbar, Unkenntnis über Programme, Vorteile nicht bekannt

18:16 h · 15. Jul 2014

Gabriele Cierniak
@gcierniak

Technik funktioniert oft nicht, kann ich nicht - braucht zu viel Zeit, mag ich nicht, läuft gerade doch gut so wie es ist

18:16 h · 15. Jul 2014

André Hermes
@Medienberater

Zu zeitaufwändig, zu wenig eigene Erfahrung, sehen keinen Mehrwert, Schüler sitzen genug vorm Bildschirm

18:17 h · 15. Jul 2014

> *Überlege dir, wie du Kollegen motivieren kannst, in den kommenden Wochen / im kommenden Schuljahr digitale Werkzeuge einzusetzen.*

Neben dem Angebot, interne Fortbildungen durchzuführen, Tools weiterzureichen, kamen die Teilgeber auf viele weitere gute Ideen.

- Ich würde Zusammenarbeit bei einem Projekt anbieten, Anleitung erstellen, wie man kollaborativ schreiben kann bei Gruppenarbeit – Google-Doc.
- Plan: Austausch-Runde zur Nutzung digitaler Medien im Unterricht (ca. 1 h), so ähnlich wie Webmontag.
- Newsletter mit Erklärungen zum Tool erstellen.
- Interne Fortbildungen anbieten. Das Interesse ist erfahrungsgemäß erstaunlich groß ...
- Verbündete an der Schule suchen und eine unauffällige kleine Kampagne starten.
- Tools weiterreichen, die helfen, z. B. Excel-Tabelle zur Ermittlung der Noten entsprechend Punktzahl Kollegen geben/mailen.
- Zuschauen lassen, die Angst vor der Technik nehmen – ggf. Dinge erklären, bei Fragen Hilfe anbieten.
- Ab und zu von guten, gelungenen Projekten erzählen und neugierig machen!

- Ich helfe weiterhin beim Einrichten neuer Laptops, Tablets und PCs der Kollegen. (Kostet zwar Nerven, macht aber Spaß!)
- Barcamp statt pädagogischem Tag unter den Kollegen anregen und Fortbildungen geben bzw. Vorträge halten. UND: zum #EDchatDE einladen.
- Interne FoBIs sind bequem, da ortsnah, man kennt sich, daher geringe Hemmschwelle, anwendbar, da angepasst an Ausstattung.
- Lehrern, die in den gleichen Klassen unterrichten, Tools zeigen, die bereits eingeführt sind. So kann man locker aufspringen.
- 1. Medienberater-Newsletter für Kollegen, 2. Best-Practice-Artikel auf der Schulhomepage, 3. Für Fortbildungen bereitstehen.
- Ein #Lernlab im Kollegium veranstalten; so wie das #LernLabKAS14 https://t.co/aD96z8R1Al

> *Welche Anregungen, Fragen, Links hast du sonst noch zum Thema „Kollegen für den Einsatz digitaler Werkzeuge gewinnen"?*

- Fange erst mal mit einem Tool an. Nichts überstürzen. Suche dir das heraus, was dir gut liegt.
- „Moodle and Web2.0", curated by @wagjuer: http://t.co/u52KiY9yNC
- „Newsletter Fremdsprachen des LPM Saarbrücken" by @wagjuer: http://t.co/KW8dXJ9crA
- Kollegen klar machen, dass es ja wohl nicht der Plan sein kann, für immer bei ‚Stift und Block' zu bleiben.
- Für die Kollegen in Bayern: Ich führe gerne Fortbildungen durch zu mebis und #flipped classroom. Gerne weiterleiten: http://t.co/gp8QPqPhlg
- Graswurzelphänomen: Wenn kompetente SuS lieber Podcasten, statt ein Plakat zu erstellen, sagt kaum ein Kollege nein …
- In der Lehrerausbildung damit beginnen. Nutzung digitaler Tools in Aktivitäten und zum Austausch vorstellen und einsetzen.
- Will Richardson: Wikis, Blogs + Podcasts. Neue und nützliche Werkzeuge für den Unterricht (TibiaPress 2011)
- Philippe Wampfler: Facebook, Blogs + Wikis in der Schule. Social-Media-Leitfaden (V+R, Göttingen 2013)
- Das ELSA Netzwerk zeigt, wie es funktioniert, landesweit! Österreich scheint vieles richtig zu machen! http://t.co/IuJAgFcy9g

Weitere Informationen zum Thema:

Hermes, André, Medienberater bloggt: http://medienberaterbloggt.de/

Linktipps von #EDchatDE-Teilnehmern:

- Resümee von Peter Ringeisen in seinem Blog (via @vilsrip): http://www.asamnet. de/~ringeisp/wordpress/?p=538
- Etherpad zur Session Digitales Curriculum für Lehrende von André Hermes beim #DED15 (via @m4sp0): https://etherpad.wikimedia.org/p/DED15_Session23
- Tweetprotokoll zum #EDchatDE-Summer-Special Wie durchbreche ich das Einzelkämpfertum an meiner Schule? (via @herr_hundt): https://docs.google.com/spreadsheets/ d/1xZQfArAfABKwJHIcyr-6eUnl5WRFGXwpn3G4l00EbqM/pubhtml

Link zum vollständigen Protokoll:

- http://www.asamnet.de/~ringeisp/wordpress/?p=538

5.4
Lehrer oder Lernbegleiter: Kontrollverlust als Programm (#EDchatDE Summer-Special vom 28. Juli 2015)

von Elke Höfler

Welche Rolle spielen Lehrerkräfte heutzutage? Sind sie Lehrer oder Lernbegleiter? Diesen und ähnlichen Fragen wurde im Summer-Special nachgegangen, das von Herrn B. (@legere-aude) und Sabine Strauss (@Sallythechin) moderiert wurde.

Lehrer oder Lernbegleiter: Was ist der Unterschied? Ist eine bestimmte Haltung zum Lehren notwendig?

Gleich zu Beginn wurden einander die unterschiedlichen Begriffe, Konzepte oder Überlegungen gegenübergestellt. Für die Teilgeber war hier kein sich ausschließender Gegensatz (ein Entweder-oder), sondern vielmehr ein sich ergänzendes Sowohl-als-auch der Grundtenor:

- Lehrer ist eine Berufsbezeichnung, Lernbegleiter ist ein Konzept.
- Überspitzt: Lernbegleiter begleitet selbstständig Lernende. Lehrer lehrt, während Lerner zumeist extrinsisch motiviert lernen.
- Als Lernbegleiter sollte man stets auf der Höhe des Geschehens sein und trotzdem Kontrolle abgeben können.
- Ich finde, dass diese Unterscheidung nur polarisiert und Fronten schafft. Ein guter Lehrer war schon immer auch Lernbegleiter.
- It is all about relationships – not content delivery. I think you have to be both – teacher & coach & find your own real thing.

Kontrollverlust in der Schule: Welche Erfahrungen habt ihr mit eigenverantwortlichem Arbeiten gemacht? (Gerne mit Links)

Vielfach wird die Rolle des Lernbegleiters oder der Lernbegleiterin auch mit einem Verlust der Kontrolle innerhalb des Klassenzimmers gesehen. Die Teilgeber sehen diese Gleichsetzung kritisch, betrachten Lerner auch als Lehrende (Lernen durch Lehren, LdL):

- Ich verliere die Kontrolle nicht, sondern delegiere sie (LdL): Schüler übernehmen die Kontrolle – ich bin für die Richtigkeit verantwortlich.
- Kontrollverlust für Lehrer bedeutet, dass SuS die Kontrolle übernehmen. Super. Verantwortung zu übernehmen lernt man nur so.
- Eigenverantwortliches Arbeiten bedeutet doch nicht „Kontrollverlust". – Gerade dann muss ich den Rahmen kontrollieren.

- We're scaring lots of teachers out there who think control is everything. IMHO learning space must be co-created.

Um zu reüssieren, müssen die Schüler (SuS) das eigenverantwortliche Lernen jedoch (wieder) erlernen oder trainieren:

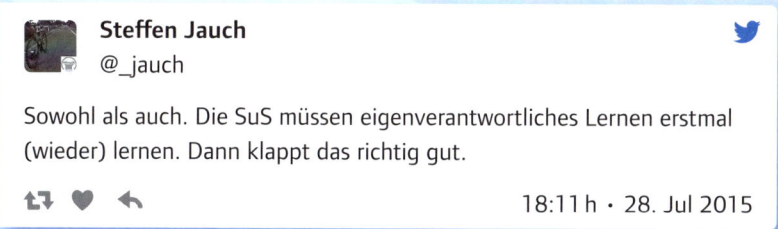

Formen autonomer Arbeit: Welche Formen autonomer Arbeit kennt ihr (Projekt etc.)?

Zahlreiche Formen und methodische Zugänge wurden aufgezählt, die im ausführlichen Protokoll auch mit Links und weiterführenden Informationen nachzulesen sind. Lernen durch Lehren (LdL) war einer der meist genannten Ansätze, genannt wurden aber auch: aufgabenorientiertes Arbeiten, Freiarbeit, Gruppenpuzzle, Lernen an Stationen, Lerntheke, Lernwerkstatt, Projektarbeit, Selbstorganisiertes Lernen (SOL), Wochenplanarbeit und Portfolioarbeit. Doch auch kritische Stimmen zum autonomen Lernen wurden laut:

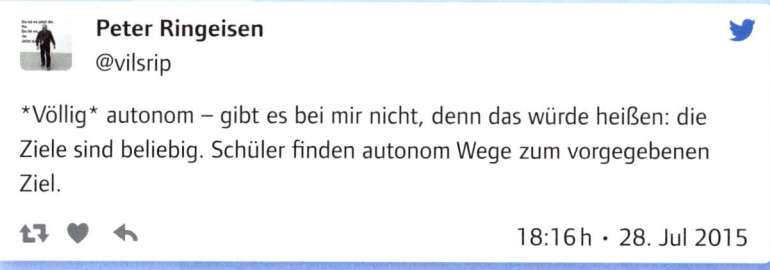

Führung ohne Führung: Welche Voraussetzungen braucht lernbegleitendes Arbeiten?

Will man als Lernbegleiter/in agieren, müssen auch die Rahmenbedingungen und die Vorgaben stimmen oder angepasst werden:

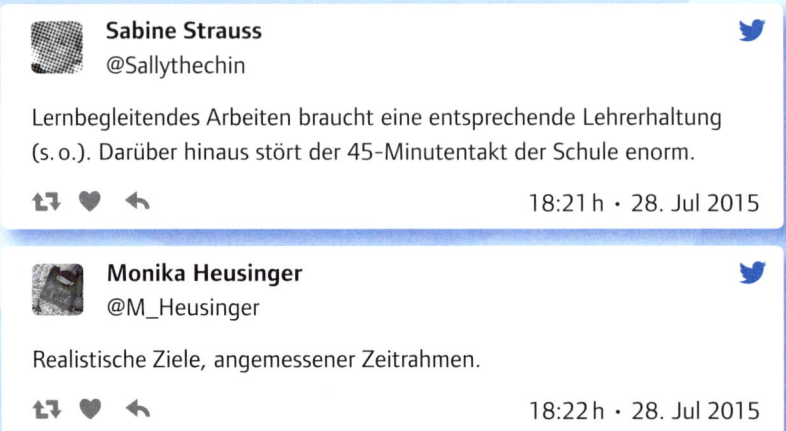

Klarheit und Transparenz wurden an mehreren Stellen und auf unterschiedlichen Ebenen betont und in ihrer Wichtigkeit herausgehoben:

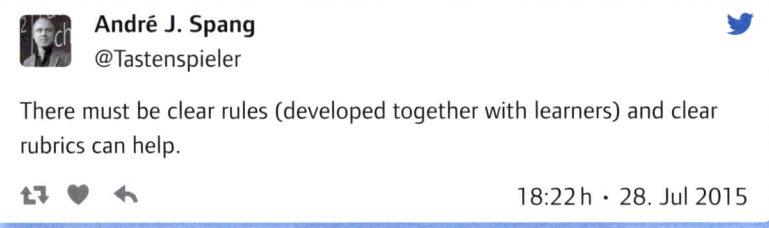

Doch auch Werthaltungen (auch im Sinne einer Rahmenbedingung), Kompetenzen und veränderte Rollenbilder wurden im Zuge der Diskussion angesprochen:

- Vertrauen und Wertschätzung
- Methodenkompetenz seitens der Lernenden, sorgfältiges Prüfen der Lernvoraussetzungen seitens der Lehrperson.
- Verdammt viel Feingefühl, um an den richtigen Momenten das Richtige zu sagen/machen, ohne wieder ins alte Muster zu verfallen.

Antworte auf 3 Tweets unterschiedlicher Teilgeberinnen a) zustimmend, b) kritisch, c) provozierend!

Gerade die Freiheit, selbst also autonom zu entscheiden, wurde, ausgelöst durch folgenden Tweet, stark diskutiert:

Pluto
@KetieSaner

Wichtig ist: Freiwilligkeit und auch die Freiheit nichts zu tun.

18:24h · 28. Jul 2015

Christine Skupsch
@iqberatung

@KetieSaner: Naja, die Freiheit, nichts zu tun, schätzen die SuS unterei-nander, nicht bei Gruppenarbeiten/-ergebnissen.

18:26h · 28. Jul 2015

Dejan Mihajlović
@DejanFreiburg

@KetieSaner: Stimme voll zu. Erzwungenes kostet nur Kraft/Zeit und vermittelt ein falsches Bild vom Lernen.

18:27h · 28. Jul 2015

Pluto
@KetieSaner

@iqberatung: Nicht, so lange es um das Ergebnis, insbesondere um Noten in Gruppenarbeiten geht. Scheitern muss immer möglich sein.

18:28h · 28. Jul 2015

Christine Skupsch
@iqberatung

@KetieSaner: Im Prinzip ja, aber es muss Alternativen für Schüler geben, so dass es nicht beim Scheitern als Erfahrung bleibt.

18:31h · 28. Jul 2015

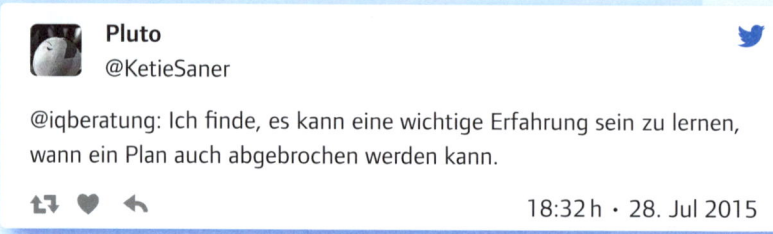

Pluto
@KetieSaner

@iqberatung: Ich finde, es kann eine wichtige Erfahrung sein zu lernen, wann ein Plan auch abgebrochen werden kann.

18:32 h · 28. Jul 2015

Digitale Arbeit: Wie kann digitales Arbeiten Selbstständigkeit fördern?

Erleichtern oder fördern digitale Medien das selbstständige Arbeiten oder die Selbstständigkeit? Sollen wir selbstständig sein oder das Teamplay lernen? Diesen Aspekten ging diese Frage nach:

- Indem produktive, konnektivistische Arbeit und nicht ausschließlich Internetrecherche gefordert/gefördert wird.
- Die Suche nach Material wird durchs Digitale sicher leichter. Aber wieso immer „Selbst"ständigkeit? Kollaboratives Arbeiten muss gefördert werden.

Digitale Medien erleichtern, so ein Diskussionsstrang, die Kommunikation und Kollaboration bzw. Interaktion in großen Gruppen und über geografische Distanzen hinweg. Sie erweitern den physischen und virtuellen Lernraum:

- Digitale Medien erleichtern mir Kommunikation (und auch Kontrolle), wenn SuS sich auf mehrere Räume verteilen.
- Digitale Medien sind eine Erweiterung des Lernraums ins Virtuelle.

Hand auf's Herz: Was kann schief gehen, was ist schon schief gegangen? Wie reagieren?

Einige Erfahrungsberichte zeigten, dass das Zuviel an Medien, Methoden oder Inhalten zu einer Überforderung führen kann, die wiederum für den Lernprozess und die Motivation hinderlich ist:

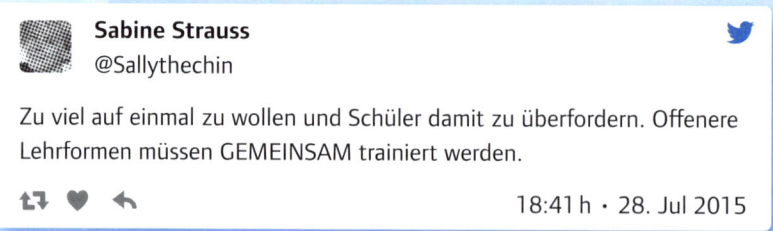

Sabine Strauss
@Sallythechin

Zu viel auf einmal zu wollen und Schüler damit zu überfordern. Offenere Lehrformen müssen GEMEINSAM trainiert werden.

18:41 h · 28. Jul 2015

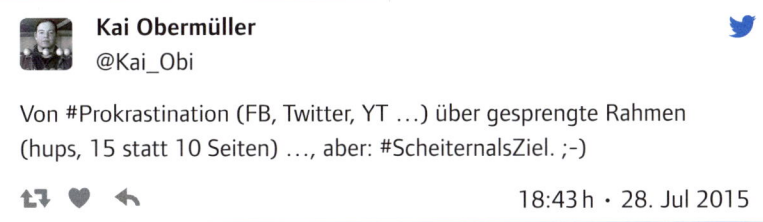

Kai Obermüller
@Kai_Obi

Von #Prokrastination (FB, Twitter, YT …) über gesprengte Rahmen (hups, 15 statt 10 Seiten) …, aber: #ScheiternalsZiel. ;-)

18:43 h · 28. Jul 2015

Auf den Punkt bringt es aber Peter Ringeisen (@vilsrip) mit folgendem Tweet:

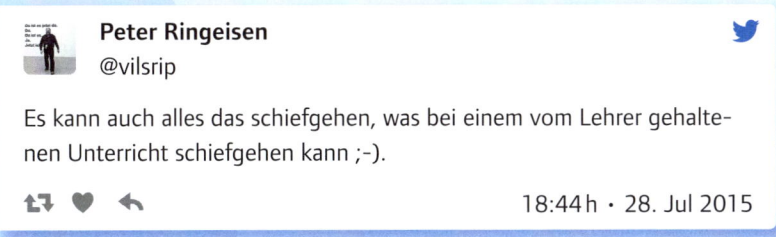

Peter Ringeisen
@vilsrip

Es kann auch alles das schiefgehen, was bei einem vom Lehrer gehaltenen Unterricht schiefgehen kann ;-).

18:44 h · 28. Jul 2015

Welche Anregungen, Fragen hast du sonst noch zum Thema?

Zwei Anregungen sollen hier aus einer Fülle von Ideen herausgegriffen werden, die quasi auch den Grundtenor dieser Ausgabe bildeten: der Ruf nach Mut und nach einem Umdenken:

Monika Heusinger
@M_Heusinger

Sich von der Idee verabschieden, alles kontrollieren zu können.

18:47 h · 28. Jul 2015

Peter Ringeisen
@vilsrip

Einfach ausprobieren, ja! Aber davor genau planen: Rahmen, Vorgaben, Format, Erwartungen!

18:52 h · 28. Jul 2015

Fazit:

Die Diskussion im Summer-Special polarisierte von Anfang an, wenngleich man im Kern einig zu sein schien: Lehrer und Lernbegleiter als Rollen schließen einander nicht aus. Deutlich zeigte sich, welche Hürden beim eigenverantwortlichen Lernen und lernbegleitenden Arbeiten zu nehmen sein können und dass vor allem die Rahmenbedingungen stimmen sollten, um Selbstbestimmung zu ermöglichen. Darüber hinaus wurde klar, dass der Mut zum offenen Arbeiten vorhanden sein sollte und der „Verlust" von Kontrolle ein Gewinn sein kann. Scheitern, Ausprobieren und Aus-Fehlern-Lernen sollte dabei sowohl den Lernenden als auch den Lehrenden zugestanden werden (dürfen).

Weiterführende Informationen:

Link zum vorbereitenden Google Doc: https://docs.google.com/document/d/1pbmcAM 1i0Xku4FfNy4NSuS0AIGcJ2lVsh_ndouV6724/edit?usp=sharing

Link zum vollständigen Protokoll:

- https://docs.google.com/spreadsheets/d/1UMBXKd8gNx1SZVb4u6A3wI_N-1RGS xzwr-9IOsHrUUA/pubhtml

5.5
Als Lehrer Arbeit und Privatleben trennen?
(#EDchatDE vom 24. Februar 2015)

von Elke Höfler

Ein Papier, das bei der Schulberatung Bayern zum Download vorliegt, trägt den Titel „Lehrerbelastung aus medizinisch-psychologischer Sicht". Der dort vorliegende Rundumblick, was den Lehrerberuf besonders belastend macht und welche Strategien helfen können, die empfundene Belastung zu reduzieren, geht zwar in eine etwas andere Richtung als diese Ausgabe des #EDchatDE, kann aber nicht vom Thema getrennt werden. Wo hört Arbeit auf, wo fängt das Privatleben an? Haben Lehrer ein Privatleben? Das sind nur einige Fragen, die in dieser Ausgabe zur Diskussion stehen.

> *Wie sieht das bei dir zurzeit so aus? Lebst du in Bezug auf Schule und Privatleben getrennt?*

Die Teilgeber des #EDchatDE leben beides: Einige trennen Arbeit und Privatleben, andere (aus Überzeugung) nicht. Wie sich zeigt, sind für viele die Grenzen verschwimmend, sodass eine saubere Trennung auch schwierig wäre:

- Schwierige Frage. Ich nehme mir Freizeit, ja. Ich mache zu komischen Zeiten was für die Schule, ja.
- Ich trenne meinen Müll. Was mir Befriedigung verschafft, nenne ich Arbeit, alles andere erkläre ich für privat (und umgekehrt).
- My professional and private lives overlap pretty much. My subjects are my hobbies, learning is a passion, what can I do?
- Work-Life-Balance suggeriert, dass Arbeit nichts mit Leben zu tun habe. Ich bin anderer Meinung und kombiniere beides.

> *Gibt es an deiner Schule Regelungen, die die Trennung von Arbeit und Privatleben unterstützen? Welche? Was fehlt?*

Vor allem die räumliche Trennung, die aufgrund fehlender physischer Arbeitsplätze in der Schule beinahe unmöglich scheint, wurde diskutiert. Aber auch der virtuelle Arbeitsplatz, über E-Mail z. B., war Ziel der angestellten Überlegungen:

- Da fehlt so einiges. Arbeitsplätze an der Schule wären der wichtigste Schritt. Da gibt's kaum was.
- Nein. Aber es wird auch nicht erwartet, dass man Tag und Nacht zur Verfügung steht. Das ist viel wert.

Gerade die ständige Verfügbarkeit wurde dabei angesprochen:

- Nope. Und mir fehlt schon lange eine E-Mail-Policy!
- Was mir fehlt: Beschränkung der Arbeitsbeanspruchung auf Kernzeiten, z. B. 7.30 bis 17.00 Uhr.

> *Braucht es überhaupt eine Trennung? Wo liegen Vor- und Nachteile, oder sollen nur bestimmte Bereiche getrennt werden?*

Eine Trennung auf ganzer Linie erscheint schwierig, wie Frage 1 gezeigt hat. Ist sie für Lehrer/innen überhaupt notwendig? Vielfach wurden Bereiche genannt, in denen eine Trennung sinnvoll oder notwendig ist, und Bereiche, in denen eine Überlappung Sinn macht.

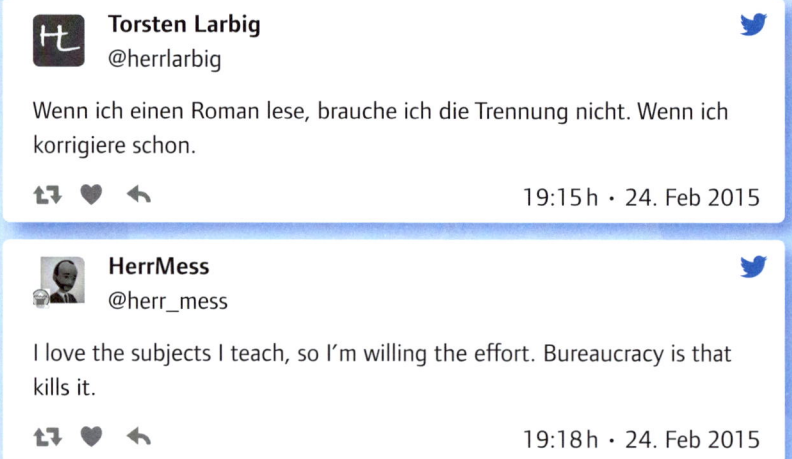

Torsten Larbig
@herrlarbig

Wenn ich einen Roman lese, brauche ich die Trennung nicht. Wenn ich korrigiere schon.

19:15 h · 24. Feb 2015

HerrMess
@herr_mess

I love the subjects I teach, so I'm willing the effort. Bureaucracy is that kills it.

19:18 h · 24. Feb 2015

Eine Grafik zeigt die Arbeitszeitverteilung zweier Lehrpersonen und einer Angestellten im Vergleich:

André J. Spang
@Tastenspieler

Wie viel und wann arbeiten Lehrer? http://t.co/36MuwDB55J via @Lehrerfreund @herr_mess #fb cc, @SylviaLoehrmann, @gew_bund

19:16 h · 24. Feb 2015

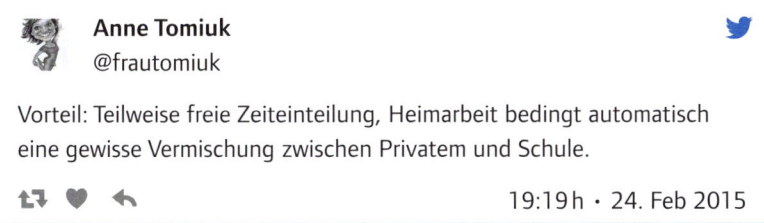

Anne Tomiuk
@frautomiuk

Vorteil: Teilweise freie Zeiteinteilung, Heimarbeit bedingt automatisch eine gewisse Vermischung zwischen Privatem und Schule.

⟲ ♥ ↩   19:19 h · 24. Feb 2015

Dabei sollten Lehrpersonen sich Strategien überlegen, mit den Anforderungen des Berufs umzugehen:

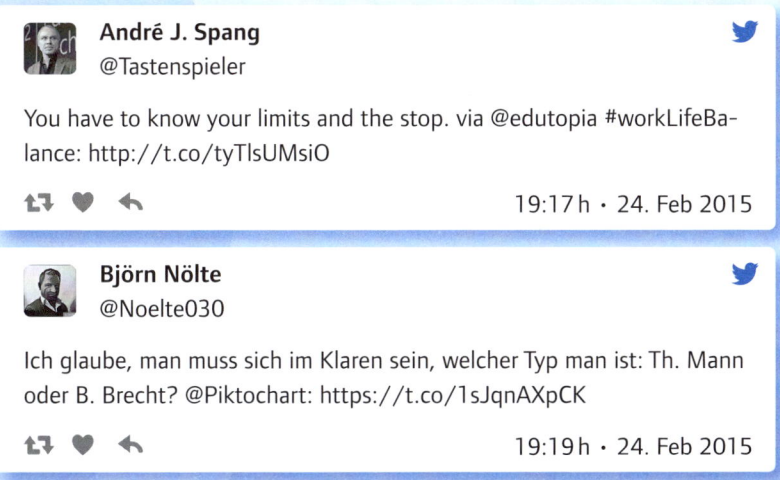

André J. Spang
@Tastenspieler

You have to know your limits and the stop. via @edutopia #workLifeBalance: http://t.co/tyTlsUMsiO

⟲ ♥ ↩   19:17 h · 24. Feb 2015

Björn Nölte
@Noelte030

Ich glaube, man muss sich im Klaren sein, welcher Typ man ist: Th. Mann oder B. Brecht? @Piktochart: https://t.co/1sJqnAXpCK

⟲ ♥ ↩   19:19 h · 24. Feb 2015

> *Blick über den Tellerrand: Wie sieht es bezüglich der Trennung von Arbeit und Privatleben in anderen Berufsfeldern aus?*

Die fehlende Trennung zwischen Beruf und Privatleben trifft auch andere Berufe, wenngleich es hier zu einem Paradigmenwechsel zu kommen scheint und einige Berufe zumindest nicht die Arbeit wohl aber die Gedanken an die Arbeit mit nach Hause nehmen (können):

- Auch andere Berufe tragen Dinge mit in das Privatleben. Da müssen wir nicht auf Alleinstellung hoffen.
- Industriearbeiter/Handwerker haben frei, weil sie den Arbeitsplatz schlecht mitnehmen können. Alle anderen mischen eben.
- Je intensiver die Arbeit mit anderen Menschen ist, umso eher nimmt man Arbeit mit nach Hause.

- Der Lehrberuf hat enorme zeitliche Peaks und ist sehr beziehungslastig. Das ist bei vergleichbaren Berufen nicht immer der Fall.

> *Antworte auf 3 Tweets unterschiedlicher Teilgeberinnen a) zustimmend,*
> *b) kritisch, c) provozierend!*

In dieser Ausgabe waren die Reaktionen der #EDchatDE-Teilgeber eher kritisch und lösten zahlreiche Reflexionen aus:

Monika Lachner
@MoLa1303

@M_Pfitzenreuter: Kritisch: Wer seinen Job liebt, kann auch effektiv arbeiten und für genügend „Auszeiten" sorgen.

19:27 h · 24. Feb 2015

Torsten Larbig
@herrlarbig

@bashaierk: My role is part of my person. But not my whole person is part of my role.

19:27 h · 24. Feb 2015

André Hermes
@Medienberater

@phwampfler: Lehrer können sich immerhin den späten Nachmittag frei einteilen. Das können andere nicht.

19:28 h · 24. Feb 2015

Torsten Larbig
@herrlarbig

@magaje: I know. The administrational work has really to stay at school. I do not take it with me very often.

19:30 h · 24. Feb 2015

Es ist möglich, immer und überall online zu sein. Bleibt da nicht die Entspannung auf der
Strecke?

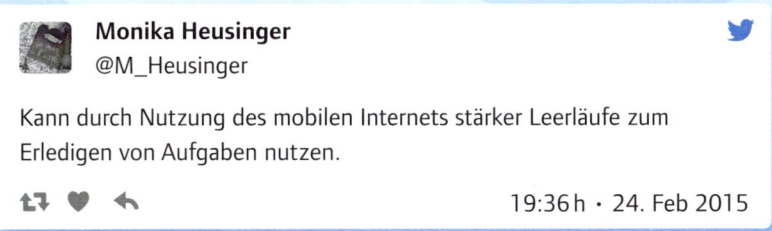

Der (individuell) sinnvolle Einsatz erscheint hier zentral, wenngleich er ambivalent wahrgenommen wird:

- The main thing to me are the connections thru Social Media. I can meet education lea-
ders online and learn with them.
- Gefahr der Prokrastination nimmt zu durch mehr Ablenkungen, aber auch mehr Zeitersparnis bei Vorbereitung möglich.

Die Art der Nutzung bleibt jedem oder jeder selbst überlassen:

- Nicht zwangsläufig, find ich. Man bleibt auch dann noch Herr seiner Entscheidungen.
(„Nein, da antworte ich bis SO Abend nich.")
- Man muss sich selber zeitliche Nutzungsgrenzen setzen. Bis wann lese ich berufliche
Mails?

Wenn die Trennung von Arbeit und Privatleben schon während des Schuljahres nicht funktioniert, welche Möglichkeiten gibt es hierfür in den Ferien? Die Teilgeber/innen verraten
ihre Strategien, um Stress abzubauen, Kraft zu tanken und dem (möglichen) Burnout ent-
gegenzuwirken. Von Sport bis zur digitalen Pause wurden unterschiedliche Strategien getwittert, die im ausführlichen Protokoll nachgelesen werden können. Hier ein Auszug:

- Kind 1, Kind 2, Kind 3; echtes Leben fordert viel Aufmerksamkeit und sorgt für Ablenkung.
- Doing sports – very important to stay healthy – running, skiing, hiking, biking etc.
- In der Schulzeit. Feste Termine zum Sport – macht den Kopf frei und ich bin 3 Stunden
nicht erreichbar.

- Ich habe den letzten Familien-Urlaub ohne Handy verbracht. Hat gar nicht weh getan.
- In wirklichem Urlaub brauche ich digitale Distanz. Lese z. B. kaum Mails, Twitter.

> **Welche Anregungen, Fragen hast du sonst noch zum Thema?**

Die abschließende Frage brachte Perspektiven ins Spiel, die so nicht diskutiert wurden und die jedenfalls eine Reflexion wert sind:

- Thema betrifft für mich auch die SuS: Auch sie haben Privatleben, das sich oft schwer trennen lässt.
- Die Arbeit an der Qualität des Schulklimas lohnt immer und entlastet an vielen Stellen.
- Wenn viel ansteht, hilft mir die Pomodoro-Technik. Jetzt auch mit Bäumchen-App: http://t.co/hVKHU47Beo

Fazit:

Die Diskussion zur Trennung von Privatleben und Arbeitszeit brachte deutlich die Heterogenität der Meinungen und Verschiedenheit der Zugänge zum Thema ans Licht. Wenn auch Lehrende nicht die einzige Berufsgruppe sind, bei der die Trennung von Arbeit und Privatleben wichtig erscheint und dennoch schwer fällt, so ist es wichtig, sich Strategien zu überlegen, mit der gegebenen Situation klarzukommen, und sich auf diese Anforderungen schon im Studium einzustellen, um (böse) Überraschungen zu vermeiden.

Weiterführende Informationen:

- Blogbeitrag zur 69. Ausgabe des #EDchatDE: https://edchatde.wordpress.com/2015/02/23/zur-vorbereitung-des-69-edchatde-als-lehrer-arbeit-privatleben-trennen-ist-das-moglichnotigfalsch/
- Blogbeitrag zur 124. Ausgabe des #EDchatDE: Stress- und Zeitmanagement für Lehrer: https://edchatde.wordpress.com/2016/04/25/zur-vorbereitung-des-124-edchatde-am-26-04-16-zeit-und-stressmanagement-fuer-lehrer/
- Protokoll zur 124. Ausgabe des #EDchatDE: https://docs.google.com/spreadsheets/d/1Ll06yShLm205iG2LCtFcHcc1p4A6VvPMYQp9dLToEec/pubhtml
- Lehrerbelastung aus medizinisch-psychologischer Sicht: https://www.schulberatung.bayern.de/imperia/md/content/schulberatung/dr_vogt.pdf

Link zum vollständigen Protokoll:

- https://docs.google.com/spreadsheets/d/1l5qDPc6H22DxIz-hYJbiYwakHygGbT49lAwzvOYU8fM/pubhtml

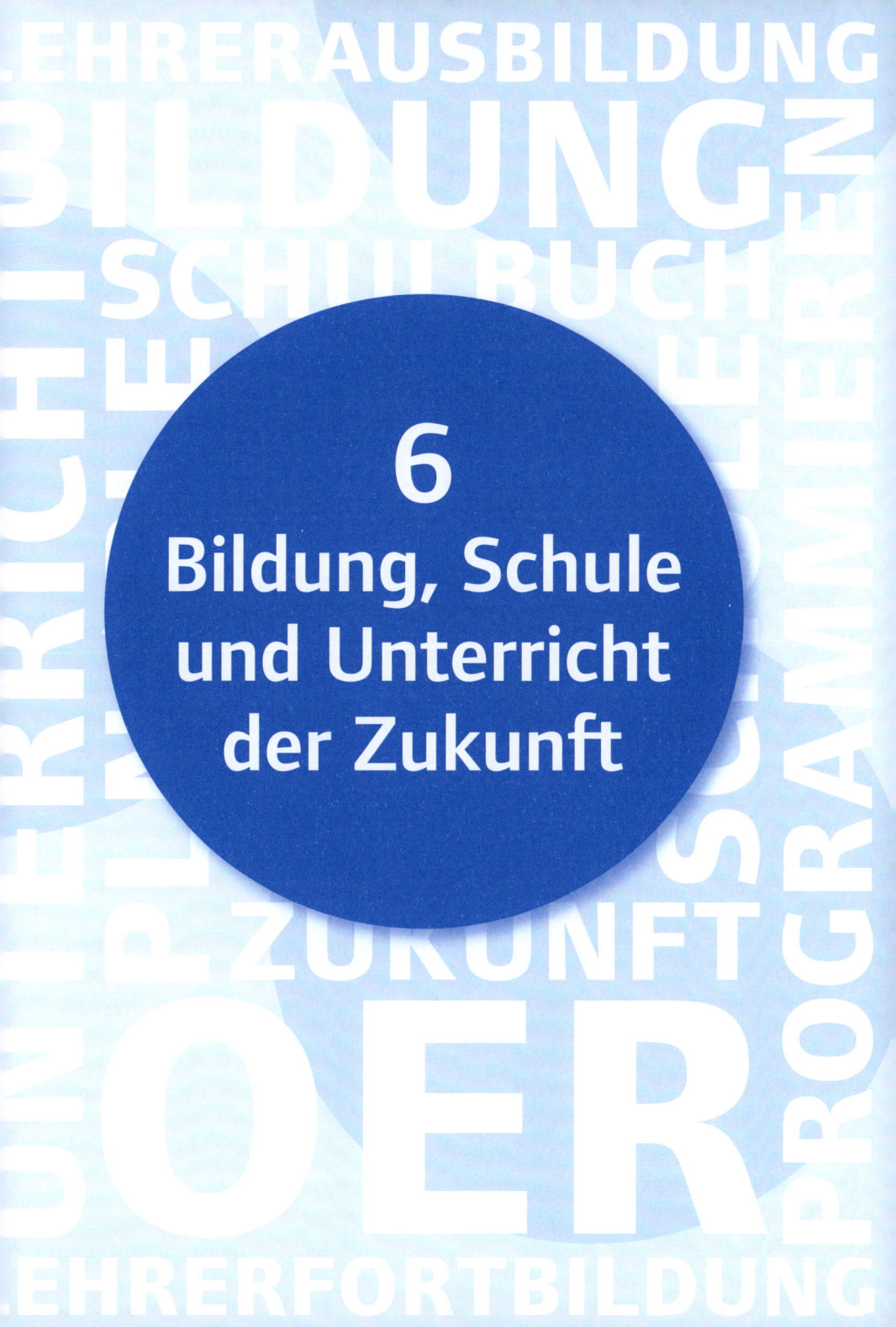

6

Bildung, Schule und Unterricht der Zukunft

6.1
Erweiterte Lernwelten – das Schulhaus der Zukunft
(#EDchatDE vom 17. November 2015)

von Urs Henning

Pädagogik und Architektur ist ein Thema, das mit dem veränderten Lehren und Lernen zunehmend an Bedeutung gewinnt. Der analoge wird durch einen digitalen Lernraum erweitert und ergänzt. Hat das klassische Schulzimmer im Schulhaus der Zukunft ausgedient? Wie unterstützen gute Schulbaukonzepte modernes Lehren und Lernen? Worauf muss bei einem Neubau geachtet werden? Wie können unsere Lernwelten so erweitert werden, dass analoge und digitale Lehr- und Lernmodelle optimal zusammenspielen?

Philippe Wampfler fragt, ob die Schule der Zukunft zum „hochtechnisierten Lernkraftwerk" werde oder zur „Oase der Konzentration" oder zum „Hort der Gemeinschaft". Karl-Heinz Imhäuser spricht von „Homebases", die das Klassenzimmer ablösen würden. Er denkt darüber nach, was moderne Bildungsräume auszeichnet und wie Pädagogik und Architektur ineinandergreifen.

Erweiterte Lernwelt? Was ist das eigentlich?

Die Teilgeber stellen heraus, dass dazu eine räumliche, zeitliche, inhaltliche und soziale Öffnung des klassischen Unterrichts mit Einbezug des virtuellen Lehr- und Lernraums gehöre. Die Grenzen würden so durchlässig, dass informelle und formale Lernsettings ineinandergreifen können.

- Die Beziehung zum Lehrer hat den größten Einfluss auf die Lernwelt des Schülers, egal, ob digital oder analog.
- SuS mit Job und Familie wollen nicht in Schule kommen. Sie wollen überall lernen. Slogan: „Meine Fachhochschule ist genau hier."
- Wenn die Lernwelt abseits von Klassenfahrten/Exkursionen über Klassenraum, Schule und Stadt via Internet hinausgeht.
- Dieses PLN im Netz, von dem alle reden? Ich denke auch schlicht, non-formale Bildung wie VHS, Bibliothek erweitert die Lernwelt.
- Das optimierte Zusammenspiel von analogem und digitalem Lernen in offenen kollaborativen Lernumgebungen.
- So könnte eine erweiterte Lernwelt aussehen: https://t.co/vB5XnKwTJ2
- Erweiterte Lernwelt meint, über das Klassenzimmer hinaus. Öffnung zum virtuellen Lehr- und Lernraum.
- Individuelle (Weiter-)bildung auf digitaler Ebene inklusive Austausch mit anderen Interessierten.

- Begriffsdefinition: Erweiterte Lernwelten https://t.co/OSDUlDy13e @ELW_VHS
- Das sind informelle und formale Lernsettings, die ineinandergreifen. Beide sind wertvoll.
- Lernräume und Schulklassen sind nicht deckungsgleich. Das muss vorausgeschickt werden.
- Extended learning spaces invite play, connection & amp; discovery! https://t.co/iTeKyXhvAZ #GSPD2016 https://t.co/ZNfL2VTy3C
- Eine erweiterte Lernwelt ist die sinnhafte Verbindung von Präsenz und Digital aus Perspektive der Lernenden

> **Hat das klassische Schulzimmer im Schulhaus der Zukunft ausgedient? Wenn ja, weshalb?**

Hier gehen die Meinungen auseinander. Einerseits wird betont, dass das Klassenzimmer, die Schule ausgedient hätten, weil sie als Lernorte zu unflexibel wären. Andererseits wird hervorgehoben, dass diese bei einer Öffnung und Flexibilität durchaus ihre Berechtigung behalten könnten.

- Was ist das klassische Klassenzimmer? Zimmer als Lernorte haben ihre Berechtigung, aber ohne Steifheit, mit Flexibilität.
- Der Lernraum sollte noch flexibler werden. Er sollte neue Lehr- und Lernformen nicht zu sehr behindern.
- Offenheit, Flexibilität und auch Wohlfühlen sind für mich wichtige Schlagwörter.
- Erweiterte Lernwelten erfordern mobiles und flexibles Distant Learning.
- Begrenzungen auf Zeit und Raum werden überflüssiger.
- Die Welt, die SuS, sogar die Lehrer sind heute anders als früher. Somit brauchen wir neue Methoden, neue Impulse.
- I'm afraid it will. Technology definitely plays a huge part in why the classroom will be prone to changing in the future.
- We need more open (maker-)space – something like co-working spaces. A place to spend time and work together.

> **Wo greifen Pädagogik und Architektur überhaupt ineinander?**

Hier wurden einige Möglichkeiten genannt …
- In offenen Lernräumen mit Sitzecken, Tischen, die sich verschieben lassen, Sesseln, auf denen man gemütlich sitzen kann.
- Auch ein Garten oder Rückzugsraum an der frischen Luft (Balkon, Terrasse oder Ähnliches).
- Dort, wo der Lernraum geöffnet werden muss, z. B. beim selbst organisierten Lernen.

- Architektur soll Lernen fördern. Entwickelt sich Bildung, sollte sich auch die Umgebung ändern, um sich neuen Methoden anzupassen.
- Architektur? Ist da IT-Architektur gemeint? Die SuS sind auf der ganzen Welt verstreut. Wozu Architektur?
- Kurssettings beziehen sich grundsätzlich auf Räume, Zeit und Mitglieder. Egal ob offline oder virtuell.
- Lichtdurchflutet, mit Orten zur Kollaboration (Café, Leseecke) und notwendiger Infrastruktur (Steckdosen, WLAN).
- Die Kommunikation zwischen Pädagogen und Architekten muss funktionieren mit Schnittstellen, die von beidem etwas verstehen.
- Ich frage mich, ob Lernräume und Sozialräume in Schulgebäuden so strikt getrennt sein müssen.

> *Wie sieht das neue Schulhaus aus? Was müssen neue Lernorte leisten? Was für Zonen sind denkbar?*

Das Schulhaus der Zukunft soll offen sein, gekennzeichnet durch mehr räumliche Freiheit und Flexibilität, um die zunehmende Heterogenität bewältigen zu können. Die Architektur soll ein Lernen fördern, das Spaß macht. Neben offenen und veränderbaren Lernräumen mit mobilem Mobiliar sollten genügend Besprechungs- und Rückzugsräume vorhanden sein.

- Offene Lernräume, Rückzugsorte. Orte zum Kollaborieren, Recherchieren, Agieren, Schauspielern, Ausruhen.
- Offene Lernmöglichkeiten, Mensa, Chill out area für Schüler und Lehrer.
- Wenn man kooperatives Lernen bzw. – besser – Arbeiten in den Fokus nimmt: Openspaces, Co-Workingspaces, digitale Räume.
- Variable Zonen für: Wellcome, Rückzug, Individuelles, Gruppe, Webconferencing, Begegnung, Café, Werkstatt.
- Wir „hangouten" nebenher und besprechen die Fragen. Das ist auch ein erweiterter Lernraum.
- Flexible Architektur mit veränderbaren Lernräumen, GA-Räumen, Rückzugsräumen, Besprechungsräumen, Entspannungsräumen.
- Schulgebäude sind zentrale Co-Learning-Areas, wo man sich ab und an trifft, ansonsten dezentrale Lernräume, heterogene Gruppen.
- Mediathek und Mensa aufwerten, zu zentralen Lern- bzw. Begegnungsorten machen. Der Horizon Report spricht auch von Makerspaces.
- Open your classrooms!
- Vermutlich wäre es sinnvoll, wenn sich ein Lehrer auf einen Raum konzentriert, in den er sein Engagement einfließen lässt.

Die Voraussetzungen sind neben Strom eine stabile Internetverbindung, moderne Computer (am besten mobil einzusetzende Laptops oder Tablets) und Technik sowie entsprechend geschulte Lehrer/Betreuer.

- Bestuhlungsformen mit beweglichen Stühlen, welche die Zusammenarbeit fördern (Horizon Report).
- Netz – Netz – Netz, BYOD, Beamer. Kinosaal, Ministeriale, die was checken.
- Stabile Internetverbindung für virtual classrooms. Flexible Medien für Webdiskussionen. Content auf mobile Geräte angepasst.
- Endlich eine attraktive Lernumgebung #NichtMoodle.
- Auch der Einbezug von Mobilität beeinflusst erweiterte Lernwelten und die Architektur.
- Schnelle, mobile Netzanbindung. Ich meine: Wirklich schnell. Große Smart TVs. Keine stationären Computer.
- Lehrer mit Medienkompetenz. Heute noch Kollegen erklärt, was „GoogleDocs" ist.
- Dynamischere Umgebungen: Nicht unbedingt tafelausgerichtet. Mobile Geräte wie Tablets, die Bewegung erlauben.
- Ein interessantes Beispiel ist das Konzept der Sekundarschule Seehalde zum selbst organisierten Lernen: https://t.co/NUOS6JT2nw
- Man darf kaum von der Hardware ausgehen, da diese schnell überholt sein kann.
- Yes, don't forget workplaces for teachers.
- Die Lehrer/Betreuer müssen v. a. damit arbeiten und umgehen können! Die Technik entsteht drumherum von ganz alleine.

Auch hier wurden einige Möglichkeiten aufgezeigt:

- Im Spanischunterricht: Skypeprojekt mit mexikanischen Schülern. Meine Schüler wollten sogar länger bleiben und chatten.
- Flipped Classroom, project- und gameased learning, selbstbestimmtes Lernen und damit selbstbestimmte Raumwahl.
- Imhäuser nimmt Wände raus, nutzt Verkehrswege als Lernzonen und strebt ein Lernhaus an: https://t.co/srVsOJIGRR
- Türen auf, Flure und Schulhaus mitbenutzen, BYOD ermöglichen, WIFI bereitstellen.
- Flipped classroom, blendend learning, virtuelle Klassenzimmer.

- Möglichst mobiles Mobiliar, WLAN. Schulleitung, die offen ist für moderne Lehr- und Lernformen.

> *Welche Anregungen, Fragen hast du sonst noch zum Thema?*

Die folgenden Äußerungen sollen unkommentiert stehen bleiben:
- Definitiv: Schüler bei Findung des Schulhauses der Zukunft einbinden und nach ihren Bedürfnissen fragen!
- Wer kennt weitere Spezialisten zu pädagogischer Architektur? Gibt es Vorzeigeschulen?
- Franz Hammerer, Pädagogische Hochschule Wien/Krems: https://t.co/degpE0hJ8U
- Studieren setzt Muße voraus. Wie kann ein Bildungsinstitut herumreisenden, gestressten Managern einen mobilen CAS anbieten?
- Assessment for extended learning spaces – criteria for active learning are needed. @matizmusic: https://t.co/V11ielFw5v

Weitere Chats zum Thema:
- „Das Schulzimmer der Zukunft". #EDchatDE Nr. 32 vom 20.05.2014: https://wiki. andrespang.de/index.php?title=EDchatDE_Archiv_2014#Tweetprotokolle_ zum_20.5.14_-_32._.23EDchatDE_.C3.BCber_das_Schulzimmer_der_Zukunft
- „How to: Digitales Klassenzimmer und wann in DE (=Digitales Entwicklungsland)? #didacta16" #EDchatDE Nr. 115 vom 16.2.2016: https://wiki.andrespang.de/index.php? title=EdchatDE#Tweetprotokoll_zum_16.2.16_-_115._.23EDchatDE_.E2.80.9EHow_ to:_Digitales_Klassenzimmer_und_wann_in_DE_.28.3DDigitales_Entwicklungsland. 29.3F_.23didacta16.E2.80.9C
- „Zukunft der Schule". #EDchatDE Nr. 62 vom 16.12.2014: https://wiki.andrespang. de/index.php?title=EDchatDE_Archiv_2014#Tweetprotokolle_zum_16.12.14_-_62._ .23EDchatDE_.22Zukunft_der_Schule.22

Weitere Informationen zu diesem Thema:
- Educause: Learning Space Rating System. http://www.educause.edu/eli/initiatives/ learning-space-rating-system
- Erweiterte Lernwelten e.V.: http://erweitertelernwelten.de/
- Fischer, Doris: Die Homebase löst das Klassenzimmer ab. Interview mit Karl-Heinz Imhäuser. In: Bildung Schweiz 10/2015, S.28–33. http://www.lch.ch/fileadmin/files/ documents/BILDUNG_SCHWEIZ/2015/1510.pdf
- Future Classroom Lab: http://fcl.eun.org/
- Horizon Report 2015. Kurzfristige Trends: Neugestaltung von Lernräumen. S.18–20. https://www.mmkh.de/fileadmin/dokumente/Publikationen/2015-nmc-horizon-report-HE-DE.pdf

- UB Rostock: Workshop „Vom Raum zum Lernraum". Mit Videos und Vorträgen. 25.09.2015. http://web10.ub.uni-rostock.de/wiki/Workshop_Vom_Raum_zum_Lernraum,_25.09.2015#Aufzeichnung
- Wampfler, Philippe: Ein Haus für die erweiterte Lernwelt. In: Bildung Schweiz 11/2015, S. 33–35. http://www.lch.ch/fileadmin/files/documents/BILDUNG_SCHWEIZ/2015/1511.pdf

Link zum vollständigen Protokoll:

- https://wiki.andrespang.de/index.php?title=EDchatDE_Archiv_2015#Tweetprotokoll_zum_17.11.15_-_105._.23EDchatDE_.E2.80.9EErweiterte_Lernwelten_-_das_Schulhaus_der_Zukunft.E2.80.9C von Peter Jochum

Die Zukunftsfähigkeit einer Schule lässt sich nicht nur an ihrer Effektivität festmachen. Bildung ist mehr als Unterricht und Schule, erschöpft sich nicht in effektivem Lernen. Ebenso wichtig ist, dass Schule als Lebensort, Schulzeit als erfüllte Lebenszeit wahrgenommen wird. Die Schule der Zukunft muss die kulturellen Aufgaben des 21. Jahrhunderts erfüllen, die Schüler auf eine Gesellschaft vorbereiten, die durch die Schlagworte Individualisierung und Pluralisierung, Globalisierung und Mediatisierung charakterisiert wird. Dazu gehört, dass Schule nicht losgelöst von der Gesellschaft vor sich hin wurstelt, sondern funktional anschlussfähig ist, sich vernetzt mit anderen Bildungsinstitutionen sowie der Arbeits- und Berufswelt und den Schülern ermöglicht, ihren Platz im Leben zu finden – ohne bloße „Zurichtung zum Beruf" (M. Heidegger) zu betreiben, sondern den ganzen Menschen zu bilden.

> *Schule der Zukunft in Mauern von gestern? Wenn wir eine neue Schularchitektur brauchen, wie sieht die aus?*

Die Teilgeber können sich vorstellen, dass sich im Bereich der Architektur die üblichen Klassenzimmer auflösen und durch Lerninseln, sprich offene Lernareale ersetzt werden. Wie diese offenen Lerninseln definiert werden, dazu gibt es unterschiedliche Ideen:

- Auflösung der Klassenräume, stattdessen Lerninseln einrichten, wie dies z.T. schon in Skandinavien umgesetzt wird.
- Lerninseln mit WLAN, Ruhe und Steckdose statt mit Computern ausgestattete Selbstlernzentren, da BYOD oder 1:1.
- Eine Schule ohne Wände wäre mein Traum. Das Großlernbüro: http://t.co/9doGcysZNC
- Offene Lernareale, gemischt mit Rückzugsräumen, GA-Räumen, Out- und Indoor-Lernräumen sowie „Kreativ-Werkstätten".

Einige Teilgeber betonten, dass sich das Klassenzimmer öffnen muss in Richtung von Lernszenarien auch außerhalb des Klassenzimmers oder der Schule. Das beinhaltet zusätzliche offene pädagogische Konzepte, die kooperatives und selbstbestimmtes Lernen beinhalten.

- Wenn das Internet die Mauern schon virtuell aufbricht, dann bitte auch real.
- Offenes Konzept gab Schülern Räume, sich aus dem Unterrichtsraum herauszubewegen. Das war sehr positiv!
- Mehr Möglichkeiten für Lernszenarien außerhalb des Klassenraums und der Schule.
- Arbeitsplätze – Lerninseln außerhalb der klassischen Schulzimmer anbieten. Die Mediathekräume ausbauen.

- Die zukünftige Schularchitektur sollte so flexibel sein, dass kooperatives und selbstbestimmtes Lernen unterstützt wird.

Auch hinsichtlich des Zugangs zum Internet und der technischen Ausstattung sollte sich Schule öffnen:
- Mehr Steckdosen und freies WLAN. Das Wissen liegt im Web. Warum also den Zugriff verwehren?
- Schulen mit einer flächendeckenden technischen Infrastruktur und Ausstattung, die vielfältiges Lernen mit (digitalen) Medien ermöglicht.

> **Schule der Zukunft mit Lernmitteln von heute und gestern? Wie sieht die Zukunft des Schulbuchs aus? Hat es überhaupt eine?**

Hier gehen die Meinungen auseinander. Einige Teilgeber betonen, dass es Schulbücher in Zukunft weiter geben wird, aber in digitaler Form. Dazu gibt es einige Ideen, wie das im Einzelnen aussehen kann:
- Schulbücher online und interaktiv. Verwendung von Convertible Chromebooks z. B.: http://t.co/52kL4IqS1q
- Natürlich hat ein aufgearbeitetes Kompendium von Lerninhalten Zukunft. Wohl nicht auf Papier.
- Es hat eine, wenn auch in Form eines anderen (digitalen) Mediums. Aber dafür sind auch Nutzungsgeräte und Zeit notwendig.
- Nur noch digital. – Es wird Zeit, dass dieses Büchergeschleppe aufhört.

Andere Teilgeber meinen, dass das Schulbuch als solches noch lang erhalten bleibt. Es wurde aber herausgestellt, dass es digitale Erweiterungen erhalten wird wie z. B. QR-Codes, Online-Links etc.
- „Revolution der Schulbücher" – z. B. QR-Codes in Schulbüchern mit weiterführenden Links und Lösungshilfen.
- Schulbuch? Nur noch digital? Kommt auf die Fächer an. Auf alle Fälle multimedial und vernetzt (Social Network).
- Das Schulbuch wird es noch lange geben – in Koexistenz zum eBook. Erst wenn dieses frei bearbeitbar wird, wird das Buch wegfallen.
- Pro Klasse 2 Exemplare eines Schulbuches, also fast papierlos. Arbeitsmittel sind Stift, Notizbuch, Smartphone, Tablet, Laptop.

Zudem gibt es die Auffassung, dass auch das klassische Schulbuch noch Zukunft hat.
- Schulbücher, die in Hinblick auf Inklusion, inhaltlich und methodisch noch mehr differenzieren.

- Ich bin ein Bücherwurm, so sage ich: ja, Schulbücher sollten bleiben. Aber es sind natürlich digitale Bücher dabei.
- Bücher sind gut zum Reinkritzeln, Zerschnippeln und Neuzusammensetzen. Ich denke, sie befördern die Kreativität eher.

Der geringere Anteil von Teilgebern favorisiert anstelle des klassischen Schulbuchs eine individuell gestaltete PLE (Personal Learning Environment) aus digitalen Scripts, Videoclips, MOOCs, OERs und anderen Ressourcen:

Schule der Zukunft mit der Abgeschlossenheit von heute? Wie könnten Lernnetzwerke von Schülern aussehen?

Die Teilgeber stellten heraus, dass die Schüler schon heute immer und überall Zugang zu Bildungsinhalten, Lernmaterialien sowie außerschulischen Lernpartnern und -orten haben. Diese werden beim Lernen eine immer größere Rolle spielen, da sich Lernen über die Schule hinaus vollzieht.
- Jede Form, die sich SuS wünschen und mit denen sie für sich lernen können.

- Offene Lernnetzwerke. Man profitiert von anderen. Lässt andere teilhaben am Wissen, am Prozess. Keine Angst mehr vor Diebstahl.
- Mit Schulen von „Migrationshintergrund" Kontakt aufnehmen, ermöglicht Praxis in Mehrsprachigkeit.
- Lernnetzwerke gab und gibt es schon (immer). Heute lernen die SuS in Facebook, Skype, WhatsApp-Gruppen. Video wird zunehmen.
- Zugang zu Lernmaterial; vernetzt mit Lernpartnern; angeleitet von Lehrern. PLN geht über Schule hinaus. L müssen da umlernen.
- Die SuS sind über Bildungsinstitutionen in einem Netzwerk eingebunden, das durch die virtuellen Veranstaltungen bestimmt wird.
- Lehrer werden in PLN der Schüler viel häufiger außerhalb der Unterrichtszeit eine Rolle spielen.
- Unterricht für echte Experten öffnen, per Skype oder Twitter-Interview.
- Wir müssen den Schülern zeigen, wie sie sich auch beim Lernen vernetzen können, klassen- und schulübergreifend.

> *Schule der Zukunft mit Lehrern von heute/gestern? Welche Lehrerausbildung bereitet heute auf morgen vor? Wie sähe die aus?*

Es wurde herausgestellt, dass hierzu auf jeden Fall eine Ausbildung in der Nutzung digitaler Medien gehört.
- Ausbildung in der Handhabung von Medien. Wie gestalte ich kurze Lernfilme? Flipped classroom als Stichwort.
- In die Lehrerausbildung gehören neue Medien! Schlichtweg das (neue) Handwerkszeug – und mit den Tools sind viele überfordert.
- Die Reflexion von Medien und deren Einsatz findet ihren Weg in das Pflichtprogramm der Ausbildung.

Es wird aber auch darauf hingewiesen, wie wichtig es ist, dass sich Lehrer in der Ausbildung vernetzen werden:
- Weg von der Individualausbildung, Zusammenarbeit und Kollaboration lernen.
- Auch die Lehreraus- und weiterbildung wird sich immer mehr vernetzen müssen und großen Gewinn daraus ziehen.

Aber auch eher klassische Ausbildungsinhalte wurden benannt:
- Die Lehrerausbildung für Zukunft ist m. E. davon abhängig, wie der Einzelne sich informiert. Es gibt kein umfassendes Konzept.
- Ausbildung mit guter wissenschaftlicher Grundlage und Fach-Didaktik und sehr viele „Lernlabs" mit echten Schülern.

- Als Anfänger im Lehrberuf ist es wichtig, die Basics zu kennen, um sich nicht in Methoden-Dschungeln und so zu verlieren.

Schule der Zukunft wird von der Politik heute geprägt. Welche Entscheidungen sind prägend? Welche überfällig? Welche fehlen?

Die Wünsche an die Politik sind vielfältig:
- Politik reagiert momentan zu sehr auf Studien, statt auf der Basis fundierter Visionen zu agieren.
- Kernkompetenzen sind: Kommunikation, Kollaboration, kritisches Denken. Die müssen gelebt und gefördert werden. Auch von der Politik.
- Überfällig: Akzeptanz der Ankunft des Internets im richtigen Leben. – Das hat Konsequenzen für das Lernen und Prüfen.
- Föderalismus für digitale Bildung abschaffen, Landesgrenzen haben im digitalen Zeitalter an Bedeutung verloren.
- Schulen müssten sich ihre L aussuchen dürfen – Wettbewerb!
- Mehr L aus der Praxis sollten zukünftige L an Unis und Studienseminaren ausbilden.
- Entscheidungen, die prägen: Klassenobergrenzen. Es ist haarsträubend, dass es noch Klassen mit über 30 Schülern gibt.
- Ich wünsche mir, dass Politik der Bildung (wieder) mehr Gewicht gibt … Auch monitär … mehr Lehrer.
- Belohnungssystem für Lehrer. Nicht mehr einfach machen lassen, sondern auch belohnen.
- Da die Politiker ebenso lustlos wie Dozenten sind, neue Modelle auszuprobieren, wird die neue Schule noch lange auf sich warten lassen.

Schule der Zukunft wird kaum mehr Geld haben als Schule heute. Ist Sponsoring eine Option? Wenn ja: Was geht, was nicht?

Die Meinungen hinsichtlich des Sponsorings sind geteilt, es ist eher unerwünscht, da die Schulen unabhängig bleiben sollen. Allerdings werden Vorteile hinsichtlich einer Kooperation mit der Wirtschaft hinsichtlich von Praktikumsplätzen, gemeinsamen Projekten etc. gesehen.
- Sponsoring mit mehreren Unternehmen pro Schule im Sinne von Kooperation, gemeinsame Projekte, Austausch, Praktikumsplätze etc.
- Sponsoring ist eine Option. Ja. Da muss aber genau geschaut werden, was gemacht wird.
- Schule wird mehr Geld bekommen, wenn die Notwendigkeit erkannt wird. Sponsoring? Eher schwierig.

- Ich bin dagegen. Ich glaube, es ist eine Stärke des deutschen Schulsystems, dass es sich seine Unabhängigkeit bewahrt hat.
- Sponsoring nicht zur Finanzierung des Regelbetriebes! An meiner ehemaligen Schule: http://t.co/X4BTUzwRqi
- Zusammenarbeit ja, aber kein Sponsoring im Kerngeschäft.
- Eigentlich bekommen wir jetzt schon vieles kostenlos und werden somit gesponsert, wir bezahlen einfach mit unseren Daten.
- Eindeutige Richtlinien, was rechtlich/moralisch erlaubt sein soll.
- Crowdfunding statt direktes Sponsoring mit Werbung?

Link zum vollständigen Protokoll:
- https://docs.google.com/spreadsheets/d/1D4dQufAvS3psdYUZTi0-mi2aWVUalxfHlNm_DstvIz0/edit#gid=1818431574

von André J. Spang

Der Prozess #bildungviernull – „Lernen im digitalen Wandel" ist eine Initiative der Landesregierung NRW und bisher einzigartig. Er startete zunächst in einem Online-Partizipationsverfahren auf der Plattform bildungviernull.nrw. Das Ziel des Prozesses ist es, ein Leitbild für das Lernen im digitalen Wandel entlang der Bildungskette zu entwickeln. Dieses dient dann als Richtschnur für das politische Handeln der Landesregierung NRW. Der #EDchatDE Special war eine Sonderausgabe im Vorfeld des Kongresses „Lernen im digitalen Wandel" und wurde live aus der Staatskanzlei NRW von Mitarbeitern der @DGNRW (Digitale Gesellschaft, Medienkompetenz, NRW) und der Staatskanzlei sowie den beiden #EDchatDE-Gründern Torsten Larbig und André J. Spang moderiert.

Die Kernfragen des Chats drehten sich um Medienkompetenz, neue (digitale) Lernorte, Erklärvideos, persönliche Lernnetzwerke und Algorithmen.

> *Medienkompetenz eröffnet Bildungschancen. Welche Rolle haben Eltern, Peer Group, Schule, Politik?*

Die Antworten zeigen es: Alle in der Frage angesprochenen Akteure sind hier gefragt, damit es etwas mit #bildungviernull wird – da sind sich die #EDchatDE-Teilnehmer einig.

- Eltern, Schule, Politik: Alle haben Anteil an der Vorbereitung auf die aktive Teilnahme an der digitalen Gesellschaft.
- Politik muss die Bereitstellung von Breitbandinternet sicherstellen! In Schule seit 1996 Glasfaserkabel (gesponsert).
- Politik in Bund, Land, Kommune muss Rahmenbedingungen schaffen bei Curricula und Lehrkräftebildung, mit OER und Ausstattung.
- Medienkompetenzen sind wichtig für das Leben und Lernen in der digitalen Welt!
- Sie – Lehrer, Eltern etc. – müssen zusammenarbeiten.
- Digitale Medien machen Vernetzung möglich. Eltern, Peers, Schule, Politik vernetzen sich, kommunizieren auf Augenhöhe.
- Elternrolle: Interesse zeigen, motivieren, unterstützen, nicht verbieten.
- Schule dient der Herstellung von Chancengleichheit in der digitalen Welt.
- Schule braucht Mut für den digitalen Wandel und muss SuS, Eltern und außerschulische Partner in die Schulentwicklung einbeziehen.

Einfach heruntergebrochen: Algorithmen gehören dazu und man muss ansatzweise verstehen, wie sie funktionieren. Darüber hinaus ist kritischer Umgang mit den Ergebnissen einer Suche, oder den „maßgeschneiderten" Angeboten eines Sozialen Netzwerkes notwendig. Das kann und muss man heute lernen.

- Das Verständnis für Algorithmen und smartData muss Bestandteil von digitaler Bildung für alle sein.
- Intelligente Suchbegriffe finden. Ich lebe außerdem nicht nur von den Ergebnissen der Suchmaschinen.
- Tun sie auch jetzt schon. Deshalb brauchen wir ein Bewusstsein für Digitalität, eine digitale Ethik(-kommission).
- Knowledge about the power of algorithms will help to assess the reasonability of certain actions. In short: Be careful.
- Coding ist wichtige Grundlage, um Dinge in der digitalen Gesellschaft zu verstehen und zu beurteilen.
- Quellen hinterfragen, reflektieren, Alternativen nutzen, Open source als default.

Erklärvideos im didaktischen Kontext – YouTube im Unterricht? Oder lieber Filmrollen aus Medienstellen?

Auf den richtigen Mix und die Vielfalt der Angebote scheint es anzukommen:
- Vielleicht nicht gerade Filmrollen. Aber alles ist gut, wenn es Lehr- und Lernprozesse unterstützt.
- Youtube ist ein großartiger Fundus. Hier sind aber Lehrende gefragt, die z. B. über eine Playlists vorstrukturieren.
- Vielleicht könnten die Medienanstalten/-zentren Youtube-Videos kuratieren?
- Do not speak disrespectfully of the film library. It has its historical justification. But today: Youtube is quicker and more diverse.
- Pro Erklärvideos und Youtube: Überall v. a. verfügbar, v. a. für Schüler zu Hause.
- Erklärvideos können ausgetauscht, verlinkt, kommentiert, zurückgespult werden.
- Freier Zugriff auf Medien der Öffentlich Rechtlichen Anstalten wäre ja auch schon mal was.
- Lasst Schüler Erklärvideos selbst herstellen!
- Egal, woher der Film kommt und ob digital oder analog! Hauptsache, er ist einfach einsetzbar, ohne Auf- und Abbau.

Digitale Medien können die Basis für eine individuelle Förderung bieten – ein Mehraufwand, der anfänglich entsteht, rechnet sich auf jeden Fall, wenn die Routine mit und die Entlastung durch digitale Medien einsetzt.

- Dafür brauche ich mehr als 140 Zeichen: https://t.co/LIVmNGqYR9
- Mit einem Aufgabenblatt ist Differenzierung schwer. Mit digitalen Medien, unterschiedlichen Apps und dem Netz gelingt es besser.
- Digitale Welt ist Segen für Unterrichtsentwicklung und individuelle Förderung!
- Lernplattformen sind sinnvoll. Auch Coaching mit geeigneten Messengern.
- Unterschiedliche Lernwege akzeptieren: Lernvideos, Bücher, Präsentationen, Wiki Einträge, Peer Grading.
- In den letzten Wochen geisterte doch überall die David-Boody-Schule durch die Medien, so geht es wohl: https://t.co/7mlvvEJKri
- #Flipped classroom, selbstbestimmtes Lernen, produzieren, Förderung unterschiedlicher Lernlevels, -typen, (Herkunfts-)Sprachen.
- Learning Analytics wird bald individuelle Hilfestellung anbieten.

Antworte auf 3 Tweets unterschiedlicher Teilgeberinnen a) zustimmend, b) kritisch, c) provozierend!

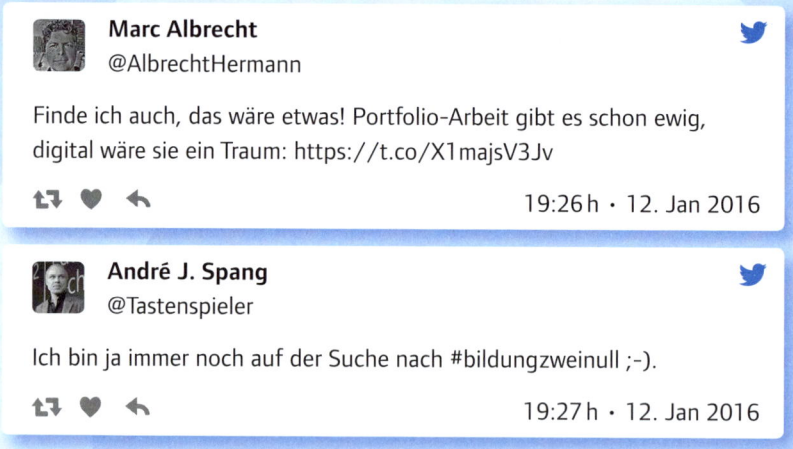

Marc Albrecht
@AlbrechtHermann

Finde ich auch, das wäre etwas! Portfolio-Arbeit gibt es schon ewig, digital wäre sie ein Traum: https://t.co/X1majsV3Jv

19:26 h · 12. Jan 2016

André J. Spang
@Tastenspieler

Ich bin ja immer noch auf der Suche nach #bildungzweinull ;-).

19:27 h · 12. Jan 2016

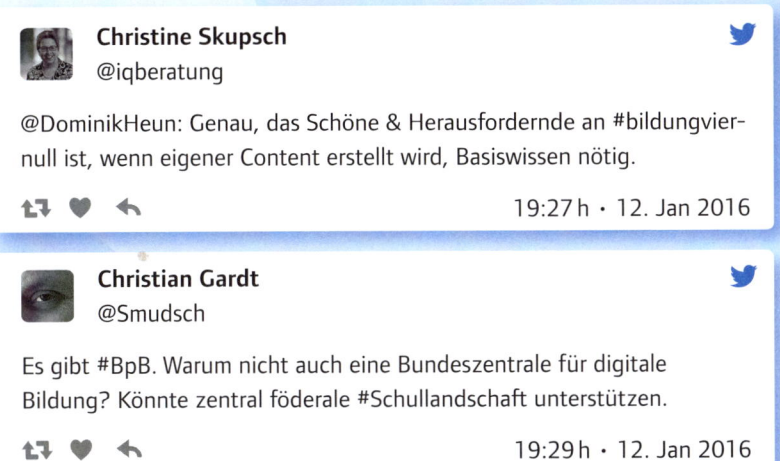

Christine Skupsch
@iqberatung

@DominikHeun: Genau, das Schöne & Herausfordernde an #bildungvier-
null ist, wenn eigener Content erstellt wird, Basiswissen nötig.

19:27 h · 12. Jan 2016

Christian Gardt
@Smudsch

Es gibt #BpB. Warum nicht auch eine Bundeszentrale für digitale
Bildung? Könnte zentral föderale #Schullandschaft unterstützen.

19:29 h · 12. Jan 2016

Wie können Betriebe und Arbeitsplätze als Lernorte für Aus- und Weiterbildung gestaltet werden?

Hier wurden einige Möglichkeiten benannt.

- Neue Programme wie „Coder in Residence" schaffen im Mittelstand ein neues Verständnis und Umdenken für die Digitalisierung.
- Co-Working Spaces und digitale Räume sind nur ein paar von vielen Ideen.
- Berufliche Bildung kann in Verbindung mit wissens- und datenbasierter Prozesssteuerung Teil der täglichen Arbeitsprozesse werden.
- Workplace Learning ist ideal – eine natürliche Kombination von formellem und informellem Lernen.
- Raum für selbst organisiertes Lernen. Auch Gamifizierung findet bereits in Betrieben statt: https://t.co/NZc7vDD150
- Erste Schritte: tatsächlich (digitalen) Bildungsurlaub nutzen, Fortbildungs-Portfolios in Betrieben.
- BYOD, Lerninseln am Arbeitsplatz, Unterstützung von mobilem Lernen.
- Wir haben als Schule begonnen, mit Partnern eine Software zu entwickeln. Heute Alpha bekommen, Teacherpreneurship @Prof_Kollmann

Social Media als Element der beruflichen Medienkompetenz?

Das persönliche Lernnetzwerk ist der Zugang zum lebenslangen Lernen – und: Der eigentliche Wandel findet im Kopf statt und der ist ja bekanntlich rund, damit die Gedanken ihre Richtung ändern können.

- Social Media und deren kompetente Nutzung gehört heute unbedingt dazu. Teilen von Wissen, gemeinsam weiterkommen.
- Verständnis und Verantwortung mit und in Social Media muss Teil von digitaler Bildung sein.
- Social Media sind Teil des PLN. Social Media zum Kuratieren und Aggregieren von #Big-Data.
- I think there are going to be more and more professional areas where social media presence is in a firm's interest. So: yes.
- Lernen effektiv nach konnektivistischem Prinzip. Das geht sehr gut über Social Media.
- Das sollten sie sein! Heute fragte mich ein Kollege: Wie kann ich Twitter im Deutschunterricht verwenden?
- Nicht immer aber immer öfter! Bücher sind immer noch auf Platz 1 bei uns.
- Berufsabhängig, ein PLN kann sicher jedem Beruf nutzen, die Frage ist, welchen Gestaltungsraum man überhaupt hat.
- Potenziale der Social Media für Kreativität und kritisches Denken nutzen.

> **Welche Anregungen, Fragen hast du sonst noch zum Thema?**

- Auch wenn sich die Ansätze in Nuancen unterscheiden: Vernetzt euch, macht anderen Mut und geht gemeinsam voran!
- Ich hoffe, dass mehr Geisteswissenschaftler mitziehen bei #bildungviernull.
- Bei #bildungviernull wirklich auch an der Situation von Bildung etwas zu verbessern: Lernkultur, Partizipation.
- Kooperation von Schulträgern und Medienberatern ergibt eine gute Unterstützung für die Schule und bildet die Grundlage für politische Haushaltsentscheidung.

Ein gutes Schlusswort:

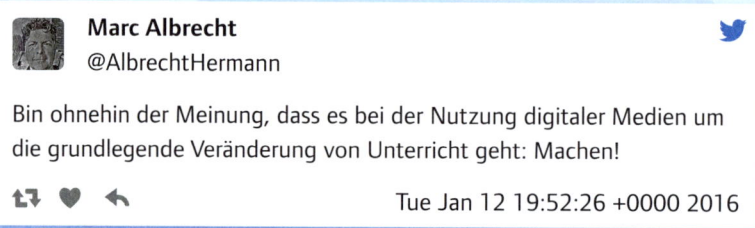

Marc Albrecht
@AlbrechtHermann

Bin ohnehin der Meinung, dass es bei der Nutzung digitaler Medien um die grundlegende Veränderung von Unterricht geht: Machen!

Tue Jan 12 19:52:26 +0000 2016

Fazit:

Der Chat, zu dem auch ein davor per Google Hangout stattgefundenes Liveinterview gehört, hat viele Impulse gesetzt, die zum einen für den Prozess #bildungviernull nutzbar sind, aber auch Ihnen, lieber Leser viele Anregungen im Spannungsfeld des digitalen Wandels an Schulen und in der beruflichen Bildung bzw. Weiterbildung geben können.

Es wird recht deutlich, dass das „Lernen im digitalen Wandel" nur gelingen kann, wenn sich Lernkulturen ändern, neue Wege mit Mut beschritten werden und alle Akteure auf Augenhöhe miteinander kommunizieren und kooperieren. Dazu kommt selbstverständlich die Bereitstellung einer notwendigen Infrastruktur und rechtlicher Sicherheit.

Bei einem solch weit greifenden und umfassenden Changeprozess ist es klar, dass nicht alles sofort gelingt und die Möglichkeit der raschen Nachsteuerung gleich mitgedacht werden muss. Dazu braucht es eine neue Fehlerkultur und die Bereitschaft, vertretbare Risiken einzugehen und aus Fehlern zu lernen und sie nicht anzuprangern.

Eine große Aufgabe, die man nur mit allen Beteiligten und gemeinsam schaffen kann – die sich aber unbedingt lohnt. Einfach machen!

Link zum vollständigen Protokoll:

- https://docs.google.com/spreadsheets/d/1IFbMhQLBVk4jXGex8a82I1XhBV77Tdtk bxbBampVsFI/pubhtml

6.4
Die Zukunft der Lehrerausbildung
(#EDchatDE vom 10. Juni 2014)

von Torsten Larbig

Kaum jemand in Deutschland, der nicht meint, mitreden zu können, wenn es um die Lehrer geht. Jede und jeder weiß, wie sie gefälligst zu sein haben, was sie leisten sollen … Entsprechend viele Beiträge gibt es dann auch, wenn es um deren Ausbildung geht.

Und deshalb gibt es in diesem Fall einige Anregungen zum Nachdenken im Vorfeld, bevor dann die Teilgeberinnen und Teilgeber dieser Ausgabe des #EDchatDE zu Wort kommen:

- Wenn du Lehrer oder Lehrerin bist, auch Hochschullehrer oder Hochschullehrerin etc., dann befrage dich zunächst nach deiner eigenen Erinnerung an die Ausbildung. Denn in gut konstruktivistischer Methodik werden wir auch im #EDchatDE auf diese Erfahrungen zurückgreifen und die Diskussion an sie anknüpfen. Dazu gleich mehr bei Frage 1.
- Wie das Thema in der Wissenschaft diskutiert wird, erfährst du am besten aus wissenschaftlichen Artikeln. Hier das Ergebnis einer Google-Scholar-Abfrage zur „Zukunft der Lehrerbildung": https://scholar.google.de/scholar?q=zukunft+der+lehrerausbildung& hl=de&as_sdt=0&as_vis=1&oi=scholart&sa=X&ei=HKWVU5XwE8nR7Aako4CoAg&ve d=0CCkQgQMwAA
- Exemplarisch verlinken wir hier ein Positionspapier zum Thema aus dem Zentrum für Schulforschung und Fragen der Lehrerbildung an der Martin-Luther-Universität Halle-Wittenberg (ZSL): „Die Zukunft der Lehrerbildung – ein Positionspapier" (PDF): www2. ibw.uni-heidelberg.de/~gerstner/zflposition.pdf
- Hier müssten jetzt noch diverse Zeitungsartikel zum Thema folgen wie, z. B. dieser: www.fr-online.de/campus/lehrer-bildung--wie-lehrer-in-zukunft-lernen-sollen-, 4491992,16412214.html oder dieser: www.faz.net/aktuell/politik/inland/bildung-die-lehrer-der-zukunft-1922622.html, aber sicherlich kennt jeder im Beruf die unterschiedlichen Positionen irgendwie … Oder?

Nun zurück zur Selbstbesinnung und damit endlich in die Diskussion der Lehrerschaft zum Thema:

> *Erinnere dich an deine eigene Ausbildung: Top oder Flop?*

Frl. Sinus
@FrlSinus

Universitär: interessant, aber schulfern. Referendariat: bisher viel Allgemeines und nichts Konkretes im Seminar.

   18:05 h · 10. Jun 2014

 Martina Grosty
@mgrosty

Habe mir vieles alleine beibringen müssen, was den Umgang mit digitalen Medien betrifft.

 18:06 h · 10. Jun 2014

 André J. Spang
@Tastenspieler

Hochschulausbildung im Hinblick auf künstlerische Tätigkeit: Top! Studium und Referendariat im Hinblick auf Berufspraxis: Flop!

   18:06 h · 10. Jun 2014

 Torsten Larbig
@herrlarbig

Top war die Ausbildung da, wo die Ausbilder Ahnung und nicht nur Zertifikate hatten.

   18:07 h · 10. Jun 2014

 Ines Bieler
@seni_bl

Beides, immer dialektisch sehen. hatte noch DDR-Ausbildung. Top: gesamtes letztes Jahr an Schule und früher Einsatz ab 1. Jahr.

    18:08 h · 10. Jun 2014

 **Christine Skupsch**
@iqberatung

Ich war Quereinsteigerin ins Referendariat – bin Diplom-Kauffrau. Mein Resümee: die stressigsten Jahre meines Lebens.

⮌ ♥ ↩   18:08 h · 10. Jun 2014

Na? Irgendwo wiederentdeckt? Aber wichtiger als der Gesamteindruck:

> *Was war wirklich hilfreich für die Schulpraxis im Rahmen deiner Ausbildung? Konkret werden!*

- Mentor(innen), die einen wirklich in allen Bereichen unterstützen/ausprobieren lassen.
- Verwenden kann ich alles – wusste es damals aber noch nicht in Ermangelung einer professionell geprägten Perspektive.
- Das gemeinsame Experimentieren mit Kollegen in der Ausbildung und deren Feedback. Ehrlich und ohne Notendruck: Viel gelernt.
- Ausgewählte Dozenten, die sich als Lehramtsausbilder verstanden. Nicht als reine Fachvermittler.
- Offene Auseinandersetzung mit offenem Unterricht inklusive Hospitation an Modellschulen (Bielefeld, Laagberg).
- Gute Vorbilder (= meine Mentorinnen IM Unterricht), konkrete Rückmeldung an meinen Unterricht.

Es gibt also Kriterien für das, was in der Ausbildung hilfreich sein kann. In der Diskussion wurde außerdem noch oft auf die Wertschätzung als gar nicht hoch genug anzurechnender Faktor verwiesen, wenn es um für die Ausbildung hilfreiche Erfahrungen geht. Wertschätzung ist in der Pädagogik aber allgemein ein zentraler Begriff, dessen Umsetzung nicht allenthalben zu gelingen scheint, auch nicht in der Lehrerausbildung. Hm … Und wie halte ich es selbst damit? Eine kurze Frage zum Innehalten – und weiter geht es:

> *Wo müssen dringend Reformen in der heutigen Lehrerausbildung ansetzen?*

- Es ist eine bessere Verbindung von Theorie (Uni) und Praxis (Schule) notwendig.
- Die zweite Phase muss länger sein, weitere Praxisanteile sind notwendig, Modularisierung sollte vorsichtig reduziert werden.
- Leute, die selbst keinen guten Unterricht machen, sollten aus der Lehrerausbildung entfernt werden: Vorbildfunktion wichtig.

- Dringend: Das WISSENSCHAFTLICHE FACHSTUDIUM für Gymnasien wiederherstellen und für andere Lehrämter verstärken!
- Wissenschaft ist eine wichtige Voraussetzung, der Fokus sollte in der 2. Phase m. E. aber eher auf deren Kommunikation liegen.
- Die Ausbildung an der Uni sollte nicht von den Fachwissenschaftlern abfallen, sondern eigenständig sein.
- Mehr Leute mit Schulerfahrung in die Lehramtsausbildung einbinden! Das ist nicht mehr selbstverständlich, leider!
- Angehende Lehrer müssen viel früher wissen, ob sie wirklich geeignet sind. Selbsttest in BW.
- Selbsttests sind sinnvoll, wenn sie nicht schon fertige Lehrkräfte voraussetzen. Raum zum Lernen muss sein!
- Die Einsicht fördern, dass fachdidaktische Theorie wichtig für nicht nur zufällig gelingende unterrichtliche Praxis ist.

> *Antworte auf 3 Tweets unterschiedlicher Teilgeberinnen a) zustimmend, b) kritisch, c) provozierend!*

Die Diskussion in dieser #EDchatDE-Ausgabe war sehr dialogisch und bezog sich konkret auf Tweets, sodass an dieser Stelle auf das Gesamtprotokoll dieser Ausgabe unter der laufenden Nummer 20 verwiesen wird:
https://wiki.andrespang.de/index.php?title=EDchatDE_Archiv_2014

Lehrerausbildung im 21. Jahrhundert: Der Think-Tank #EDchatDE macht Konzeptvorschläge!

Monsieur Becker
@monsieurbecker

Fachwissenschaften publizieren auch gezielt zu schulisch relevanten Themen, und zwar #OpenAccess.

18:32 h · 10. Jun 2014

Matthias Heil
@MatthiasHeil

Mehr Begleitung der werdenden Lehrkräfte, Bewertung erst ganz am Ende (bei transparenten Leistungsanforderungen).

18:32 h · 10. Jun 2014

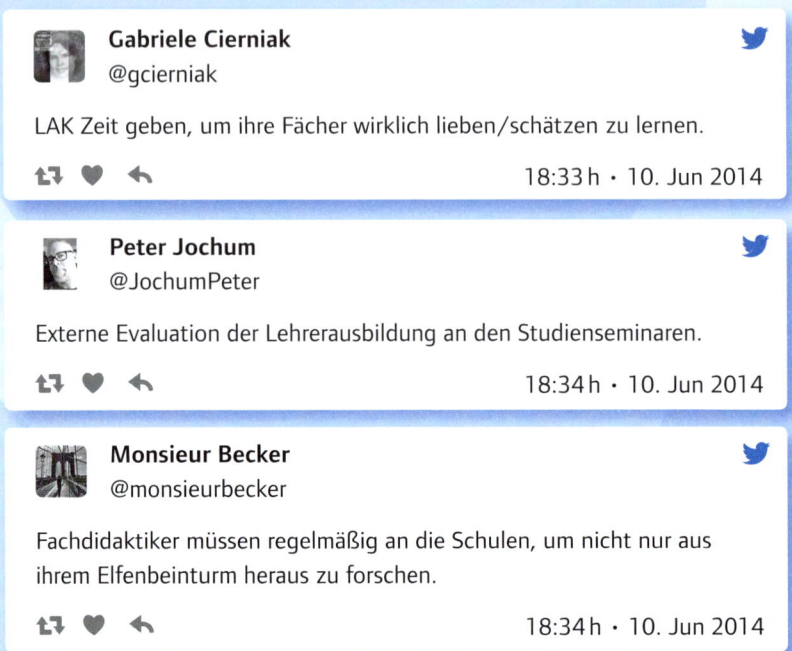

Gabriele Cierniak
@gcierniak

LAK Zeit geben, um ihre Fächer wirklich lieben/schätzen zu lernen.

⟲ ♥ ↰   18:33 h · 10. Jun 2014

Peter Jochum
@JochumPeter

Externe Evaluation der Lehrerausbildung an den Studienseminaren.

⟲ ♥ ↰   18:34 h · 10. Jun 2014

Monsieur Becker
@monsieurbecker

Fachdidaktiker müssen regelmäßig an die Schulen, um nicht nur aus ihrem Elfenbeinturm heraus zu forschen.

⟲ ♥ ↰   18:34 h · 10. Jun 2014

Und zum Schluss das oft angeführte „Problem" des Bildungsföderalismus in Deutschland, hier aber einmal auf seine Chancen hin betrachtet:

> *Bildungsföderalismus und Lehrer-Ausbildung: Wie können wir voneinander lernen?*

- Mehr kooperieren – die Regionalisierung der Bildung ist schön bunt aber extremst verschwenderisch!
- Bundesweit voneinander lernen: im bundesweiten oder gar internationalen Zusammenhang.
- Vielleicht mit neuen Formaten wie einem Lehrer-Ausbildungs-MOOC oder einem interkantonalen Barcamp.

Und sonst? Hier eine kleine Auswahl:

> *Welche Anregungen, Fragen hast du sonst noch zum Thema?*

- Referendare unterstützen, nicht klein machen!
- Wer schlägt den #EDchatDE als ultimative Ausbildungsplattform in der Uni vor? Mehr Input in einer Stunde als in 5 Jahren Ausbildung …
- Thema Weiterbildung: Ich habe ein hilfreiches Portal entdeckt, zu Kursen, MOOCs, Ressourcen, Blogs, Gruppen: http://t.co/yMJKUiBA1j
- Mentoren in den Schulen müssen motiviert und fachlich/didaktisch versiert sein. Auswahlverfahren und Belohnung!
- Didaktik als diskursiver Theorie-Praxis-Raum, #didaktischesdesign, #didaktik via @SlideShare: http://t.co/QDtkEvsXyC

Weiterführender Link:

https://edchatde.wordpress.com/2014/06/13/think-tank-edchatde-die-lehreraus bildung-vor-dem-aus/

Link zum vollständigen Protokoll:

- https://docs.google.com/spreadsheets/d/1_zslQ_jQUiwRAvK2oSMd_QNbBXKWa QJ4e5Rh9RRZxNk/pubhtml

6.5
Muss Deutschland programmieren lernen?
(#EDchatDE vom 14. Oktober 2014)

von André J. Spang

Dieser #EDchatDE ist eine Spezialausgabe innerhalb des Connected Educators Month 2014 in Kooperation mit der Initiative D21 und Microsoft in Berlin. Der #EDchatDE wurde an diesem Tag live mit einem Google Hangout On Air eröffnet (https://www.youtube.com/watch?v=LNia3qkIB0k). Hier ging es um Berichte aus der Praxis. Konkret erläuterten zwei meiner Schülerinnen aus der Oberstufe, wie sie sich spielerisch-probierend dem Thema Technik und Coding genähert und dann ihre eigenen Erfahrungen im Makerspace der schulnahen Stadtbibliothek in Köln an interessierte Bürger weitergegeben haben.

Coding als Teil des Schulunterrichtes wird immer mehr ein Diskussionsthema in den Medien. Hier ist es spannend, zu diskutieren, ob Coding tatsächlich so etwas wie eine vierte Kulturtechnik und damit so wichtig wie schreiben oder rechnen ist. Oder, ob es dann doch ein Thema für sogenannte Nerds ist – und schon gar nichts für Mädchen.

> *Ist Programmieren eine neue Kulturtechnik neben Lesen und Schreiben?*

Die Meinungen sind hier kontrovers – klar wird jedoch, dass Programmieren wichtig ist und in die Schule gehört.

- Wieso sollte Programmieren so etwas sein? Muss ich programmieren können, um Brot zu backen?
- Ja, unbedingt. Ansonsten sind die aktuellen gesellschaftlichen Entwicklungen nicht zu verstehen.
- Wäre auf jeden Fall ein überzeugendes Argument, um Programmieren in den Rahmenlehrplänen zu implementieren.
- Ja. Und noch viel wichtiger ist es, Technologie konstruktiv zu nutzen: http://t.co/9R4 NPRinUj
- Irgendwie schon. Aber inwiefern genau? We will see.
- Die Analogie ist mir zu stark. Kulturtechnik, ja. Neben Lesen und Schreiben, nein.
- Ohne ein Verständnis der Informatik können wir unsere Welt nicht mehr verstehen, also Kulturtechnik: Ja!

Aber Programmieren ist doch nur etwas für Jungen. Oder?

Ganz klar: Programmieren ist für alle gut. Und Mädchen sollte man gar nicht erst einreden, dass sie es nicht können …

Peter Ringeisen
@vilsrip

Coding is for girls just as well as for boys. – I know because I teach at a girls school, there aren't any boys at all.

18:11 h · 14. Oct 2014

André J. Spang
@Tastenspieler

Nope: Do you see any boys in this video? http://t.co/L2pftzxfGr

18:11 h · 14. Oct 2014

Nicole
@NIesse

Nein. Nein. Nein … NEIN.

18:11 h · 14. Oct 2014

Andreas Heinrich
@andrheinrich

Nein, aber …! Unsere Mechatronik-Kurse wurden noch nie von Mädchen gewählt. Leider!

18:11 h · 14. Oct 2014

anonym
@TwitLach

Genauso wie Mathe nichts für Mädchen ist.

18:12 h · 14. Oct 2014

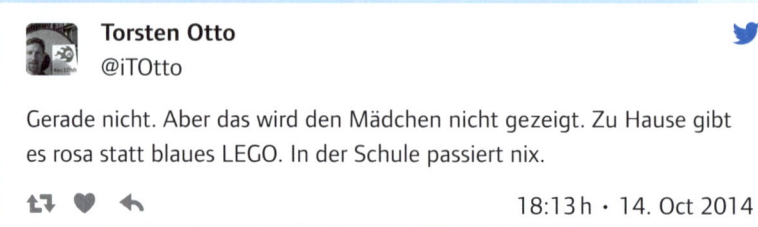

Torsten Otto
@iTOtto

Gerade nicht. Aber das wird den Mädchen nicht gezeigt. Zu Hause gibt es rosa statt blaues LEGO. In der Schule passiert nix.

⟲ ♥ ↩   18:13 h · 14. Oct 2014

Kinder spielen manchmal schon mit 3 Jahren auf Smartphones. Ist das gefährlich oder ein Grund, ihnen Programmieren beizubringen?

Diese Frage ist provokativ – und genauso antworten die Chatter von #EDchatDE auch: Gute Argumente gegen „Kulturpessimisten" …

- Kommt drauf an, was und wie lange: Konzentrations- und Knobelspiele versus Ballerspiele.
- Gefährlich ist die Nutzungsinkompetenz der Eltern/Lehrer und dass Kinder allein gelassen werden. Coding ab Grundschule!
- Wie bei allen Sachen: anständig anleiten. Man kann mit Kindern auch kochen, auch Chemie-Experimente machen nach Anleitung.
- Finde es schlimmer, wenn Kindern diese Möglichkeiten vorenthalten werden. Nicht Medium ist wichtig, sondern Inhalt.
- Es gibt ja auch Gamification … Lieblingsbeispiele: Dragonbox Algebra 12+ und Dragonbox Elements.
- Definitiv können Kinder spielerisch programmieren.
- Wichtig ist die Begleitung durch Erwachsene und der kritische Umgang damit.
- Auf Tablets/Smartphones gibt es tolle Programme für Kinder; dies ist sinnvolles programmieren.

Antworte auf 3 Tweets unterschiedlicher Teilgeberinnen a) zustimmend, b) kritisch, c) provozierend!

André J. Spang
@Tastenspieler

@aufenanger, @herrlarbig: Aber dann lernen die das doch nicht „richtig", oder?

⟲ ♥ ↩   18:20 h · 14. Oct 2014

Andreas Heinrich
@andrheinrich

Muss ein Autofahrer auch das Auto reparieren können?

18:21 h · 14. Oct 2014

Peter Ringeisen
@vilsrip

@aufenanger, @herrlarbig: Zustimmung: „Programmieren" muss nicht unbedingt auf Textbasis erfolgen.

18:21 h · 14. Oct 2014

Kai Obermüller
@Kai_Obi

Was wird hier eigentlich als „Programmieren" verstanden? In welcher Programmiersprache? Oder wird da eher Logik interpretiert?

18:23 h · 14. Oct 2014

Christine Skupsch
@iqberatung

@iTOtto: Da hast du wieder ins Schwarze getroffen. – Man müsste also mehr Lehrkräfte schulen.

18:29 h · 14. Oct 2014

> *Schaffen wir das Fach Informatik ab und integrieren es fächerübergeifend?*

Das sogenannte „Pflichtfach Informatik" wird bei den Chattern von #EDchatDE kontrovers diskutiert. Man kann herauslesen, dass es sinnvoll ist, neben dem Fach Informatik in allen Fächern auf sich ändernde Lernkulturen und Kulturtechniken einzugehen.

- Das ist ja schon einmal gescheitert, damals hieß es ITG und das Programmieren verschwand zunehmend.
- Mediennutzung in allen Fächern ist höchste Priorität und sollte selbstverständlich sein plus IT als verbindliches Fach.
- Das wird ausgehen wie die Abschaffung von Musik als Fach in der Grundschule in BW. Am Fach führt kein Weg vorbei. Schade.

- Before we can abolish IT, *everybody* in the teaching staff ought to know about it. Only then integration might be an option.
- Ein klares „Jein". – Man sollte die Prinzipien verstanden haben. – Das ist wie Grammatik kennen und übertragbar auf viele Sprachen.
- Eigentlich egal. Hauptsache wir forcieren das endlich flächendeckend. Nehmen wir uns die Länder zum Vorbild, die weiter sind.
- Gegenfrage: Könnte man nicht auch Deutsch abschaffen, es ist ja in allen Fächern integriert …
- Lehrplan ausdünnen: Kreativtät, Kollaboration, Kommunikation und kritisches Denken über/mit digitale(n) Medien sind heute zentral.

Informatik ist etwas für Nerds. Warum wird sich das (niemals) ändern?

- Aktionen wie #codeweekEU oder #hourofcode können ein Anfang sein, dass Nerdimage zu ändern. Coding ist cool.
- IT is going to remain a nerd subject as long as teachers; curriculums don't make it clear that it's not.
- Man muss sich schon massiv reinfuchsen. Aber das muss man auch bei anderen Dingen. Wenn daraus gleich ein Nerdtum entsteht …
- Vielleicht ist es eine Frage des Marketings, damit sich noch mehr fürs Programmieren begeistern? Anderes Wort dafür? Coding?
- Stimmt meiner Meinung nach nicht. App-Inventor, Raspberry PI, Arduino sind längst keine Nischenprodukte mehr. Beispiel: http://t.co/uCS4dqxDVP
- Weil angewandte (!) Informatik in den Medien (öffentl.-rechtl.) leider so eine geringe Rolle spielt.
- Wenn sich an einer Schule mit 1000 SuS nur ein Lehrer für Wikis, Websites etc. interessiert, wird es schwierig.

(Wie) sollten Unternehmen Informatik an Schulen unterstützen? Oder wäre das sogar gefährlich?

Eine heikle Frage: Geht das denn? Sponsoring an Schulen? Und, wenn ja, dann wie? Und davon abgesehen, machen das ja einige Unternehmen schon …

- Ich sehe das eher als staatliche Aufgabe.
- Staatliche Aufgabe ja, aber Uni-Informatik kann gar keine Lehrer ausbilden. Die Abbruchquote liegt z.T. bei über 40 %. Es ist kein attraktives Fach.
- Hardware stellen, gerne mit Aufkleber, Profis stellen, die den Schülern zeigen, dass das praktisch genutzt wird.

- Sollen Schulen mit der technischen Infrastruktur ausgestattet werden, geht es nicht ohne Unternehmen.
- Das tun sie doch längst, es scheint ja alles kostenlos zu sein.
- Eltern und Lehrende sehen das oft sehr kritisch/skeptisch und das ist ok. Einflussnahme wäre schlecht.
- So lange Unternehmen (z. B. Bundeswehr) Sport und Sozialkunde unterstützen, sollte das bei Info auch kein Problem sein.
- Das kommt sehr auf die Profitabsichten des Unternehmens an. Am besten wären Stiftungen/Genossenschaften.
- Wir wär's mit Vorträgen aus der Praxis? Oder Praktikumsplätzen …?

Aktuelle Tipps zur Vernetzung unter Lehrenden, Wirtschaft und Politik?

André J. Spang
@Tastenspieler

Vielleicht mal #EDchatDE #bildungsäppler #bildungskölsch und #bildungspanaché ausprobieren?

    18:56 h · 14. Oct 2014

Peter Ringeisen
@vilsrip

Networking: Take part in edu chats like #EDchatDE or in an edu MOOC, like #LdLMOOC2, sharing experience; learning new things.

    18:56 h · 14. Oct 2014

Christine Skupsch
@iqberatung

Lehrer sollten auf #XING oder #Linkedin einen Account haben, habe viel Input von Unternehmen für Unterricht bekommen.

     18:58 h · 14. Oct 2014

Stefan Schwarz
@swarzste

Weitere Bildungs-Chats zu anderen Bildungsthemen, wie im anglo-amerikanischen Bereich.

18:59 h · 14. Oct 2014

Peter Addor
@paaddor

Es wäre schön, wenn ich mit meinen Kollegen zwischen den Fernstudientagungen per Twitter etc. weiterdiskutieren könnte.

19:01 h · 14. Oct 2014

Fazit:

Bei den sogenannten „Digitalthemen" sind sich die #EDchatter meist einig. Es muss etwas geschehen in deutschen Klassenzimmern. Ob nun „Deutschland programmieren lernen muss", darauf kann ein #EDchatDE keine abschließende Antwort, aber viele Impulse geben. Programmieren können hat auch etwas mit allgemeiner Problemlösekompetenz zu tun und ist demnach in einer vernetzten, digitalen Gesellschaft im 21. Jahrhundert per se eine sehr wichtige Kompetenz.

Link zum vollständigen Protokoll:

- https://docs.google.com/spreadsheets/d/1eJVisLxX8t7c4ATVriO4Hab9F8kmmM sUy3Xj9qeAkaA/pubhtml

6.6
Die Zukunft des Schul-„Buches"
(#EDchatDE vom 01. April 2014)

von Torsten Larbig

In der Woche nach dem Ende der Didacta 2014 in Stuttgart wurde in diesem #EDchatDE die Frage nach der Zukunft des Schulbuchs gestellt, der Zukunft jenes Mediums des Lernens, das mit dem Etikett Bildung einen hohen Wert zugeordnet bekommt, im Kern aber vor allem ein großer Wirtschaftszweig ist. Hinzu kommt der Klassiker: Es gibt womöglich keine fehlerfreien Schulbücher – und wenn diese als PDF digitalisiert werden, dürfen sie aufgrund bisheriger Zulassungsverfahren in den Bundesländern nicht verändert und somit auch nicht korrigiert werden!

Nun also versuchen unterschiedliche Verlage geschlossene, ihnen das Copyright durch technische Einschränkungen bei der Nutzbarkeit sichernde System zu entwickeln, die das Schulbuch begleiten sollen. Damit stellt man sich der Realität: Wer heute das Schulbuch etwa durch Bildungsmedien für Smartphones und Tablets ersetzen wollte; wer heute auf Bring-Your-Own-Device-Modelle setzen würde, hätte z. B. in Bayern massive Vermarktungsprobleme, weil dort schülereigene Geräte auf dem Schulgelände gesetzlich verboten sind und abgeschaltet sein müssen.

Hat das Schulbuch Zukunft? Und verbaut dessen Zukunft die Zukunftschancen eines ganzen Landes, das in den digitalen Märkten einfach nicht Fuß fassen kann? Liegt das Scheitern so vieler deutscher StartUPs auch daran, dass die Bildungslandschaft auf analoge Medien hin ausgerichtet ist?

> *Im Zeitalter von YouTube, Wikipedia und Co. ist das Schulbuch am Ende, oder wie siehst du das?*

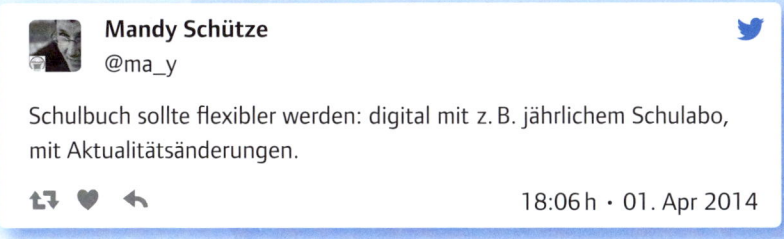

Mandy Schütze
@ma_y

Schulbuch sollte flexibler werden: digital mit z. B. jährlichem Schulabo, mit Aktualitätsänderungen.

18:06 h · 01. Apr 2014

Corinna Lammert
@lammatini

Heute in der Schule großartiges Lexikon der Symbole in der Hand gehabt. Finde ich in keinem Netz. Schulbuch hat auch Vorzüge.

  18:08 h · 01. Apr 2014

 Martina Grosty
@mgrosty

Kosten sprechen dagegen. Was ist mit Schülern, die kein Geld für Internet oder Hardware haben?

  18:08 h · 01. Apr 2014

 **Monika Heusinger**
@M_Heusinger

Das Schulbuch ist am Ende, wenn es sich nicht verändert.

 18:08 h · 01. Apr 2014

   Christoph Pallaske
@pallaske

„Das Schulbuch auf der Roten Liste analoger Arten …": http://t.co/fTSDVvWOMM (heute gebloggt, dann #EDchatDE-Thema gesehen, Zufall).

 18:08 h · 01. Apr 2014

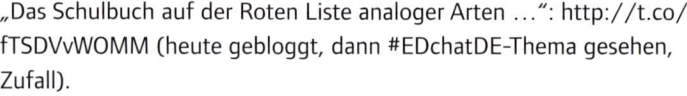 **Regina Schulz**
reg_schulz

Virtuelles „Schulbuch" muss aktualisierbar, differenzierbar, regionalisierbar, DaZ-fähig werden, ‚neue' Medien einbeziehen!

   18:10 h · 01. Apr 2014

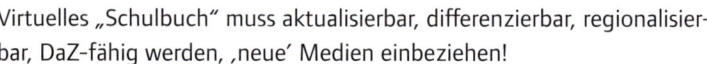

Ob Schulbuch oder andere Formen von Medien, die ja zweifellos bereits in den Schulen eingesetzt werden: Es geht immer um die Frage, wie das Lernen gelingt und ob Lernmaterial Lehrkräfte bei der Begleitung von Lernprozessen unterstützt. Stellen wir uns also dieser Frage:

> *Hilft dir das Schulbuch bei deinem Unterricht oder erstellst, kopierst, „down-loadest" du eine Fülle von Zusatzmaterialien?*

- Ich versuche, eigenes Material zu erstellen. In der Ausbildung ist das nötig.
- Es hilft als Text- und Aufgabensammlung. Ich downloade trotzdem viel, v. a. aktuelles: http://t.co/TUJyWUI7zz
- Das hängt vom Fach ab. Ich unterrichte SEK 1 Deutsch erheblich losgelöster vom Schulbuch als Französisch.
- Die Lernenden finden das Schulbuch sehr ernüchternd. Allerdings wollen einige auch „nicht nur am Bildschirm sitzen".
- Schulbücher geben Struktur, Lehrplankonformität, Anregungen für Fragestellungen.
- Für die Differenzierung/Inklusion muss ich geeignetes Material kopieren/erstellen. Ein Buch passt nicht für alle.

„Ein Buch passt nicht für alle" fasst hier gut die Herausforderung zusammen, vor denen Lehrende aller Fächer stehen: Schulbücher richten sich an einen Durchschnittsschüler, erlauben die eine oder andere Differenzierung, bilden aber kaum die Realität von Heterogenität ab, die wir in Schulklassen heute vorfinden. Das Problem wird sich wohl kaum mit Büchern alleine lösen lassen. – Oft wird in diesem Zusammenhang die Frage der Qualität unterschiedlicher Lernmaterialien gestellt:

> *Verlage betonen oft die hohe Qualität von Schulbüchern. Wie sind deine Erfahrungen mit Qualität im Vergleich zu freiem Material (OER)?*

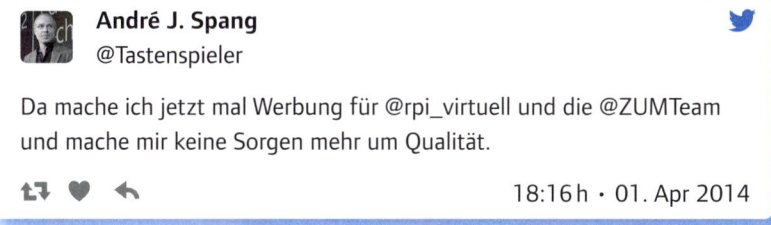

Die oben genannten Websites sind unter rpi-virtuell.net und zum.de zu erreichen.

Anja Lorenz
@anjalorenz

Lernmaterial, das einen Review-Prozess hinter sich hat, ist oft besser.
Das widerspricht aber nicht, dass es nicht #OER ist.

                     18:17h · 01. Apr 2014

 Torsten Larbig
@herrlarbig

Es gibt einen Schulbuchverlag, da stehen auf der einen Seite die Fragen,
die auf der nächsten Seite beantwortet werden.

                      18:18h · 01. Apr 2014

 Torsten Larbig
@herrlarbig

Bei einigen freien Materialien muss ich erst den Lobby-Check machen.
Aber das ist immer Teil des Berufs.

                     18:19h · 01. Apr 2014

---

 anonym
@MonsieurRigot

Die Schulbücher für Fremdsprachenbeginner sind häufig erheblich
besser/bemühter als die für SuS des 3./4. Lernjahres.

                     18:19h · 01. Apr 2014

 André J. Spang
@Tastenspieler

Ich finde diesen Artikel zum Thema #OER und Qualität/Vorteile ganz
spannend: http://t.co/pMbXebZ4id

                     18:19h · 01. Apr 2014

Zwischendurch ist bei solch ernsten Themen immer mal wieder Entspannung angesagt. Und angesichts der folgenden Frage sei hier noch einmal darauf hingewiesen, dass die vollständigen Protokolle der #EDchatDE-Ausgaben im Wiki des #EDchatDE nachlesbar sind …

> *Suche ein Bild (oder Musik/Video) zum heutigen Thema des #EDchatDE und/oder zum 1. April!*

- Das Schulbuch der Zukunft: http://t.co/RfeHOKWYVM – http://t.co/Ma8t6x4HQF
- Ein (Ex-)Schüler von mir über das Schulbuch. Vor 2 Jahren als Gastbeitrag auf herrlarbig.de: http://t.co/7tTsib1YjC
- Heute entdeckt! Zum Thema: „Wie sieht das (digitale) Schulbuch der Zukunft aus?": https://t.co/dJk1RzWemL

Und, war was Spannendes dabei? – Jetzt schauen wir ein wenig in die Zukunft und laden dazu ein, sich einmal vorzustellen, was zu tun ist, wenn man sich denn dafür entscheiden sollte, die Möglichkeiten der Digitalisierung ernst zu nehmen:

> *Welche Voraussetzungen müssen geschaffen werden, um eBooks flächendeckend einzusetzen und wo wird es haken?*

- Auf die Gefahr, mich zu wiederholen: Die Infrastruktur (Lesegeräte wie Tablets) muss stimmen und vorhanden sein!
- BibliothekarInnen, die eBooks konvertieren können. Gute Reader-Apps und Rechte, die flexibel genug sind.
- Technik nicht mehr verbieten, sondern vernünftig einbinden.
- Es scheitert an der Technik, sie ist meist plattformabhängig und nicht mit allen Systemen kompatibel.
- Nur „Schulbuch versus digital" greift zu kurz. Wir brauchen auch handlungsorientierten (Projekt-)Unterricht, reales Erleben.

Wir wollten 2014 gar nicht sonderlich weit in die Zukunft schauen, sodass jetzt schon überprüft werden kann, welche Prognosefähigkeiten Lehrpersonen denn nun haben …

> *Vision 2017: Mit welchen Bildungsmedien unterrichten wir dann? Welche Wünsche stellst du an diese „Schulbücher"?*

- Sie sollen abwechslungsreich und interaktiv sein. Arbeitsblätterbenutzung soll frei sein.
- Digital, interaktiv, aktualisierbar, bearbeitbar, plattformunabhängig.
- Wenn es in der 5. Klasse um Biohöfe geht, will ich den Kuhmist riechen!!!

- Ich könnte mir ein Lehrwerk-Grundangebot (digital) vorstellen, zu dem ich modulartig zusätzliche Materialien ergänzen kann.
- Mit einem deutschsprachigen Learnify: Sammlung von OER von Lehrpersonen für Lehrpersonen und SuS: http://t.co/5oLlNjHOjx
- Ich bin da skeptisch. Prognose: Bis 2017 tut sich nix Erwähnenswertes.

Fazit:

Schaut man in die Schulen, so lebt das Schulbuch, obwohl es mehr und mehr Lehrpersonen gibt, die sich „was anderes" wünschen, obwohl viele Schüler längst intensiv mit „Lernvideos" arbeiten und sich sonstiger Quellen bedienen, um beim Lernen erfolgreich sein zu können. Und hier lohnt sich das Nachdenken darüber, wie Medien im Unterricht so eingesetzt werden, dass die Schüler mit deren Hilfe wirklich lernen können. Wie vermitteln wir den sinnvollen Umgang mit den unterschiedlichen Medien? Und wo brauche ich als Lehrperson vielleicht selbst noch Fortbildungen im Umgang mit (digitalen) Medien, um in der Lage zu sein, den Erwerb der Fähigkeit mit unterschiedlichen Medien zu lernen zu unterstützen?

Links zum Thema:

- Ein umfassender Artikel zur Einführung in das Thema von Werner Wiater: Das Schulbuch als Gegenstand pädagogischer Forschung (PDF): http://opus.bibliothek.uni-augsburg.de/opus4/frontdoor/deliver/index/docId/5/file/Wiater_Schulbuch.pdf
- Werner Hartmann: M-Book – die Zukunft des Schulbuches? (PDF): http://www.kibs.ch/wiki/images/8/83/Artikel_M-Book.pdf
- Erich Herber & Christian Nosko. Todgesagte leben länger – Das Schulbuch der Zukunft. (PDF): www.donau-uni.ac.at/imperia/md/content/department/imb/forschung/publikationen/herber___nosko_-_das_schulbuch_der_zukunft.pdf
- Ein Artikel von mediendidaktik.org: Das Schulbuch der Zukunft ist ein Schulbuch der Schüler: http://www.mediendidaktik.org/2011/11/13/das-schulbuch-der-zukunft-ist-einschulbuch-der-schuler/

Mehr als in der deutschsprachigen Debatte ist die Frage nach der Rolle Schulbücher in der Schule im angelsächsischen Raum viel stärker eine Diskussion um die Rolle von Schule in der Zukunft, um die Zukunft der Schule. Hier also auch noch ein paar Links aus dieser Diskussion.

- No More Pencils, No More Books: A School of the Future Readies for Launch: www.edutopia.org/voise-academy
- Be Our Guest: E-textbooks are the educational tool of the future, but preparation to implement them must start now: www.nydailynews.com/new-york/education/guest-e-textbooks-devices-networks-succeed-article-1.1456763

- In a Digital Future, Textbooks Are History: www.nytimes.com/2009/08/09/education/09textbook.html?pagewanted=all&_r=1
- Future of school textbooks written in cyberspace: http://phys.org/news/2009-01-future-school-textbooks-written-cyberspace.html
- NY school goes all-in on digital textbooks: www.nbcnews.com/business/business-news/ny-school-goes-all-digital-textbooks-f2D11792419

Link zum vollständigen Protokoll:
- https://docs.google.com/spreadsheets/d/1bmZDTxVa1SkrrJCqhEjOZYWarOTiuTj_1LeYjKM2GBA/pub?single=true&gid=0&output=html

6.7
Professionelle Lehrerfortbildung online: Was gibt's/bringt's/braucht's? (#EDchatDE vom 10. November 2015)

von Monika Heusinger

Digitale Fortbildungsangebote haben den Vorteil, dass sie zeit- und ortsunabhängig wahrgenommen werden können. Im Twitterchat fand daher ein Austausch statt, welche Angebote es gibt und welche Erfahrungen damit gemacht wurden.

> *Schon mal bei einer Lehrerfortbildung online mitgemacht: Wie denn, wo denn, was denn?*

Hier wurden einige Beispiele genannt:

- MOOCs, Webinare, eLectures, auch Foren, Blogs und Twitter gehören für mich dazu.
- Ich besuche regelmäßig die Webinare von @wagjuer, auch mal gerne ein Webinar von @alacre. Habe aber auch schon #MOOCs auf @coursera oder auf @FutureLearn und @iversity besucht.
- Besonders viel nehme ich aber jeden Dienstag aus dem #EDchatDE mit. Jeder Tweet, jede DM, jedes Herz ist eine Fortbildung für mich.
- Das virtuelle Lehrerzentrum in Hessen hat spannende Angebote: https://t.co/s7IGTxLRCh
- 2011: It was maybe one of the first MOOCs in Germany: https://t.co/UgdhHL67vq
- Ich besuche regelmäßig die Kurse der European Schoolnet Academy @eu_schoolnet.
- Meine erste prägende Erfahrung hatte ich mit der DAFWEBKON: https://t.co/Jhb-NUK1b7p
- Barcamps aus der Ferne über Backchannels, Etherpads oder Periscope.

> *Worin liegen die Vorteile der Online-Fortbildung im Vergleich zur Offline-Fortbildung? Oder gibt es gar keine?*

Die Teilgeber betonten vor allem die Vorteile von Online-Fortbildungen.

- Anytime, anyplace, if you missed it – just reload it.
- Vorteile: freie Zeiteinteilung, keine Anreise, mehr Input, mehr Zeit, Dinge selbst auszuprobieren.
- Das orts- und zeitunabhängige Arbeiten. Inhalte und Gespräche verfliegen nicht – sie sind auch Monate/Jahre später abrufbar.
- Die eigene Arbeitsumgebung. Selektiver Besuch der für mich wichtigsten Angebote. Wieder: Zeitersparnis.

- Die Kollegen aus vielen Ländern, mit denen man sich austauschen kann.

No learning without relationships! Also wird bei Online-Fortbildungen nicht gelernt, so ganz ohne Face-to-Face-Diskussionen. Oder doch?

Bei Online-Fortbildungen wird ebenfalls gelernt und es lassen sich auch hier persönliche Beziehungen herstellen.

Florian Borns
@FBorns

Ich bin ein Freund des Blended Learnings. Kick off in Präsenz. Dann die Beziehung mit ins Onlinelernen nehmen!

   19:16 h · 10. Nov 2015

Maria Schumm
@Maschutscha

Kommt auf das Thema / den Lernstoff an. Lernen kann man auch alleine. Sollte nur nicht immer so sein.

    19:16 h · 10. Nov 2015

André J. Spang
@Tastenspieler

Ich mache die Erfahrung, dass auch bei der Onlinekommunikation das Herausbilden von #relationships nicht zu kurz kommen muss.

    19:18 h · 10. Nov 2015

Urs Henning
@urshenning

Beim #ldlmooc hat mich die enge Zusammenarbeit mit neuen KollegInnen und die Nähe zur Kursleitung begeistert.

    19:18 h · 10. Nov 2015

Stichwort MOOCs: Schon mal mitgemacht? Und bis zum Ende durchgehalten?

MOOCs werden insgesamt positiv beurteilt.

- Ich halte meist nicht durch, schnuppere. Hole mir einzelne Badges. Mache, was mich interessiert. Das ist ein Vorteil von MOOC.
- Ich war bei der Fortbildung Schule im Aufbruch auf https://t.co/QihhYOOhW3 bis zum Ende dabei. Super Erfahrung. Empfehlenswert.
- @iMooXst ist klasse. Gerade bei @coursera gibt es viel zu Geschichte z. B. einen Ägypten-MOOC der @UniofManc.
- Ja, z. B. GamesInSchools, euschoolnet macht das toll! https://t.co/EkfJ9iWLRg
- Anbieter deutschsprachiger Online-Vorlesungen habe ich einmal hier zusammengestellt: https://t.co/h0GNKZRvv3

> *Antworte auf 3 Tweets unterschiedlicher Teilgeberinnen a) zustimmend, b) kritisch, c) provozierend!*

Hier ein Beispiel:

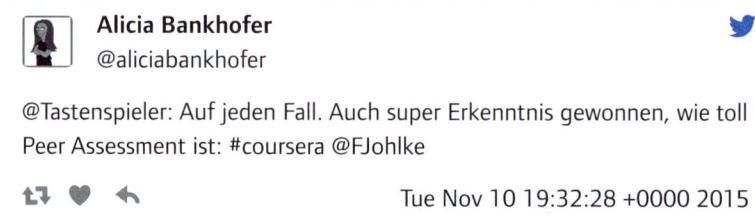

Alicia Bankhofer
@aliciabankhofer

@Tastenspieler: Auf jeden Fall. Auch super Erkenntnis gewonnen, wie toll Peer Assessment ist: #coursera @FJohlke

Tue Nov 10 19:32:28 +0000 2015

> *Was muss eine Online-Fortbildung haben, damit sich die investierte Zeit für dich lohnt?*

- Inhaltliche Mehrwerte müssen für mich drin sein. Ich will was lernen, was ich noch nicht kann oder mich gezielt vernetzen.
- Interessantes Thema. Hohe inhaltliche Qualität. Roter Faden und gute Programmführung. Zwischenergebnisse zum Durchhalten.
- Das richtige Thema und/oder die richtigen Menschen, die mitmachen.
- Sie sollte inspirieren, so dass ich direkt am nächsten Tag loslege. Passiert mir ständig.
- Präzises Thema und Materialpool zum Nach-/Weiterlesen.
- Relevanz, Abwechslung, gute Community.
- Klare Struktur, Ziel, gute Aufbereitung, Hands On. Gilt auch für Offline Fortbildung.
- Eine gute bedienbare Plattform, einen ordentlichen Schwierigkeitsgrad, mobiles Arbeiten muss möglich sein.

- An derselben Sache interessierte Teilnehmer, die aus Interesse teilnehmen, nicht weil sie es müssen.
- Je länger sie laufen, desto mehr Motivationales muss mit rein: #gamification, #milestones, #peer2peer.

Glaubt man dem Horizon report, sind non-formales Lernen und eLearning die Zukunft: Wie siehst du das?

 Urs Henning
@urshenning

Als ergänzende Weiterbildung: ja, als komplettes Studium eher nicht. Sehe die Zukunft vor allem in Blended Learning.

       19:40 h · 10. Nov 2015

 Maria Schumm
@Maschutscha

eLearning sehe ich als wertvolle Erweiterung, nicht als einzige Methode. Der richtige Mix macht's.

       19:41 h · 10. Nov 2015

Welche Anregungen, Fragen hast du sonst noch zum Thema?

 Thomas Nolte
@tom_nolte

Ein Wiki, wo all die schönen Angebote/Möglichkeiten zur Online-Fortbildung gesammelt werden.

      19:47 h · 10. Nov 2015

 Elke Höfler
@lacknere

Ich kann euch nur die MOOCs von @iMooXst und @oncampusfhl empfehlen.

       19:48 h · 10. Nov 2015

Fazit:

Digitale Fortbildungen können Angebote sein wie MOOCs (Massive Open Online Course) oder Webinare (Online-Seminar). Man kann sich digital jedoch auch kontinuierlich fortbilden z. B. durch Abonnieren von Blogs oder Vernetzung über Social Media wie Twitter. Wichtig war den Teilnehmern am #EDchatDE, dass ein Lernzuwachs erfolgt. Digitale Fortbildungsangebote haben jedoch den Vorteil, dass man jederzeit abbrechen kann, was in einer Präsenzveranstaltung eher als unangenehm empfunden wird. Darüber hinaus kann man wählen, welche Aspekte für die eigene Fortbildung interessant sind und muss nicht linear vorgehen. Des Weiteren stehen die Informationen jederzeit zur Verfügung und können unbegrenzt oft abgerufen werden. Auch die Zeit für Übungsphasen kann individuell gestaltet werden. Da bei den meisten Angeboten Interaktion möglich ist, dadurch sogar neue persönliche Kontakte entstehen können, wird der rein digitale Austausch nicht als problematisch gesehen. Allerdings sehen die Teilnehmer diese Angebote eher als Ergänzung. Es sollte vielmehr eine Mischung sein aus persönlichen Treffen im Real Life und dem orts- und zeitungebundenen digitalen Zusammenarbeiten.

Digitale Angebote:

- André Spang: https://wiki.andrespang.de/index.php?title=EdchatDE
- Freie Universität Berlin: https://blogs.fu-berlin.de/icmchatde/
- iMooX: http://imoox.at/wbtmaster/startseite/
- iversity: https://iversity.org/de/courses
- LPM Saarland: http://www.lpm.uni-sb.de/typo3/index.php?id=1258
- mooin: https://mooin.oncampus.de/?lang=de
- ZUM: https://wiki.zum.de/wiki/Lehrerblogs

Link zum vollständigen Protokoll:

- https://docs.google.com/spreadsheets/d/1Hox9oUc-2ndC2FBzkgzn1Iveq7 lisiSVL15CDTCyujI/pubhtml

6.8
Kommunikation und Feedback-Kultur in der Schule
(#EDchatDE vom 08.Dezember 2015)

von Urs Henning

Feedback gehört nach John Hattie zu den Top-10-Einflussfaktoren für schulischen Lerner-folg. Kommunikation ist neben Kollaboration, kritischem Denken und Kreativität eine der vier Kernkompetenzen des 21. Jahrhunderts. Um diese zwei komplexen Themen geht es in diesem #EDchatDE.

Neben dem kollegialen Feedback und dem Feedback durch die Schulleitung rückt immer mehr auch das Feedback von Schülern an Lehrer ins Zentrum. Hattie sagt, dass Feedback dann am wirkungsvollsten sei, wenn es von Schülern an Lehrer gegeben werde, denn es helfe, Lernen sichtbar zu machen. Schließlich wird auch immer mehr erkannt, das korrektes Peer-Feedback sehr wirksam sein kann.

Und die Kommunikation? Der Lehrer muss eigentlich ein Kommunikationsprofi sein mit Blick auf die unterschiedlichsten Ansprüche und Erwartungshaltungen der Lernenden, der Eltern, der Kollegen, der Schulleitung und der Außenstehenden. Ist die Kommunikation an der Schule transparent, wird sie gelebt, gibt es eine E-Mail Netiquette oder sogar ein inter-nes Wiki, trifft man sich in Gremien, haben Schüler und Eltern wirklich etwas zu sagen?

> *Feedbackkultur – was sollen wir darunter verstehen und welche lernrelevanten Informationen sind hier wichtig?*

Die Teilgeber betonten, dass eine Feedbackkultur wichtig ist und gaben einige Aspekte an, wie sie gestaltet werden kann.

- Feed up (Ziel) – feed back (Fortschritt) – feed forward (Wie geht es weiter?) (visible Learning).
- Feedback als Instrument, Selbstwahrnehmung mit Fremdwahrnehmung abgleichen.
- Feedback ist eine Rückmeldung. Damit es lernrelevant ist, sollte es konstruktiv sein und Alternativen aufzeigen.
- Respektvoller Austausch aller an der Schule Beteiligten – Fokus: Wie kann besser ge-lernt werden?
- Feedbackkultur betrifft alle, die professionell am Schulleben teilnehmen.
- Feedback verringert die eigenen blinden Flecken. Muss man auch wollen. Daher Feed-back nicht ungefragt geben.
- Regelmäßige und strukturierte Rückmeldungen und Austausch zwischen Lehrern, Schülern und Schulleiter, z.T. auch Eltern.

- Feedback geben heißt, Informationen zu geben und nicht, den anderen zu verändern. Das darf er gegebenenfalls selbst entscheiden.
- Feedback muss kriteriengeleitet, transparent, kontinuierlich, progressiv erfolgen.

> *Feedback wirkt in beide Richtungen. Am wirkungsvollsten ist es, wenn es vom Schüler ausgeht: Wie kann das konkret aussehen?*

Neben dem Feedback unter Schülern wurde auch aufgezeigt, wie das Feedback zwischen Schülern und Lehrern gestaltet werden kann.

- Learning may end with a grade but begins with a feedback.
- Die Auswertung des Feedbacks sollte auf jeden Fall offen und transparent sein.
- Der Lehrer soll Modell bzw. Kriterien für konstruktives Feedback vorgeben.
- Wichtig ist, dass Schüler lernen, sich gegenseitig Feedback zu geben. Hier ältere Beispiele, heute stärker digital: https://t.co/C49qsrnHfQ
- Den Schülern Gelegenheit geben, sich zu äußern, nach einer Klausur, am Semesterende oder in schwierigen Situationen.
- Die Befähigung zur Selbstreflexion (Selbstkompetenz) spielt eine wichtige Rolle, wenn es um förderliches Feedback geht.
- Eine Kollegin hat einen Schuhkarton im Klassenzimmer. Schüler können anonym rückmelden.
- Bei Kommunikation bevorzuge ich Transparenz und Offenheit.
- Auch ruhig mal als anonyme Feedbacks nach heiklen Themen, praktisch sieht das dann bei mir z. B. so aus: https://t.co/yVlndw1Lgp

> *Welche (digitalen) Werkzeuge gibt es, um individuelles Feedback in einer großen Gruppe möglich zu machen?*

Die Teilgeber nannten einige Beispiele:

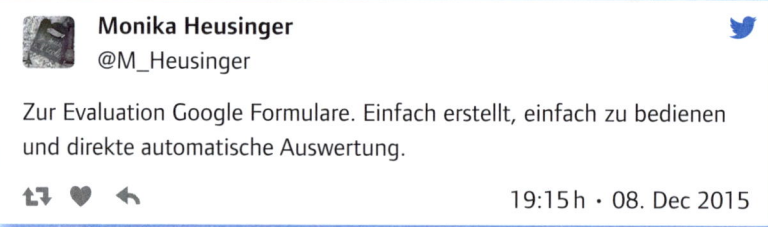

Monika Heusinger
@M_Heusinger

Zur Evaluation Google Formulare. Einfach erstellt, einfach zu bedienen und direkte automatische Auswertung.

19:15 h · 08. Dec 2015

André J. Spang
@Tastenspieler

My favourites are ClassDojo, Socrative and I use Wiki- or Bloghistory for visualization of peer feedback.

19:16h · 08. Dec 2015

Herr B.
@legereaude

Die Bögen, die man mit GoogleDrive erstellen kann, sind grandios, einfach und individualisierbar.

19:16h · 08. Dec 2015

Micha Busch
@EdTech_Germany

Ich nutze die @edkimo_app.

19:16h · 08. Dec 2015

Jan Hambsch
@TeachHam

Letsfeedback, Socrative, plickers, Moodle, Google Forms, Survey Monkey – plickers auch ohne devices der TN.

19:20h · 08. Dec 2015

Elke Höfler
@lacknere

Audience Response Systeme wie Feedbackr. Kahoot ist ebenfalls toll. Und Google Forms.

19:20h · 08. Dec 2015

Kollegiale Unterrichtshospitation: Chance oder Aktionismus? Praktiziert man das an deiner Schule? Wie? Wie ist der Ertrag?

Die Unterrichtshospitation wurde zwar als sinnvoll im Rahmen des Teamteachings gesehen, aber die Praxis funktioniert anscheinend noch nicht befriedigend und ist verbesserungswürdig:

- Eine sehr gute Möglichkeit, um sich gegenseitig Feedback zu geben und neue Ideen zu bekommen.
- Kollegiale Unterrichtshospitation mit viel Potenzial, wenn geeignetes Konzept dahinter steht, das vom Kollegium getragen wird.
- Wir haben kollegiale Hospitationen. Wenn sie denn mal klappen, sind sie gut, aber schwierig zu organisieren im Schulalltag.
- Ja, einmal pro Semester gegenseitige Unterrichtsbesuche, Diskussion, Formular an das Sekretariat, Stillschweigen.
- Bei uns sind sie nicht institutionalisiert. Finde es effektiver, wenn es freiwillig ist, auch die Wahl des hospitierenden Kollegen.
- Kann wirklich helfen, Verbesserung bringen, wenn Kollege wirklich anschließend offen für Kritik ist.
- Ich habe damit keine sinnvollen, guten Erfahrungen gemacht. In meiner Vorstellung könnte das aber gut laufen, z. B. bei Teamteaching.
- Sollte fest in den Alltag integriert werden – in Form von Teamteaching z. B.

> *Antworte auf 3 Tweets unterschiedlicher Teilgeberinnen a) zustimmend,*
> *b) kritisch, c) provozierend!*

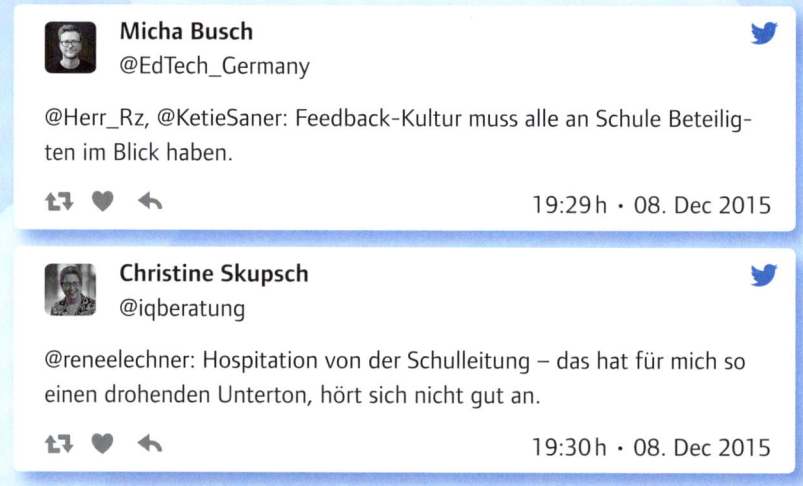

Micha Busch
@EdTech_Germany

@Herr_Rz, @KetieSaner: Feedback-Kultur muss alle an Schule Beteiligten im Blick haben.

19:29 h · 08. Dec 2015

Christine Skupsch
@iqberatung

@reneelechner: Hospitation von der Schulleitung – das hat für mich so einen drohenden Unterton, hört sich nicht gut an.

19:30 h · 08. Dec 2015

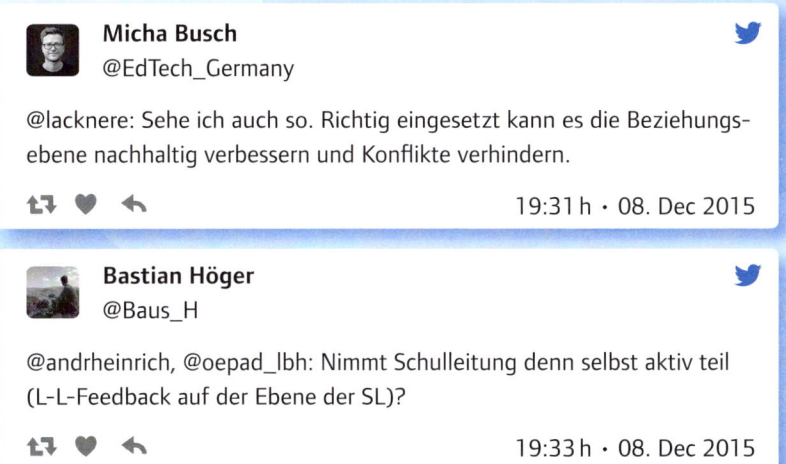

Micha Busch
@EdTech_Germany

@lacknere: Sehe ich auch so. Richtig eingesetzt kann es die Beziehungs-
ebene nachhaltig verbessern und Konflikte verhindern.

⟳ ♥ ↩   19:31 h · 08. Dec 2015

Bastian Höger
@Baus_H

@andrheinrich, @oepad_lbh: Nimmt Schulleitung denn selbst aktiv teil
(L-L-Feedback auf der Ebene der SL)?

⟳ ♥ ↩   19:33 h · 08. Dec 2015

> *Kommunikation: Die Kompetenz im 21. Jahrhundert und an deiner Schule*
> *(SuS Eltern, Lehrern, Schulleitung): Herausforderung, Chance?*

Die Teilgeber betonten die hohe Bedeutung der Kommunikation innerhalb der Schule und
mit den Eltern.

- Kommunikation ist keine Chance – sie ist die einzige Option. Und eine große Herausfor-
  derung. Change mindset: Working out loud.
- Feedback ist ohne Kommunikation nicht möglich. Digitale M. können direkte Kommu-
  nikation beeinträchtigen.
- Wenn offene Kommunikation auf Augenhöhe funktioniert, ist Schulentwicklung schon
  gelungen: Stichwort Partizipation.
- At my school it's a challenge and an opportunity. Many are at different places in 21st
  century learning, I'm a little ahead.
- Kommunikation braucht Räume und Wertschätzung.
- Lernentwicklungsgespräche sind ein guter Weg, um Eltern mit ins Boot zu holen.
- Wir haben eine FB-Seite aufgebaut, um die Kommunikation zu verbessern! Funktioniert
  wunderbar!

> *Kommunikationskultur im Digitalen: E-Mailverteiler versus Wiki, Twitter, Moodle,*
> *LMS: Wie könnte das aussehen/sieht das aus?*

Leider werden hier die technischen Möglichkeiten anscheinend noch nicht gut genutzt.

- Fakt ist, dass die E-Mail noch lange nicht ausgedient hat, so lange es kein brauchbares
  Intranet gibt.

- E-Mail als Kommunikationsmittel in großen Gruppen: Ganz ungeeignet. Wird aber immer noch genutzt, ohne Reglementierung.
- E-Mail-Verteiler mit Infos auch für Fach-LuL, WhatsApp für Privates.
- Im Hinblick auf Nachhaltigkeit, Open Practice und Medienkompetenz wäre ein Wiki oder LMS zwingend.
- Wordclouds mit Answergarden für eine schnelle Übersicht zur Befindlichkeit wären geeignet.
- Viele Eltern sind bei uns aktiv, z. B. in der Bibliothek ehrenamtlich tätig, Face-to-Face ist daher oft nicht schwierig.
- Twitter als offener Kommunikations-/Informationskanal wäre wünschenswert. Interaktion möglich.

> *Welche Anregungen, Fragen hast du sonst noch zum Thema „Kommunikation und Feedback-Kultur in der Schule"?*

- Feedback wird oft gleichgesetzt mit Bewertung bzw. Benotung, was eher kontraproduktiv auf Schülermotivation wirken kann.
- Nicht nur Lehrer, SuS, auch Schulleitung sollte eine offene Feedbackkultur entwickeln. Es entsteht eine angenehme Atmosphäre, die Kids schult.
- Schulleitungen sollten sich regelmäßig Feedback vom Kollegium holen, wäre gut für die Atmosphäre und Schulentwicklung.
- Was haltet ihr davon, die Effektivität des FB-Prozesses schulweit zu evaluieren?
- Grundsätzlich sollte es viel, viel mehr positives Feedback geben als Kritik, egal ob Kollegen oder Schülern gegenüber.
- Richtig Feedback geben muss von allen gelernt werden (von Schülern, Lehrern, Eltern, Schulleitung).
- Regelmäßiges Feedback von Schülern zum eigenen Unterricht einzuholen, bringt viele Überraschungen, aber auch Weiterentwicklung.

Fazit:

Feedbackultur betrifft alle, die professionell am Schulleben teilnehmen: Schüler, Lehrer, Schulleitung, Eltern. Wenn Rückmeldungen lernrelevant sein sollen, müssen sie konstruktiv sein, man darf nicht den anderen verändern wollen. Interessant ist die Idee, mit der Selbsteinschätzung zu beginnen und danach die Fremdeinschätzung danebenzustellen. Auch Peer-Feedbacks können sehr wertvoll sein, man muss die Schüler aber gut vorbereiten. Feedbacks von Schülern an Lehrer können gegeben werden nach einer Klausur, am Semesterende oder in einer schwierigen Situation. Anonyme Feedbacks sind wahrscheinlich ehrlicher.

Kommunikation wird nicht als Chance, sondern als einzige Option und große Herausforderung wahrgenommen. Digitale Medien können die direkte Kommunikation aber auch beeinträchtigen. An einzelnen Schulen sollten die Eltern noch mehr ins Boot geholt werden, z. B. mit Lernentwicklungsgesprächen. Wenn offene Kommunikation auf Augenhöhe funktioniert, hat die Schulentwicklung beste Voraussetzungen.

Weitere Infos zu diesem Thema finden sich z. B. hier:

- Hattie, John (2016): Feedback in schools. http://visiblelearningplus.com/sites/default/files/Feedback%20article.pdf
- Waack, Sebastian (2016): Feedback in Schulen nach John Hattie. http://visible-learning.org/de/2013/10/feedback-in-schulen-von-john-hattie/
- Waack, Sebastian (2016): Lehrerfeedback und Schülerfeedback nach Hattie. http://visible-learning.org/de/2013/06/lehrerfeedback-und-schulerfeedback-nach-john-hattie/

Weitere Chats zum Thema:

- „Kommunikation in der Schule". #EDchatDE Nr. 129 vom 31.5.2016: https://wiki.andrespang.de/index.php?title=EdchatDE#Tweetprotokoll_zum_31. 5. 16_-_129._.23EDchatDE_.E2.80.9EKommunikation_in_der_Schule.E2.80.9C

Link zum vollständigen Protokoll:

- https://docs.google.com/spreadsheets/d/1cTjFAB08ZndRWMSHZeAwYQ_TxEAEOYHA_BPTyPtRPwU/pubhtml

Abkürzungsverzeichnis

AG	Arbeitsgemeinschaft
BaWü	Baden-Württemberg
Blog / Weblog	Internet-Tagebuch
BW	Baden-Württemberg
BYOD	Bring your own device
CC	Creative Commons
CC BY	Creative Commons Namensnennung
CC BY-SA	Creative Commons Namensnennung und Weitergabe unter gleichen Bedingungen
CC0	Creative Commons Zero (keine Namensnennung notwendig)
Coden	Programmieren
©	Copyright
CP	Credit Point
DM	Direktmitteilung (Twitter)
Dtl	Deutschland
E-Book	Elektronisches Buch. Buch in digitaler Form
ECTS	European Credit Transfer System
EE	Explain Everything. Interaktives Whiteboard und Screencasting Tool
FB	Facebook. Soziales Netzwerk
Fobi	Fortbildung
G+	Google+
GA	Gruppenarbeit
Gamen	Spielen, vor allem Computer- od. Videospiele
GBL	Game Based Learning
GD	Google Drive
GS	Grundschule

Hacken	Funktionserweiterung, Problemlösung, Ziel auf ungewöhnliche Weise erreichen
HS	Hauptseminar
ICT	Information and communications technology (Informations- und Kommunikationstechnik)
IMHO	In my humble opinion (etwa: meiner unmaßgeblichen Meinung nach)
IT	Informationstechnologie bzw. Informatik
ITG	Informationstechnische Grundbildung
IWB	interaktives Whiteboard
Jh	Jahrhundert
jmd	jemand
KiGa	Kindergarten
Kl.	Klassenstufe
KuK	Kolleginnen und Kollegen
L.	Lehrer/innen
LAK	Lehramtskandidaten
LdL	Lernen durch Lehren
LdLMOOC	Lernen durch Lehren MOOC
LLL	lebenslanges Lernen
LMS	Learning Management System. Lernplattform
LPM	Landesinstitut für Pädagogik und Medien (Saarland)
LuL	Lehrerinnen und Lehrer
MIT	Massachusetts Institute of Technology
MOOC	Massive Open Online Course
MOOCs	Massive Open Online Courses
Moodle	Lernplattform
NRW	Nordrhein-Westfalen

Moodle	Lernplattform
NRW	Nordrhein-Westfalen
Ö	Österreich
OHP	Overheadprojektor
PA	Partnerarbeit
PLE	Personal Learning Environment
PLN	Personal Learning Network
PR	Public Relations. Öffentlichkeitsarbeit
QR-Code	Quick Response, zweidimensionaler Strichcode aus schwarzen und weißen Punkte
S.	Schüler/innen
SchiLF	schulinterne Fortbildung
SEK 1	Sekundarstufe 1
SL	Schulleiter
SocMed	Social Media
SOL	selbstorganisiertes Lernen
SuS	Schülerinnen und Schüler
TN	Teilnehmerinnen und Teilnehmer
u	und
UB	Unterrichtsbesuch
UR	Urheberrecht
UrhG	Urheberrechtsgesetz
VD	Vorbereitungsdienst
VG	Verwertungsgesellschaft
VHS	Volkshochschule
VLE	Virtual Learning Environment
WA	WhatsApp
Wiki	Gruppe verlinkter Webseiten, die von mehreren dafür freigeschalteten Autoren erstellt werden, um arbeitsteilig ein Thema oder Fachgebiet zu erschließen bzw. zu erklären (bekanntestes öffentlich zugängliches Beispiel: Wikipedia)
WKW	Wer kennt wen
WLAN	Wireless Local Area Network, drahtloses lokales Netzwerk
WP	WordPress
WTFPL	Do What The Fuck You Want To Public License
YT	Youtube

Teilgeberverzeichnis

@AHimmelrath – AHimmelrath
@AndreJaenisch – @André Jaenisch
@anjaabele – Anja Abele
@AnkeHeyen – Anke Heyen
@AnnetteTheis – AnnetteTheis
@assmanns – Sandra Aßmann
@auatGG – Andrea Ullrich
@aufenanger – Stefan Aufenanger
@axuse – maxen

@Biwijulchen – Biwi Julchen

@christian_ebel – Christian Ebel
@christophkoeck – Christoph Koeck
@ciffi – Christian Füller
@1cloud – Geschichtszentrum
@corinnew – Corinne Weisgerber
@cristimsilva – Cristina Silva

@dafdorf – Daf Marburg

@DaHugo82 – Sebastian Schmidt
@daniel11007 – Prof. Dr. Biohazard
@DennisFassing – Dennis
@derarndt – Claus Arndt
@DominikHeun – Dominik Heun
@dr_reu – Dr. Fabian Reuter
@dropklick – dropklick

@EduBlackforest – Torsten Traub
@elaine_miller – Ira Diethelm
@ELW_VHS – Verein Erweiterte Lernwelten e.V. – VHS

@f_bdoerr – B. Dörr
@fasnix – florian v.
@fiberopticnow – Katie Williams
@FJohlke – FJohlke
@FJohlke – FJohlke
@friolz – Tobias Frischholz

@geek___ – Angie
@Gmoersheim – Georg Moersheim
@180gradflip – Sebastian Stoll
@gnuuser – gnuuser
@Gymbla – Christoph R.

@HerrFilipiak – Herr Filipiak
@HHausHB – Hauke Heemann
@hnnngkttr – Henning

@ideenteiler – Markus Bloos

@jensgrb – Jens Großpietsch
@Joachim_Sucker – Joachim Sucker

@karlcdamke – Karl Damke
@kesselpa – Paul Kesselring
@kiebitze – elf Sanderlinge
@kurtsoeser – Kurt Söser

@LangerTh – Thomas Langer
@langwitches – Silvia Tolisano

@Leela89 – Leela
@lehrer_online – Lehrer Online
@LiLaMaDeA – Frollein Lila
@linigre – Schäferchen
@lisarosa – Lisa Rosa
@luckybrig – BriHübel-Fleischmann

@M_Pfitzenreuter – M. Pfitzenreuter
@mabo8sam – Marion Bohse
@magaje – Martina Gajewski
@MaluThom – Thomas Maluck
@michabuddeberg – Micha Buddeberg
@mons7 – Monika E. König

@never_ding – Nathalie Everding
@noberlaender – Miss No
@Nor_Hil – Norbert Hillebrecht

@paulzuebli – Paul Zuebli
@pintman – Marco Bakera

@richard_he – Richard Heinen

@SabineOmarow – Sabine Omarow
@senSATZionell – Johannes Eydinger
@sofatutor – sofatutor

@TanteChili – Steff
@tatstei – Tatjana Steinhaus
@tgoecke – Tobias Göcke
@thsteimen – Thomas Steimen
@TobiRaue – Tobias Raue
@twitthaeuser – Tobias Oppenhäuser

@uivens – Ulrich Ivens

@wasmirbleibt – H. Schneider
@Woe_Real – Kai Wörner
@WolfgangVaupel – Wolfgang Vaupel

@ZuvielZeug – Zuviel Zeug